Buch-Updates

Registrieren Sie dieses Buch
auf unserer Verlagswebsite.
Sie erhalten damit
Buch-Updates und weitere,
exklusive Informationen
zum Thema.

Galileo
BUCH UPDATE

Und so geht's

> Einfach **www.galileocomputing.de** aufrufen
<<< Auf das Logo **Buch-Updates** klicken
> Unten genannten **Zugangscode** eingeben

**Ihr persönlicher Zugang
zu den Buch-Updates**

101512131970

Thomas Künneth

Einstieg in Eclipse 3.3

Einführung, Programmierung, Plugin-Nutzung

Galileo Press

Liebe Leserin, lieber Leser,

Eclipse hat sich in den letzten Jahren als bedeutendste Entwicklungsumgebung für Java etabliert. Die aktuelle Version Eclipse 3.3 bestärkt diesen Anspruch. Sie ist im Vergleich zur Vorgängerversion deutlich umfangreicher und mit einer Fülle von interessanten Neuerungen ausgestattet.

Unser Autor Thomas Künneth vermittelt Ihnen in diesem Buch den Einsatz von Eclipse 3.3. Alle Techniken werden dabei aus der Praxis heraus motiviert und mit zahlreichen Beispielen veranschaulicht – so lernen Sie nicht nur die prinzipielle Verwendungsweise, sondern auch zugleich die Anwendungsfälle der einzelnen Eclipse-Features kennen.

Neben den Grundlagen werden auch aktuelle Themen wie die Integration von Java-Frameworks für die Programmierung von Ajax-Applikationen mit Eclipse dargestellt. Mit diesem Buch lernen Sie den zeitgemäßen Einsatz von Eclipse 3.3.

Dieses Buch wurde mit großer Sorgfalt lektoriert und produziert. Sollten Sie dennoch Fehler finden oder inhaltliche Anregungen haben, scheuen Sie sich nicht, mit uns Kontakt aufzunehmen. Ihre Fragen und Änderungsvorschläge sind uns jederzeit willkommen.

Ihr Stephan Mattescheck
Lektorat Galileo Computing

stephan.mattescheck@galileo-press.de
www.galileocomputing.de
Galileo Press · Rheinwerkallee 4 · 53227 Bonn

Auf einen Blick

Einleitung 11

1 Hands on Eclipse 17

2 Arbeiten mit Eclipse 53

3 Arbeitsbereiche und Projekte 117

4 Funktionen mit Plug-ins erweitern 167

5 Fehlersuche und Test 205

6 Versionsverwaltung 253

7 Erstellung einer Anwendung mit grafischer
   Benutzeroberfläche 299

8 Web- und AJAX-Anwendungen 343

A Literaturverzeichnis 385

B Die Begleit-DVD 387

   Index 389

Der Name Galileo Press geht auf den italienischen Mathematiker und Philosophen Galileo Galilei (1564–1642) zurück. Er gilt als Gründungsfigur der neuzeitlichen Wissenschaft und wurde berühmt als Verfechter des modernen, heliozentrischen Weltbilds. Legendär ist sein Ausspruch *Eppur se muove* (Und sie bewegt sich doch). Das Emblem von Galileo Press ist der Jupiter, umkreist von den vier Galileischen Monden. Galilei entdeckte die nach ihm benannten Monde 1610.

Gerne stehen wir Ihnen mit Rat und Tat zur Seite:
stephan.mattescheck@galileo-press.de bei Fragen und Anmerkungen zum Inhalt des Buches
service@galileo-press.de für versandkostenfreie Bestellungen und Reklamationen
stefan.krumbiegel@galileo-press.de für Rezensions- und Schulungsexemplare

Lektorat Stephan Mattescheck
Korrektorat René Wiegand
Cover Barbara Thoben, Köln
Titelbild Corbis
Typografie und Layout Vera Brauner
Herstellung Iris Warkus
Satz SatzPro, Krefeld
Druck und Bindung Bercker Graphischer Betrieb

Dieses Buch wurde gesetzt aus der Linotype Syntax Serif (9,25/13,25 pt) in FrameMaker. Gedruckt wurde es auf chlorfrei gebleichtem Offsetpapier.

Bibliografische Information der Deutschen Bibliothek
Die Deutsche Bibliothek verzeichnet diese Publikation in der Deutschen Nationalbibliografie; detaillierte bibliografische Daten sind im Internet über http://dnb.ddb.de abrufbar.

ISBN 978-3-89842-792-0

© Galileo Press, Bonn 2007
1. Auflage 2007

Für meine über alles geliebte Ehefrau Moni,
meine Eltern Rudolf und Gertraud und meinen Bruder Andreas

Inhalt

Einleitung 11

1 Hands on Eclipse 17

1.1   Java und Eclipse installieren 17
    1.1.1   Installation von Java 18
    1.1.2   Installation von Eclipse 21
    1.1.3   Der erste Start 24
1.2   Das erste eigene Projekt 28
    1.2.1   Ein neues Projekt anlegen 28
    1.2.2   Ein erster Blick auf die Projektverwaltung 36
1.3   Ein Rundgang durch die IDE 40
    1.3.1   Die Hilfefunktionen von Eclipse 40
    1.3.2   Verfügbare Java-Laufzeitumgebungen anzeigen und
        bearbeiten 49
1.4   Zusammenfassung 52

2 Arbeiten mit Eclipse 53

2.1   Perspektiven, Sichten und Editoren 53
    2.1.1   Die Workbench 54
    2.1.2   Sichten 57
    2.1.3   Editoren 61
    2.1.4   Perspektiven 64
2.2   Java-Programme eingeben und bearbeiten 70
    2.2.1   Einstellungen vornehmen 70
    2.2.2   Der Java-Editor 74
    2.2.3   Navigation 80
    2.2.4   Komfortabel arbeiten 86
2.3   Suchen, Ersetzen und Refactoring 100
    2.3.1   In und nach Dateien suchen 100
    2.3.2   Suchen und Ersetzen im Quelltext 105
    2.3.3   Refactoring 108
2.4   Zusammenfassung 114

3 Arbeitsbereiche und Projekte **117**

3.1 Der Arbeitsbereich 117
    3.1.1 Arbeitsbereiche anlegen und wechseln 118
    3.1.2 Im Arbeitsbereich abgelegte Informationen 120
    3.1.3 Verknüpfte Ressourcen 124
3.2 Die Projektverwaltung 126
    3.2.1 Verschiedene Arten von Projekten 126
    3.2.2 Projekte verwalten 131
    3.2.3 Das Menü Project 134
3.3 Komplexe Projekte 142
    3.3.1 Der Build Path 142
    3.3.2 Bibliotheken 146
    3.3.3 Launch Configurations 153
3.4 Ant und externe Tools 157
    3.4.1 Ant 157
    3.4.2 Externe Tools 163
3.5 Zusammenfassung 165

4 Funktionen mit Plug-ins erweitern **167**

4.1 Plug-ins aus Anwendersicht 168
    4.1.1 Manuelle Installation von Plug-ins 168
    4.1.2 Installation über den Update Manager 169
    4.1.3 Plug-ins verwalten 174
4.2 Die technische Infrastruktur 177
    4.2.1 Die Eclipse-Plattform 177
    4.2.2 Features, Plug-ins und Fragmente 179
4.3 Eigene Plug-ins entwickeln 181
    4.3.1 Das Hello World-Plug-in 181
    4.3.2 Editoren der Perspektive Plug-in Development 184
    4.3.3 Sichten der Perspektive Plug-in Development 192
4.4 Eclipse RCP-Anwendungen 195
    4.4.1 Ein kleines Beispiel 195
    4.4.2 Branding und Verteilung 199
4.5 Zusammenfassung 204

5 Fehlersuche und Test **205**

5.1 Visuelles Debuggen 206
    5.1.1 Ein erstes Beispiel 206

	5.1.2	Die Sichten der Perspektive Debug	210
5.2	Konzepte und Techniken		214
	5.2.1	Architektur des Eclipse Debuggers	215
	5.2.2	Breakpoints	219
5.3	Fortgeschrittene Debug-Techniken		229
	5.3.1	Bedingte Programmunterbrechungen	229
	5.3.2	Kontrollierte Einzelschrittverarbeitung	233
	5.3.3	Änderungen vornehmen	240
5.4	Unit-Tests		243
	5.4.1	JUnit im Überblick	244
	5.4.2	Weitere JUnit-Funktionen	249
5.5	Zusammenfassung		251

6 Versionsverwaltung 253

6.1	Lokale Repositories aufsetzen		254
	6.1.1	CVS einrichten	254
	6.1.2	Subversion einrichten	258
6.2	CVS-Unterstützung		263
	6.2.1	Mit Repositories arbeiten	263
	6.2.2	Mit lokalen Kopien arbeiten	273
6.3	Zugriff auf Subversion-Repositories		277
	6.3.1	Subclipse installieren und einrichten	277
	6.3.2	Daten einchecken	280
	6.3.3	Mit dem Repository arbeiten	285
	6.3.4	Unterschiede analysieren und behandeln	290
6.4	Arbeiten im Team		294
	6.4.1	Die Perspektive Team Synchronizing	295
	6.4.2	Weitere Team-bezogene Funktionen	296
6.5	Zusammenfassung		297

7 Erstellung einer Anwendung mit grafischer Benutzeroberfläche 299

7.1	GUI-Editoren		300
	7.1.1	Ein Überblick	300
	7.1.2	Jigloo	303
	7.1.3	Die Aufgabenverwaltung Do it!	307
7.2	Das Hauptfenster		309
	7.2.1	Die Menüleiste	309
	7.2.2	Der Darstellungsbereich	315

7.3		Die Dialoge	318
	7.3.1	Aufgaben erfassen	318
	7.3.2	Die übrigen Dialoge	328
7.4		Die Teile verbinden	334
	7.4.1	Die Implementierung von Do It!	334
	7.4.2	Die Anwendung paketieren	339
7.5		Zusammenfassung	341

8   Web- und AJAX-Anwendungen   343

8.1		Java-Web-Anwendungen mit Eclipse	344
	8.1.1	Die Web Standard Tools	344
	8.1.2	J2EE Standard Tools	353
8.2		Das Google Web Toolkit	360
	8.2.1	Funktionsweise und Installation	360
	8.2.2	Eine eigene Anwendung	363
	8.2.3	Cypal Studio for GWT	368
8.3		Web- und AJAX-Frameworks	373
	8.3.1	Die Rich Ajax Platform	373
	8.3.2	AJAX Toolkit Framework	377
8.4		Zusammenfassung	382

Anhang   383

A	Literaturverzeichnis	385
B	Die Begleit-DVD	387
Index		389

Einleitung

Liebe Leserin, lieber Leser, in den vergangenen Jahren hat sich *Eclipse* zu einer der bedeutendsten Entwicklungsumgebungen für die Java-Programmierung gemausert. Sehr wahrscheinlich haben Sie dieses Buch zur Hand genommen, weil Sie sich für diesen Aspekt des Produkts interessieren.

Was ist Eclipse?

Eclipse ist aber auch der Name eines Projekts, das sich ganz allgemein der Schaffung von Open-Source-Tools und Frameworks verschrieben hat, unabhängig von bestimmten Sprachen oder Technologien. Es fasst zahlreiche Teilprojekte, die letztlich die eigentlichen Werkzeuge (beispielsweise die Java-IDE) implementieren, unter einem Dach zusammen. Die aus dem *Eclipse Consortium* hervorgegangene *Eclipse Foundation*, eine gemeinnützige Organisation, kümmert sich seit 2003 um die Weiterentwicklung von Eclipse.

Eclipse ist der Nachfolger von *Visual Age for Java*. *Visual Age*[1] ist eine integrierte Entwicklungsumgebung, die für zahlreiche Plattformen und Programmiersprachen zur Verfügung stand. Die meisten Mitglieder der Visual Age-Produktlinie wurden in *Smalltalk* realisiert. Die IBM-Version dieser Sprache wurde von der ehemals eigenständigen Firma *Object Technology International* (OTI) implementiert. OTI (die mittlerweile in IBM aufgegangen war) realisierte auch die erste Version von Eclipse. Im November 2001 wurde das bereits angesprochene Konsortium gegründet, das dessen Weiterentwicklung als quelloffene Software vorantreiben sollte.

In seinen ersten Versionen war Eclipse hauptsächlich eine durch *Plug-ins* erweiterbare Java-IDE. Mit der Version 3.0 wurde ein Paradigmenwechsel vollzogen. Seitdem bildet eine Implementierung der *OSGi Service Plattform* das Fundament der Eclipse-Architektur und stellt Plug-ins als gleichberechtigte Einheiten in das Zentrum der Plattform.

Verschiedenste Projekte nutzen diese Infrastruktur und den durch die Eclipse-Plattform zur Verfügung gestellten Werkzeugkasten. Es ist einleuchtend, dass solche Abhängigkeiten zu Problemen in Form von Inkompatibilitäten führen können, wenn sich die einzelnen Teile unterschiedlich schnell entwickeln. Aus die-

---

1 *http://en.wikipedia.org/wiki/VisualAge*

sem Grund gibt es seit 2006 sogenannte *Simultaneous Releases*, die Schlüsselprojekte in zueinander kompatiblen Versionen bündeln. Am 30. Juni 2006 wurde mit *Callisto*[2] die erste Sammelveröffentlichung freigegeben.

Ein Jahr später, am 29. Juni 2007, wurde *Europa* veröffentlicht[3]. Bestand Callisto noch aus zehn Projekten, beinhaltet diese auf *Eclipse 3.3* basierende Simultaneous Release beachtliche 21 Projekte. Diese Zahl macht deutlich, wie viele Bereiche der Softwareentwicklung Eclipse mittlerweile abdecken kann. Vielleicht erschreckt sie aber auch ein wenig. Ist dieser Werkzeugkasten überhaupt noch beherrschbar? Findet man sich im Dschungel der Plug-ins und Projekte noch zurecht?

Über dieses Buch

In diesem Buch stelle ich Ihnen Eclipse 3.3 als eine Entwicklungsumgebung für Java-Programmierer vor. Zwar lassen sich grundlegende Konzepte wie *Perspektiven* oder *Sichten* auch auf andere Einsatzgebiete übertragen, auf das Schreiben von Programmen in anderen Sprachen wie C oder C++ gehe ich allerdings nicht ein.

Mein Ziel ist, Sie in den folgenden acht Kapiteln mit den Möglichkeiten, die Ihnen die IDE bietet, vertraut zu machen. Allerdings ist dieses Buch kein Java-Lehrgang. Ich werde also Konzepte wie *Fehlersuche* oder *Refactoring* nur soweit vorstellen, wie es für das weitere Verständnis erforderlich ist. Mein Hauptaugenmerk liegt vielmehr darauf, Ihnen zu zeigen, wie Sie sie mit Eclipse effizient einsetzen können. Selbstverständlich müssen Sie kein Java-Experte sein, um meinen Erklärungen folgen zu können. Grundlegende Kenntnisse der Programmiersprache sollten Sie allerdings mitbringen.

Die einzelnen Kapitel bilden in sich geschlossene Einheiten. Sie müssen das Buch also nicht von Buchdeckel zu Buchdeckel lesen, sondern können gezielt Bereiche auswählen, über die Sie sich ausführlicher informieren möchten.

Eine Ausnahme bildet das erste Kapitel, *Hands on Eclipse*. Es beschreibt, wie Sie die *Java-Laufzeitumgebung*, das *Java Development Kit* sowie Eclipse auf Ihrem Rechner einrichten. Unterabschnitte beschäftigen sich mit den drei bekanntesten Betriebssystemen *Windows*, *Mac OS X* und *Linux*. Im zweiten Teil dieses Kapitels legen Sie Ihr erstes Projekt an, schreiben ein kleines Programm und führen es aus. Schließlich machen Sie einen kurzen Rundgang durch die IDE und lernen das Eclipse-Hilfesystem kennen.

---

2 *http://www.eclipse.org/callisto/*
3 *http://www.eclipse.org/europa/*

Im zweiten Kapitel, *Arbeiten mit Eclipse*, mache ich Sie mit wichtigen Grundlagen vertraut. Sie lernen die *Workbench*, *Perspektiven* und *Sichten* kennen. Außerdem zeige ich Ihnen, wie Sie komfortabel Java-Programme eingeben und auch in umfangreichen Quelltexten den Überblick behalten. Mehr und mehr an Bedeutung gewinnt das sogenannte *Refactoring*. Was es damit auf sich hat und wie Sie Eclipse hierbei unterstützt, beschreibe ich im dritten Abschnitt dieses Kapitels, *Suchen, Ersetzen und Refactoring*.

Auch im dritten Kapitel, *Arbeitsbereiche und Projekte*, lernen Sie wichtige Konzepte der IDE kennen. Ich stelle Ihnen den *Arbeitsbereich* als eine Art Container für *Projekte* vor und mache Sie mit der *Projektverwaltung* von Eclipse vertraut. In diesem Zusammenhang zeige ich Ihnen beispielsweise, wie Sie externe Tools einbinden.

Das vierte Kapitel, *Funktionen mit Plug-ins erweitern*, beschäftigt sich mit einem zentralen Element der gesamten Eclipse-Architektur, den sogenannten *Plug-ins*. Hierbei handelt es sich um die Bausteine, aus denen Eclipse zusammen gesetzt ist. Ich zeige Ihnen nicht nur, wie Sie eine bestehende Installation um praktische zusätzliche Funktionen erweitern, sondern mache Sie auch mit den Konzepten, die den Plug-ins zugrunde liegen, vertraut. Wenn Sie selbst ein eigenes Plug-in erstellen möchten, finden Sie in diesem Kapitel eine kleine Einführung in dieses spannende, aber komplexe Thema.

Praktisch genau so wichtig wie die eigentliche Implementierung sind *Fehlersuche und Test*. Im gleichnamigen, fünften Kapitel lernen Sie die Architektur des Eclipse-Debuggers kennen. Außerdem zeige ich Ihnen, wie Sie die unzähligen Möglichkeiten, die Ihnen diese Komponente bietet, effizient einsetzen, um Fehler einzukreisen und letztlich zu eliminieren. Die am leichtesten zu behebenden Fehler sind diejenigen, die gar nicht erst gemacht werden. *Unit Tests* sollen helfen, schon während der Implementierung die Korrektheit einzelner Programmteile sicherzustellen. Auch diesen Themenkomplex stelle ich Ihnen ausführlich vor.

Das sechste Kapitel, *Versionsverwaltung*, macht Sie mit zwei der bekanntesten Systeme zur Versionsverwaltung, dem *Concurrent Versions System* (CVS) sowie *Subversion*, bekannt. Ich zeige Ihnen nicht nur, wie Sie auf bestehende *Repositories* zugreifen, sondern beschreibe auch, wie Sie eigene *Repository-Server* aufsetzen können. Da die Vorgehensweise von dem verwendeten Betriebssystem abhängig ist, finden Sie die Beschreibungen zur Installation unter Linux, Mac OS X und Windows in eigenen Unterabschnitten. Der Zugriff auf diese Systeme in Eclipse ist wieder plattformunabhängig gehalten.

Die verbleibenden Kapitel dieses Buches greifen die bisher vermittelten Grundlagen auf und beschreiben die Entwicklung von zwei Anwendungskategorien. Im siebten Kapitel, *Erstellung einer Anwendung mit grafischer Benutzeroberfläche*, zeige ich Ihnen, wie Sie mithilfe des Plug-ins *Jigloo* eine Swing-Anwendung mit Menüleiste, Programmfenster und Dialogen implementieren. In leicht nachvollziehbaren Schritten bauen Sie die Elemente zu einer kleinen Aufgabenverwaltung zusammen.

Im abschließenden, achten Kapitel, *Web- und AJAX-Anwendungen*, stelle ich Ihnen die spannende und vielschichtige Welt der Browseranwendungen vor. Im ersten Abschnitt beschäftige ich mich mit den »klassischen« *Servlet-* und *Java Server Pages*-basierenden Programmen und zeige Ihnen, welche Plug-ins Sie bei der Realisierung solcher Applikationen unterstützen. Der verbleibende Teil des Kapitels beschäftigt sich mit *AJAX*. Sie lernen beispielsweise das *Google Web Toolkit* kennen und entwickeln auf dessen Basis einen kleinen Skizzenblock. Mit der Vorstellung einiger weiterer Frameworks und Plug-ins beschließe ich mein Buch.

Voraussetzungen

Dieses Buch basiert auf der finalen Version von Eclipse 3.3, die seit Ende Juni 2007 in einer englischsprachigen Version zur Verfügung steht. Es dürfte noch einige Zeit dauern, bis die deutschen Sprachpakete fertig gestellt sind. Ich werde Sie auf der Website zu diesem Buch, die Sie unter *http://www.galileocomputing.de/1152* erreichen, auf dem Laufenden halten.

Um meine Beispiele nachvollziehen zu können, sollten Sie auf Ihrem System mindestens *Java SE 5.0* einsetzen. Die zum Zeitpunkt der Drucklegung aktuellen Versionen der Java-Laufzeitumgebung sowie des Java Development Kits finden Sie auf der Begleit-DVD.

Die früher sehr wichtigen Angaben zur benötigten Hardware treten glücklicherweise zunehmend in den Hintergrund. Jeder halbwegs moderne PC oder Mac sollte den Anforderungen an einen (Java-)Entwicklungsrechner spielend gewachsen sein. Wichtiger erscheint mir die Bitte, Ihre Software stets auf einem aktuellen Stand zu halten. Dies betrifft keineswegs nur Virenschutz- und Firewall-Programme, sondern auch das Betriebssystem und alle Java-Komponenten sowie Eclipse. Der *Update Manager* der IDE kann sogar automatisch nach Aktualisierungen suchen.

Konventionen

Im Folgenden möchte ich Sie mit ein paar Konventionen vertraut machen, die Ihnen bei der Lektüre des Buches helfen sollen. Namen von neu eingeführten *Programmen*, *Produkten* und *Firmen* werden kursiv gesetzt. Treten diese Namen allerdings gehäuft auf, behalte ich die normale Darstellung bei, um den Lesefluss nicht zu stören.

Auch Dateinamen oder Teile davon erscheinen kursiv, beispielsweise *C:\Programme* oder *.jar*-Archiv. Texte, die auf dem Bildschirm erscheinen, beispielsweise Menüeinträge, Titel von Dialogen oder Fenstern erscheinen hingegen in KAPITÄLCHEN. Listings sowie Kommandofolgen, die Sie selbst eintippen müssen, werden `so dargestellt`.

Danksagung

Dieses Buch hätte ohne die freundliche Unterstützung vieler Menschen nicht entstehen können. Mein herzliches Dankeschön gebührt den Mitarbeiterinnen und Mitarbeitern von Galileo Computing, die mir stets mit Rat und Tat zur Seite standen, vor allem natürlich meinem Lektor Herrn Stephan Mattescheck, der mich schon durch mein erstes Buch *Java für Windows* begleitet hat, sowie seinem Kollegen Marc Czesnik.

Herzlichen Dank sage ich auch allen Freunden und Kollegen, die während des Schreibens ein Auge auf meine Manuskripte geworfen haben. Ihre Hinweise und Tipps konnten sicher die eine oder andere Kante glätten. Ausdrücklich bedanken möchte ich mich bei Yvonne Wolf und Dave Richardson, die mit beeindruckender Akribie meine Texte Korrektur gelesen und wertvolle Anregungen geliefert haben.

Vor allem aber danke ich meiner Familie für ihre Liebe und Unterstützung, ihr Verständnis und ihre Geduld. Meiner Ehefrau Moni danke ich für das unermessliche Glück, das sie mir jeden Tag aufs Neue schenkt, meinen Eltern Rudolf und Gertraud für alles, was sie mir auf den Weg gegeben haben, und meinem Bruder Andreas für die vielen Dinge, die er mir ermöglicht hat.

Ein gut eingerichteter Entwicklungsrechner ist die Grundlage für ent-spanntes Programmieren. Dieses Kapitel zeigt Ihnen, wie Sie die Java-Laufzeitumgebung, das Java Development Kit sowie das sogenannte Eclipse SDK optimal installieren und konfigurieren.

1 Hands on Eclipse

Eclipse basiert auf Java-Technologie. Damit Sie die Entwicklungsumgebung einsetzen können, muss auf Ihrem Rechner eine möglichst aktuelle Version der Java-Laufzeitumgebung vorhanden sein. Da Eclipse im Gegensatz zu anderen IDEs seinen eigenen Compiler mitbringt, ist das Java Development Kit nicht unbedingt erforderlich. Allerdings beinhaltet es eine Reihe wichtiger zusätzlicher Werkzeuge. Aus diesem Grund rate ich Ihnen, es in jedem Fall zu installieren.

Der erste Abschnitt zeigt Ihnen zunächst, wie Sie die Java-Laufzeitumgebung sowie das Java Development Kit (JDK) installieren und optimal einrichten. Auch wenn Sie Java schon auf Ihrem Rechner haben, empfehle ich Ihnen einen kurzen Blick in den zu Ihrem Rechner passenden Unterabschnitt. Vielleicht entdecken Sie den einen oder anderen Tipp, mit dem Sie Ihre Installation optimieren können. Danach widme ich mich der Installation von Eclipse. Sie lernen, die Entwicklungsumgebung auf Ihrem Rechner einzurichten. Anschließend zeige ich Ihnen, wie Sie Ihre Eclipse-Installation mithilfe automatischer Aktualisierungen auf dem neuesten Stand halten. Ein erstes eigenes Projekt bildet den Schwerpunkt des zweiten Abschnitts. Sie werden das Projekt anlegen, eine Java-Klasse erzeugen sowie das Programm bearbeiten und ausführen. Der dritte Abschnitt enthält einen Rundgang durch die Menüs und Dialoge der IDE.

1.1 Java und Eclipse installieren

Dieser Abschnitt beschäftigt sich mit der Installation von Java sowie dem Eclipse SDK. Da dieser Vorgang vom Betriebssystem Ihres Entwicklungsrechners abhängig ist, gibt es für die drei populärsten Betriebssysteme Windows, Linux und Mac OS X entsprechende Unterabschnitte.

1.1.1   Installation von Java

Eclipse benötigt für die Ausführung eine möglichst aktuelle Version der Java-Laufzeitumgebung oder des Java Development Kits. Letzteres hält eine Reihe interessanter Erweiterungen (beispielsweise die Datenbank Java DB sowie ein Tool zum Analysieren des Heaps) und zahlreiche Werkzeuge (etwa zum Signieren von Anwendungen) bereit. Diese dienstbaren Geister fehlen in der als separater Download erhältlichen Laufzeitumgebung. Aus diesem Grund verwende ich das JDK als Grundlage für die Eclipse-Installation.

Java unter Windows installieren

Sie finden die zum Zeitpunkt der Drucklegung aktuelle Version Java SE 6 Update 2 (*jdk-6u2-windows-i586-p.exe*) im Verzeichnis *Software\Java Development Kit* der Begleit-DVD. Selbstverständlich können Sie aktuellere Versionen direkt von der Homepage des Java-Herstellers unter *www.java.sun.com* herunterladen.

Nach dem Start des Setup-Programms müssen Sie zunächst den Installationsumfang bestimmen sowie das Zielverzeichnis festlegen. Die Java-Quelltexte sowie die sogenannte *Public JRE* sollten Sie in jedem Fall installieren. Die mitgelieferten Demos hingegen sind nicht unbedingt erforderlich, belegen aber nicht sehr viel Speicherplatz. Hinter der Public JRE verbirgt sich eine vollständige Java-Laufzeitumgebung, die auch als separater Download erhältlich ist. Sie beinhaltet eine Funktion zur automatischen Suche nach Updates, Integration eines Plug-ins in den Webbrowser, Java Web Start sowie die Installation eines Moduls für die Systemsteuerung.

Entscheiden Sie sich gegen diese zusätzliche Komponente, ist das Java Development Kit selbstverständlich vollständig nutzbar, da es seine eigene lokale Laufzeitumgebung mitbringt. Allerdings stehen Ihnen dann die oben genannten Funktionen nicht zur Verfügung. Wenn Sie die Public JRE installieren möchten, sollten Sie den Namen des Installationsverzeichnisses ändern, indem Sie dessen letzte drei Zeichen löschen. Standardmäßig folgt er dem Namensmuster *jrex.y.z_ab*. Die Angabe *_ab* entspricht hierbei dem Patchlevel oder Update. Beispielsweise liegt Java SE 5 (also das Vorgänger-Release) derzeit als Update 12 vor. Das Installationsverzeichnis der Laufzeitumgebung trägt also standardmäßig den Namen *jre1.5.0_12*. Jedes zusätzliche Update führt folglich zu einem neuen Ordner, was nicht nur schnell unübersichtlich wird, sondern auch erheblich Speicherplatz auf der Festplatte benötigt.

Der Einheitlichkeit halber sollten Sie auch für das Installationsverzeichnis des JDK einen Namen ohne Patchlevel wählen, beispielsweise *jdk1.6.0*. Denken Sie aber bitte daran, vor dem Einspielen eines Updates die alte Version des Java

Development Kits bzw. der Laufzeitumgebung zu deinstallieren, weil sonst ein »Versionsmix« entsteht.

Jede Java-Installation kopiert einige Dateien in das Verzeichnis *System32*. Da dieses ein Teil des systemweiten Suchpfades ist, werden in ihm abgelegte Programme ohne Angabe eines Pfades gefunden. Dennoch sollten Sie durch Anpassen von Umgebungsvariablen sicherstellen, dass auch bei einer parallelen Installation mehrerer Java-Releases immer auf die gewünschte Version zugegriffen wird.

Sie erreichen dies, indem Sie die Umgebungsvariable `JAVA_BIN` definieren, die auf das Verzeichnis *bin* unterhalb des JDK-Installationsverzeichnisses verweist (beispielsweise *C:\Programme\Java\jdk1.6.0\bin*). Anschließend löschen Sie alle Verweise auf Java-Installationen aus der Umgebungsvariable `PATH` und setzen stattdessen eine Referenz auf `JAVA_BIN` als allerersten Pfad. Auf diese Weise werden die bereits angesprochenen Dateien in *System32* ignoriert, weil die Referenz auf `JAVA_BIN` früher aufgelöst wird. Möchten Sie später mit einer anderen Java-Version arbeiten, reicht es, diese Umgebungsvariable zu modifizieren. Sie können Ihre Einstellungen testen, indem Sie in der *Eingabeaufforderung* die Befehle `java -version` sowie `javac -version` eingeben. Die beiden Programme sollten trotz der fehlenden Pfadangaben gefunden werden.

Als letzten Schritt der Installation kopieren Sie bitte die Java-Dokumentation in das Wurzelverzeichnis des JDK und entpacken sie hier. Sie finden die Datei *jdk-6-doc.zip* auf der Begleit-DVD unter *Software\Java Development Kit*. Achten Sie bitte darauf, sie im gleichen Verzeichnis auszupacken, in dem auch die Archivdatei liegt. Auf diese Weise wird das Verzeichnis *docs* an der richtigen Stelle angelegt. *jdk-6-doc.zip* können Sie anschließend löschen.

Java unter Linux installieren

Sie finden die zum Zeitpunkt der Drucklegung aktuelle Version Java SE 6 Update 2 (*jdk-6u2-linux-i586.bin*) im Verzeichnis *Software/Java Development Kit* der Begleit-DVD zum Buch. Kopieren Sie die Datei bitte in ein beliebiges Verzeichnis auf Ihrem Rechner oder laden Sie eine aktuellere Version von Suns Java-Homepage *www.java.sun.com* herunter. Im Hinblick auf die Vielzahl an Linux-Distributionen und deren zum Teil uneinheitliche Handhabung von Installationsdateien empfehle ich Ihnen, die selbst extrahierende Variante zu verwenden. Verschieben Sie die Installationsdatei mit Administrator-Rechten bitte in das Verzeichnis */opt* und starten Sie anschließend den Entpackvorgang.

```
cd <Verzeichnis, in dem jdk-6u2-linux-i586.bin liegt>
sudo mv jdk-6u2-linux-i586.bin /opt
```

```
cd /opt
sudo sh jdk-6u2-linux-i586.bin
sudo rm jdk-6u2-linux-i586.bin
```

Das Installationsskript legt das JDK in einem Verzeichnis an, dessen Name den aktuellen Patchlevel enthält, beispielsweise *jdk1.6.0_02*. Um von diesem unabhängig zu sein, rate ich Ihnen, einen symbolischen Link anzulegen, der auf das eigentliche Installationsverzeichnis zeigt: `sudo ln -s jdk1.6.0_02 java`. Damit Sie Java ohne Pfadangaben starten können, empfehle ich Ihnen ferner, der Umgebungsvariablen `JAVA_BIN` den absoluten Pfad des Verzeichnisses *bin* unterhalb des Installationsverzeichnisses zuzuweisen. Wenn Sie den eben beschriebenen symbolischen Link erzeugt haben, können Sie ihn in der Pfadangabe gleich verwenden. Der Wert für `JAVA_BIN` könnte also */opt/java/bin* lauten.

Anschließend löschen Sie bitte alle Verweise auf Java-Installationen aus der Umgebungsvariable `PATH` und setzen stattdessen eine Referenz auf `JAVA_BIN` an die allererste Stelle. In welcher Datei Sie die Umgebungsvariablen am besten setzen, hängt von Ihrer Linux-Distribution ab. Es hat sich bewährt, die Einstellungen in *.bashrc* im Heimatverzeichnis des aktuellen Benutzers vorzunehmen (auch wenn die Modifikationen dann nicht systemweit gültig sind). Wenn Sie anstelle der *bash* eine andere Shell verwenden, tragen Sie die Anweisungen in deren Konfigurationsdatei ein.

Möchten Sie später mit einer anderen Java-Version arbeiten, müssen Sie nur die Umgebungsvariable `JAVA_BIN` modifizieren oder den weiter oben angesprochenen symbolischen Link aktualisieren. Sie können Ihre Einstellungen testen, indem Sie in der *bash* (oder natürlich jeder anderen Shell) die Befehle `java -version` sowie `javac -version` eingeben. Die beiden Programme sollten trotz der fehlenden Pfadangaben gefunden werden.

Als letzten Schritt der Installation kopieren Sie bitte die Java-Dokumentation in das Wurzelverzeichnis des JDK. Sie finden die Datei *jdk-6-doc.zip* auf der Begleit-DVD unter *Software/Java Development Kit*. Achten Sie bitte darauf, sie im gleichen Verzeichnis auszupacken, in dem auch die Archivdatei liegt, damit das Verzeichnis *docs* an der richtigen Stelle angelegt wird. *jdk-6-doc.zip* können Sie anschließend löschen. Bitte beachten Sie, dass für Arbeiten im Verzeichnis */opt* Administrator-Rechte nötig sind. Sie sollten Ihre Befehle deshalb mithilfe des `sudo` Kommandos ausführen.

Java unter Mac OS X installieren

Als Mac OS X-Anwender müssen Sie sich nicht um die manuelle Installation des Java Development Kits kümmern. Sofern Sie regelmäßig die über das Apple-Menü erreichbare *Softwareaktualisierung* aufrufen, sind Sie automatisch im

Besitz einer aktuellen Java-Version. Allerdings kann es sich lohnen, die *Xcode Developer Tools* zu installieren. Ausführliche Informationen hierzu finden Sie in Kapitel 6, *Versionsverwaltung*.

1.1.2 Installation von Eclipse

In diesem Abschnitt widme ich mich der Installation von Eclipse. Um optimal auf die jeweilige Zielplattform eingehen zu können, gibt es auch hier Unterabschnitte für die Betriebssysteme Windows, Linux und Mac OS X. Diese behandeln jeweils das Einrichten auf Platte sowie den allerersten Start. Wie Sie Eclipse an Ihre Bedürfnisse anpassen, erfahren Sie im Abschnitt *Der erste Start* ab Seite 24, der dann wieder plattformunabhängig gehalten ist.

Grundsätzlich haben Sie mehrere Möglichkeiten, Eclipse zu installieren. Am bequemsten ist sicher, sich eine sogenannte *Distribution* zu besorgen, die nicht nur das Eclipse SDK, sondern auch alle übrigen Kernprojekte sowie zahlreiche Plugins enthält. Naturgemäß sind solche (von Drittanbietern zusammengestellte) Pakete äußerst umfangreich und beinhalten sehr wahrscheinlich viele Komponenten, die Sie gar nicht benötigen. Links zu Distributionen finden Sie auf der Eclipse-Homepage unter *www.eclipse.org/downloads/*.

Für dieses Buch nehme ich das *Eclipse SDK* als Grundlage. Diese ab Eclipse 3.3 auch *Eclipse Classic* genannte Variante beinhaltet neben der sogenannten *Eclipse Platform* die *Java Development Tools* sowie das *Plug-in Development Environment*. Ausführliche Erklärungen dieser Begriffe finden Sie übrigens in Kapitel 4, *Funktionen mit Plug-ins erweitern*.

Neben diesem »Rundum sorglos«-Paket bietet die Eclipse-Foundation drei abgespeckte Versionen, nämlich *Eclipse IDE for Java Developers*, *Eclipse IDE for C/C++ Developers* oder *Eclipse for RCP/Plug-in Developers*. Trotz seines stattlichen Umfangs halte ich *Eclipse Classic* für das am besten geeignete Paket, um als Java-Entwickler in Eclipse einzusteigen.

Sie werden in den folgenden Kapiteln zahlreiche Plug-ins kennenlernen, die diese Installation aus meiner Sicht optimal ergänzen. Soweit es deren Lizenz zulässt, finden Sie die zum Zeitpunkt der Drucklegung aktuelle Version des Plug-ins im Verzeichnis *Software\Eclipse Plug-ins* auf der Begleit-DVD.

Eclipse unter Windows installieren

Die Version 3.3 des Eclipse SDK für Windows finden Sie im Verzeichnis *Software\Eclipse SDK* der Begleit-DVD sowie unter *www.eclipse.org/downloads/*. Um sie zu installieren, genügt es, den Inhalt von *eclipse-SDK-3.3-win32.zip* in demjenigen Verzeichnis zu entpacken, das Eclipse später enthalten soll. Möchten Sie die IDE beispielsweise unter *C:\Programme* ablegen, müssen Sie diesen Pfad als Ziel des Auspackvorgangs angeben. Ihr Archivprogramm sollte automatisch das Verzeichnis *Eclipse* erzeugen, sodass die Komponenten des SDK letztlich unter *C:\Programme\Eclipse* zu finden sind. Damit ist die Installation eigentlich schon abgeschlossen. Um nicht für jeden Startvorgang ein Verzeichnisfenster öffnen zu müssen, ist es allerdings ratsam, im Startmenü oder auf dem Desktop eine Verknüpfung mit *eclipse.exe* anzulegen.

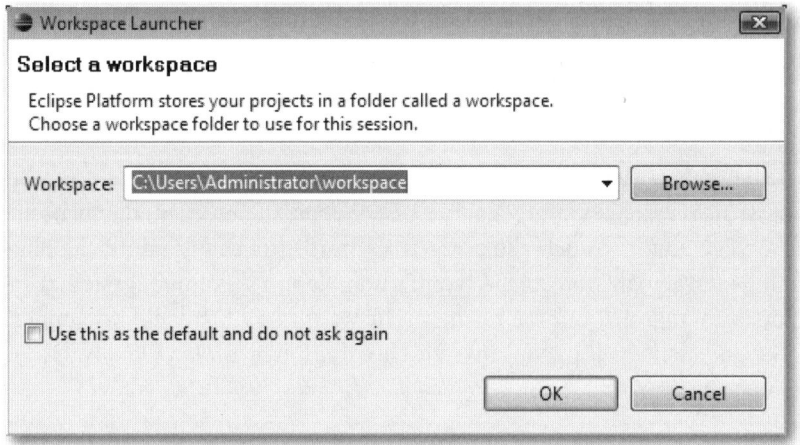

Abbildung 1.1   Dialog Workspace Launcher unter Windows

Starten Sie nun bitte Eclipse. Sie sehen den in Abbildung 1.1 gezeigten Dialog *Workspace Launcher*, in dem Sie einen sogenannten Arbeitsbereichsordner (engl. workspace folder) auswählen müssen. Vereinfacht ausgedrückt ist der Arbeitsbereich eine Art Container für Projekte. Auf Dateisystem-Ebene ist jedes Projekt ein Verzeichnis unterhalb des Arbeitsbereichsverzeichnisses, das Sie hier angeben müssen. Auch wenn Sie während der Arbeit mit Eclipse eher selten darauf zugreifen werden, sollten Sie den Arbeitsbereichsordner an einer bekannten Stelle ablegen oder sich die von Eclipse vorgeschlagene Position zumindest gut merken.

In Abschnitt 1.1.3, *Der erste Start*, zeige ich Ihnen, wie Sie Eclipse Ihren Wünschen entsprechend einrichten.

Eclipse unter Linux installieren

Sie finden die Version 3.3 des Eclipse SDK für Linux im Verzeichnis *Software/Eclipse SDK* der Begleit-DVD sowie im Download-Bereich der Eclipse-Homepage. Um sie zu installieren, müssen Sie nur den Inhalt der Datei *eclipse-SDK-3.3-linux-gtk.tar.gz* in demjenigen Verzeichnis entpacken, das Eclipse später enthalten soll.

```
cd <Verzeichnis mit eclipse-SDK-3.3-linux-gtk.tar.gz>
sudo mv eclipse-SDK-3.3-linux-gtk.tar.gz /opt/
cd /opt
sudo tar xzf eclipse-SDK-3.3-linux-gtk.tar.gz
```

Um Speicherplatz zu sparen, können Sie anschließend die Setup-Datei löschen. Außerdem bietet es sich an, eine Verknüpfung auf dem Desktop oder dem Programme-Menü der von Ihnen verwendeten Desktop-Umgebung anzulegen. Damit ist die Installation von Eclipse abgeschlossen.

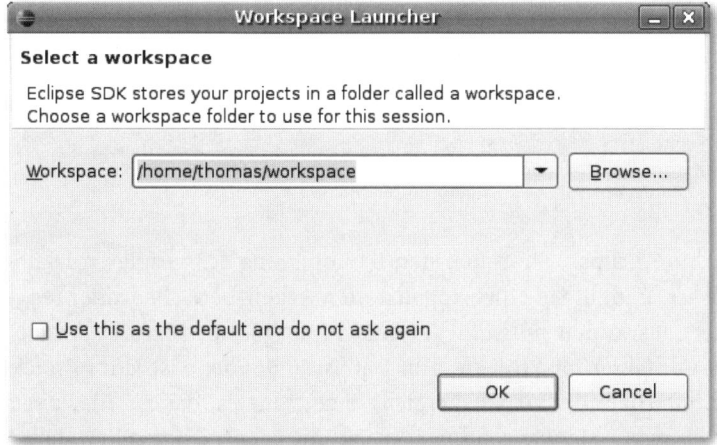

Abbildung 1.2   Der Dialog Workspace Launcher unter Linux

Nach dem Start der IDE sehen Sie den in Abbildung 1.2 gezeigten Dialog *Workspace Launcher*, in dem Sie einen sogenannten Arbeitsbereichsordner auswählen müssen. Vereinfacht ausgedrückt ist der Arbeitsbereich eine Art Container für Projekte. Auf Dateisystem-Ebene ist jedes Projekt ein Verzeichnis unterhalb des Arbeitsbereichsverzeichnisses, das Sie hier angeben müssen. Auch wenn Sie während der Arbeit mit Eclipse eher selten darauf zugreifen werden, sollten Sie den Arbeitsbereichsordner an einer bekannten Stelle ablegen oder sich die von Eclipse vorgeschlagene Position zumindest gut merken.

In Abschnitt 1.1.3, *Der erste Start*, zeige ich Ihnen, wie Sie Eclipse Ihren Wünschen entsprechend einrichten.

Eclipse unter Mac OS X installieren

Sie finden die Version 3.3 des Eclipse SDK für Mac OS X im Verzeichnis *Software/ Eclipse SDK* der Begleit-DVD sowie im Download-Bereich der Eclipse-Homepage. Um sie zu installieren, müssen Sie nur den Inhalt der Datei *eclipse-SDK-3.3-macosx-carbon.tar.gz* in das Verzeichnis *Programme* entpacken. Damit ist die

Installation eigentlich schon abgeschlossen. Um nicht für jeden Startvorgang ein Verzeichnisfenster öffnen zu müssen, ist es allerdings ratsam, auf dem Desktop ein Alias anzulegen.

Abbildung 1.3   Der Dialog Workspace Launcher unter Mac OS X

Starten Sie nun bitte Eclipse. Sie sehen den in Abbildung 1.3 gezeigten Dialog *Workspace Launcher*, in dem Sie einen sogenannten Arbeitsbereichsordner (engl. workspace folder) auswählen müssen. Vereinfacht ausgedrückt ist der Arbeitsbereich eine Art Container für Projekte. Auf Dateisystem-Ebene ist jedes Projekt ein Verzeichnis unterhalb des Arbeitsbereichsverzeichnisses, das Sie hier angeben müssen. Auch wenn Sie während der Arbeit mit Eclipse eher selten darauf zugreifen werden, sollten Sie den Arbeitsbereichsordner an einer bekannten Stelle ablegen oder sich die von Eclipse vorgeschlagene Position zumindest gut merken.

Im folgenden Abschnitt, *Der erste Start*, zeige ich Ihnen, wie Sie Eclipse Ihren Wünschen entsprechend einrichten.

1.1.3   Der erste Start

Sowohl Java als auch Eclipse sind einsatzbereit. Der Arbeit mit der IDE steht also nichts mehr entgegen. Wenn Sie es nicht bereits getan haben, sollten Sie Eclipse nun starten. Sie sehen den Dialog *Workspace Launcher*, in dem Sie den sogenannten Arbeitsbereich oder workspace festlegen müssen. Eclipse arbeitet auf der Grundlage von Projekten. Ein Projekt fasst Dateien und Einstellungen themenbezogen zusammen. Alle Projekte werden in einem Arbeitsbereich abgelegt. Wie Sie später noch sehen werden, sind Projekte Unterverzeichnisse des Arbeitsbereichs. Wo Sie diesen anlegen, ist letztlich egal. Wichtig ist nur, dass das entsprechende Verzeichnis ständig verfügbar ist. Im Hinblick auf die Arbeitsgeschwindigkeit sollten Sie den Arbeitsbereich nach Möglichkeit nicht auf einem Netzlaufwerk anlegen.

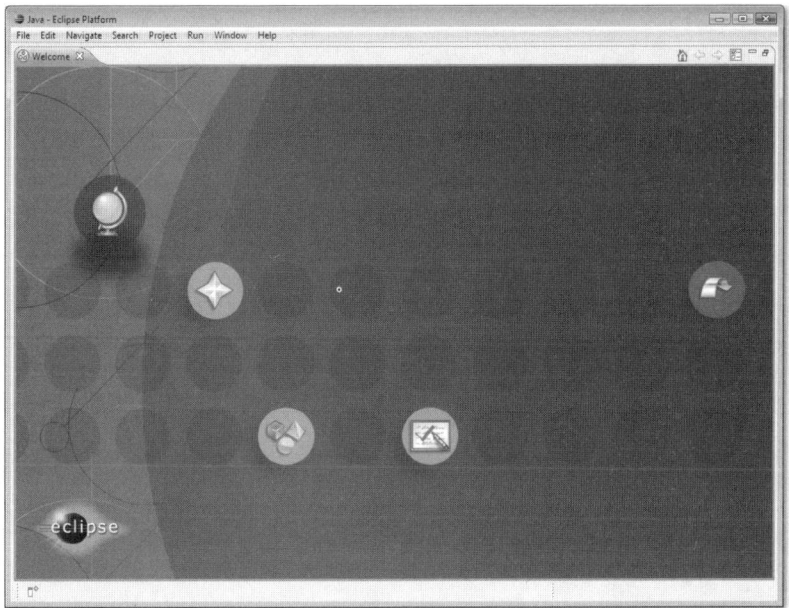

Abbildung 1.4 Eclipse nach dem ersten Start

Es ist übrigens auch im laufenden Betrieb möglich, zwischen Arbeitsbereichen umzuschalten. Von dieser Möglichkeit werden Sie wahrscheinlich Gebrauch machen, wenn sich viele Projekte angesammelt haben und Sie durch sinnvolle Gruppierungen wieder Ordnung in den Dschungel bringen müssen. Zu Beginn ist es hingegen ausreichend, für alle Projekte einen Arbeitsbereich vorzusehen. Aus diesem Grund sollten Sie vor *Use this as the default and do not ask again* ein Häkchen setzen. Beim nächsten Start wird der Dialog *Workspace Launcher* dann nicht mehr angezeigt.

Nachdem alle benötigten Komponenten geladen wurden, präsentiert Eclipse den in Abbildung 1.4 gezeigten Willkommensbildschirm. Seine (in der Standardeinstellung) vier Symbole *Overview*, *What's New*, *Samples* und *Tutorials* verzweigen zu entsprechenden Einstiegsseiten. Diese beinhalten beispielsweise Lernprogramme und Demoanwendungen. Das fünfte Symbol aktiviert die sogenannte *Workbench*. Über den Menüpunkt HELP • WELCOME kommen Sie übrigens jederzeit zum Startbildschirm zurück.

Benutzervorgaben ändern

Sie erreichen praktisch alle Einstellungen, mit denen Sie Eclipse an Ihre Bedürfnisse anpassen, über den Menüpunkt WINDOW • PREFERENCES. Er öffnet den in Abbildung 1.5 gezeigten gleichnamigen Dialog.

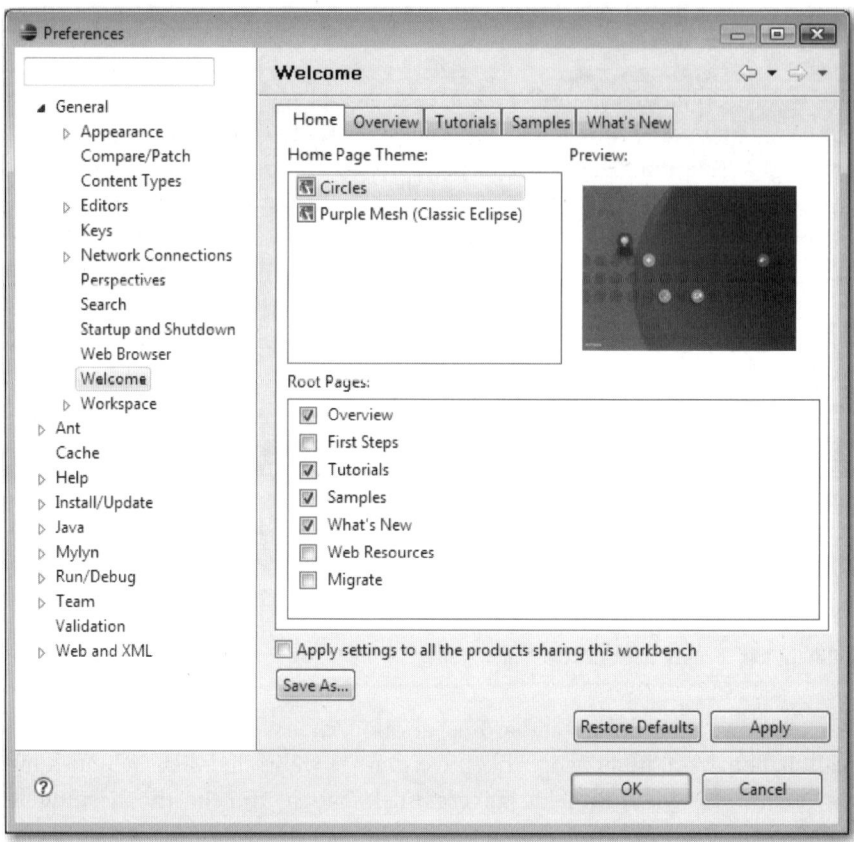

Abbildung 1.5   Der Dialog Preferences

Auf seiner Seite *Welcome* können Sie beispielsweise dem Ihnen bereits bekannten Willkommensbildschirm weitere Symbole hinzufügen. Sie zeigen diese Seite an, indem Sie unterhalb des Knotens *General* auf *Welcome* klicken. Probieren Sie dies bitte aus, indem Sie jeweils ein Häkchen vor *Web Resources* und *First Steps* setzen. Die neuen Symbole werden auf dem Startbildschirm angezeigt, sobald Sie den Dialog mit *OK* schließen.

Eclipse aktualisieren

Eine andere interessante Option ist, Eclipse selbständig nach Programmaktualisierungen suchen zu lassen. Sie finden die zugehörigen Einstellungen unterhalb des Knotens *Install/Update* unter *Automatic Updates*. Sofern Sie den Dialog *Preferences* bereits geschlossen haben, öffnen Sie ihn bitte erneut. Aktivieren Sie zunächst *Automatically find new updates and notify me* und wählen dann einen der beiden Update-Pläne (*Update Schedule*) aus. Die *Download Options* schließlich legen fest, ob Sie über Updates nur informiert werden oder ob diese automatisch heruntergeladen werden.

Falls Sie sich gegen automatische Aktualisierungen entscheiden, rate ich Ihnen, regelmäßig manuell nach neuen Programmversionen zu suchen. Wählen Sie hierzu den Menüpunkt HELP • SOFTWARE-UPDATES • FIND AND INSTALL. Im daraufhin erscheinenden Dialog *Install/Update* selektieren Sie bitte *Search for updates of the currently installed features* und klicken auf *Finish*. Nach kurzer Zeit erscheint eine Liste mit zahlreichen Rechnernamen, aus der Sie einen auswählen. Welcher Server (*Update Site Mirror*) für Sie am besten geeignet ist (also die höchste Downloadgeschwindigkeit bietet), können Sie leider nur durch Ausprobieren herausfinden.

Wenn Sie sich neugierig durch die zahlreichen Knoten des Dialogs *Preferences* geklickt haben, fühlen Sie sich von der Vielzahl der möglichen Einstellungen sehr wahrscheinlich erschlagen. Ich darf Sie an dieser Stelle beruhigen. Die Grundeinstellungen von Eclipse wurden so gewählt, dass Sie hier nur sehr selten Änderungen vornehmen *müssen*. Sehen Sie die Einstellmöglichkeiten vielmehr als ein Angebot an den Profi, die IDE bis ins letzte Detail an seine Bedürfnisse anzupassen. Ich werde im Verlauf des Buches häufiger auf diesen Dialog hinweisen.

Aufruf-Parameter

Sie können das Verhalten von Eclipse steuern, indem Sie der IDE beim Start Parameter übergeben. Hier gilt es, zwei Gruppen von Optionen zu unterscheiden. Die eine beeinflusst Eclipse selbst, die andere wirkt sich auf die virtuelle Maschine aus, in der Eclipse ausgeführt wird. Hierzu ein Beispiel:

```
eclipse -vmargs -Xmx512m
```

Das Schlüsselwort `-vmargs` leitet die Übergabe von Optionen zur Steuerung der Java-Laufzeitumgebung ein. Das Argument `-Xmx512m` setzt die Maximalgröße des sogenannten *memory allocation pools* (vereinfacht ausgedrückt, wie viel Speicher maximal zur Verfügung stehen soll) auf 512 MB fest. Eine Aufstellung der Aufrufoptionen der Java-Laufzeitumgebung finden Sie im Dokument *java - the Java application launcher* der Java-Dokumentation.[1]

Optionen, die Eclipse selbst beeinflussen, werden im WORKBENCH USER GUIDE unter TASKS • RUNNING ECLIPSE aufgelistet. Beispielsweise können Sie mit der Angabe von `-name` den Namen angeben, der in der Taskleiste angezeigt wird. Wie Sie auf das in Eclipse eingebaute Hilfesystem zugreifen, zeige ich Ihnen in Abschnitt 1.3.1, *Die Hilfefunktionen von Eclipse*.

---

1 *http://java.sun.com/javase/6/docs/technotes/tools/windows/java.html*

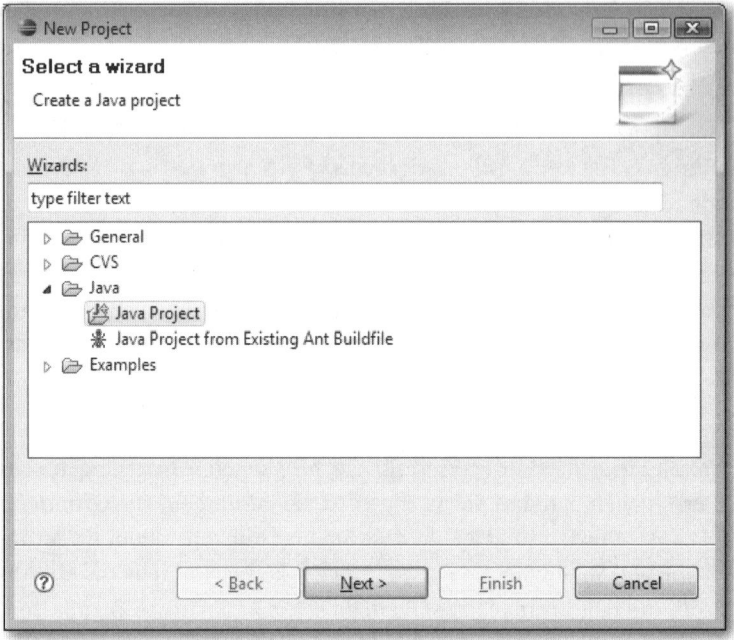

Abbildung 1.6 Dialog zum Anlegen neuer Projekte

Sie haben nun einen ersten Einblick in die Arbeit mit Eclipse gewonnen, indem Sie die IDE in ein paar Bereichen Ihren Bedürfnissen angepasst und die Möglichkeit der (automatisierten) Produktaktualisierung kennengelernt haben. Sicher brennen Sie darauf, Ihr erstes Java-Programm mit Eclipse zu schreiben. Dies ist Gegenstand des folgenden Abschnitts.

1.2 Das erste eigene Projekt

In diesem Abschnitt möchte ich Ihnen eine kleine Java-Anwendung vorstellen und auf diese Weise erste Erfahrungen im Umgang mit Projekten vermitteln. Die Aufgabe, die das Programm lösen soll, ist unspektakulär: Es gilt, eine Liste der System-Properties in einem Swing-Dialog auszugeben. Ich werde zu seiner Funktionsweise wenig sagen, schließlich geht es Ihnen ja nicht um eine Einweisung in Java, sondern in die Funktionsweise von Eclipse.

1.2.1 Ein neues Projekt anlegen

Nachdem Sie Eclipse gestartet haben, wählen Sie bitte FILE • NEW • PROJECT, woraufhin sich der in Abbildung 1.6 gezeigte Dialog zum Anlegen eines neuen Projekts öffnet. Unterhalb des Knotens *Java* finden Sie den Eintrag *Java Project*, den Sie bitte selektieren. Klicken Sie anschließend auf *Next*. Geben Sie Ihrem Projekt einen aussagekräftigen Namen, beispielsweise *SystemPropertyViewer*. Die übrigen Einstellungen sollten Sie so vornehmen, dass *Create new project in workspace*, *Use default JRE* und *Create separate folders for sources and class files* ausgewählt sind.

Eine etwaige Warnung **Using a 1.6 JRE with compiler compliance level 5.0 is not recommended** im unteren Bereich des Dialogs können Sie gefahrlos ignorieren. Durch Anklicken von *Finish* schließen Sie den Dialog *New Java Project*. Ihr Eclipse-Fenster sollte nun in etwa Abbildung 1.7 entsprechen.

Falls nicht, wechseln Sie zunächst bitte in die sogenannte *Java-Perspektive*. Wählen Sie hierzu den Menüpunkt WINDOW • OPEN PERSPECTIVE • JAVA. Anschließend lassen Sie den *Package Explorer* anzeigen, indem Sie WINDOW • SHOW VIEW • PACKAGE EXPLORER anklicken.

Bitte lassen Sie sich nicht von den vielen neuen Begriffen verwirren. Ich werde mich im folgenden Kapitel, *Arbeiten mit Eclipse*, ausführlich mit der Bedienphilosophie der IDE und den ihr zugrunde liegenden Konzepten beschäftigen. Fürs Erste möchte ich mich damit begnügen, dass der *Package Explorer* eine nach Paketen und Klassen gruppierte *Sicht* auf die Elemente eines Projekts ermöglicht.

Klassen hinzufügen

Fahren Sie im *Package Explorer* mit der Maus bitte auf den Eintrag *System-PropertyViewer* und öffnen durch Rechtsklick dessen Kontextmenü. Nach Anklicken des Eintrags NEW • CLASS öffnet sich der Dialog *New Java Class*, in dem Sie die Kriterien festlegen, die die neu anzulegende Klasse erfüllen soll. Beispielsweise möchten Sie, dass die Klasse, deren Name *SystemPropertyViewer* sein soll, von `javax.swing.JFrame` erbt. Da Ihr Java-Programm nur aus einer Klasse bestehen wird, ist es ferner nützlich, gleich den Einsprungpunkt, also die Methode `main()`, generieren zu lassen. Sie erreichen dies durch das Setzen eines entsprechenden Häkchens im Bereich *Which method stubs wold you like to create?*.

In Abbildung 1.8 sehen Sie, wie Sie den Dialog zum Erzeugen der neuen Java-Klasse `SystemPropertyViewer` ausfüllen sollten. Klicken Sie anschließend auf *Finish*. Da Sie bei *Package* als Wert `systempropertyviewer` eingetragen haben, hat Eclipse nicht nur die Klasse selbst, sondern auch ein entsprechend benanntes Paket erzeugt. Beide sind im *Package Explorer* unterhalb des Zweigs *src* zu sehen. Ferner hat Eclipse die Datei *SystemPropertyViewer.java* im eingebauten Texteditor geöffnet.

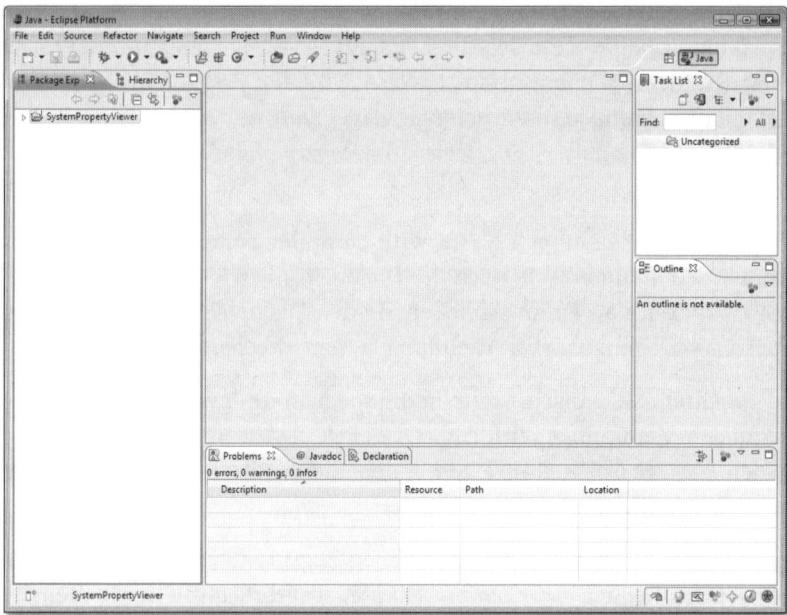

Abbildung 1.7   Die Workbench nach dem Anlegen eines Projekts

Erste Änderungen am Quelltext

Sie werden nun erste Änderungen am automatisch erzeugten Quelltext der
Klasse `SystemPropertyViewer` vornehmen.

Abbildung 1.8   Dialog zum Anlegen einer neuen Klasse

Grundlegende Editierfunktionen wie das Positionieren des Cursors mittels Maus oder Tastatur unterscheiden sich nicht von gängigen anderen Programmen. Interessanter sind sprachspezifische Eingabehilfen. Positionieren Sie den Cursor in der Leerzeile unterhalb des Kommentars `// TODO Auto-generated method stub` und rücken ihn durch Druck der [⇆]-Taste ein. Tippen Sie nun bitte die beiden Großbuchstaben `JF`, gefolgt von [Strg]-[Leertaste], woraufhin sich das in Abbildung 1.9 gezeigte Popup-Fenster öffnet. Es enthält eine Vorschlagliste mit Klassen- und Interfacenamen, die zu den bereits getippten Buchstaben passen. Sie können mit den Cursortasten in dieser Liste navigieren und die gewünschte Klasse durch Druck auf die [↵]-Taste auswählen. Die [Esc]-Taste schließt die Auswahl, ohne eine Klasse in den Quelltext zu übernehmen. Selektieren Sie bitte *JFrame*. Haben Sie bemerkt, dass Eclipse automatisch eine passende `import`-Anweisung eingefügt hat?

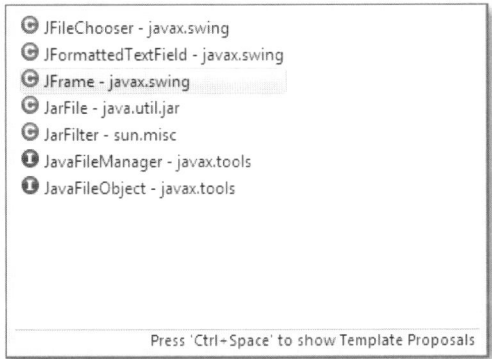

Abbildung 1.9 Vorschlagsliste mit Klassen- und Interfacenamen

Komplettieren Sie die Eingabe bitte, sodass sie wie folgt aussieht: `JFrame f = new JFrame("SystemPropertyViewer");`. Beginnen Sie bitte eine neue Zeile und tippen `f.sDC`. Die Ihnen bereits bekannte Auswahlliste wird Ihnen ohne weiteres Zutun die Methode `setDefaultCloseOperation()` vorschlagen. Bitte akzeptieren Sie den Vorschlag, woraufhin Eclipse einen entsprechenden Aufruf in den Quelltext einfügt. Der Text zwischen der öffnenden und schließenden Klammer ist markiert, wird also beim Tippen automatisch überschrieben. Bitte ersetzen Sie ihn durch `JFrame.EXIT_ON_CLOSE`. Auch hier können Sie sich viel Tipparbeit ersparen, indem Sie mittels [Strg]-[Leertaste] die Vorschlagsliste mit Vervollständigungen bemühen.

```
package systempropertyviewer;

import javax.swing.JFrame;
import javax.swing.JTextArea;
```

```
public class SystemPropertyViewer extends JFrame {

  /**
   * @param args
   */
  public static void main(String[] args) {
    // TODO Auto-generated method stub
    JFrame f = new JFrame("SystemPropertyViewer");
    f.setDefaultCloseOperation(JFrame.EXIT_ON_CLOSE);
    JTextArea ta = new JTextArea(10, 40);
    ta.sctEditable(false);
    f.getContentPane().add(ta);
    f.pack();
    f.setVisible(true);
  }
}
```

Listing 1.1   SystemPropertyViewer.java (Teil 1)

Bitte vervollständigen Sie das Programm *SystemPropertyViewer.java*. Falls Sie keine Lust haben, es einzutippen, können Sie es stattdessen auch von der Begleit-DVD kopieren. Sie finden das Programm im Verzeichnis *Quelltexte\Hands on Eclipse\SystemPropertyViewer_Teil_1*.

Der erste Programmstart

Um das Programm zu starten, wählen Sie bitte den Menüpunkt RUN • RUN AS • JAVA APPLICATION. Falls Sie den Quelltext nicht bereits gespeichert haben, erscheint der Dialog *Save and Launch*, den Sie in Abbildung 1.10 sehen. Wenn Sie Änderungen vor Programmstarts automatisch sichern möchten, können Sie dies durch Setzen eines Häkchens vor *Always save resources before launching* erreichen. Bestätigen Sie den Dialog nun mittels *OK*.

Sofern Sie bei der Eingabe keine Fehler gemacht haben, wird sich das noch leere Fenster Ihrer Beispielanwendung *SystemPropertyViewer* öffnen. Durch Anklicken seines Schließen-Feldes beenden Sie das Programm. Haben Sie sich während der Eingabe vertippt, macht Eclipse Sie mit verschiedenen Symbolen am linken Rand der fehlerhaften Zeilen auf die Probleme aufmerksam. Fahren Sie mit der Maus über eines der Symbole, so erscheint ein erklärender Tooltip. Wenn Eclipse mehrere Lösungsvorschläge hat, können Sie sich diese durch Klick mit der Maus auf das Symbol in Form eines Popups anzeigen lassen.

Wie bei der Vorschlagsliste für Klassen und Interfaces können Sie auch hier mithilfe der Cursortasten navigieren und den gewünschten Eintrag mit ⏎ selektieren. Die Taste Esc schließt die Auswahl, ohne eine Aktion auszulösen.

Abbildung 1.10   Änderungen speichern und Programm starten

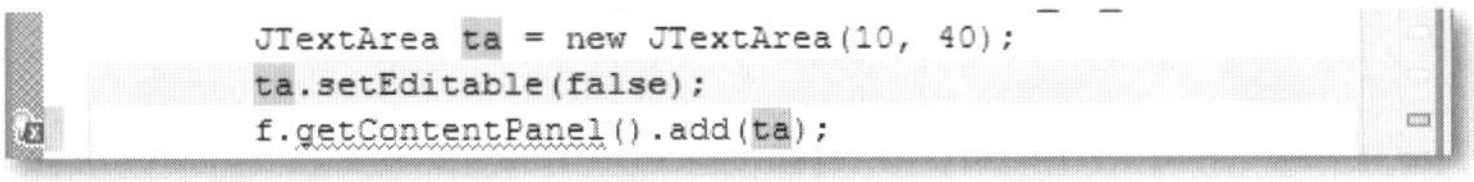

```
JTextArea ta = new JTextArea(10, 40);
ta.setEditable(false);
f.getContentPanel().add(ta);
```

Abbildung 1.11   Eclipse hebt Eingabefehler farblich hervor.

Zusätzlich hebt Eclipse das Problem im Quelltext durch eine rote Schlangenlinie hervor, die in Abbildung 1.11 zu sehen ist.

Tasks

Vielleicht ist Ihnen der einzeilige Kommentar `// TODO Auto-generated method stub` aufgefallen, der automatisch durch Eclipse generiert wurde. Da Sie bereits mit der Implementierung der Methode begonnen haben, ist er eigentlich überflüssig. Statt ihn durch Löschen der entsprechenden Zeile von Hand zu entfernen, können Sie eine Funktion in Eclipse aufrufen. Klicken Sie hierzu auf das Symbol mit dem blauen Häkchen am linken Rand des Eingabebereichs und wählen Sie im daraufhin erscheinenden Popup-Menü die Zeile *Remove task tag* durch Drücken der Taste ⏎ aus.

Sie haben hier ein äußerst praktisches Konzept von Eclipse kennengelernt, die sogenannten *Aufgaben* (engl. tasks). Der Eclipse-eigene Java-Compiler hat in der Kommentarzeile das Schlüsselwort `TODO` entdeckt und daraufhin automatisch eine gleichnamige Aufgabe angelegt. Aufgaben werden in einer eigenen Sicht gesammelt, die Sie über die Menüleiste unter WINDOW • SHOW VIEW • TASKS öffnen.

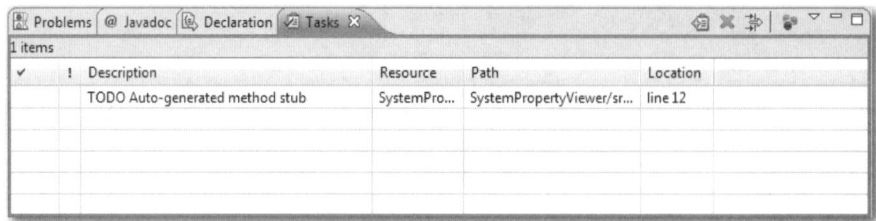

Abbildung 1.12 Aufgabenverwaltung in Eclipse

Neben den automatisch erzeugten Aufgaben kennt Eclipse auch solche, die durch den Benutzer angelegt werden. Klicken Sie hierzu bitte auf das Symbol *New Task* im rechten oberen Bereich der Sicht *Tasks*, die Sie in Abbildung 1.12 sehen.

Sobald Sie eine Aufgabe erfolgreich abgeschlossen haben, markieren Sie diese wie in Ihrem elektronischen Organizer oder in Outlook durch Anklicken einfach als erledigt. Diese Funktion, die im Kontextmenü einer Aufgabe MARK COMPLETED heißt, ist übrigens nur für Aufgaben verfügbar, die Sie als Benutzer angelegt haben. Durch das System generierte Tasks können derzeit nur auf die weiter oben beschriebene Weise gelöscht werden.

Verbergen nicht benötigter Codeabschnitte

In diesem Abschnitt möchte ich Ihnen zeigen, wie Sie vor allem bei langen Quelltexten die Übersichtlichkeit erhöhen können. Eclipse bietet nämlich die Möglichkeit, nicht benötigte Bereiche des Quelltextes zu verbergen oder einzuklappen.

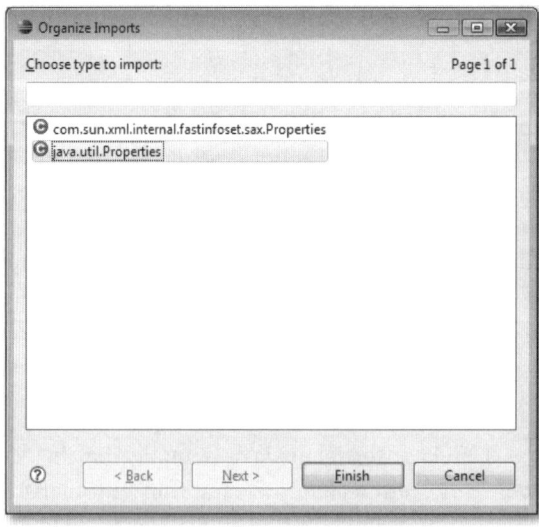

Abbildung 1.13 Dialog zum Auswählen einer zu importierenden Klasse

Fügen Sie dem Programm *SystemPropertyViewer* bitte die folgende Methode hinzu.

```
private static String getSystemProperties() {
  StringBuffer sb = new StringBuffer();
  Properties p = System.getProperties();
  Enumeration e = p.keys();
  while (e.hasMoreElements() == true) {
    String key = (String) e.nextElement();
    sb.append(key + "=" + p.getProperty(key) + "\n");
  }
  return sb.toString();
}
```

Listing 1.2 SystemPropertyViewer.java (Teil 2)

Nachdem Sie dieses Quelltextfragment hinzugefügt haben, wird Eclipse zwei Fehler monieren.

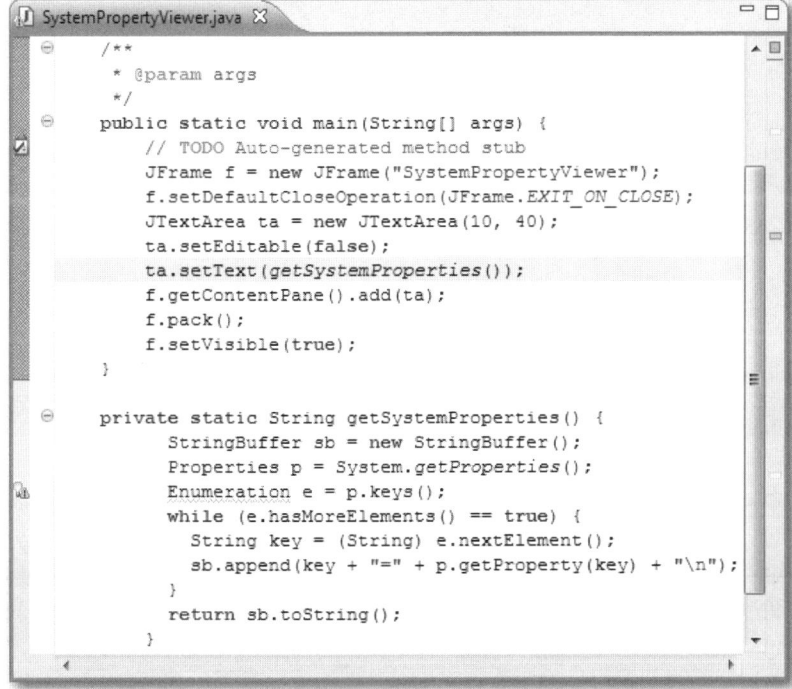

Abbildung 1.14 Eclipse kennzeichnet einklappbare Bereiche.

Die Methode getSystemProperties() verwendet die beiden Klassen Properties und Enumeration, für die bisher keine entsprechenden import-Anweisungen vorhanden sind. Die Funktion SOURCE • ORGANIZE IMPORTS behebt dieses Problem. Bei Namenskonflikten, also wenn Klassen mit gleichem Namen in verschiedenen Paketen verwendet werden, erscheint der in Abbildung 1.13 gezeigte Dialog *Organize Imports*, in dem Sie die benötigte Klasse auswählen können.

Fügen Sie außerdem vor der Zeile `f.getContentPane().add(ta);` bitte noch die folgende Anweisung ein: `ta.setText(getSystemProperties());` Wenn Sie möchten, können Sie die neue Version des Programms durch Aufruf von RUN • RUN AS • JAVA APPLICATION testen.

Nun zu der bereits angekündigten Funktion, Teile des Quelltextes einzuklappen. Stellen, an denen dies möglich ist, markiert Eclipse mit einem kreisförmigen Symbol im linken Randbereich des Texteditors. In Abbildung 1.14 sehen Sie drei solcher Faltpunkte, nämlich den Beginn des dreizeiligen Kommentars sowie die jeweils erste Zeile der Methoden `main()` und `getSystemProperties()`. Um nun beispielsweise den Kommentar zu verbergen, klicken Sie einfach das ihm zugeordnete Symbol einmal an. Dessen Minus-Zeichen verwandelt sich daraufhin in ein Plus-Zeichen.

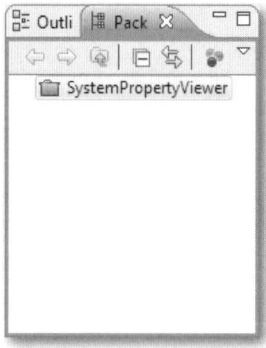

Abbildung 1.15 Anzeige eines geschlossenen Projekts im Package Explorer

Eingeklappte Bereiche verschwinden bis auf eine Zeile vollständig. Ein nochmaliges Klicken auf das Faltsymbol bringt den verborgenen Inhalt wieder zum Vorschein und das Symbol ändert sich erneut. Möchten Sie nur einen kurzen Blick auf die versteckten Inhalte werfen, genügt es, mit der Maus auf dem Symbol zu verweilen. Eclipse zeigt daraufhin einen Tooltip, der den versteckten Text enthält.

1.2.2 Ein erster Blick auf die Projektverwaltung

Sie haben bereits gesehen, wie in Eclipse Projekte angelegt werden. In diesem Abschnitt möchte ich Ihnen einige weitere Funktionen rund um das Thema

Projektverwaltung vorstellen. Ausführliche Informationen hierzu finden Sie dann in Kapitel 3, *Arbeitsbereiche und Projekte*.

Ein Projekt schließen

Zahlreiche projektbezogene Aufgaben lassen sich innerhalb des sogenannten *Package Explorers* abwickeln, den ich Ihnen schon als eine *Sicht* auf Ihre Quelltexte vorgestellt habe. Möchten Sie beispielsweise die Arbeit an einem Projekt beenden, können Sie es mithilfe des Menüpunkts CLOSE PROJECT im Kontextmenü, das Sie durch Rechtsklick auf den Projektnamen im *Package Explorer* erreichen, schließen. Etwaige geöffnete Dateien, die zu diesem Projekt gehören, werden von Eclipse automatisch geschlossen.

Außerdem ändert sich die Darstellung des Projekts. Abbildung 1.15 zeigt das Projekt *SystemPropertyViewer* nach dem Schließen. Geschlossene Projekte lassen sich durch Doppelklick auf den Projektnamen im *Package Explorer* jederzeit wieder öffnen.

Löschen von Projekten

Um ein Projekt zu löschen, wählen Sie bitte den Menüpunkt DELETE des Projekt-Kontextmenüs oder drücken, nachdem Sie das Projekt im *Package Explorer* angeklickt haben, die Taste Entf.

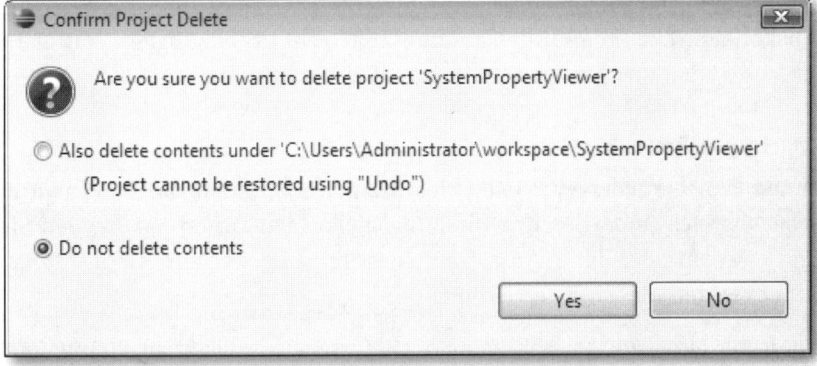

Abbildung 1.16 Sicherheitsabfrage vor dem Löschen eines Projekts

In beiden Fällen erscheint der Dialog *Confirm Project Delete*, den Sie in Abbildung 1.16 sehen. Hier wählen Sie aus, ob Sie das Projekt vollständig löschen oder nur aus dem Package Explorer entfernen möchten. Das vollständige Löschen (*Also delete contents*) ist endgültig. Das heißt, Eclipse sicht keine Funktionen vor, Ihre Daten wiederherzustellen. Sie müssten hierzu ein Backup einspielen, was natürlich eine regelmäßige Sicherung Ihrer Daten voraussetzt.

Die zweite Auswahlmöglichkeit *Do not delete contents* entfernt keine projektbezogenen Dateien, sondern entfernt das Projekt nur aus dem Workspace. Bitte wählen Sie nun diese Löschvariante und klicken anschließend auf *Yes*.

In einem weiteren Dialog wird Sie Eclipse möglicherweise fragen, ob Sie die zu dem Projekt gehörende *Launch Configuration* auch löschen möchten. Dies hat folgenden Hintergrund: Beim Start von Programmen aus der IDE heraus können Sie die Ablaufumgebung in weiten Bereichen konfigurieren. Beispielsweise lassen sich System-Properties setzen, Argumente auf der Kommandozeile übergeben sowie Umgebungsvariablen einstellen. Auch wenn Sie explizit keine Einstellungen vorgenommen haben, so hat Eclipse doch automatisch eine solche Konfiguration für Ihr Programm *SystemPropertyViewer* erzeugt. Da Sie das zugehörige Projekt nun löschen möchten, ist es sehr wahrscheinlich, dass diese Einstellungen nicht weiter benötigt werden.

Bitte wählen Sie die Konfiguration zu *SystemPropertyViewer* aus und bestätigen Sie den Dialog mit *OK*. Wenn Sie sicher sind, diese Aktion immer beim Löschen eines Projekts durchführen zu wollen, können Sie ein Häkchen vor *Always delete associated launch configurations* setzen. Die entsprechende Einstellung lässt sich im Dialog *Preferences* unter *Run/Debug • Launching • Launch Configurations* übrigens jederzeit korrigieren.

Nach dem Löschen des Projekts *SystemPropertyViewer* ist der *Package Explorer* wieder leer. Die gerade eben vorgestellte Vorgehensweise ist sinnvoll, wenn Sie absehen können, ein Projekt für geraume Zeit nicht zu benötigen. Was aber, wenn irgendwann doch Änderungen am Quelltext notwendig werden?

Importieren von Projekten

Sie können Projekte jederzeit wieder sichtbar machen, indem Sie sie erneut in den Arbeitsbereich importieren. Öffnen Sie hierzu den Dialog *Import*, den Sie über FILE • IMPORT oder durch Anklicken eines freien Bereichs im *Package Explorer* mit der rechten Maustaste erreichen.

Markieren Sie bitte, wie in Abbildung 1.17 zu sehen ist, *Existing Projects into Workspace* unterhalb des Knotens *General* und klicken anschließend auf *Next*. Der Dialog bietet Ihnen die Optionen *Select root directory* und *Select archive file*. Bitte wählen Sie die erstgenannte Option und klicken Sie auf die rechts von ihr stehende Schaltfläche *Browse*. Im daraufhin erscheinenden Dialog *Ordner suchen* wählen Sie bitte das Arbeitsbereichsverzeichnis, das Sie in Abschnitt 1.1.2, *Installation von Eclipse*, eingestellt haben. Wie Sie in Abbildung 1.18 sehen, zeigt Ihnen Eclipse unter *Projects* alle Projekte, die im gerade ausgewählten Arbeitsbereich gefunden wurden.

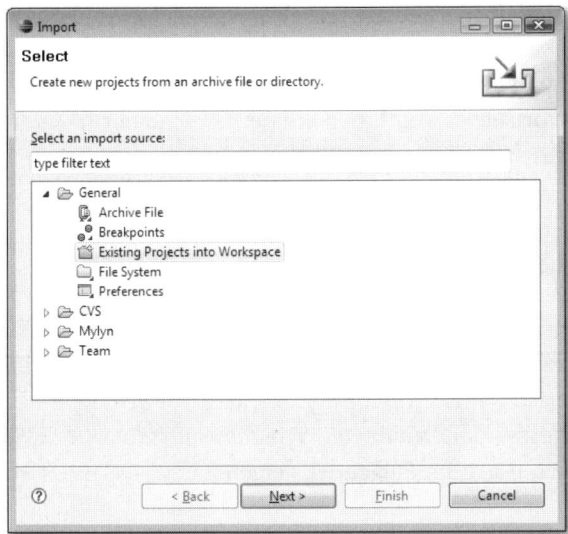

Abbildung 1.17   Importieren eines vorhandenen Projekts

Selektieren Sie bitte *SystemPropertyViewer* und schließen Sie den Dialog durch Anklicken der Schaltfläche *Finish*. Das Projekt erscheint daraufhin wieder im *Package Explorer*.

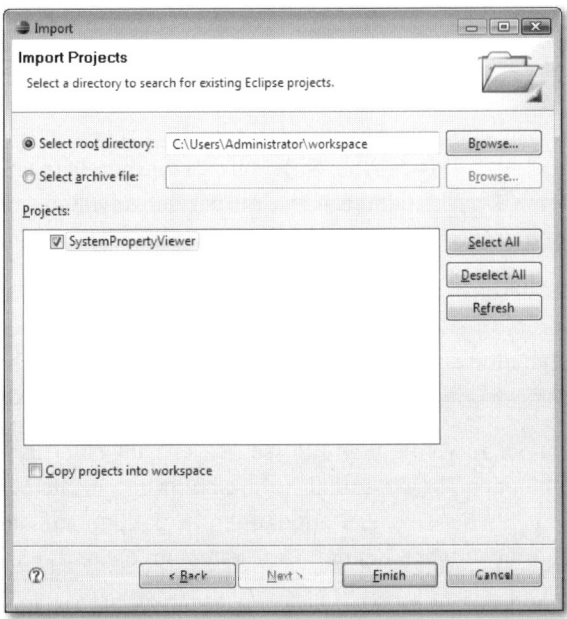

Abbildung 1.18   Eclipse zeigt die im Arbeitsbereich vorhandenen Projekte.

Sie haben in diesem Abschnitt ein erstes kleines Java-Projekt angelegt und durch das Ausführen einiger projektbezogener Aufgaben erste Eindrücke von der Leistungsfähigkeit von Eclipse gewonnen. Diesen virtuellen Rundgang möchte ich auch im folgenden Abschnitt fortsetzen und Ihnen einige Bereiche der IDE vorstellen, mit denen Sie in Ihrer Arbeit häufig zu tun haben werden.

1.3   Ein Rundgang durch die IDE

Eclipse ist eine äußerst mächtige Entwicklungsumgebung mit unzähligen Dialogen, Menüs und Fenstern. Da kann es schon einmal passieren, dass man sich im Dschungel der Funktionen verirrt. Umso wichtiger ist es, dass die IDE dem Anwender leicht zugängliche Hilfefunktionen anbietet. Wie diese aussehen und wie Sie diese anwenden, möchte ich Ihnen im Folgenden zeigen.

1.3.1   Die Hilfefunktionen von Eclipse

Alle Hilfefunktionen, die Ihnen Eclipse zur Verfügung stellt, sind zentral über das Menü HELP zugänglich. Beispielsweise können Sie von hier aus den Willkommensbildschirm, den Sie in Abschnitt 1.1.3 kennengelernt haben, erneut öffnen. Eine weitere sehr nützliche Funktion ist KEY ASSIST, die Ihnen alle über Tastatur zugänglichen Funktionen sowie die dazu gehörenden Tastaturkürzel in einem kompakten Popup-Menü auflistet.

Das Eclipse-Hilfesystem

Den Einstieg in das Eclipse-Hilfesystem, das Sie in Abbildung 1.19 sehen, erreichen Sie über HELP • HELP CONTENTS. Das Fenster ist in zwei Hauptbereiche unterteilt, einen *Contents* genannten Themen- und Navigationsbereich sowie die eigentliche Anzeigefläche, die den größten Teil des Hilfesystems einnimmt.

Der Themen- und Navigationsbereich besteht aus vier Registerkarten, die Sie durch Anklicken eines der Symbole *Contents*, *Index*, *Search Results* und *Bookmarks* erreichen. Jede Registerkarte hat eine eigene Symbolleiste, die sich in ihrer rechten oberen Ecke befindet.

Die Registerkarte *Contents*, die Sie in Abbildung 1.20 sehen, enthält eine Liste aller verfügbaren Hilfethemen. Jedes Thema enthält zahlreiche Knoten, die Sie durch Anklicken des zugehörigen Plus-Zeichens aufklappen. Ein Klick auf die Blätter dieser Baumansicht zeigt die entsprechenden Hilfeseiten an. *Contents* enthält folgende Symbole:

▸ *Print topics* hilft Ihnen, Teile der Hilfetexte auszudrucken.

▸ *Refresh / Show Current Topic* gleicht den gerade angezeigten Hilfetext mit der Anzeige im Navigationsbereich ab. Diese Funktion ist nach einer weiter unten beschriebenen Suchanfrage sinnvoll.

▸ *Collapse All* faltet alle aufgeklappten Themenbereiche und Kapitel zusammen. Falls Sie sich im Dschungel der Hilfetexte verirrt haben, stellen Sie auf diese Weise wieder die Übersicht her.

▸ *Maximize* stellt den Navigationsbereich in voller Größe dar. Klicken Sie auf *Restore*, um zur ursprünglichen Größe zurückzukehren.

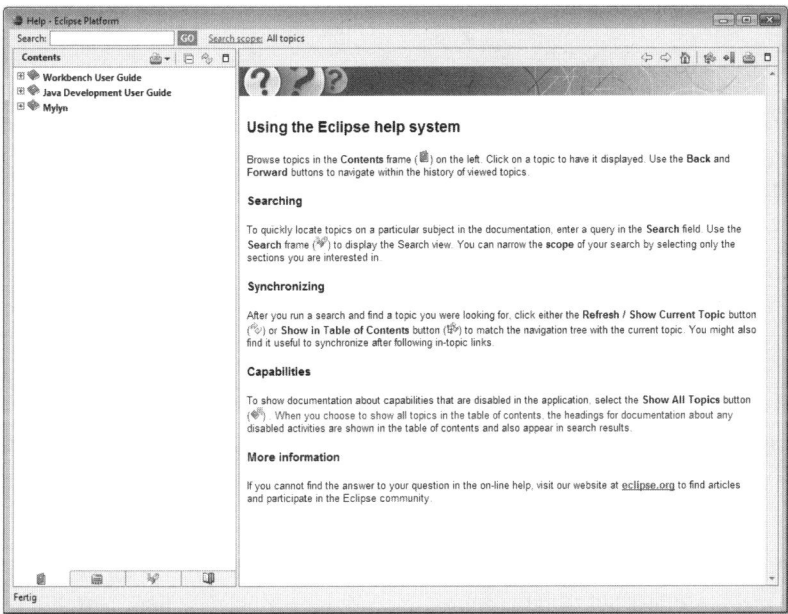

Abbildung 1.19   Das Eclipse-Hilfesystem

Abbildung 1.20   Die Registerkarte Contents

Die Registerkarte *Index*, die in Abbildung 1.21 zu sehen ist, enthält eine Aufstellung aller Indexeinträge der verfügbaren Hilfethemen. Zu jedem Eintrag gibt es mindestens eine Fundstelle, die Sie durch Anklicken im Darstellungsbereich anzeigen können. *Index* enthält folgende Symbole:

▶ *Refresh / Show Current Topic* gleicht den Dokumentbereich mit dem Navigationsbereich ab. Auch diese Funktion kennen Sie bereits.

▶ *Maximize* bringt den Navigationsbereiche auf seine maximale Größe.

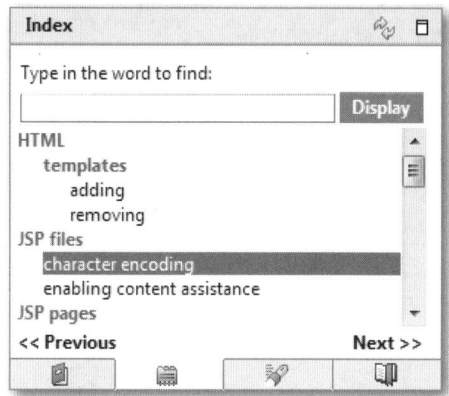

Abbildung 1.21   Die Registerkarte Index

Die Registerkarte *Search Results* in Abbildung 1.22 listet Ergebnisse von Suchanfragen auf. Sie enthält die zwei bereits bekannten Symbole *Refresh / Show Current Topic* und *Maximize*.

Mit den beiden zusätzlichen Symbolen *Show result categories* und *Show result descriptions* legen Sie fest, wie Suchergebnisse angezeigt werden sollen. Durch Ein- oder Ausschalten des entsprechenden Symbols können Sie den Namen des zugeordneten Hilfethemas sowie eine kurze Beschreibung anzeigen oder ausblenden. Die Kategorien entsprechen den auf der Registerkarte *Contents* angezeigten Hilfethemen.

Für Suchanfragen verwenden Sie das Eingabefeld oberhalb des Navigationsbereichs. Durch Anklicken des Links *Search scope* können Sie festlegen, in welchen *Themengebieten* das Hilfesystem nach Ihrem Begriff suchen soll. Es öffnet sich der Dialog *Select Search Scope*, den Sie in Abbildung 1.23 sehen. Mit ihm verwalten Sie sogenannte *Suchlisten* und legen fest, ob Sie in einer dieser Listen oder in allen Themengebieten suchen möchten.

Durch Anklicken der Schaltfläche *New* können Sie neue Suchlisten anlegen. Sie sehen daraufhin den Dialog *New Search List* aus Abbildung 1.24, in dem Sie Ihrer Suchliste einen Namen geben sowohl beliebige Themen zuordnen. Nach dem Schließen dieses Dialogs mittels *OK* erscheint die neue Suchliste im Dialog *Select Search Scope* unterhalb von *Search only the following topics*.

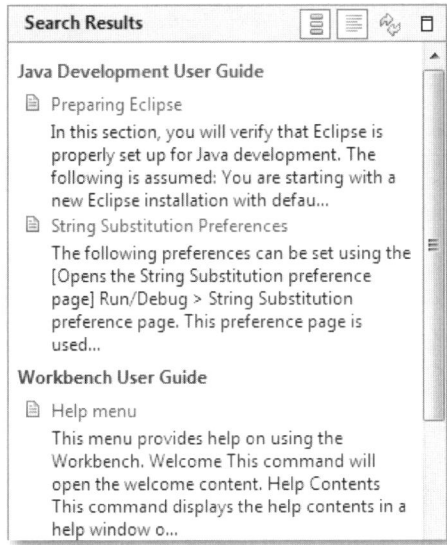

Abbildung 1.22   Die Registerkarte Search Results

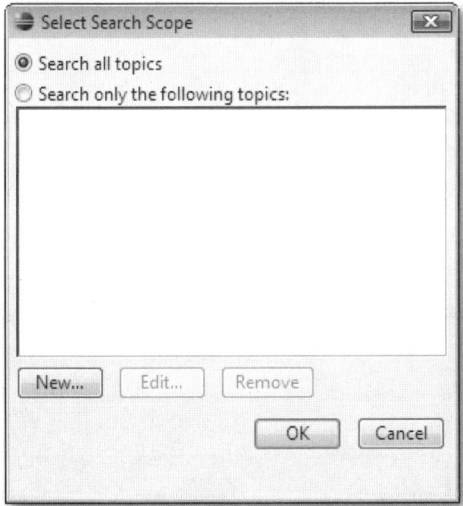

Abbildung 1.23   Der Dialog Select Search Scope

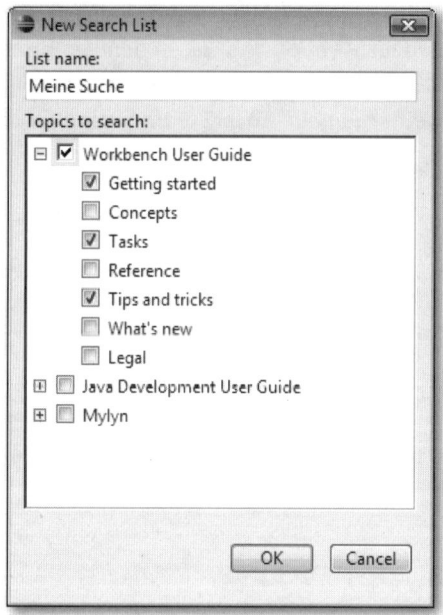

Abbildung 1.24 Der Dialog New Search List

Auf der Registerkarte *Bookmarks*, die Sie in Abbildung 1.25 sehen, verwalten Sie sogenannte Lesezeichen. Hierbei handelt es sich um Hilfetexte, die Sie durch Setzen eines Bookmarks als interessant oder wichtig gekennzeichnet haben und auf die Sie sehr schnell zugreifen möchten. Folgende Symbole stehen zur Verfügung:

▶ *Delete Selected Bookmark* löscht ein zuvor angelegtes Lesezeichen.

▶ *Delete All Bookmarks* löscht alle von Ihnen angelegten Lesezeichen.

▶ *Refresh / Show Current Topic* ist Ihnen bereits bekannt.

▶ *Maximize* bringt den Navigationsbereich, und damit die Registerkarte Bookmarks, auf seine maximale Größe.

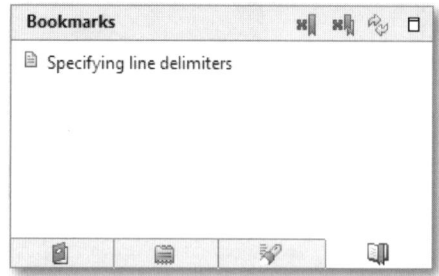

Abbildung 1.25 Die Registerkarte Bookmarks

Das Anlegen eines Lesezeichens geschieht mithilfe der Symbolleiste oberhalb des Anzeigebereichs, die Sie in Abbildung 1.26 sehen.

Abbildung 1.26   Die Symbolleiste des Anzeigebereichs

Die Symbolleiste des Anzeigebereichs enthält folgende Funktionen:

- *Go Back* navigiert zu dem Hilfetext, der vor dem aktuell angezeigten zu sehen war.
- *Go Forward* zeigt den Hilfetext an, den Sie nach dem aktuell angezeigten aufgerufen haben.
- *Home* navigiert zur Einstiegsseite des Hilfesystems.
- *Show in Table of Contents* wechselt im Navigationsbereich zur Registerkarte *Contents* und zeigt in der Baumdarstellung das aktuell zu sehende Dokument.
- *Bookmark Document* fügt den aktuellen Hilfetext Ihrer Lesezeichenliste hinzu.
- *Print Page* druckt die aktuelle Seite.
- *Maximize* bringt den Anzeigebereich auf seine maximale Größe. Das erneute Klicken auf das Symbol (das nun *Restore* heißt) stellt die normale Größe wieder her.

Tips and Tricks

Eine weitere Möglichkeit, in das Eclipse-Hilfesystem einzusteigen, bietet die über HELP • TIPS AND TRICKS erreichbare Sammlung von Hilfestellungen. Sie ist in verschiedene Bereiche unterteilt, von denen Sie im Dialog *Tips and Tricks* einen auswählen müssen.

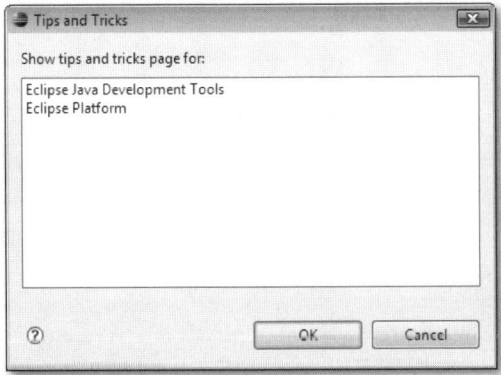

Abbildung 1.27   Der Dialog Tips and Tricks

Nach dem Anklicken eines Pakets und Schließen des Dialogs, den Sie in Abbildung 1.27 sehen, mit *OK* oder nach Doppelklick auf einen Paketnamen erscheint das Ihnen bereits bekannte Hilfe-Fenster, in dem Sie nach Belieben blättern und Lesezeichen anlegen können.

Dynamic Help

Bisher ist das Eclipse-Hilfesystem stets als eigenständiges Fenster in Erscheinung getreten. Der Vorteil ist, dass Sie seine Lage und Größe beliebig einstellen und viel Inhalt anzeigen können. Auf der anderen Seite kann es störend sein, ständig zwischen ihm und dem Eclipse-Hauptfenster wechseln zu müssen.

Die beiden Menüpunkte HELP • SEARCH und HELP • DYNAMIC HELP rufen ebenfalls die Onlinehilfe auf, allerdings als sogenannte *Sicht*. Fürs Erste können Sie sich eine Sicht als Fenster oder Bereich innerhalb des Eclipse-Hauptfensters vorstellen. Wie ich Ihnen später noch ausführlich zeigen werde, sind Sichten optimal in die *Workbench* eingebunden. Sie erkennen dies beispielsweise daran, dass sich der Inhalt der in Abbildung 1.28 gezeigten Sicht *Help* ändert, wenn Sie zwischen Sichten umschalten.

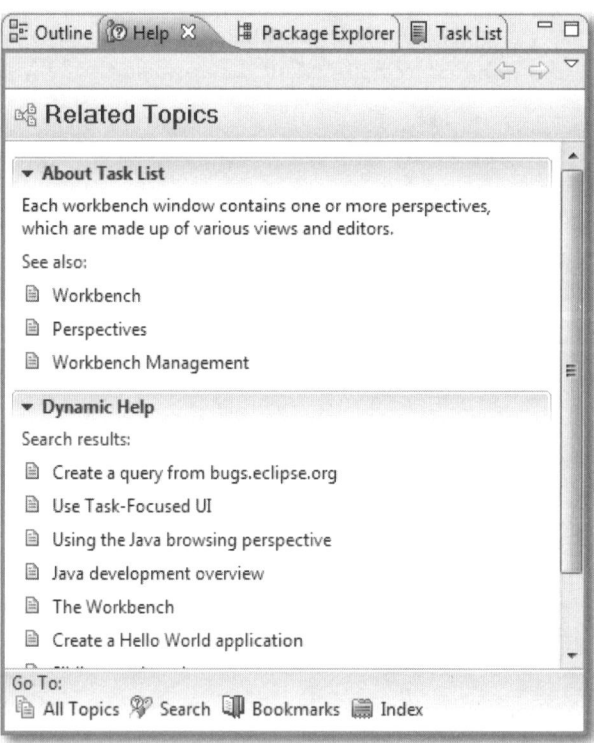

Abbildung 1.28 Die Sicht Help

Probieren Sie es doch einmal aus, indem Sie zunächst mit HELP • DYNAMIC HELP die kontextbezogene Hilfe aktivieren. Öffnen Sie nun die Sicht *Problems*, indem Sie WINDOW • SHOW VIEW • PROBLEMS auswählen. Sie werden bemerken, dass sich der Hilfetext, den die Sicht *Help* anzeigt, ändert und nun Informationen zu der Sicht *Problems* beinhaltet. Dasselbe passiert, wenn Sie eine weitere Sicht öffnen, beispielsweise die Ihnen bereits bekannte Sicht *Tasks*.

Cheat Sheets

Unter dem Begriff *Cheat Sheet* fasst Eclipse Schritt-für-Schritt-Anleitungen zusammen, die Ihnen helfen, eine bestimmte Aufgabe zu lösen. Eine Liste der verfügbaren Cheat Sheets sehen Sie nach Aufruf der Funktion durch HELP • CHEAT SHEETS im Dialog *Cheat Sheet Selection*, den Abbildung 1.29 zeigt.

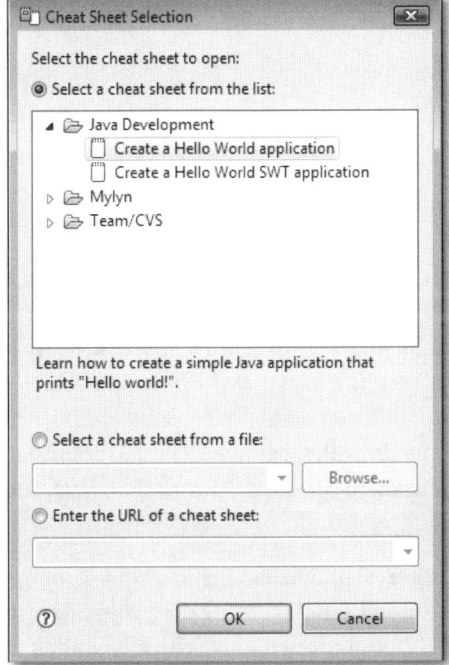

Abbildung 1.29 Dialog zum Auswählen einer Schritt-für-Schritt-Anleitung

Wählen Sie bitte *Create a Hello World application* und schließen Sie den Dialog mit *OK*. Sie werden bemerken, dass sich die neue Sicht *Cheat Sheets* öffnet. Wie Sie in Abbildung 1.30 sehen, listet sie alle zu absolvierenden Schritte auf. Diese lassen sich nach Belieben auf- und zuklappen. Die nächste zu bewältigende Teilaufgabe hebt sich stets durch eine kräftigere Hintergrundfarbe von den anderen Schritten ab.

Abbildung 1.30   Die Sicht Cheat Sheets

Beginnen Sie nun bitte die Abarbeitung des Cheat Sheets, indem Sie im ersten Schritt *Introduction* auf den Link *Click to Begin* klicken. Der zweite Schritt beinhaltet das Öffnen der Perspektive *Java*. Was es mit dem Begriff *Perspektive* auf sich hat, erkläre ich Ihnen in Kapitel 2, *Arbeiten mit Eclipse*. Das Cheat Sheet bietet Ihnen die Möglichkeit, diesen Schritt auszuführen sowie zur nächsten Teilaufgabe zu gehen. Lassen Sie Eclipse bitte die *Java*-Perspektive öffnen, indem Sie *Click to Perform* anklicken. Anschließend wählen Sie bitte *Click to Complete*, um zur nächsten Teilaufgabe zu gelangen.

Mit den Cheat Sheets haben Sie ein weiteres praktisches Hilfsmittel kennengelernt, mit dem Eclipse den Anwender durch komplexe Aufgaben führt. Damit möchte ich meinen Rundgang durch die Hilfefunktionen von Eclipse beenden.

Im folgenden Abschnitt widme ich mich erneut den zahlreichen Einstellmöglichkeiten des Dialogs *Preferences*. Sie lernen, ein nachträglich installiertes Java Development Kit in Eclipse zu integrieren.

1.3.2 Verfügbare Java-Laufzeitumgebungen anzeigen und bearbeiten

Für den Entwicklungsprozess kann es hilfreich sein, verschiedene Versionen des Java Development Kits verfügbar zu haben. Aus Abschnitt 1.1.1, *Installation von Java*, wissen Sie, dass Sie mithilfe von Umgebungsvariablen sehr bequem festlegen können, welche Version der Java-Laufzeitumgebung Eclipse verwenden soll. Was aber, wenn unterschiedliche Projekte unterschiedliche Java-Versionen erfordern?

Installierte Java-Laufzeitumgebungen anzeigen

Unabhängig davon, mit welcher Version der virtuellen Maschine die IDE läuft, können Sie im Dialog *Preferences*, den Sie über WINDOW • PREFERENCES erreichen, eine Liste der installierten Laufzeitumgebungen einsehen und bearbeiten. Öffnen Sie bitte den Dialog und navigieren Sie zum Knoten JAVA • INSTALLED JRES.

Ob dort, wie in Abbildung 1.31, nur eine JRE zu sehen ist, hängt nicht zuletzt vom verwendeten Betriebssystem ab. Mac OS X-Anwender dürften eine stattliche Liste vorfinden, von Version 1.3 bis 6.0.

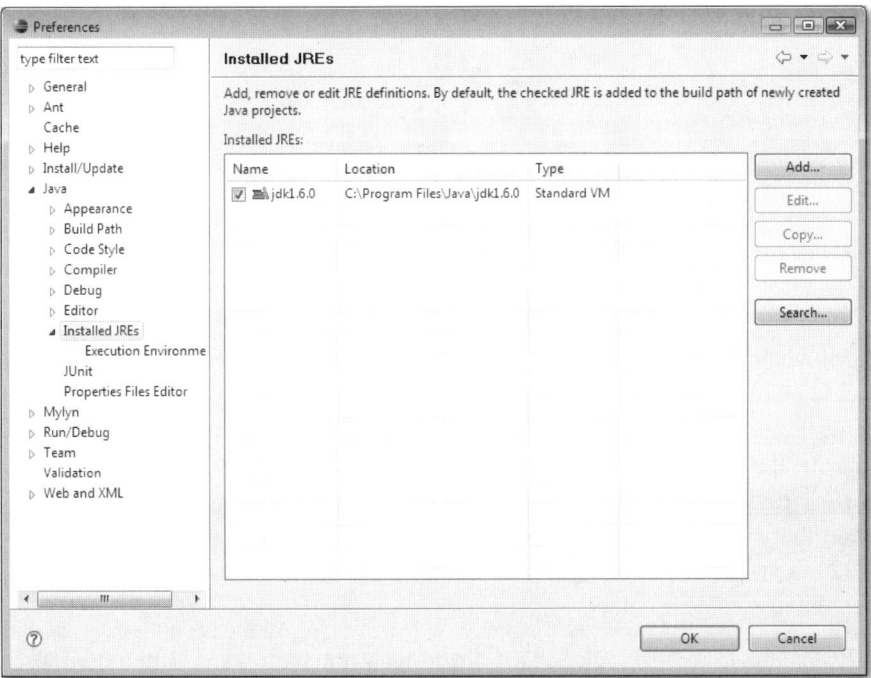

Abbildung 1.31   Der Dialog Installed JREs

Eine neue Laufzeitumgebung hinzufügen

Um eine neue Version hinzuzufügen, klicken Sie bitte auf *Add*. Sie sehen den in Abbildung 1.32 gezeigten Dialog *Add JRE*, in dem Sie zunächst bitte als *JRE type* den Wert *Standard VM* auswählen.

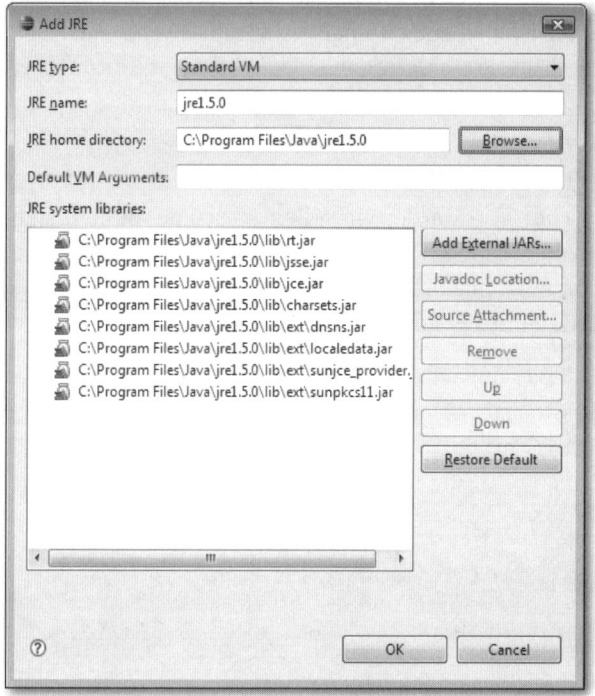

Abbildung 1.32   Dialog zum Hinzufügen einer Laufzeitumgebung

Lassen Sie das Feld *JRE name* bitte zunächst leer und klicken stattdessen auf die Schaltfläche *Browse* rechter Hand des Eingabefeldes *JRE home directory*. Wählen Sie das Basisverzeichnis des zu installierenden Java Development Kits oder der Laufzeitumgebung aus. Haben Sie beispielsweise die Java Runtime in Version 5.0 (die Sie übrigens auf der Begleit-DVD im Verzeichnis *Software \Java Laufzeitumgebung* finden) unter *C:\Programme\Java\jre1.5.0* installiert, so muss anschließend dieser Pfad im Feld *JRE home directory* erscheinen. Wie Sie in Abbildung 1.32 sehen, hat Eclipse automatisch einen Namen für die installierte Java-Version vergeben.

Falls Sie ein Java Development Kit hinzufügen möchten, kann Ihnen die IDE in noch einem wichtigen Punkt Arbeit abnehmen. Wie Sie vielleicht wissen, liefert Sun Teile der Java-Klassenbibliothek als Quelltext aus, in Form des Archivs *src.zip* im Basisverzeichnis des JDK. Diese sind eine enorme Erleichterung bei der Fehlersuche. Allerdings muss es natürlich eine Verknüpfung zwischen den als .*jar*-Dateien vorliegenden Klassenbibliotheken und den Quelltexten geben. Eclipse kann diese automatisch für Sie erstellen.

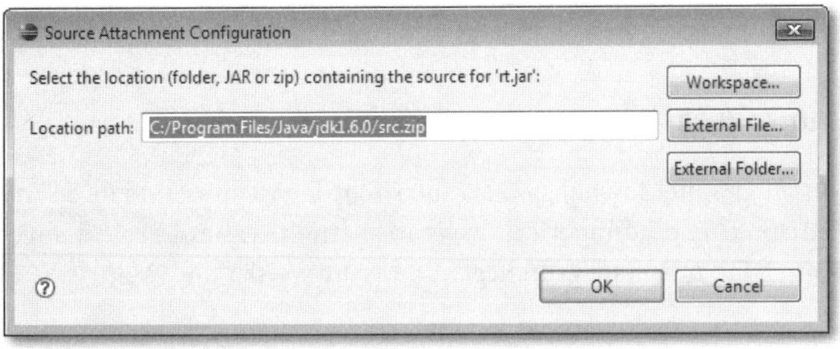

Abbildung 1.33 Dialog zum Hinzufügen von Quelltexten

Um dies zu prüfen, klicken Sie bitte auf den Eintrag der Liste *JRE system libraries*, der die Datei *lib\rt.jar* repräsentiert. Sie werden bemerken, dass Sie die anfangs ausgegraute Schaltfläche *Sourche Attachment* nun anklicken können. Bitte tun Sie es. Sie sehen den in Abbildung 1.33 gezeigten Dialog *Source Attachment Configuration*, in dem festgelegt wird, wo sich die Quelltexte für die Klassenbibliothekskomponente *rt.jar* befinden.

Auf die gleiche Weise können Sie .*jar*-Archiven übrigens Java-Dokumentation zuweisen. Klicken Sie hierzu bitte auf *Javadoc Location*. Sie sehen daraufhin den in Abbildung 1.34 gezeigten Dialog zum Festlegen des Verzeichnisses oder des Archivs mit einer Dokumentation zu einem bestimmten .*jar*-Archiv.

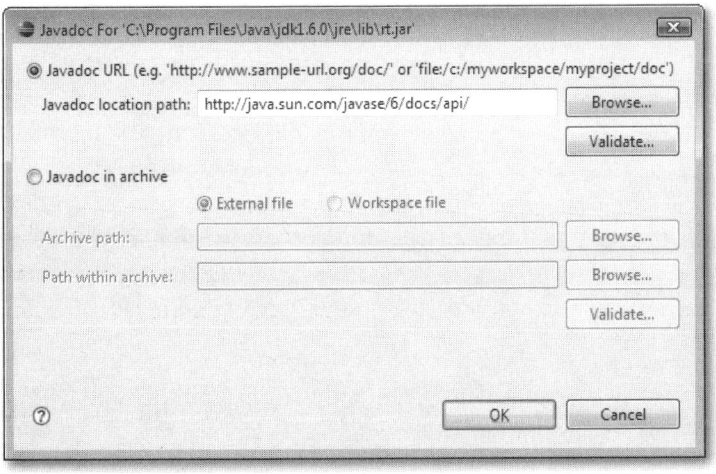

Abbildung 1.34 Dialog zum Festlegen des Verzeichnisses mit Dokumentation

Aus der Liste der installierten Java-Laufzeitumgebungen auf der Seite *Installed JREs* des Dialogs *Preferences* können Sie durch das Setzen eines Häkchens eine auswählen, die beim Neuanlegen von Java-Projekten als Standardumgebung verwendet. Damit möchte ich meinen Rundgang durch Eclipse beenden.

1.4 Zusammenfassung

Sie haben in diesem Kapitel sowohl Java als auch Eclipse installiert und Ihren Anforderungen entsprechend konfiguriert. Indem Sie ein erstes Java-Projekt angelegt haben, kennen Sie nun erste grundlegende Arbeitsweisen und Begriffe.

Im folgenden Kapitel werde ich dieses Basiswissen vertiefen. Ich mache Sie mit einigen Kernkonzepten vertraut und stelle Ihnen die so wichtigen *Perspektiven* und *Sichten* genauer vor.

In diesem Kapitel mache ich Sie mit wichtigen Arbeitstechniken unter Eclipse vertraut. Sie lernen Perspektiven, Sichten und Editoren kennen und erfahren, wie Sie die Eingabe und Bearbeitung Ihrer Java-Programme komfortabel und effizient gestalten.

2   Arbeiten mit Eclipse

Im vorangehenden Kapitel habe ich zahlreiche Aspekte der Arbeit mit Eclipse gestreift. Mein Ziel war, Ihnen einen möglichst schnellen Start zu ermöglichen. Denn nichts ist ermutigender als ein erstes Erfolgserlebnis. Allerdings setzt die routinierte Arbeit mit der IDE ein profundes Verständnis ihrer Kernideen und Konzepte voraus. Dieses Wissen möchte ich Ihnen in diesem Kapitel vermitteln.

Im ersten Abschnitt, *Perspektiven, Sichten und Editoren*, stelle ich Ihnen Perspektiven, Sichten und Editoren vor und zeige Ihnen, wie diese Konzepte in der Workbench ineinander greifen. Anschließend widme ich mich dem Java-Editor. Sie lernen dessen vielfältige Komfortfunktionen kennen, die die Eingabe und Pflege von umfangreichen Projekten erst möglich machen. Der dritte Abschnitt, *Suchen, Ersetzen und Refactoring*, erläutert wichtige Hilfsmittel zur Suche in Quelltexten, Dateien und auf Workspace-Ebene. Außerdem zeige ich Ihnen, wie Sie schnell und unkomplizierte Quelltextbereiche umstrukturieren, Bezeichner ändern und neue Elemente einführen.

2.1   Perspektiven, Sichten und Editoren

Bei Ihren ersten Experimenten haben Sie mit einer Reihe von sogenannten *Sichten* gearbeitet. Für ein erstes Verständnis hatte ich diese mit Unterfenstern eines Programm-Hauptfensters verglichen. Lange Zeit empfahl Microsoft eine solche, oftmals *Multiple Document Interface* (MDI) genannte, Darstellungsform als Benutzeroberfläche für Windows-Programme. Allerdings hinkt mein Vergleich. *Sichten* sind nämlich, wie Sie später noch sehen werden, normalerweise nicht beliebig auf dem Bildschirm oder innerhalb des Hauptfensters verschiebbar. Außerdem ist Eclipse keine MDI-Anwendung. In Zusammenhang mit den sogenannten *Perspektiven* bilden *Sichten* und *Editoren* aber das Kontrollzentrum für die Arbeit mit der IDE.

2.1.1 Die Workbench

In früheren Versionen war Eclipse in erster Linie eine durch Plug-ins erweiterbare Java-IDE. Mit Version 3 wurde die sogenannte *Eclipse Rich Client Platform* als mächtiger Rahmen für die Entwicklung von *Rich Client-Anwendungen* zum neuen Fundament. Mithilfe dieser Basis lassen sich alle möglichen Arten von Programmen realisieren. Die Java-IDE ist also, wenn Sie so möchten, nur eine Anwendung dieses Frameworks. Mit der Technik der Eclipse Rich Client Platform werde ich mich ausführlicher in Kapitel 4, *Funktionen mit Plug-ins erweitern*, beschäftigen. Wichtig ist an dieser Stelle der Begriff *Workbench*, weil er ein grundlegendes Instrument der Architektur beschreibt. Die Workbench integriert alle Bestandteile einer Anwendung innerhalb eines Hauptfensters. Wenn Sie Eclipse starten, wird *eine* Workbench angezeigt. Mit WINDOW • NEW WINDOW öffnen Sie weitere.

Elemente der Workbench

Neben der Menüleiste enthält die Workbench sogenannte *Perspektiven*. Eine *Perspektive* wiederum beinhaltet *Editoren* und *Sichten*. Als Sie Eclipse das erste Mal gestartet haben, war die *Java*-Perspektive aktiv und zeigte genau eine *Sicht*, nämlich den *Willkommensbildschirm*. Welche Perspektive gerade geöffnet ist, können Sie übrigens der Titelzeile des Hauptfensters entnehmen; der Fenstertitel beginnt nämlich mit dem Namen der Perspektive. Mithilfe der *Schnellzugriffsleiste* im rechten oberen Bereich der Workbench, die Sie in Abbildung 2.1 sehen, können Sie neue Perspektiven öffnen und zwischen bereits geöffneten umschalten. Sie erkennen die aktive Perspektive an einer anderen Hintergrundfarbe sowie an einem Rahmen um ihren Namen.

Abbildung 2.1 Schnellzugriff auf geöffnete Perspektiven

Eine Perspektive entspricht also einer Gruppe von Sichten und Editoren innerhalb eines Workbench-Fensters. Dieses wiederum kann eine oder mehrere Perspektiven enthalten. Jede Perspektive eines Fensters kann unterschiedliche Sichten beinhalten, allerdings teilen sich alle Perspektiven die gleiche Menge an Editoren. Hierzu ein Beispiel: Sie können den *Package Explorer* sowohl in der Perspektive *Java* als auch in *Debug* öffnen. Schließen Sie diese Sicht in der einen Perspektive, hat dies keinen Einfluss auf die andere. Anders verhält es sich mit einer geöffneten Java-Quelltextdatei. Diese wird in einem *Editor* angezeigt. Schließen Sie ihn, wirkt sich dies auf alle Perspektiven des entsprechenden Workbench-Fensters aus.

Sichten und Editoren sind visuelle Komponenten der Workbench. Sichten werden in der Regel verwendet, um Eigenschaften anzuzeigen oder durch baumartige Strukturen zu navigieren. Änderungen in einer Sicht werden sofort gespeichert. Im Gegensatz dazu folgen Editoren dem Prinzip *Öffnen – Speichern – Schließen*. Sie müssen den Speichervorgang also explizit veranlassen und können im Gegenzug das ungewollte Übernehmen von Änderungen verhindern. Sichten und Editoren haben einige Gemeinsamkeiten. Sie können beispielsweise *aktiv* oder *inaktiv* sein. Innerhalb der Workbench gibt es allerdings stets nur ein aktives Element. Sie erkennen es an seiner hervorgehobenen Titelzeile. In Abbildung 2.2 ist beispielsweise der *Package Explorer* aktiv, die Sicht *Hierarchy* hingegen nicht. Die englischsprachige Eclipse-Dokumentation verwendet übrigens den Begriff *part*, wenn sie Editoren *oder* Sichten meint.

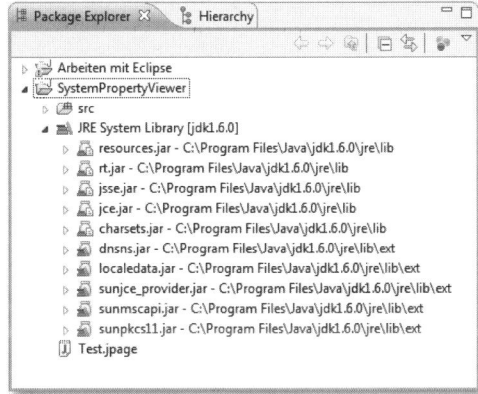

Abbildung 2.2   Der Package Explorer

Aktive Elemente sind Ziel gebräuchlicher Aktionen wie *Ausschneiden*, *Kopieren* oder *Einfügen*. Und sie bestimmen den Inhalt der *Statuszeile* des Workbench-Fensters. Ist beispielsweise der Java-Editor der aktive *part*, zeigt die Statuszeile unter anderem die Cursor-Position an. Wenn Sie hingegen den *Package Explorer* aktivieren, zeigt sie das dort zuletzt angeklickte Element an.

Darstellungsbereiche

In der Einleitung dieses Kapitels habe ich geschrieben, dass Sichten keine echten Fenster sind, weil sie sich nicht frei positionieren lassen. Die Workbench stellt aber eine Reihe von sogenannten *Darstellungsbereichen* (engl. *panes*) zur Verfügung, an die Sichten und Editoren angedockt werden können. Die Größe einer Sicht oder eines Editors richtet sich also nach der Größe des Bereichs, in dem die Komponente abgelegt wurde. Sie positionieren eine Sicht oder einen Editor, indem Sie ihre/seine Titelzeile anklicken und bei gedrückter Maustaste im Workbench-Fenster umherfahren. Der Bereich, der die zu verschiebende Komponente beim Loslassen der Maustaste aufnehmen wird, ist mit einem dicken Rahmen gekennzeichnet. Abbildung 2.3 zeigt das Verschieben der Sicht *Hierarchy*.

Abbildung 2.3 Positionieren von Sichten und Editoren

Während des Verschiebevorgangs ändert sich die Form des Mauszeigers. Auf diese Weise zeigt Ihnen Eclipse, an welcher Stelle relativ zum Element unter dem Mauszeiger die zu verschiebende Sicht andocken wird. In Tabelle 2.1 finden Sie eine Aufstellung der Mauszeigerformen und ihrer Bedeutung.

Cursorform	Bedeutung
⬆	Das Element erscheint oberhalb der Sicht/des Editors.
⬇	Das Element wird unterhalb der Sicht eingefügt.
⬅	Die Sicht erscheint linker Hand des Elements unter dem Mauszeiger.
➡	Das Element wird rechts neben der Sicht angedockt.
⬜	Die Sicht/der Editor erscheint als Registerkarte.
⊘	An dieser Stelle kann das Element nicht angedockt werden.
⊞	Die Sicht ist nicht angedockt.

Tabelle 2.1 Mauszeigerformen beim Verschieben von Sichten und Editoren

Möchten Sie einen Verschiebevorgang abbrechen, müssen Sie vor dem Loslassen der Maustaste nur die Taste `Esc` drücken.

Um die Größe eines Darstellungsbereichs zu verändern, fahren Sie mit der Maus an den Rand des Bereichs, den Sie vergrößern oder verkleinern möchten. Wenn eine Größenanpassung an dieser Stelle möglich ist, zeigt Ihnen dies Eclipse durch eine entsprechende Änderung der Mauszeigerform an.

Sie haben in diesem Abschnitt den Zusammenhang zwischen der Workbench, Sichten und Editoren kennengelernt. In den folgenden beiden Abschnitten beschäftige ich mich ausführlicher mit den beiden Gruppen visueller Komponenten und gebe Ihnen Informationen zum Stapeln von Sichten sowie zur Arbeit mit Darstellungsbereichen.

2.1.2 Sichten

Sichten werden häufig verwendet, um die Informationen in der Workbench zu ordnen oder zu gruppieren. Beispielsweise stellt der *Package Explorer* die Dateien und Elemente eines Java-Projekts als baumartige Struktur dar. Andere Sichten enthalten Detail-Informationen zu Objekten innerhalb eines Editors. So können Sie im Quelltext einer Klasse nach Doppelklick auf einen Klassennamen und Drücken der Taste F4 in der Sicht *Hierarchy* die Vererbungshierarchie dieser Klasse ablesen.

Stapeln von Sichten

Sichten können das einzige Element einer pane sein oder aber diesen Darstellungsbereich mit anderen Sichten teilen. Die englische Dokumentation nennt diese Präsentationsform mittels Registerkarten *tabbed notebook*. Mehrere Sichten werden hierbei in einer pane gestapelt. In Abbildung 2.4 sehen Sie die drei Sichten *Package Explorer*, *Hierarchy* und *Outline* als Registerkarten.

Abbildung 2.4   Drei Sichten als tabbed notebook

Die beiden Symbole am rechten Rand der Abbildung gehören übrigens nicht unmittelbar zu den Sichten, sondern sind streng genommen Bedienelemente des Darstellungsbereichs. Mit ihnen minimieren bzw. maximieren Sie seine Größe. Auch Editoren bieten entsprechende Funktionen an.

Das Kontextmenü von Sichten

Sichten stellen in der Regel zwei Menüs zur Verfügung. Das *Kontextmenü*, das in Abbildung 2.5 zu sehen ist, erreichen Sie durch einen Klick mit der rechten Maustaste auf den Namen der Sicht. Mit ihm kontrollieren Sie seine Größe und

Position. Praktisch ist es, mittels MOVE • TAB GROUP alle Sichten des Darstellungs-bereichs gleichzeitig verschieben zu können.

Abbildung 2.5 Das Kontextmenü einer Sicht

Mit dem Menüpunkt DETACHED lassen sich Sichten von der Workbench entkop-peln. Abbildung 2.6 zeigt den *Package Explorer* als frei schwebendes Fenster.

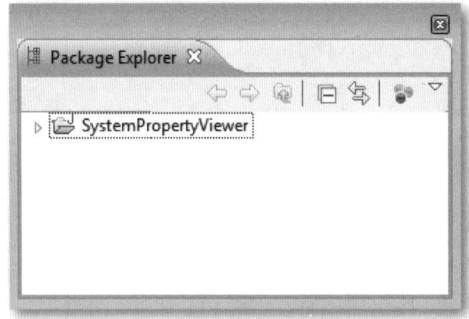

Abbildung 2.6 Der Package Explorer im nicht angedockten Zustand

Sichten erscheinen stets über dem Eclipse-Hauptfenster, können dessen Inhalt also verdecken. Um die Sicht wieder an einen Darstellungsbereich anzudocken, müssen Sie nur den mit einem Häkchen versehenen Menüpunkt DETACHED er-neut anklicken. Das Fenster wird daraufhin geschlossen und die Sicht erscheint wieder in dem Darstellungsbereich, zu dem sie vor dem Entkoppeln gehört hat.

Klappmenüs

Das zweite Menü einer Sicht wird im Englischen *view pull-down menu* genannt. Im Gegensatz zum eben vorgestellten Kontextmenü enthalten diese *Klappmenüs* Sicht-spezifische Befehle. Die zur Verfügung stehenden Menüpunkte variieren also von Sicht zu Sicht. Sie beziehen sich normalerweise auf die Sicht als Ganzes oder auf alle angezeigten Informationen, nicht jedoch auf einzelne Elemente.

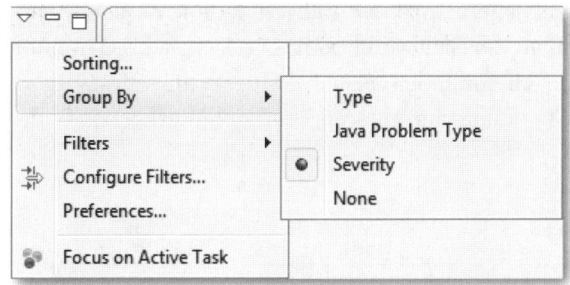

Abbildung 2.7 Klappmenü der Sicht Problems

Typische Beispiele sind Filter-, Sortier- sowie Gruppierungsfunktionen. Abbildung 2.7 zeigt das Klappmenü der Sicht *Problems*. Um es zu öffnen, klicken Sie bitte auf das Symbol mit dem nach unten zeigenden Dreieck, das sich links neben den Elementen zum Minimieren bzw. Maximieren der Sicht befindet.

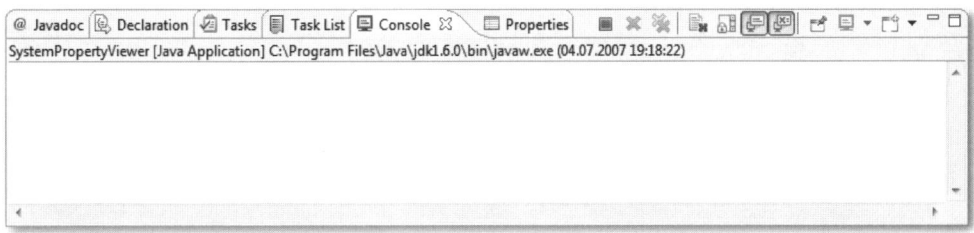

Abbildung 2.8 Die Sicht Console

Neben den Menüs lassen sich Sichten auch über Symbole steuern. Welche Symbole zur Verfügung stehen, variiert von Sicht zu Sicht. Abbildung 2.8 zeigt beispielsweise die Sicht *Console* mit ihren zahlreichen Symbolen. Grundsätzlich werden diese linker Hand der beiden Symbole zum Minimieren bzw. Maximieren der Sicht sowie, falls vorhanden, dem Symbol zum Öffnen des Klappmenüs dargestellt. Falls der Platz hierfür nicht ausreicht, rutschen die Symbole der Reihe nach in eine neue Zeile. Falls ein Darstellungsbereich mehrere gestapelte Sichten enthält, werden die Symbole der jeweils aktiven Sicht angezeigt.

Fast Views

Sie werden sehr bald merken, dass Sie mit bestimmten Sichten sehr häufig arbeiten. Deshalb ist es wichtig, auf diese möglichst schnell zugreifen zu können. Allerdings wird es mit zunehmender Anzahl geöffneter Sichten schnell eng und unübersichtlich auf dem Bildschirm. Eclipse begegnet diesem Dilemma mit den sogenannten *Fast Views*.

Sie können jede Sicht zu einer solchen *Fast View* machen, indem Sie den Menüpunkt *Fast View* im Kontextmenü der Sicht anklicken. Die Sicht wird daraufhin ausgeblendet und ihr Symbol erscheint in der Leiste *Fast Views*, die sich standardmäßig im linken Bereich der Statuszeile am unteren Rand der Workbench befindet.

Abbildung 2.9   Die Symbolleiste Fast Views

Sie können die in Abbildung 2.9 gezeigte Symbolleiste übrigens an andere Bereiche des Workbench-Fensters andocken. Klicken Sie hierzu auf die gepunktete Linie am linken Rand der Leiste, halten die linke Maustaste gedrückt und verschieben Sie sie an ihre neue Position. Noch bequemer ist ein Klick auf die rechte Maustaste. Er öffnet das in Abbildung 2.10 gezeigte Kontextmenü DOCK ON, mit dem Sie ebenfalls die neue Position festlegen können.

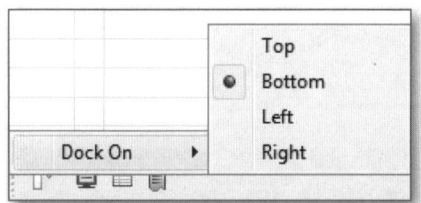

Abbildung 2.10   Neue Position der Symbolleiste Fast Views festlegen

Wie aber funktionieren Fast Views? Sobald Sie auf das Symbol einer Fast View klicken, wird die entsprechende Sicht geöffnet. Sie können nun wie gewohnt mit ihr arbeiten. Um die Sicht wieder verschwinden zu lassen, können Sie erneut auf das Symbol in der Fast Views-Leiste klicken, eine andere Fast View aktivieren oder das Symbol zum Minimieren der Sicht anwählen.

Ob eine Fast View von links nach rechts oder von unten nach oben eingeblendet wird, können Sie mit dem Untermenü ORIENTATION des Fast View-Kontextmenüs einstellen. Dieses Menü öffnen Sie durch Klick mit der rechten Maustaste auf das Symbol der entsprechenden Sicht in der Fast Views-Leiste. Sie können die Breite oder Höhe (je nachdem, welche Ausrichtung Sie eingestellt haben) einer Fast View übrigens wie die Darstellungsbereiche ändern.

Mithilfe der Fast Views können Sie Ihr Workbench-Fenster also übersichtlicher gestalten. Nicht benötigte Sichten bleiben ausgeblendet, sind aber mit nur einem Mausklick erreichbar.

2.1.3   Editoren

In diesem Abschnitt möchte ich Ihnen die *Editoren* als weitere visuelle Komponenten der Workbench vorstellen. Wie Sie gleich sehen werden, haben auch diese einige Schmankerl zu bieten, die den Bedienkomfort für Sie als Entwickler deutlich erhöhen. Generell verwenden Sie Editoren, um Ressourcen zu bearbeiten oder zu durchsuchen. Anders als bei Sichten werden Änderungen in einem Editor nicht unmittelbar gesichert, sondern erst nach expliziter Aufforderung durch den Benutzer. Sie erkennen nicht gesicherte Modifikationen an einem * vor dem Titel des betreffenden Editors. Ein weiterer, wesentlicher Unterschied ist, dass Sie mehrere Instanzen eines Editors öffnen können.

Stapeln von Editoren

Wie Sichten können Editoren einen Darstellungsbereich für sich alleine haben oder sich diesen mit anderen Editoren teilen. Dabei kommen die Ihnen schon bekannten *Registerkarten* zum Einsatz.

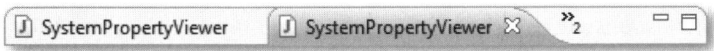

Abbildung 2.11   Vier gestapelte Editoren

Abbildung 2.11 zeigt zwei solcher Editoren sowie die beiden zum Darstellungsbereich gehörenden Symbole zum Minimieren und Maximieren des Darstellungsbereichs. Durch Anklicken des Editor-Titels und Festhalten der Maustaste können Sie Editoren in andere Bereiche der Workbench verschieben. Hierbei zeigt Ihnen Eclipse durch unterschiedliche Mauszeigerformen, wo Sie den Editor andocken können. Eine Aufstellung, was die unterschiedlichen Symbole bedeuten, finden Sie im Abschnitt *Darstellungsbereiche*. Sie können die Verschiebefunktion übrigens auch dazu nutzen, die Reihenfolge der Registerkarten Ihren Wünschen entsprechend zu sortieren. Dies funktioniert nicht nur bei Editoren, sondern auch bei Sichten.

Haben Sie das Symbol neben der rechten Registerkarte in Abbildung 2.11 bemerkt? Wenn die Breite eines Darstellungsbereichs nicht ausreicht, um alle Registerkarten anzuzeigen, werden die rechts liegenden Reiter verdeckt. Die Zahl im Innern des Symbols gibt an, wie viele Editoren momentan nicht zu sehen sind.

Ein Klick auf dieses Symbol öffnet ein Menü, das Sie in Abbildung 2.12 sehen. Mit ihm können Sie gezielt zu einem Editor wechseln. Halbfette Einträge kennzeichnen sichtbare Editoren. Die Eingabezeile im oberen Randbereich des Menüs ist übrigens ein Filter. Tippen Sie beispielsweise ein S, verschwinden alle Einträge, die nicht mit diesem Buchstaben beginnen. Das Symbol steht übrigens auch bei Sichten zur Verfügung.

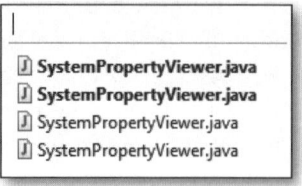

Abbildung 2.12   Auswählen von Registerkarten

Das Kontextmenü von Editoren

Auch Editoren bieten ein Kontextmenü an, das sich nach einem Klick mit der rechten Maustaste auf den Titel eines Editors öffnet. Wie Sie in Abbildung 2.13 sehen, sind viele Funktionen identisch mit denen des Kontextmenüs von Sichten.

Allerdings können Sie mehr Einfluss auf das Schließen von Editoren nehmen. Sehr praktisch ist beispielsweise, alle außer dem aktiven Editor schließen zu können. Äußerst nützlich ist auch NEW EDITOR. Mit dieser Funktion *klonen* Sie den aktuellen Editor. Sie bearbeiten dieselbe Datei, können in den beiden Editoren aber an unterschiedlichen Positionen arbeiten. So behalten Sie auch in großen Dateien den Überblick, weil Sie nicht ständig zwischen zwei weit auseinander liegenden Bereichen hin und her scrollen müssen. Allerdings ist es hierbei ratsam, den zweiten Editor in einen anderen Darstellungsbereich zu verschieben, um nicht zwischen den beiden Registerkarten wechseln zu müssen.

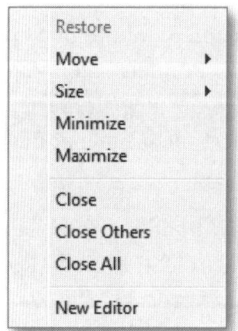

Abbildung 2.13   Das Kontextmenü eines Editors

Ich habe stets »den Editoren« geschrieben, obwohl Sie bisher nur mit einem, nämlich dem Java-Editor gearbeitet haben. Im folgenden Abschnitt zeige ich Ihnen, welche anderen Editoren die IDE zur Verfügung stellt.

Interne und externe Editoren

Bisher haben Sie Dateien stets im Rahmen eines Projekts bearbeitet. Da dessen Klassen im *Package Explorer* zu sehen sind, müssen Sie sich nicht merken, wo Sie die Dateien physikalisch abgelegt haben. Allerdings kann es notwendig sein, einen Quelltext zu editieren, der keinem Projekt zugeordnet wurde oder dessen Projekt Sie geschlossen haben. Mit dem Menüeintrag FILE • OPEN FILE können Sie solche Dateien öffnen.

Um diese Funktion auszuprobieren, schließen Sie bitte zunächst das Projekt *SystemPropertyViewer* im *Package Explorer*, falls Sie es noch geöffnet haben. Wählen Sie nun FILE • OPEN FILE und suchen Sie die Datei *SystemPropertyViewer.java* in der Dateiauswahl. Sie müssen hierzu in den *Arbeitsbereichsordner* wechseln, den Sie beim allerersten Start von Eclipse angegeben haben. Das Projekt *SystemPropertyViewer* ist ein Unterverzeichnis von ihm. Dies wiederum enthält *src*. Hierin befinden sich die Quelltexte des Projekts. Denken Sie bitte daran, dass die Java-Paket-Struktur auf Dateisystemebene durch Unterverzeichnisse abgebildet wird. Das Paket `systempropertyviewer` entspricht also dem Verzeichnis *systempropertyviewer*.

Ein kleiner Tipp: Falls Sie sich nicht mehr an den Ablageort des Arbeitsbereichsordners erinnern können, brechen Sie die Dateiauswahl zunächst ab. Rufen Sie anschließend FILE • SWITCH WORKSPACE • OTHER auf. Sie sehen daraufhin den Dialog *Workspace Launcher*, der den Speicherort preisgibt.

Haben Sie *SystemPropertyViewer.java* ausgewählt, wird die Datei im Ihnen bereits bekannten Java-Editor angezeigt. Auf diese Weise können Sie jede beliebige Datei öffnen. Sofern Eclipse deren Inhalt anhand der Dateiendung oder des MIME-Typs erkennt, wird ein passender interner Editor verwendet. In allen anderen Fällen wird ein externes Programm gestartet, das mit dem Dateityp verknüpft ist. Bitte probieren Sie dies aus, indem Sie eine beliebige Grafik oder Bilddatei mittels FILE • OPEN FILE laden.

Windows-Nutzer können unter Umständen von einem besonderen Schmankerl profitieren. Gestattet die aufgerufene Anwendung die Einbettung mittels *Object Linking and Embedding* (OLE), wird das Dokument in einem Arbeitsbereich der Workbench angezeigt. Sofern Sie beispielsweise *Word* oder *Excel* installiert haben, werden die Dokumente dieser Anwendungen also auf die gleiche Weise wie Java-Quelltexte eingebunden.

Nachdem Sie nun Editoren und Sichten im Detail kennengelernt haben, stelle ich Ihnen im folgenden Abschnitt die sogenannten *Perspektiven* ausführlicher vor.

2.1.4 Perspektiven

Wie Sie bereits wissen, bestehen *Perspektiven* aus Editoren und Sichten. Es liegt auf der Hand, dass sich aus der Auswahl der vorhandenen Sichten ein bestimmter Blickwinkel auf die mithilfe der Workbench dargestellten Informationen ergibt. Hierzu ein Beispiel: *Package Explorer*, *Problems* und *Tasks* werden Sie vor allem während der Eingabe von Java-Programmen benötigen. Denn der bereits bekannte *Package Explorer* zeigt Ihnen die Struktur Ihrer Anwendung und die Sicht *Problems* weist auf Fehler wie fehlende oder nicht auffindbare Importe sowie Syntaxfehler im Quelltext hin. Hingegen sind *Console*, *Breakpoints* und *Variables* vor allem während der Fehlersuche interessant, weil Sie mit diesen Sichten einen Einblick in das gerade ablaufende Programm erhalten. Perspektiven helfen Ihnen also bei Ihrer Arbeit, indem sie diejenigen Sichten ausblenden, die für die Bewältigung einer bestimmten Aufgabe unnötig sind. Anders formuliert: Während Ihrer Arbeit schalten Sie immer auf diejenige Perspektive um, die für eine bestimmte Aufgabe besonders gut geeignet ist.

Perspektiven öffnen und schließen

Der Zugriff auf *Perspektiven* erfolgt über das Menü WINDOW, das Sie in Abbildung 2.14 sehen. Mittels OPEN PERSPECTIVE können Sie bei Bedarf neue Perspektiven öffnen. Falls die benötigte Perspektive nicht im Menü angezeigt wird, klicken Sie bitte auf *Other* und wählen im Dialog *Open Perspective*, den Abbildung 2.15 zeigt, die gewünschte aus.

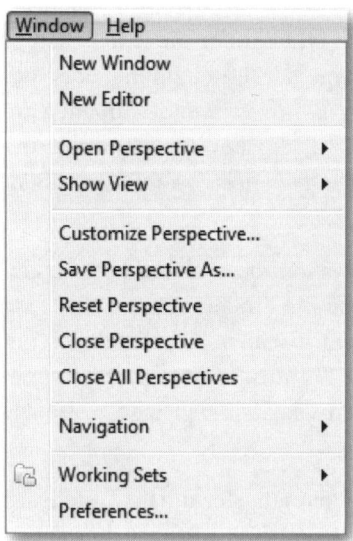

Abbildung 2.14 Das Menü Window

Mit der *Schnellzugriffsleiste* im rechten oberen Bereich der Workbench schalten Sie zwischen bereits geöffneten Perspektiven um. Sie sehen diese Leiste in Abbildung 2.15. Die Leiste kennzeichnet die derzeit aktuelle Perspektive durch eine andere Hintergrundfarbe sowie einem Rahmen um den Namen der Perspektive. Mit WINDOW • CLOSE PERSPECTIVE schließen Sie diese. Um alle Perspektiven zu schließen, verwenden Sie WINDOW • CLOSE ALL PERSPECTIVES.

Einige Funktionen sind übrigens nicht nur über das Menü WINDOW erreichbar. Wenn Sie in der Schnellzugriffsleiste für Perspektiven mit der rechten Maustaste auf den Namen einer Perspektive klicken, öffnet sich ein Kontextmenü, das Sie in Abbildung 2.16 sehen. Es bietet unter anderem die Möglichkeit, die Schnellzugriffsleiste in andere Bereiche der Workbench zu verschieben, sie zu schließen und sie an die eigenen Bedürfnisse anzupassen. Ich werde auf diesen Punkt gleich noch ausführlicher eingehen. Außerdem können Sie die Namen der Perspektiven ausblenden, indem Sie das Häkchen vor SHOW TEXT durch Anklicken entfernen. Um sie wieder anzuzeigen, müssen Sie nur diese Funktion erneut aufrufen.

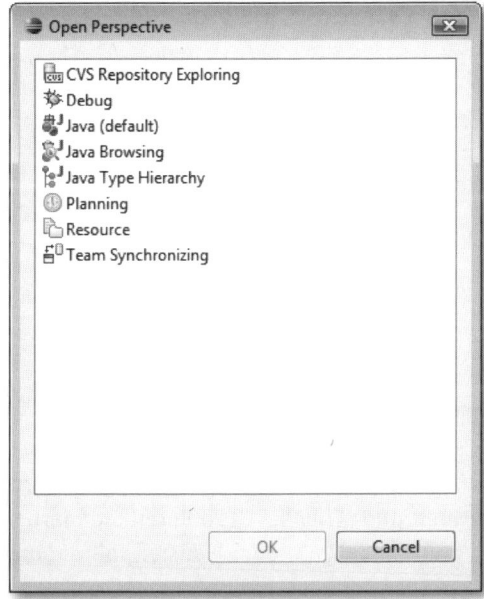

Abbildung 2.15   Dialog zum Auswählen einer Perspektive

In jeder Perspektive sind bestimmte Sichten standardmäßig geöffnet. Ferner hat jede Perspektive ein Grundlayout. Es legt fest, welcher Darstellungsbereich welche Sicht(en) beinhaltet, wie groß diese Bereiche sind und wo innerhalb der Workbench sie angeordnet werden. Der Kontextmenübefehl RESET stellt diesen Zustand jederzeit wieder her.

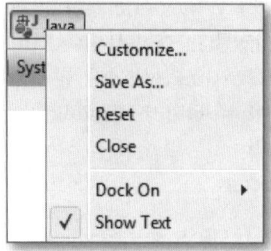

Abbildung 2.16 Das Kontextmenü einer Perspektive

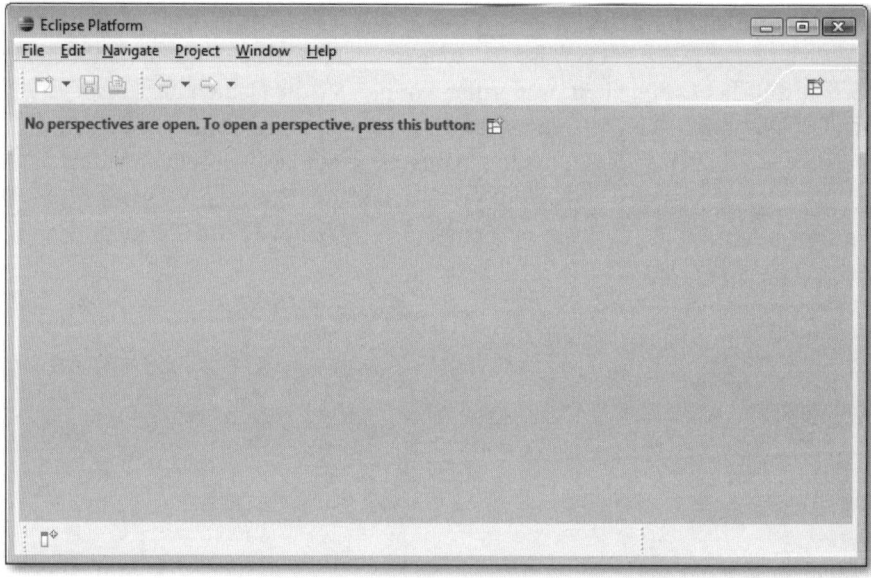

Abbildung 2.17 Das Workbench-Fenster ohne geöffnete Perspektiven

Bitte machen Sie sich nun mit dem Öffnen und Schließen von Perspektiven vertraut, indem Sie einige Perspektiven öffnen und schließen. Probieren Sie hierbei auch die Funktion *Close All Perspectives* aus. Ihr Workbench-Fenster sollte dann Abbildung 2.17 entsprechen.

Eigene Perspektiven erstellen

Wenn Sie Änderungen am Layout (also Lage und Größe der Darstellungsbereiche) einer Perspektive vornehmen, bleiben diese auch bei nachfolgenden Programmstarts wirksam. Wie Sie bereits wissen, können Sie beliebig viele weitere Sichten öffnen. Auch diese werden bei späteren Sitzungen automatisch geöffnet. Beides gilt allerdings nur, bis Sie eine Perspektive schließen. Nach dem erneuten

Öffnen sind die zusätzlichen Sichten ebenso wie Änderungen am Layout verschwunden. Stattdessen gelten wieder die von mir eben angesprochenen Grundeinstellungen. Zu diesen können Sie auch im laufenden Betrieb zurückkehren, indem Sie WINDOW • RESET PERSPECTIVE oder RESET im Kontextmenü der Perspektive aufrufen und die anschließende Rückfrage bestätigen.

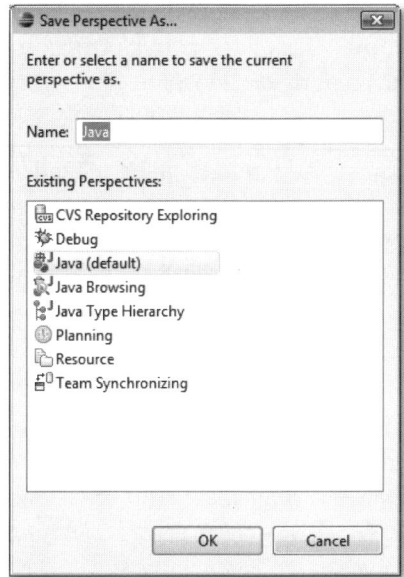

Abbildung 2.18   Dialog zum Speichern von Perspektiven

Was aber, wenn Sie Anpassungen an einer Perspektive dauerhaft speichern möchten? Haben Sie sich beispielsweise an die Sicht *Tasks* gewöhnt, ist es lästig, sie nach dem Öffnen einer Perspektive von Hand aufrufen zu müssen. In diesem Fall ist WINDOW • SAVE PERSPECTIVE AS äußerst nützlich. Mit dieser Funktion können Sie nämlich benutzerdefinierte Perspektiven erzeugen sowie Änderungen an Standard-Perspektiven dauerhaft sichern.

Um dies zu testen, wechseln Sie bitte in die *Java*-Perspektive oder öffnen Sie diese. Fügen Sie der Perspektive nun eine Sicht Ihrer Wahl hinzu und positionieren diese nach Belieben auf der Workbench. Öffnen Sie anschließend den in Abbildung 2.18 gezeigten Dialog *Save Perspective As*, indem Sie WINDOW • SAVE PERSPECTIVE AS aufrufen.

Sie haben die Möglichkeit, Ihrer Perspektive einen eigenen Namen zu geben oder eine bestehende zu überschreiben. Klicken Sie hierzu bitte in der Liste der existierenden Perspektiven auf *Java (default)* und schließen den Dialog durch Anklicken von *OK*. Eclipse wird Sie nun darauf aufmerksam machen, dass eine Perspektive mit dem eingegebenen Namen bereits existiert. Klicken Sie auf *Yes*, um das Überschreiben dieser Perspektive zu bestätigen.

Rufen Sie den Dialog *Save Perspective As* bitte erneut auf, wählen dieses Mal allerdings einen eigenen, nicht existierenden Namen, zum Beispiel *meine Java Perspektive*. Sie werden feststellen, dass der Name sofort in der Schnellzugriffsleiste erscheint. Außerdem wird Ihre eigene Perspektive im Dialog *Open Perspective* aufgeführt, den Sie durch Anklicken von WINDOW • OPEN PERSPECTIVE • OTHER erreichen. Löschen können Sie eigene Perspektiven übrigens im Dialog *Preferences* in dessen Zweig GENERAL • PERSPECTIVES.

Sie können nun eigene Perspektiven erstellen sowie Änderungen an bestehenden vornehmen. Allerdings haben wir uns bisher auf Sichten sowie das Layout innerhalb der Workbench beschränkt. Eclipse bietet jedoch viel weiterreichende Einflussmöglichkeiten auf Perspektiven. Mit diesen möchte ich mich nun beschäftigen.

Perspektiven anpassen

Die Wahl einer Perspektive hat nicht nur Einfluss darauf, wie Ihnen Informationen präsentiert werden, sondern auch, welche Funktionen in der Menüleiste sowie der *Toolbar* am oberen Rand der Workbench verfügbar sind. Ihnen ist vielleicht aufgefallen, dass der Inhalt der Menüs WINDOW • OPEN PERSPECTIVE und WINDOW • SHOW VIEW abhängig von der gerade aktiven Perspektive ist. Welche Menüpunkte zu sehen sind, stellen Sie im Dialog *Customize Perspective* ein, den Sie in Abbildung 2.19 sehen.

Auf dessen Registerkarte *Shortcuts* gibt es den Bereich *Submenus*, in dem Sie den Menüs NEW, OPEN PERSPECTIVE und SHOW VIEW Elemente hinzufügen können. Jedes dieser Elemente ist einer Kategorie zugeordnet. Hierzu ein Beispiel: Für das Menü SHOW VIEW gibt es unter anderem die Kategorie *Java*, zu der beispielsweise die Elemente *Package Explorer*, *JUnit* und *Javadoc* gehören. Standardmäßig sind *Declaration*, *Javadoc* und *Package Explorer* mit einem Häkchen versehen. Die entsprechende Sicht erscheint also, wenn Sie das Menü in der Menüleiste aufklappen. JUNIT hingegen ist nicht zu sehen. Um auch diese Sicht anzuzeigen, müssen Sie das gleichnamige Häkchen setzen.

Neben Menüs beeinflussen Sie mit dem Dialog *Customize Perspective* auch, welche Elemente in der Toolbar am oberen Rand der Workbench sowie in der Menüleiste angezeigt werden. Wechseln Sie hierzu bitte auf die Registerkarte *Commands*, die Sie in Abbildung 2.20 sehen.

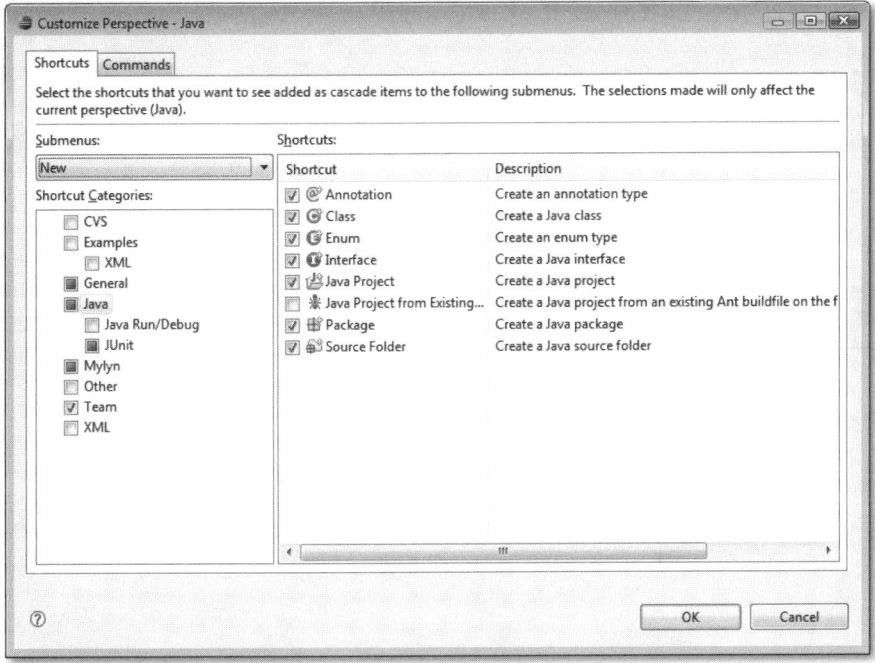

Abbildung 2.19 Dialog zum Anpassen von Perspektiven

Sie ist in die drei Bereiche *Available command groups*, *Menubar details* und *Toolbar details* unterteilt. *Command groups* fassen Menüpunkte und Toolbar-Elemente zusammen, die eine Sinneinheit ergeben. Beispielsweise gehören zu *Team* alle Menüeinträge und Symbole, die sich auf Funktionen zur Arbeit im Team beziehen. Standardmäßig ist diese command group deaktiviert. Um sie einzuschalten, setzen Sie bitte ein Häkchen vor *Team*.

Durch Anklicken einer command group legen Sie also fest, ob die Ihr zugeordneten Menü- und Toolbareinträge angezeigt werden, falls die betreffende Perspektive aktiv ist. Das gezielte Ein- oder Ausblenden bestimmter Elemente einer solchen Gruppe ist übrigens nicht möglich.

Nach dieser Einführung in die Bedeutung und Funktionsweise von Perspektiven wende ich mich im nächsten Abschnitt dem Java-Editor zu. Ich zeige Ihnen, wie Sie ihn an Ihre Bedürfnisse anpassen und wie Sie seine fortgeschrittenen Funktionen nutzen, um effizient Java-Quelltexte einzugeben und zu bearbeiten.

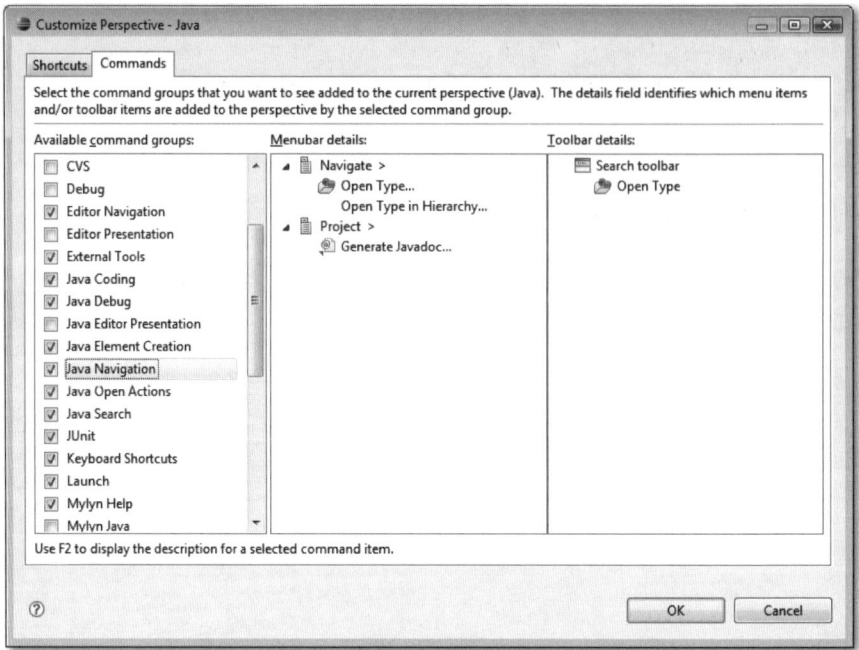

Abbildung 2.20   Registerkarte Commands des Dialogs Customize Perspective

2.2   Java-Programme eingeben und bearbeiten

Die Eingabe und Pflege von Java-Quelltexten bildet einen Schwerpunkt Ihrer Arbeit mit Eclipse. Aus diesem Grund ist ein routinierter Umgang mit dem Java-Editor wichtig. Die hierfür notwendigen Grundlagen möchte ich Ihnen in diesem Abschnitt vermitteln. Wichtig ist aber, dass Sie die hier erlernten Funktionen kontinuierlich einsetzen und üben.

2.2.1   Einstellungen vornehmen

Sie haben in Kapitel 1, *Hands on Eclipse,* bereits ein Java-Programm geschrieben. Die ersten Schritte mit dem Java-Editor liegen also schon hinter Ihnen. Aus diesem Grund zeige ich Ihnen im Folgenden, wie Sie ihn an Ihre Bedürfnisse anpassen können.

Zeilennummern einblenden

Wie Sie wissen, blendet Eclipse am unteren Rand der Workbench eine Statuszeile ein, die in Abbildung 2.21 zu sehen ist. In der Standardeinstellung enthält sie unter anderem die sogenannten *Fast Views*, die Sie aus Abschnitt 2.1.2, *Sichten,* kennen. Außerdem können Sie die *Cursor-Position* ablesen, sofern ein Editor geöffnet und aktiv ist. Die erste Zahl gibt in diesem Fall die aktuelle *Zeilennummer* an. Die zweite nennt die Spalte, in der sich der Cursor gerade befindet.

Abbildung 2.21 Statuszeile mit Fast Views und Anzeige der Cursor-Position

Noch mehr Übersicht erhalten Sie, wenn Sie die Zeilennummern unmittelbar im Eingabebereich anzeigen lassen.

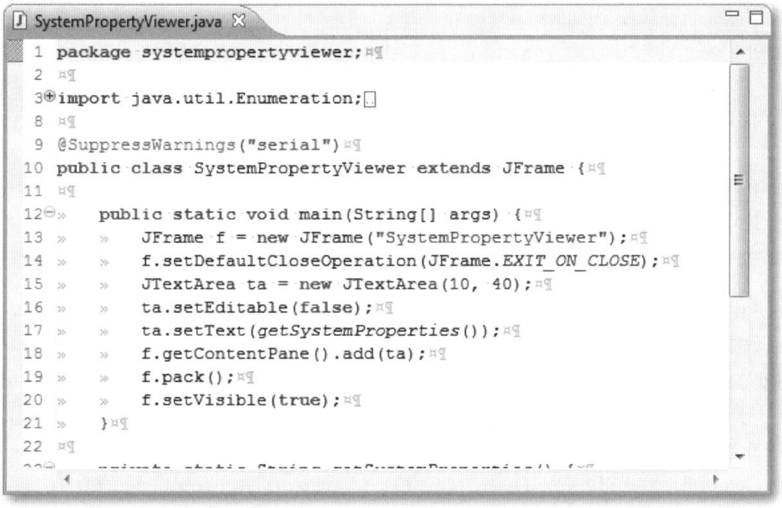

```
 1 package systempropertyviewer;
 2
 3⊕import java.util.Enumeration;
 8
 9 @SuppressWarnings("serial")
10 public class SystemPropertyViewer extends JFrame {
11
12⊖»    public static void main(String[] args) {
13 »    »    JFrame f = new JFrame("SystemPropertyViewer");
14 »    »    f.setDefaultCloseOperation(JFrame.EXIT_ON_CLOSE);
15 »    »    JTextArea ta = new JTextArea(10, 40);
16 »    »    ta.setEditable(false);
17 »    »    ta.setText(getSystemProperties());
18 »    »    f.getContentPane().add(ta);
19 »    »    f.pack();
20 »    »    f.setVisible(true);
21 »    }
22
```

Abbildung 2.22 Java-Editor mit Zeilennummern und nicht druckbaren Zeichen

Öffnen Sie hierzu bitte den Dialog *Preferences* und navigieren Sie zum Knoten GENERAL • EDITORS • TEXT EDITORS. Setzen Sie bitte jeweils ein Häkchen vor *Show Line Numbers* und *Show whitespace characters*. Wie Sie in Abbildung 2.22 sehen, erleichtert die zweite Funktion das Auffinden von nicht druckbaren Zeichen, beispielsweise Tab-Stopps und Zeilenumbrüchen. Um während der Eingabe zu einer bestimmten Zeile zu springen, rufen Sie bitte NAVIGATE • GO TO LINE auf oder drücken Sie die Tasten [Strg]-[L].

In Folgenden möchte ich Ihnen zeigen, wie Sie die Formatierung des Quelltextes an Ihre Bedürfnisse anpassen.

Formatierung des Quelltextes

Es gibt unzählige Meinungen und Konventionen, wie ein Java-Quelltext formatiert werden sollte. Dies beginnt bei relativ einfachen Fragestellungen, etwa, ob die Tab-Weite zwei oder vier Leerzeichen entspricht. Gerne diskutiert wird auch, ob die öffnenden geschweiften Klammern von Methodenrümpfen in der Zeile der Methodensignatur oder alleine für sich stehen müssen.

Wenn Sie keine Mitstreiter haben, ist es letztlich eine Frage des Geschmacks, für welche der unzähligen Varianten Sie sich entscheiden. Anders verhält es sich bei der Arbeit im Team. Hier sind feste Vorgaben unerlässlich. Zum einen ist es ärgerlich, ständig sich ändernde Schreibweisen vorzufinden. Zum anderen behindert es die Arbeit mit Werkzeugen zur Versionsverwaltung. Für solche Tools macht es nämlich einen großen Unterschied, wenn sich die Lage von geschweiften Klammern ändert. Sie als Entwickler haben dann mit vermeintlichen Unterschieden zu kämpfen, die letztlich gar keine sind.

Wie üblich nehmen Sie solche Einstellungen im Dialog *Preferences* vor. Navigieren Sie hierzu bitte zu JAVA • CODE STYLE • FORMATTER. Die Formatierung geschieht auf der Basis sogenannter *Profile*. Wie sich ein solches Profil auf den Quelltext auswirkt, können Sie in der Vorschau unterhalb der Klappliste *Active profile* in Abbildung 2.23 sehen. Um ein Gefühl für die Möglichkeiten zu bekommen, probieren Sie bitte die vorhandenen Profile aus.

Wenn Sie Änderungen vornehmen möchten, überlegen Sie bitte zunächst, welches der vorhandenen Profile Ihren Vorstellungen am ehesten entspricht. Klicken Sie anschließend auf die Schaltfläche NEW, woraufhin sich der Dialog *New Profile* öffnet. Er ist in Abbildung 2.24 zu sehen. Nachdem Sie einen Profilnamen vergeben und das Profil, auf dem ihre Einstellungen basieren sollen, ausgewählt haben, können Sie den Dialog mit *OK* schließen. Achten Sie bitte darauf, dass *Open the edit dialog now* mit einem Häkchen versehen ist.

Auf den ersten Blick wirkt der Dialog zum Bearbeiten eines Profils in Abbildung 2.25 sicher beeindruckend. Aber bedenken Sie, dass Ihr eigenes Profil auf einer soliden Grundlage aufbaut, sodass Sie vermutlich nur an wenigen Einstellungen Änderungen vornehmen werden. Ein paar davon möchte ich Ihnen nun zeigen.

Die von mir angesprochene Tab-Breite, also wie viele Leerzeichen einem Tab-Stopp entsprechen, stellen Sie auf der Registerkarte *Indentation* ein. Als *Tab Policy* wählen Sie *Tabs only*. Der Wert, den Sie bei *Tab size* eingeben, wird nach kurzer Verzögerung automatisch in der Vorschau dargestellt. Probieren Sie dies ruhig aus. Wie Klammern angeordnet werden, stellen Sie auf der Registerkarte *Braces* ein. Um beispielsweise die Klammern in der Zeile unter dem ersten Modifier einer Methodensignatur erscheinen zu lassen, wählen Sie für *Method declaration* den Wert *Next line*.

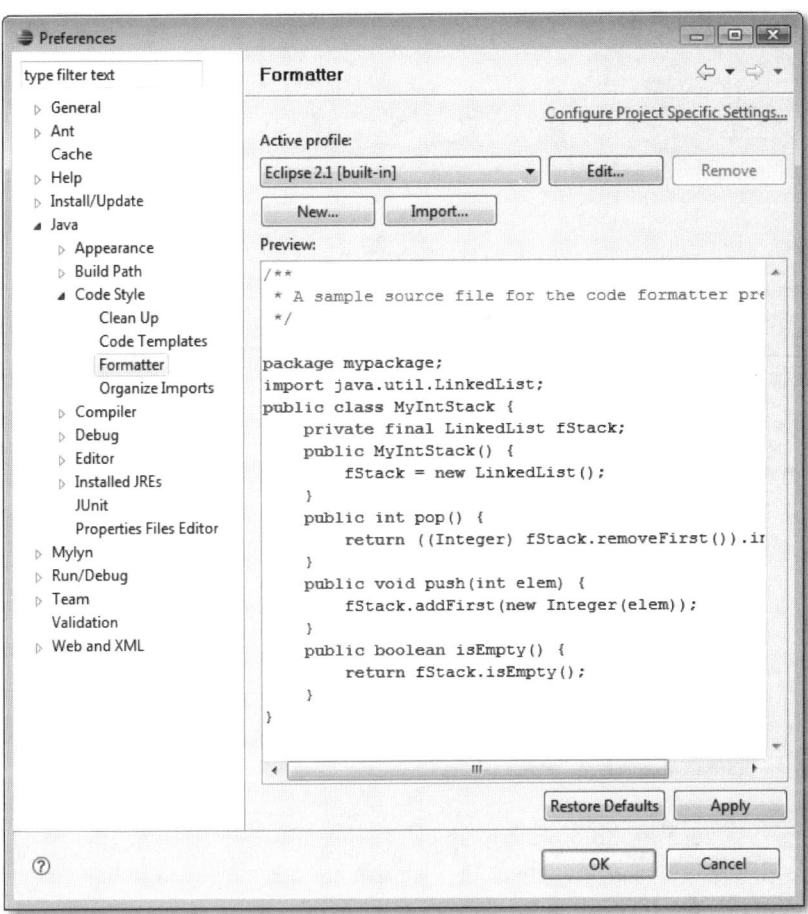

Abbildung 2.23   Die Seite Formatter des Dialogs Preferences

Abbildung 2.24   Dialog zum Anlegen eines neuen Profils

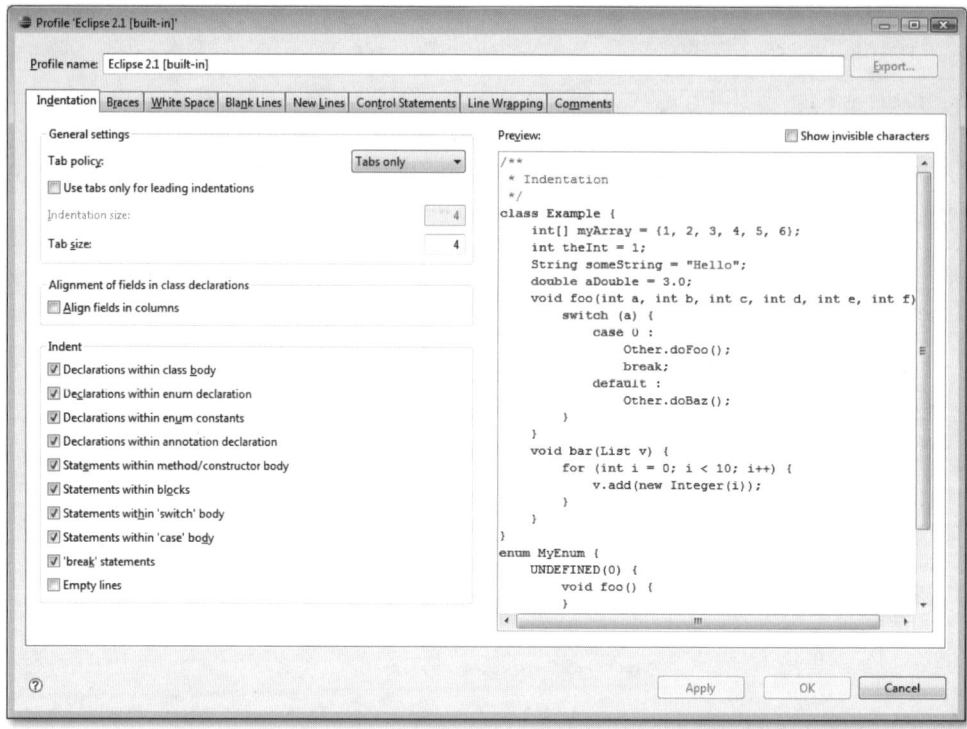

Abbildung 2.25   Dialog zum Bearbeiten eines Profils

Wie so oft gilt auch im Zusammenhang mit Formatierungen das Prinzip »Weniger ist mehr«. Wenn es keine abweichenden firmen- oder teaminternen Konventionen gibt, rate ich Ihnen, die Vorgaben soweit wie möglich beizubehalten.

Und gerade bei der Arbeit im Team ist es wichtig, sich auf ein *gemeinsames* Profil zu verständigen. Sie können es durch Anklicken der Schaltfläche *Export* im Dialog zum Bearbeiten eines Profils exportieren und den Teammitgliedern zur Verfügung stellen. Ihre Kollegen importieren das Profil anschließend, indem sie die Schaltfläche *Import* auf der Seite *Formatter* des Dialoges *Preferences* anklicken.

Um die Formatierungseinstellungen auf Ihren Quelltext anzuwenden, rufen Sie bitte die Menüfunktion SOURCE • FORMAT auf oder drücken die Tastenkombination Ctrl+⇧+F. Sofern Sie einen Bereich markiert haben, wirkt sich die Formatierung nur auf diesen aus, andernfalls auf der kompletten Quelltext.

2.2.2   Der Java-Editor

Sie haben in Kapitel 1, *Hands on Eclipse*, bereits erste Erfahrungen im Umgang mit dem in Eclipse eingebauten Java-Editor gemacht. Allerdings habe ich dort bewusst viele interessante Aspekte ausgeklammert, auf die ich im Folgenden ausführlicher eingehen möchte.

Damit Sie meine Ausführungen am Bildschirm nachvollziehen können, öffnen Sie bitte das Projekt *SystemPropertyViewer* und legen eine leere Klasse *Test* an. Klicken Sie hierzu mit der rechten Maustaste auf die Wurzel des Projekts und wählen dann NEW • CLASS. Die im Dialog *New Java Class* voreingestellten Werte können Sie weitgehend beibehalten. Setzen Sie aber bitte ein Häkchen vor *Generate comments* und *public static void main(String [] args)*. Geben Sie als Namen der Klasse *Test* ein und schließen den Dialog mit *Finish*. Die neue Klasse wird im *Package Explorer* angezeigt und in einem Darstellungsbereich geöffnet.

Syntax Highlighting

Wenn Sie einen Blick auf den Quelltext der Klasse *Test* werfen, fällt sofort die unterschiedliche Farbe bestimmter Code-Bestandteile auf. Beispielsweise sind normale Kommentare (//) grün, während Javadoc-Kommentare (/** */) in verschiedenen Blautönen dargestellt werden. Java-Schlüsselwörter wiederum erscheinen in einem dunklen Rot.

Erwartungsgemäß können Sie diese Farbgebung Ihren Wünschen entsprechend anpassen. Öffnen Sie hierzu bitte den Dialog *Preferences* und navigieren Sie zum Knoten JAVA • EDITOR • SYNTAX COLORING. Wie Sie in Abbildung 2.26 sehen, können Sie anhand einer Vorschau prüfen, wie sich Ihre Änderungen auswirken würden.

Wie schon bei der Formatierung des Quelltextes rate ich Ihnen aber auch hier, die Voreinstellungen möglichst beizubehalten. Haben Sie sich an Ihr individuelles Farbschema gewöhnt, wird Ihnen die Darstellung in Standardinstallationen ungewohnt erscheinen.

Eclipse bietet eine Reihe von Funktionen an, die Sie bei der Eingabe von Quelltexten unterstützen. Einige davon möchte ich Ihnen im Folgenden vorstellen.

Unterstützung bei der Texteingabe

Solche Funktionen wurden im Menü SOURCE zusammengefasst. Mit *Toggle Comment* können Sie die Zeile, in der sich der Cursor befindet, zu einer Kommentarzeile machen. Rufen Sie die Funktion erneut auf, werden die Kommentarzeichen wieder entfernt. Bitte probieren Sie dies aus, indem Sie den Cursor in die Zeile `// TODO Auto-generated method stub` bewegen und anschließend die Tastenkombination `Ctrl`+`/` drücken. TOGGLE COMMENT wirkt übrigens auch auf Bereiche. Jede markierte Zeile wird beim ersten Aufruf mit // versehen.

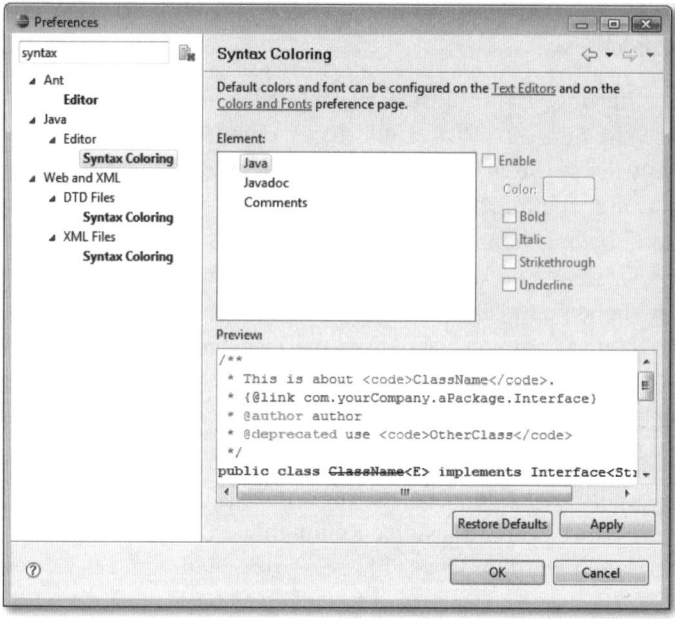

Abbildung 2.26   Die Seite Syntax Coloring des Dialogs Preferences

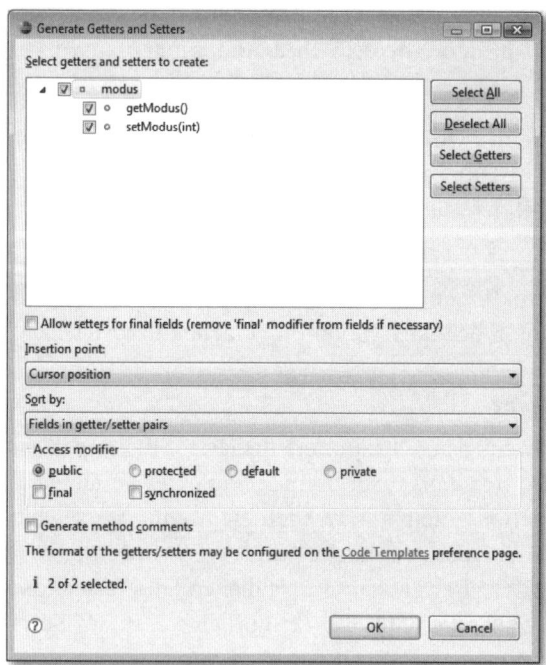

Abbildung 2.27   Dialog zum Anlegen von Gettern und Settern

Ebenfalls äußerst praktisch ist es, bestimmte Elemente wie Konstruktoren, Variablendeklarationen und Methoden mit Kommentarblöcken versehen zu können.

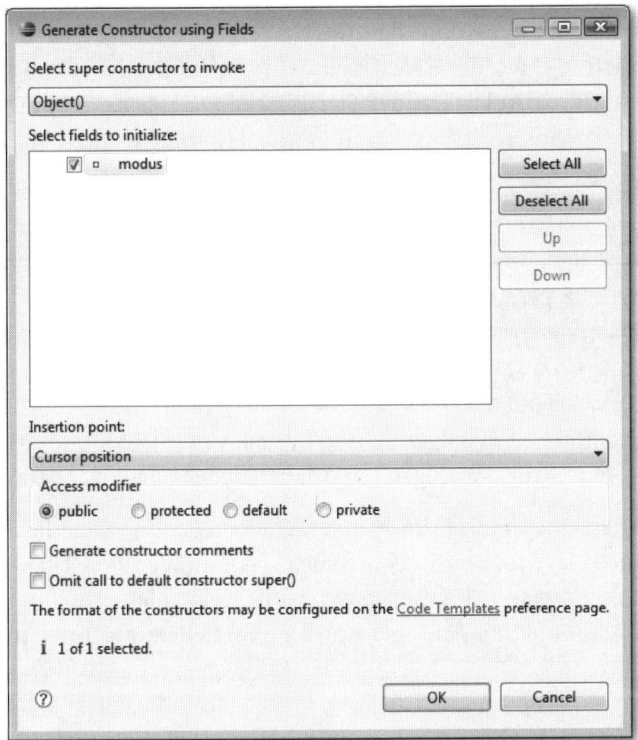

Abbildung 2.28   Dialog zum Erzeugen eines Konstruktors

Hierzu ein Beispiel. Fügen Sie der Klasse *Test* eine Methode test() hinzu. Nachdem Sie die öffnende Klammer des Methodenrumpfes getippt haben, drücken Sie bitte die Taste ⏎. Eclipse wird automatisch die schließende Klammer hinzufügen und den Cursor in einer leeren Zeile platzieren. Rufen Sie nun SOURCE • GENERATE ELEMENT COMMENT auf oder drücken Sie die Tastenkombination Alt + ⇧ + J. Die IDE erzeugt daraufhin oberhalb der Zeile mit der Methodensignatur einen mehrzeiligen Kommentar.

Die Funktionen des Menüs SOURCE lassen sich verschiedenen Kategorien zuordnen. Eine, die sich der Behandlung von Kommentaren widmet, haben Sie eben kennengelernt. Die zweite beschäftigt sich mit der Formatierung des Quelltextes. Auch diese kennen Sie bereits. Die dritte Kategorie fasst Funktionen zum automatischen Erzeugen von Methoden und Konstruktoren zusammen. Um sie auszuprobieren, stellen Sie bitte sicher, dass Ihre Klasse *Test* nur noch aus der Klassendeklaration besteht. Alle anderen Bestandteile löschen Sie bitte.

Fügen Sie nun bitte folgende Zeile ein: `private int modus;`. Rufen Sie anschließend bitte SOURCE • GENERATE GETTERS AND SETTERS auf. Sie sehen den Dialog *Generate Getters and Setters*, dessen Vorbelegung in etwa Abbildung 2.27 entsprechen sollte. In ihm können Sie einstellen, für welche Variablen entsprechende Methoden erzeugt werden und wo diese im Quelltext platziert werden. Schließen Sie den Dialog bitte durch Anklicken der Schaltfläche *OK*. Eclipse hat der Klasse *Test* die beiden Methoden `getModus()` und `setModus()` hinzugefügt.

Da jede Eigenschaft einer Klasse in deren Konstruktor initialisiert werden sollte, fügen Sie *Test* bitte einen solchen hinzu. Auch hier ist Ihnen die IDE behilflich. Rufen Sie die Funktion SOURCE • GENERATE CONSTRUCTOR USING FIELDS auf. Sie sehen den in Abbildung 2.28 gezeigten Dialog *Generate Constructor using Fields*. Da Konstruktoren normalerweise vor Methoden stehen, wählen Sie als *Insertion point* den Wert *First method*. Da *Test* keine explizite Elternklasse braucht, setzen Sie bitte ein Häkchen vor *Omit call to default constructor super()*. Wenn Sie möchten, können Sie einen Kommentar erzeugen lassen, der dem Konstruktor vorangestellt wird. Schließen Sie bitte den Dialog durch Anklicken der Schaltfläche *OK*.

Wie Sie gesehen haben, lassen sich mit Eclipse eine Reihe von häufig wiederkehrenden Aufgaben automatisieren. Hierzu gehört auch das Einfügen von Quelltext-Bestandteilen mittels SOURCE • SURROUND WITH. Im folgenden Abschnitt möchte ich Ihnen noch die Funktion *Externalize Strings* vorstellen, die Texte in separate Dateien auslagert.

Texte auslagern

Das Auslagern von Texten in separate Dateien ist vor allem im Hinblick auf die Übersetzung in andere Sprachen sinnvoll, kann aber auch zu einer Reduzierung des benötigten Speicherplatzes führen, indem es der Mehrfachdeklaration von Texten vorbeugt. Außerdem entstehen auf diese Weise übersichtlichere Quelltexte. Um diese Funktion auszuprobieren, fügen Sie der Klasse *Test* bitte die folgende Zeile hinzu:

```
private String meldung = "Herzlich Willkommen";
```

Öffnen Sie nun den in Abbildung 2.29 gezeigten Dialog *Externalize Strings*, indem Sie SOURCE • EXTERNALIZE STRINGS aufrufen.

Ausgelagerte Texte werden über sogenannte *Schlüssel* angesprochen. In der Tabelle *Strings to externalize* legen Sie fest, welcher Schlüssel zu welchem Text gehört. Mit den Schaltflächen *Externalize*, *Internalize* und *Ignore* steuern Sie, wie die IDE mit Texten, die sie in Ihrem Quelltext gefunden hat, umgehen soll. Beispielsweise könnten Sie einen bereits ausgelagerten Text wieder in den Quelltext übernehmen oder eine Meldung vom Auslagern ausnehmen.

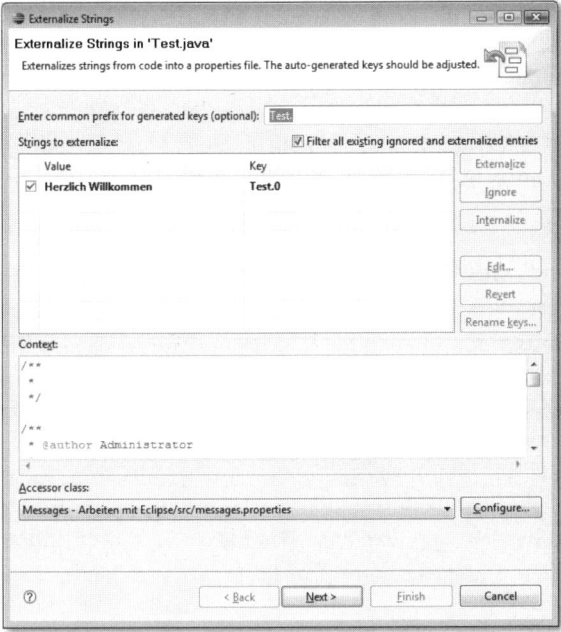

Abbildung 2.29 Dialog zum Auslagern von Texten

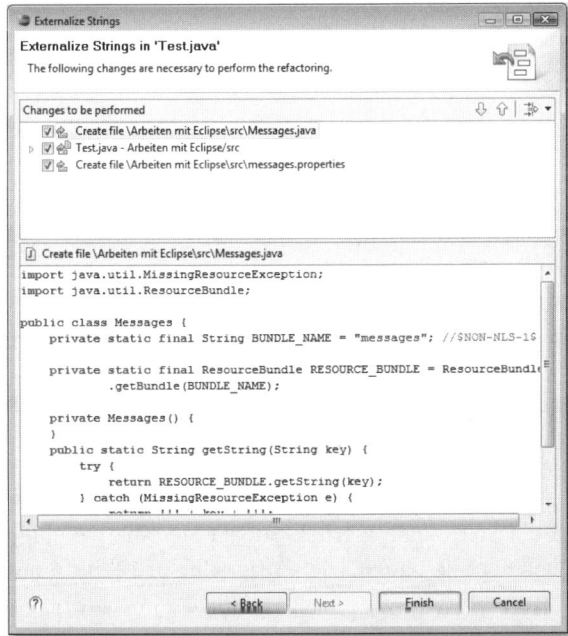

Abbildung 2.30 Vorschau der Änderungen am Quelltext

Wie Sie in Abbildung 2.30 sehen, ist der Text `Herzlich Willkommen` mit einem Häkchen versehen, wird also ausgelagert. Er wird über den Schlüssel `Test.0` angesprochen. Sie können jeden Schlüssel automatisch mit einem Präfix versehen lassen, das standardmäßig dem Namen der Klasse entspricht. Möchten Sie ohne ein Präfix arbeiten, lassen Sie das entsprechende Feld einfach leer. Sie haben auch die Möglichkeit, Schlüsselnamen vollkommen individuell zu vergeben. Klicken Sie nun bitte auf *Next*.

Eclipse wird Sie auf ein Problem hinweisen. Die Datei *messages.properties*, welche die Texte später aufnehmen wird, existiert nämlich noch nicht. Die IDE legt die Datei später jedoch automatisch an. Klicken Sie bitte erneut auf *Next*. Der Dialog *Externalize String* enthält eine Vorschau der Änderungen, die an Ihrem Quelltext vorgenommen werden, wenn Sie auf *Finish* klicken. Abbildung 2.30 zeigt diese Vorschau.

Um zu prüfen, ob die beiden genannten Dateien tatsächlich angelegt wurden, werfen Sie bitte einen Blick in den *Package Explorer*. Die Klasse *Messages* finden Sie im selben Paket wie *Test*. Die Datei *messages.properties* wird als letztes Element des Verzeichnisses *src* angezeigt.

Sie haben bisher zahlreiche Funktionen kennengelernt, die Ihnen dabei helfen, Java-Programme komfortabel einzugeben und zu bearbeiten. Voraussetzung für flüssiges Arbeiten ist aber auch das schnelle Bewegen im Code. Im folgenden Abschnitt beschäftige ich mich deshalb mit der Navigation innerhalb des Quelltextes, aber auch mit dem Umschalten zwischen mehreren Editoren.

2.2.3   Navigation

Lassen Sie mich diesen Abschnitt mit einer Frage beginnen. Was bedeutet eigentlich *Navigation*? Grundsätzlich versteht man darunter das Bewegen im Quelltext mithilfe der Cursortasten bzw. dem direkten Anspringen einer Position durch Anklicken mit der linken Maustaste. Eine weitere Möglichkeit, gezielt zu bestimmten Bereichen eines Programms zu gelangen, habe ich Ihnen mit NAVIGATE • GO TO LINE vorgestellt.

Nicht in den Bereich Navigation hingegen fällt das Verschieben des sichtbaren Ausschnitts eines Editors. Denn Sie *sehen* zwar einen anderen Teil Ihres Programms, allerdings passt sich die Cursor-Position nicht an. Sie können dies prüfen, indem Sie einen Blick auf die Statuszeile werfen. Sobald Sie eine beliebige Taste drücken, wird der sichtbare Bereich auch wieder der Cursor-Position angeglichen.

Eine weitere Form der Navigation möchte ich Ihnen nun zeigen. Auch hier geht es um das unmittelbare Anspringen eines Abschnitts im Quelltext. Eclipse bietet Ihnen nämlich zwei Listen, in denen Sie solche Sprungziele definieren können: *Aufgaben* und *Lesezeichen*.

Aufgaben

Im Abschnitt *Ein neues Projekt anlegen* in Kapitel 1, *Hands on Eclipse*, habe ich Ihnen die Sicht *Tasks* bereits kurz vorgestellt. Sie zeigt *Aufgaben*, die entweder automatisch durch den Eclipse-eigenen Java-Compiler oder explizit durch Sie angelegt wurden. Welche Aufgaben das System selbständig erzeugt, steuern Sie über die Seite JAVA • COMPILER • TASK TAGS des Dialogs *Preferences*, die in Abbildung 2.31 zu sehen ist. Hierzu weisen Sie einem Schlüsselwort eine Priorität zu. Beispielsweise haben Aufgaben, die das Wort FIXME enthalten, eine hohe Priorität, wohingegen TODO Aufgaben mit normaler Priorität kennzeichnet.

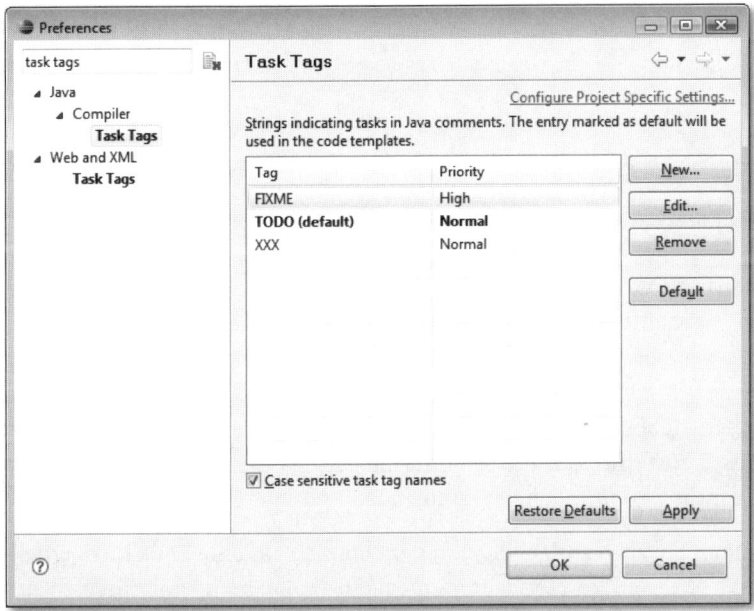

Abbildung 2.31   Dialog zum Anlegen und Bearbeiten von Task Tags

Probieren Sie das Anlegen von Aufgaben durch den Java-Compiler bitte aus, indem Sie in Ihrer Klasse *Test* mehrere Kommentare anlegen, die die Wörter FIXME und TODO enthalten. Sobald Sie den Quelltext speichern, wird die Sicht *Tasks* entsprechend aktualisiert. Falls sie nicht geöffnet ist, rufen Sie bitte WINDOW • SHOW VIEW • TASKS auf. Sie werden bemerken, dass Aufgaben mit hoher Priorität mit einem roten Ausrufezeichen gekennzeichnet werden.

Um zu der Zeile im Quelltext zu navigieren, die eine Aufgabe enthält, können Sie die betreffende Zeile der Sicht doppelklicken. Ein Klick mit der rechten Maustaste hingegen öffnet das Kontextmenü der Aufgabe. Es enthält unter anderem den Menüpunkt Go To, der dieselbe Funktion ausführt. Die Sicht *Tasks* ist übrigens unabhängig von einem Editor verwendbar. Sie sehen also auch solche Aufgaben, deren Quelltext im Moment nicht geöffnet ist. Ein Doppelklick öffnet die Datei und positioniert den Cursor an der Stelle, die die Aufgabe enthält. Interessant ist die Funktion Show In • Package Explorer des Kontextmenüs, die die betreffende Klasse in der Sicht *Package Explorer* zeigt.

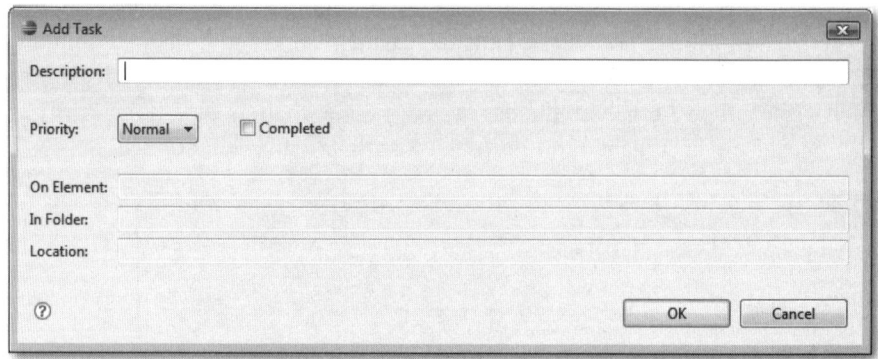

Abbildung 2.32 Anlegen einer neuen Aufgabe

Im Gegensatz zu durch das System erzeugten Aufgaben müssen solche, die Sie selbst anlegen, keinen Bezug zu einem Quelltext haben. Sie können dies testen, indem Sie Add Task des Kontextmenüs aufrufen. Die Felder *On element*, *In Folder* und *Location* des in Abbildung 2.32 gezeigten Dialogs *Add Task* sind leer und nicht anwählbar. Geben Sie bitte einen beliebigen Aufgabentext ein und schließen den Dialog durch Klick auf die Schaltfläche *OK*. Erwartungsgemäß bleibt ein Doppelklick auf die neue Aufgabe ergebnislos.

Natürlich können Sie auch Aufgaben erstellen, die sich auf eine Zeile Ihres Quelltextes beziehen. Fahren Sie hierzu in den linken (hellgrauen) Randbereich des Editors und drücken die rechte Maustaste. Daraufhin öffnet sich ein Kontextmenü, das unter anderem die Funktion Add Task enthält. Bitte wählen Sie diesen Eintrag aus. Sie sehen den Ihnen bereits bekannten Dialog *Add Task*. Allerdings sind nun die Felder *On element*, *In Folder* und *Location* mit dem Namen der Datei, deren Verzeichnis sowie der aktuellen Zeilennummer vorbelegt.

Aufgaben, die Sie selbst angelegt haben, können Sie jederzeit durch Setzen eines Häkchens in der Spalte mit einem Häkchen-Symbol als erledigt markieren. Solche beendeten Aufgaben lassen sich einzeln oder komplett löschen. Öffnen Sie hierzu das Kontextmenü einer Aufgabe und wählen Sie *Delete* oder *Delete Completed Tasks*. Durch den Eclipse-Compiler erzeugte Aufgaben lassen sich derzeit nur durch Löschen des betreffenden Kommentars entfernen.

Aufgaben sind also eine Art von *Sprungmarken*, mit denen Sie Teile Ihres Quelltextes, an denen Sie noch Korrekturen vornehmen müssen, im schnellen Zugriff haben.

Bookmarks

Auch *Lesezeichen* sind Verweise auf Zeilen im Quelltext und werden wie Aufgaben mit einem Befehl des Kontextmenüs im linken Randbereich des Java-Editors erzeugt (ADD BOOKMARK). Beim Anlegen eines Lesezeichens müssen Sie einen Namen vergeben, der es möglichst knapp beschreiben sollte. Eclipse schlägt hier den Inhalt der betreffenden Zeile (bzw. bei sehr langen Zeilen einen Teil davon) vor. Sie sollten abwägen, ob Sie auf diese Weise das Lesezeichen eindeutig zuordnen können oder gegebenenfalls einen alternativen Namen vergeben.

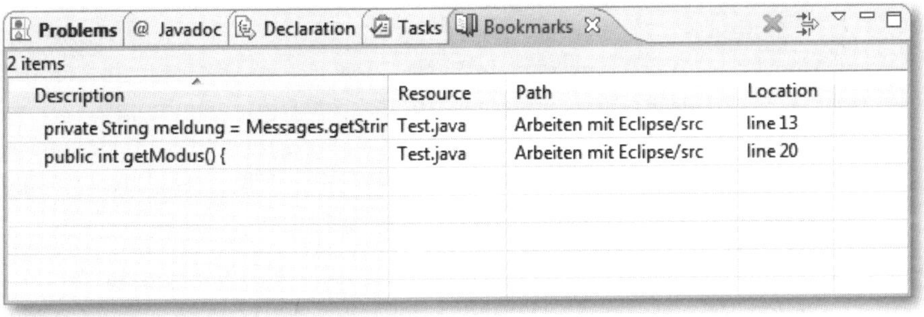
Problems
Javadoc
Declaration
Tasks
Bookmarks
2 items
Description
Resource
Path
Location
private String meldung = Messages.getStrir
Test.java
Arbeiten mit Eclipse/src
line 13
public int getModus() {
Test.java
Arbeiten mit Eclipse/src
line 20

Abbildung 2.33 Die Sicht Bookmarks

Wie auch Aufgaben speichern Lesezeichen eine Zeilennummer, einen Dateinamen sowie das Verzeichnis der Datei. Diese Informationen werden in der Sicht *Bookmarks* in Abbildung 2.33 angezeigt. Um sie zu öffnen, wählen Sie bitte WINDOW • SHOW VIEW • OTHER. Sie sehen nun den Dialog *Show View*. Die Sicht *Bookmarks* finden Sie unterhalb des Knotens *General*. Bitte denken Sie daran, dass Sie Perspektiven speichern können, um häufig benötigte Sichten nicht jedes Mal erneut öffnen zu müssen.

Quelltextzeilen, denen ein Lesezeichen zugewiesen wurde, erkennen Sie an einem blauen Symbol im linken Randbereich des Java-Editors. Um ein Lesezeichen zu entfernen, öffnen Sie dessen Kontextmenü, indem Sie das Symbol mit der rechten Maustaste anklicken und REMOVE BOOKMARK wählen. Alternativ ist dies auch über ein Menü möglich, dass sich nach Rechtsklick auf das Lesezeichen in der Sicht *Bookmarks* öffnet.

Wie aber unterscheiden sich Lesezeichen von Aufgaben? Oder, anders gefragt: Wann nehmen Sie die einen, wann die anderen? Schließlich erlauben beide die Navigation im Quelltext.

Aufgaben helfen Ihnen dabei, Ihre Arbeit zu strukturieren und erinnern Sie an Dinge, die Sie an Ihrem Programm noch ändern müssen. Konsequenterweise erfolgt das Anlegen auch sehr flüssig durch Tippen eines Schlüsselworts innerhalb eines Kommentars. Lesezeichen hingegen sollten Sie einsetzen, wenn Sie oft in unterschiedlichen Bereichen Ihres Quelltextes arbeiten. Denn Lesezeichen sind, anders als die durch Eclipse automatisch erzeugten Aufgaben, nicht an Zeilen mit Kommentar gebunden. Dies trifft zwar auch auf solche Aufgaben zu, die Sie als Entwickler angelegt haben. Allerdings haben Aufgaben durch die ihnen zugewiesene Priorität eindeutig einen temporären Charakter. Irgendwann müssen sie erledigt sein. Lesezeichen hingegen behalten in der Regel ihre Gültigkeit.

Komfortabel navigieren

Wenn Sie mehrere Java-Quelltexte geöffnet haben, können Sie zwischen den verschiedenen Editoren umschalten, indem Sie die betreffende *Registerkarte* anklicken. Allerdings empfinden es viele Entwickler als störend, deshalb von der Tastatur zur Maus wechseln zu müssen. Windows-MDI-Anwendungen kennen für das Umschalten zwischen Programm-Unterfenstern das Tastenkürzel `Ctrl`+`F6`. Glücklicherweise übernimmt Eclipse diese äußerst praktische Funktion.

Haben Sie also mehrere Editor-Instanzen geöffnet, können Sie zwischen diesen blättern, indem Sie `Ctrl`+`F6` drücken. Solange Sie die Taste `Ctrl` festhalten, sehen Sie eine Liste vergleichbar mit Abbildung 2.34 die die Namen der geöffneten Dateien zeigt. Drücken von `F6` blättert einen Eintrag weiter, `⇧`+`F6` in die andere Richtung. Wenn Sie die Taste `Ctrl` loslassen, wird derjenige Editor aktiv, dessen Eintrag mit einem andersfarbigen Hintergrund versehen ist.

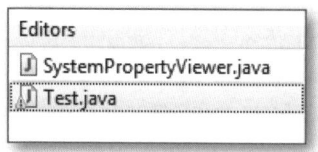

Abbildung 2.34 Liste der geöffneten Editoren

Ein weiteres recht praktisches Tastenkürzel ist übrigens `Ctrl`+`F4`, das Eclipse ebenfalls von Windows-Anwendungen übernommen hat. Hiermit schließen Sie den derzeit aktiven Editor. Selbstverständlich werden Sie über etwaige nicht gespeicherte Änderungen informiert.

Ich möchte nun einige Befehle ansprechen, die zum Teil über die Menüleiste, zum Teil über die *Toolbar* am oberen Rand der Workbench aufgerufen werden. Welche Funktionen dort verfügbar sind, hängt unter anderem von der aktiven Perspektive ab. Wie Sie bereits wissen, können Sie mittels WINDOW • CUSTOMIZE PERSPECTIVE Symbole bzw. Funktionen ein- und ausblenden.

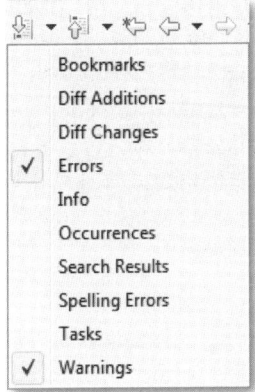

Abbildung 2.35   Liste der zu berücksichtigenden Anmerkungen

Die beiden Symbole NEXT ANNOTATION und PREVIOUS ANNOTATION helfen Ihnen, zu wichtigen Positionen innerhalb eines Quelltextes zu navigieren. Jeder Klick setzt den Cursor an die jeweils nächste oder vorhergehende geeignete Anmerkung (abhängig davon, in welche Richtung Sie blättern). Welche Anmerkungen Eclipse hierbei berücksichtigen soll, stellen Sie ein, indem Sie auf den kleinen nach unten weisenden Pfeil rechts neben den beiden Symbolen klicken. Sie sehen daraufhin die in Abbildung 2.35 gezeigte Auswahlliste, in der Sie durch Anklicken beliebig Häkchen setzen und löschen können. Möchten Sie die beiden Symbole NEXT ANNOTATION und PREVIOUS ANNOTATION beispielsweise dazu verwenden, der Reihe nach alle Lesezeichen Ihrer Quelltexte aufzusuchen, müssen Sie alle Häkchen des Auswahlmenüs mit Ausnahme von BOOKMARKS entfernen.

Eine weitere äußerst nützliche Funktion ist NAVIGATE • LAST EDIT LOCATION. Sie ist auch über das Tastenkürzel `Ctrl`-`Q` sowie das gleichnamige Toolbar-Symbol verfügbar. Mit ihr gelangen Sie zu der Stelle im Quelltext, an der Sie zuletzt Änderungen vorgenommen haben.

Ebenfalls über das Menü NAVIGATE sowie die Toolbar erreichen Sie die beiden Funktionen BACK und FORWARD. Mit ihnen blättern Sie durch die Ressourcen, die in einem Editor angezeigt werden, wie durch die Seiten in einem Webbrowser. Ein Klick auf den nach unten zeigenden Pfeil öffnet eine Auswahl, in der Sie gezielt zu Dateien springen können.

Im folgenden Abschnitt geht meine Erkundung der IDE weiter. Sie lernen einige wichtige Sichten ausführlicher kennen und verwenden das sogenannte *Scrapbook* sowie die *Local History*.

2.2.4 Komfortabel arbeiten

Sicher haben Sie sich schon einmal gewünscht, eine kurze Befehlssequenz ausprobieren zu können, ohne mühsam eine Klasse anlegen, das Programm übersetzen und starten zu müssen. Schon seit geraumer Zeit gibt es auf *www.beanshell.org* die von Pat Niemeyer entwickelte *BeanShell*. Diese Scriptsprache mit eingebauter Konsole basiert auf Java-Syntax und erlaubt das unmittelbare Ausführen von Anweisungen ohne den sonst üblichen Eingeben-Übersetzen-Ausführen-Zyklus.

Das Scrapbook

Etwas ganz Ähnliches bietet Eclipse in Form des sogenannten *Scrapbooks*. Mit dessen Hilfe können Sie Java-Anweisungen eingeben und sofort ausführen. Ihnen steht hierbei sogar der Debugger zur Verfügung. Sie können beispielsweise problemlos Variablen inspizieren.

Um das Scrapbook zu verwenden, müssen Sie einem Projekt eine sogenannte *Scrapbook-Seite* hinzufügen. Dies geschieht folgendermaßen: Öffnen Sie das Kontextmenü des Projekts, indem Sie im *Package Explorer* mit der rechten Maustaste auf den Namen des Projekts klicken und NEW • OTHER auswählen. Im nun erscheinenden Dialog *New* navigieren Sie zum Knoten JAVA • JAVA RUN/DEBUG und klicken *Scrapbook Page* an. Etwas schneller kommen Sie ans Ziel, wenn Sie in der Eingabezeile unterhalb des Wortes *Wizards* den Text *scrap* eintippen. Der Dialog zeigt automatisch den Eintrag *Scrapbook Page*, den Sie nur noch anklicken müssen.

Mit *Next* gelangen Sie auf die zweite Seite des Dialogs, die Sie in Abbildung 2.36 sehen. Bitte geben Sie der Scrapbook-Seite einen Namen, beispielsweise SCRAPBOOK-TESTSEITE, und schließen den Dialog, indem Sie die Schaltfläche *Finish* anklicken. Die neu angelegte Datei mit der Endung *.jpage* wird im *Package Explorer* angezeigt und in einem Editor geöffnet.

Bitte geben Sie nun einen beliebigen Java-Ausdruck ein, zum Beispiel:

```
System.out.println("Hallo, Welt");
```

Um ein Quelltext-Fragment auszuführen, müssen Sie es zunächst markieren. Da der Editor bisher nur Ihre eben gemachte Eingabe enthält, geht dies am schnellsten, indem Sie Ctrl-A drücken. Dieses Tastenkürzel entspricht übrigens EDIT • SELECT ALL.

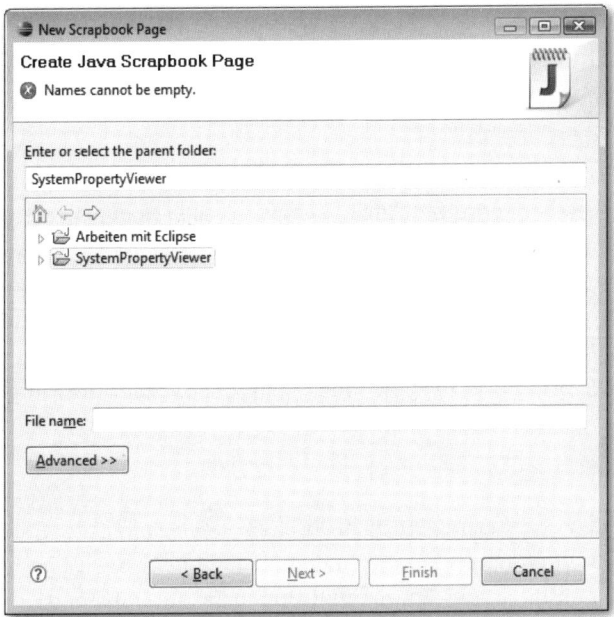

Abbildung 2.36 Anlegen einer Scrapbook-Seite

Abbildung 2.37 Toolbar-Symbole des Scrapbooks

Anschließend klicken Sie bitte auf das Symbol EXECUTE THE SELECTED TEXT, das sich neben einigen weiteren in Abbildung 2.37 gezeigten Symbolen in der Toolbar befindet.

Der Text *Hallo, Welt* wird in der Sicht *Console* ausgegeben. Vereinfacht ausgedrückt sammelt diese alle Ausgaben in die Streams out und err. Bitte ändern Sie den eben eingegebenen Ausdruck so um, dass die Meldung in den err-Stream geschrieben wird und führen Sie die Anweisung erneut aus. Sie werden bemerken, dass die Meldung nun in roter Schrift erscheint. Falls die *Console* nicht sichtbar ist, können Sie diese übrigens mit WINDOW • SHOW VIEW • CONSOLE öffnen.

Löschen Sie bitte den Inhalt des Editors und tippen Sie dann Math.PI. Nachdem Sie den Text markiert haben, klicken Sie erneut auf EXECUTE THE SELECTED TEXT. Sie werden feststellen, dass der gewünschte Wert nicht in der *Console* ausgegeben wird. Versuchen Sie es nun bitte mit dem Symbol DISPLAY RESULT OF EVALUATING SELECTED TEXT.

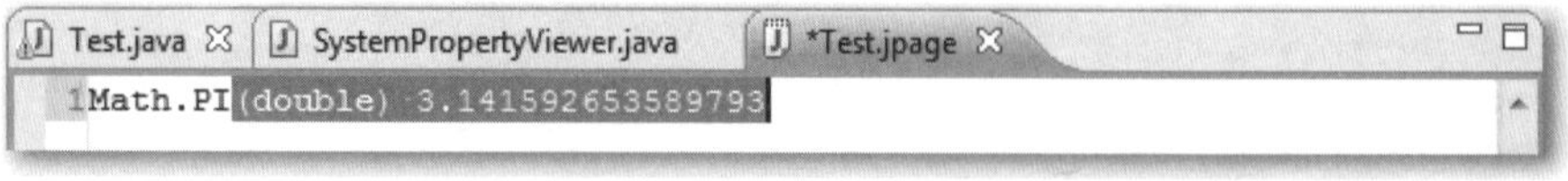

```
J) Test.java ⌧ ( J) SystemPropertyViewer.java    J) *Test.jpage ⌧                    ⊟ 🗆
  1 Math.PI (double) 3.141592653589793
```

Abbildung 2.38   Auswerten eines Ausdrucks

Wie Sie in Abbildung 2.38 sehen, wird der Ausdruck ausgewertet und das Ergebnis dieser Auswertung im Editor eingefügt. Dieser Text ist markiert, kann also durch Drücken der Taste [←] gelöscht werden. Dies ist praktisch, weil der gesamte Ausdruck nun nicht mehr ohne Fehler ausgewertet werden kann. Bitte probieren Sie es aus, indem Sie zunächst [Ctrl]+[A] drücken und anschließend DISPLAY RESULT OF EVALUATING SELECTED TEXT anklicken. Eclipse wird folgende Fehlermeldung einfügen:

```
Syntax error on token "(", ( expected after this token
```

Falls Sie die Ergebnisse der Auswertungen nicht löschen möchten, können Sie am Ende Ihres Ausdrucks einen einzeiligen Kommentar beginnen. Auch hierzu ein Beispiel. Löschen Sie den Inhalt des Editors und tippen Sie anschließend:

```
System.getProperty("user.name") //
```

Bitte drücken Sie nun [Ctrl]+[A] und klicken Sie erneut auf das Symbol DISPLAY RESULT OF EVALUATING SELECTED TEXT. Das Ergebnis der Auswertung wird unmittelbar hinter die beiden Kommentarzeichen geschrieben.

Sowohl DISPLAY RESULT OF EVALUATING SELECTED TEXT als auch EXECUTE THE SELECTED TEXT werten Ausdrücke aus. Bei Letzterem wird das Ergebnis der Auswertung verworfen, wohingegen es bei DISPLAY RESULT OF EVALUATING SELECTED TEXT in den Editor übernommen wird. EXECUTE THE SELECTED TEXT bietet sich an, wenn die auszuführende Befehlssequenz entweder keine Ausgaben tätigt oder ohnehin in einen der beiden Ausgabeströme schreibt. Dann sehen Sie das Ergebnis in der Sicht *Console*.

Eine spannende Frage ist, in welcher Laufzeitumgebung das *Scrapbook* eigentlich ausgeführt wird. Wenn Sie im *Package Explorer* mit der rechten Maustaste auf Ihre Scrapbook-Seite klicken und im daraufhin erscheinenden Kontextmenü PROPERTIES auswählen, sehen Sie den in Abbildung 2.39 gezeigten Dialog *Properties for Scrapbook*. Auf dessen Seite *Scrapbook Runtime* können Sie nicht nur das Arbeitsverzeichnis einstellen und Parameter an die virtuelle Maschine übergeben, sondern auch auswählen, welche Java-Version Sie für das Scrapbook verwenden möchten. Sie wird beim Auswerten des ersten Ausdrucks gestartet. Um diese virtuelle Maschine wieder zu beenden, klicken Sie bitte auf das Toolbar-Symbol STOP THE EVALUATION.

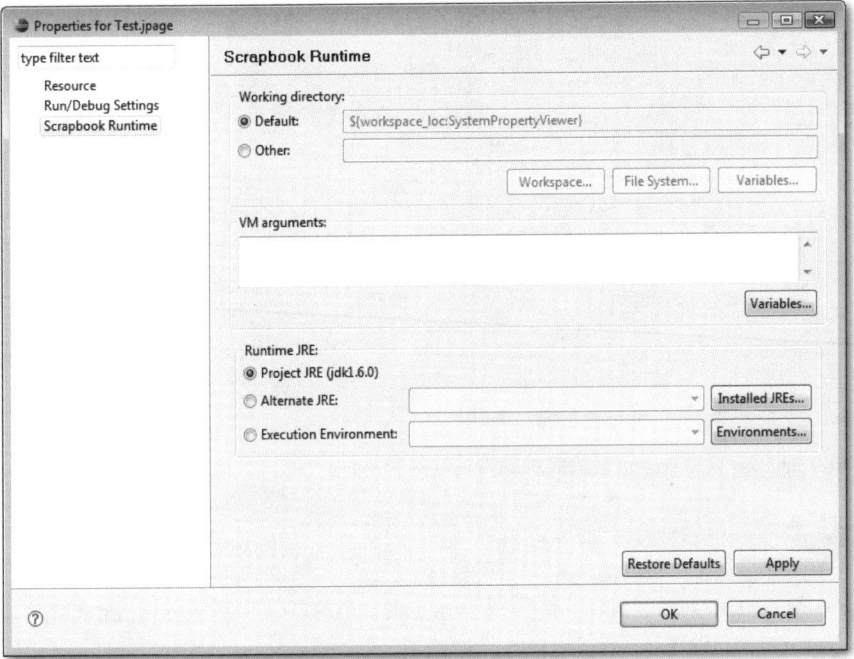

Abbildung 2.39   Eigenschaften einer Scrapbook-Seite

Mit dem Symbol SETS THE IMPORT DECLARATIONS FOR RUNNING CODE schließlich legen Sie fest, welche Klassen und Pakete in Ihre Scrapbook-Seite importiert und damit ohne ausdrückliche Nennung eines Paketnamens gefunden werden.

Das Scrapbook bietet eine äußerst komfortable Möglichkeit, schnell und unkompliziert Quelltextfragmente einzugeben und zu testen.

Im nächsten Abschnitt beschäftige ich mich mit der Frage, wie Sie versehentliche Änderungen an Ihren Programmen rückgängig machen können. Neben dem gängigen Undo-Redo-Paradigma bietet Eclipse nämlich einen weiteren praktischen Helfer, die sogenannte *Local History*. Hierbei handelt es sich, wie Sie gleich sehen werden, um eine Art Versionsverwaltung auf Dateiebene.

Undo, Redo und Local History

Beginnen möchte ich diesen Abschnitt allerdings mit den beiden Funktionen EDIT • UNDO und EDIT • REDO. Sie implementieren die aus vielen Programmen bekannten Funktionen *Zurücknehmen einer Änderung* und *Wiederherstellen der Änderung nach einem Undo*. Um das Verhalten von Eclipse zu testen, öffnen Sie bitte einen beliebigen Editor. Sie können hierzu die Scrapbook-Seite aus dem vorherigen Abschnitt oder beispielsweise die Klasse *Test* verwenden.

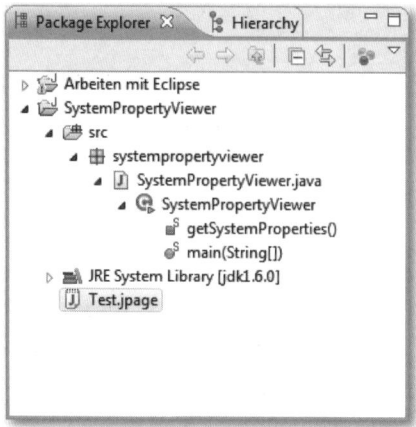

Abbildung 2.40 Die main()-Methode im Package Explorer

Bewegen Sie den Cursor bitte in eine beliebige Zeile und tippen Sie // ein Test. Drücken Sie nun die Tastenkombination ⌴Ctrl⌴+⌴Z⌴ oder wählen Sie EDIT • UNDO. Erwartungsgemäß ist der von Ihnen getippte Text verschwunden. Um Ihn wiederherzustellen, rufen Sie bitte EDIT • REDO auf oder drücken ⌴Ctrl⌴-⌴Y⌴. Er erscheint an seiner ursprünglichen Position, bleibt aber markiert. Ein versehentlicher Tastendruck würde ihn also überschreiben.

Die beiden Funktionen sind aber keineswegs auf reine Textoperationen beschränkt. Auch dies möchte ich Ihnen an einem Beispiel demonstrieren: Öffnen Sie bitte das Projekt *SystemPropertyViewer* und klappen Sie alle Einträge auf, bis der *Package Explorer* in etwa Abbildung 2.40 entspricht. Klicken Sie nun mit der rechten Maustaste bitte auf die main()-Methode und wählen Sie dann REFACTOR • RENAME. Sie sehen daraufhin den in Abbildung 2.41 gezeigten Dialog *Rename Method*.

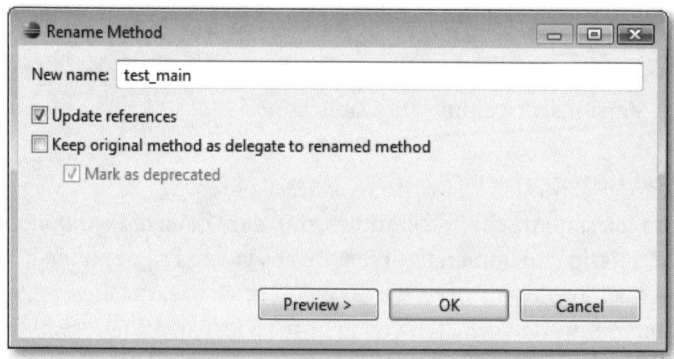

Abbildung 2.41 Dialog zum Umbenennen von Methoden

Geben Sie der Methode `main()` nun einen beliebigen neuen Namen und klicken Sie auf *OK*. Nachdem Eclipse alle Änderungen an Ihrem Quelltext abgeschlossen hat, sehen Sie im *Package Explorer* die umbenannte Methode. Welche weiteren Möglichkeiten Ihnen die IDE bietet, Ihre Quelltexte mittels *Refactoring* umzustellen, zeige ich Ihnen in Abschnitt 2.3, *Suchen, Ersetzen und Refactoring*. Wichtig an dieser Stelle ist, dass Sie diese doch recht umfassenden Änderungen mit minimalem Aufwand zurücknehmen können.

Werfen Sie bitte einen Blick in das Menü EDIT. Ganz oben finden Sie UNDO RENAME METHOD. Eclipse teilt Ihnen also mit, welche Änderung als Nächstes widerrufen wird. Tun Sie dies bitte. Ein erneuter Blick in das Menü EDIT zeigt, dass Sie mit REDO die Methode `main()` erneut umbenennen könnten, wobei natürlich keine Eingaben in einem Dialog nötig sind. Wie viele UNDO-Schritte möglich sind, legen Sie im Dialog *Preferences* auf der Seite *Text Editors* fest. Navigieren Sie hierzu bitte zum Knoten *General • Editors • Text Editors* und tragen Sie den gewünschten Wert bei *Undo history size* ein.

UNDO und REDO wirken unmittelbar im Text-Editor. Änderungen an gespeicherten Dateien lassen sich auf diese Weise nicht rückgängig machen. Hierzu ein Beispiel: Bitte öffnen Sie die Klasse *Test*, löschen deren kompletten Inhalt und speichern Sie diese Änderung. Danach schließen Sie bitte den Editor.

Was passiert, wenn Sie eine solch gravierende Änderung zurücknehmen müssen? Ein Blick in das Menü EDIT zeigt schnell, dass keine entsprechende Operation zur Verfügung steht. Eine Möglichkeit ist sicher, ein Backup einzuspielen. Dies setzt allerdings die regelmäßige Erstellung solcher Sicherungen und deren Verfügbarkeit im Schadensfall voraus.

Eclipse bietet für solche Situationen die sogenannte *Local History*. Jedes Mal, wenn Sie (signifikante) Änderungen an einer Datei vornehmen und speichern, erzeugt die IDE eine Kopie. Sie können zu jedem Zeitpunkt die aktuelle Version durch eine frühere Version aus der Local History ersetzen. Auf diese Weise lassen sich sogar gelöschte Dateien wiederherstellen. Wie Sie später noch sehen werden, können Sie auch Versionsstände miteinander vergleichen.

Klicken Sie im *Package Explorer* bitte mit der rechten Maustaste auf die Klasse *Test* und wählen Sie *Restore from local History*. Wenn Eclipse das wiederherzustellende Element selbständig ermitteln kann, erhalten Sie die ursprüngliche Fassung ohne weitere Rückfrage. Andernfalls erscheint der Dialog *Restore Java Element from Local History*, den Sie in Abbildung 2.42 sehen. Er enthält eine Liste der Versionsstände und zeigt an, wann die Änderungen stattgefunden haben. Anhand einer Vorschau können Sie sehr schön erkennen, welche Version dem gewünschten Stand entspricht. Klicken Sie bitte auf *Restore*, um die markierte Fassung als neue Version der Datei zu übernehmen.

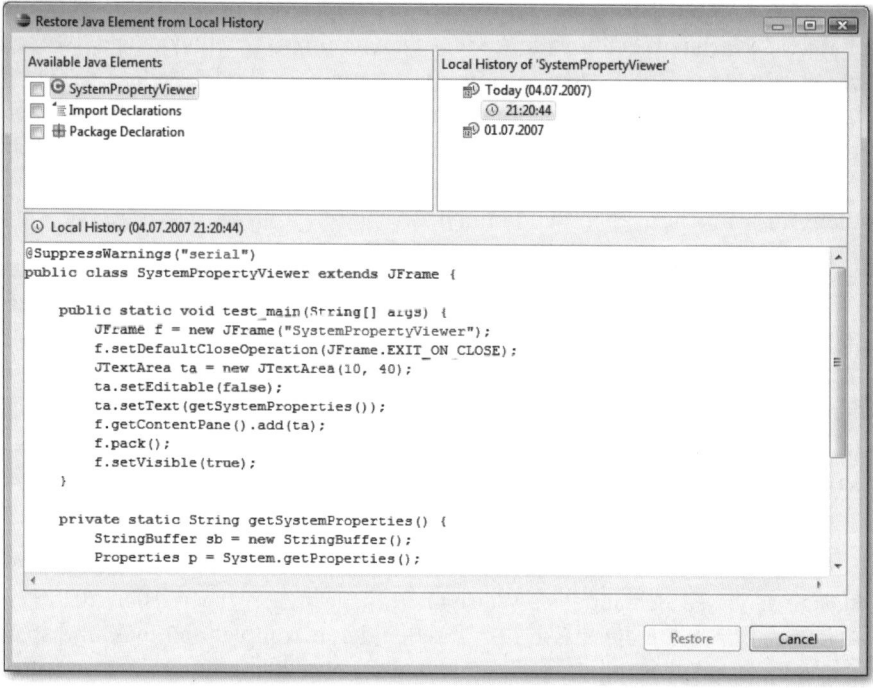

Abbildung 2.42 Wiederherstellen aus der Local History

Wie Sie gleich noch sehen werden, gibt es für das Rückgängigmachen von weniger »destruktiven« Änderungen eine eigene Funktion. Das eben vorgestellte RESTORE FROM LOCAL HISTORY setzen Sie ein, wenn Sie komplette Dateien wiederherstellen müssen. Haben Sie beispielsweise eine Datei im *Package Explorer* gelöscht, können Sie sie auf diese Weise retten.

Um dies auszuprobieren, klicken Sie bitte mit der rechten Maustaste auf die Klasse *Test* und wählen DELETE. Sofern Sie die Datei in einem Editor geöffnet haben, wird dieser geschlossen. Auch der *Package Explorer* zeigt *Test* nicht mehr an. Klicken Sie nun mit der rechten Maustaste auf sein Wurzelelement und wählen Sie erneut RESTORE FROM LOCAL HISTORY. Im nun erscheinenden Dialog *Restore from Local History* können Sie diejenige Datei auswählen, die Sie wiederherstellen möchten.

Um Ihnen weitere Funktionen der *Local History* zu zeigen, werde ich der Klasse *Test* einige Elemente hinzufügen. Positionieren Sie den Cursor hierzu bitte auf dem Namen Test der Konstruktor-Deklaration und rufen Sie dann REFACTOR • INTRODUCE FACTORY auf. Im Dialog *Introduce Factory*, den Sie in Abbildung 2.43 sehen, fragt Eclipse den Namen der zu generierenden Methode sowie der Factory-

Klasse ab. Außerdem können Sie festlegen, ob der bestehende Konstruktor als `private` deklariert werden soll. Schließen Sie den Dialog bitte mit einem Klick auf *OK*.

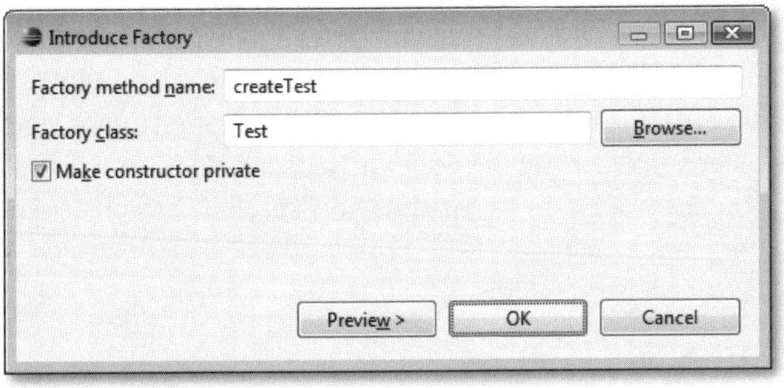

Abbildung 2.43 Dialog zum Erzeugen von Factory-Methoden

Auch das Erzeugen von Factory-Methoden ist ein Aspekt beim Refactoring von Java-Quelltexten. Informationen zu diesem Thema finden Sie in Abschnitt 2.3, *Suchen, Ersetzen und Refactoring*. Im Hinblick auf meine Erklärungen zur *Local History* ist es wichtig, dass die Klasse *Test* in zwei Punkten modifiziert wurde: Zum einen gibt es die neue Methode `createTest()`, zum anderen ist der Konstruktor von außen nicht mehr zugänglich.

Was den aktuellen Stand eines Quelltextes von seinen Vorgängerversionen unterscheidet, können Sie sehr schön mit COMPARE WITH • LOCAL HISTORY herausfinden. Sie erreichen diese Funktion über das Kontextmenü, das Sie durch Klicken mit der rechten Maustaste auf die Klasse *Test* im *Package Explorer* öffnen. Tun Sie dies bitte.

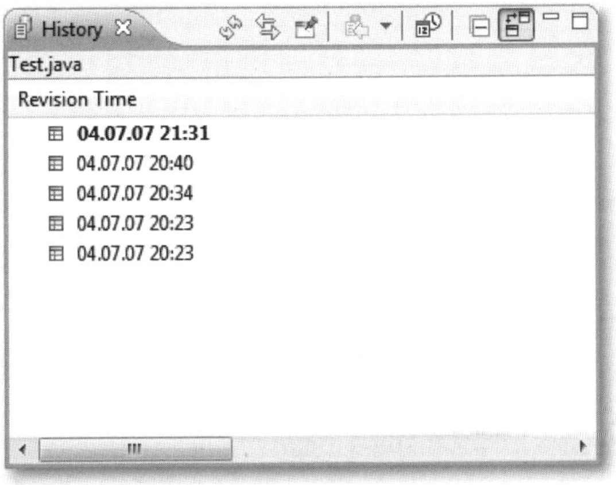

Abbildung 2.44 Die Sicht History

Eclipse wird daraufhin die Sicht *History* öffnen, die Sie in Abbildung 2.44 sehen. Den größten Raum nimmt eine Liste mit Versionsständen ein, die Sie in ähnlicher Form bereits vom Dialog *Restore from Local History* kennen. Ein Doppelklick auf einen der Einträge öffnet die entsprechende Version in einem Editor. Was hierbei genau passiert, ist vom Status des Symbols *Compare Mode* abhängig. Ist dieser Vergleichsmodus nicht aktiv, wird jede Version in einer eigenen schreibgeschützten Editor-Instanz angezeigt. Möchten Sie Versionsstände hingegen miteinander vergleichen, klicken Sie das Symbol *Compare Mode* bitte einmal an. Doppelklicks auf Versionsstände zeigen dann eine spezielle Vergleichsansicht, die Sie in Abbildung 2.45 sehen.

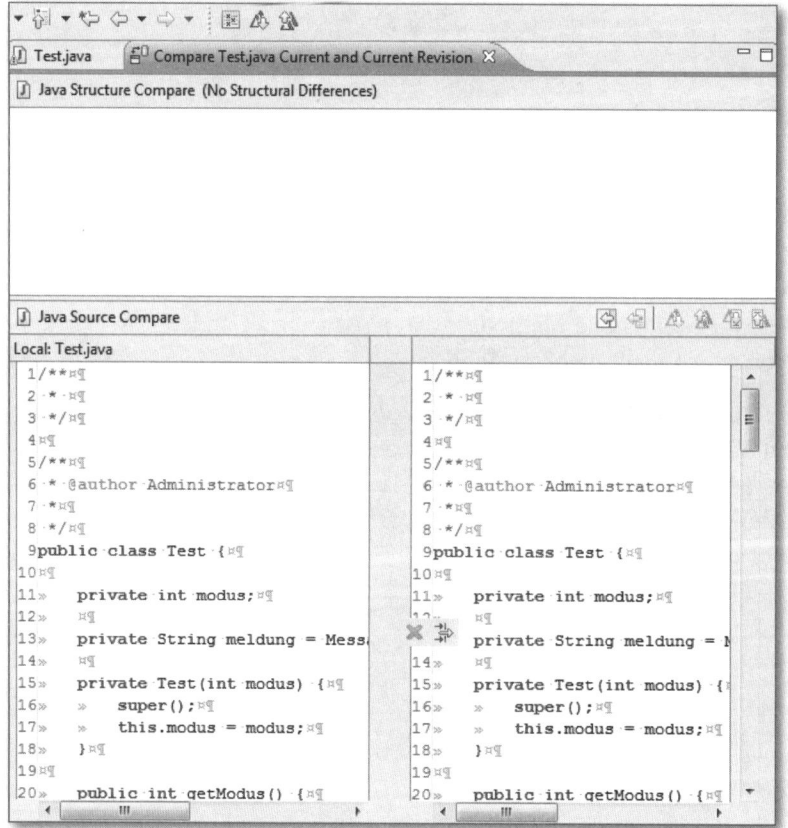

Abbildung 2.45 Vergleich zweier Versionsstände

Diese Vergleichsansicht besteht aus zwei Bereichen. *Java Structure Compare* zeigt Ihnen beispielsweise mit einem Plus-Symbol an, dass die Methode `createTest()` neu hinzugefügt wurde. Sie erhalten so einen Überblick über Änderungen an der Struktur eines Quelltextes. *Java Source Compare* hingegen stellt alle Änderungen detailliert gegenüber. Sie sehen hier nicht nur die neue Methode `createTest()`, sondern auch die Änderung der Sichtbarkeit des Konstruktors. Mit den Symbolen des Vergleichseditors können Sie gezielt zu Änderungen navigieren sowie Bereiche einer früheren Version in die aktuelle Fassung übernehmen. Dies ist besonders praktisch, wenn Sie eine Methode gelöscht haben und später feststellen, dass Sie diese doch noch benötigen.

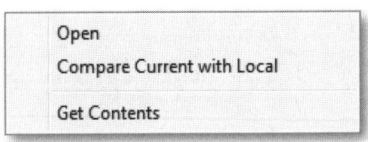

Abbildung 2.46   Kontextmenü eines Versionsstandes

Die Sicht *History* öffnet für jeden Versionsstand nach Rechtsklick auf dessen Eintrag ein Kontextmenü, das in Abbildung 2.46 zu sehen ist. Dessen Menüpunkt OPEN stellt die ausgewählte Version in einem eigenen, schreibgeschützten Editor dar, auch wenn der Vergleichsmodus aktiv ist. COMPARE CURRENT WITH LOCAL öffnet den eben beschriebenen Vergleichseditor. Dies funktioniert auch dann, wenn Sie den Vergleichsmodus gar nicht aktiviert haben. GET CONTENTS schließlich übernimmt die ausgewählte Version vollständig als neue Fassung.

Mithilfe der Vergleichsfunktion können Sie also sehr komfortabel Änderungen zwischen verschiedenen Versionsständen nachvollziehen und gegebenenfalls ältere Fassungen wiederherstellen. Wie viele Änderungen in der Local History vorgehalten werden und wie lange ältere Versionsstände verfügbar sind, stellen Sie auf der Seite *Local History* des Dialogs *Preferences* ein. Navigieren Sie hierzu bitte zum Knoten GENERAL • WORKSPACE • LOCAL HISTORY.

Die Sichten Navigator und Outline

In diesem Abschnitt möchte ich Ihnen mit *Navigator* und *Outline* zwei weitere wichtige Sichten vorstellen, die Sie bei Ihrer Arbeit mit Eclipse unterstützen.

Die Sicht *Navigator* stellt Ressourcen des Arbeitsbereichs hierarchisch dar. Ihre Projekte erscheinen als Äste eines Baums, was auf den ersten Blick stark an den Ihnen bereits bekannten *Package Explorer* erinnert. Wenn Sie die Elemente, die die beiden Sichten anzeigen, miteinander vergleichen, stellen Sie schnell fest, dass der *Navigator* auch solche Ressourcen anzeigt, die im *Package Explorer* verborgen bleiben. Beispiele hierfür sind die in Abbildung 2.47 gezeigten Dateien *.classpath* und *.project* sowie das Verzeichnis *bin*. Der *Navigator* zeigt Ihnen die physikalische Struktur von Projekten, wohingegen der *Package Explorer* diese aus Java-Sicht darstellt.

Wie im *Package Explorer* können Sie auch im *Navigator* Dateien mittels Doppelklick öffnen. Um ein Kontextmenü aufzurufen, das die zu der Ressource passenden Funktionen wie *Kopieren*, *Verschieben* und *Vergleichen* anbietet, klicken Sie eine Ressource mit der rechten Maustaste an.

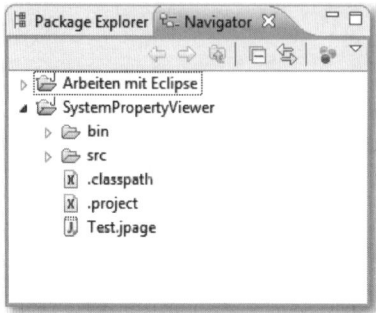

Abbildung 2.47   Die Sicht Navigator

Das Symbol *Link with Editor* verbindet den *Navigator* mit dem aktiven Editor. Wenn Sie zwischen verschiedenen Instanzen eines Editors wechseln, passt sich die Sicht automatisch an und markiert die in diesem Editor angezeigte bzw. bearbeitete Ressource. Hierzu ein Beispiel: Öffnen Sie bitte die beiden Dateien *Test.java* und *.classpath*, nachdem Sie *Link with Editor* aktiviert haben. Wechseln Sie nun zwischen den beiden Editor-Instanzen hin und her. Beachten Sie dabei bitte die Anzeige im *Navigator*. Sie werden feststellen, dass die im aktiven Editor angezeigte Datei im *Navigator* markiert ist.

Die Möglichkeit, den Inhalt einer Sicht an einen Editor zu binden, steht für einige Sichten zur Verfügung. So finden Sie auch im *Package Explorer* das Symbol *Link with Editor*. Auch die Sicht *Outline*, die ich Ihnen nun vorstellen möchte, kann ihren Inhalt an die aktive Editor-Instanz anpassen. Das Symbol ist allerdings nicht unmittelbar zu sehen, sondern über das Klappmenü der Sicht zugänglich.

Generell stellt *Outline* strukturierte Dateien in Form einer Übersicht oder Gliederung dar. Was genau die Sicht anzeigt, ist also von der Art der Datei abhängig. Beispielsweise sehen Sie von Java-Quelltexten deren Konstruktoren, Methoden und Variablen.

Prüfen Sie bitte zunächst, ob Sie die Funktion *Link with Editor* in der Sicht *Outline* aktiviert haben. Falls nicht, tun Sie dies bitte. Öffnen Sie nun die Klasse *Test*. Ihre Sicht sollte in etwa Abbildung 2.48 entsprechen. Um im Editor zu einem bestimmten Element zu gelangen, können Sie es in *Outline* anklicken. Der umgekehrte Weg ist ebenfalls möglich. Das bedeutet, wenn Sie im Quelltext navigieren, wird das aktuelle Element in *Outline* markiert.

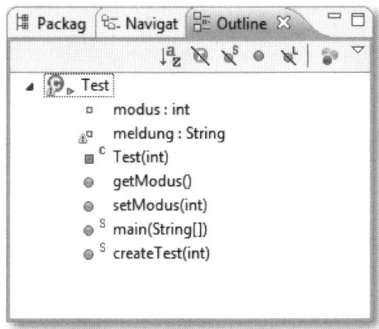

Abbildung 2.48 Die Sicht Outline

Mit der Symbolleiste der Sicht können Sie einstellen, welche Elemente Sie anzeigen möchten. Beispielsweise lassen sich statische Variablen und Methoden verbergen. Die Reihenfolge der Elemente in *Outline* entspricht deren Auftreten im Quelltext, sofern Sie die Sortierfunktion nicht eingeschaltet haben.

Übrigens können Sie durch Verschieben von Elementen in der Sicht deren Position im Quelltext ändern. Haben Sie beispielsweise eine Methode an der falschen Stelle eingefügt, lässt sich dies auf einfache Weise beheben. Klicken Sie hierzu auf den Methodennamen und halten Sie die Maustaste gedrückt, während Sie das Element an seine neue Position schieben.

Working Sets

In diesem Abschnitt stelle ich Ihnen die sogenannten *Working Sets* vor. Hierbei handelt es sich um eine Art Filtermechanismus, mit dem Sie unter anderem steuern können, welche Elemente in den Navigations-Sichten der Workbench angezeigt werden.

Ganz allgemein fassen Working Sets Elemente zu Gruppen zusammen. Für bestimmte Sichten können Sie dann festlegen, dass diese nur noch diejenigen Elemente anzeigen, die zu einem bestimmten Working Set gehören. Dies ist nützlich, wenn Sie die Zahl der angezeigten Elemente eingrenzen möchten. Working Sets können aber auch dazu verwendet werden, Aktionen auf mehrere Elemente gleichzeitig anzuwenden.

Öffnen Sie bitte die Sicht *Package Explorer* und klappen dessen Menü auf, indem Sie den kleinen nach unten weisenden Pfeil anklicken. Nachdem Sie SELECT WORKING SET aufgerufen haben, öffnet sich der Dialog *Select Working Set*, den Sie in Abbildung 2.19 sehen. Klicken Sie bitte auf *New*, um ein neues Working Set anzulegen.

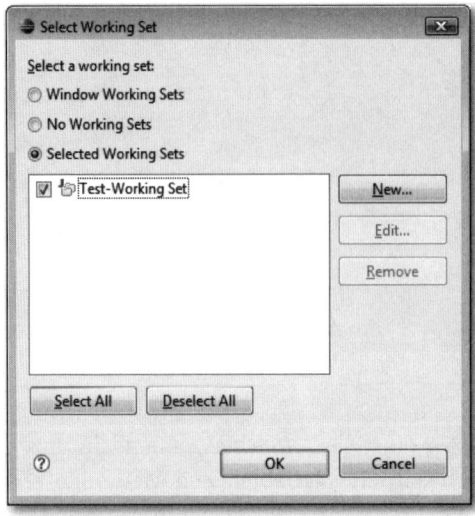

Abbildung 2.49 Dialog zum Auswählen von Working Sets

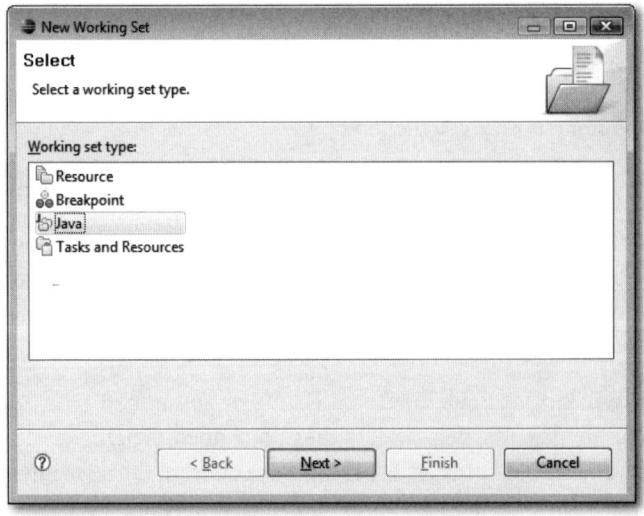

Abbildung 2.50 Dialog zum Anlegen von Working Sets

Im daraufhin erscheinenden Dialog *New Working Set*, den Sie in Abbildung 2.50 sehen, wählen Sie zunächst den Typ des anzulegenden Working Sets aus. Markieren Sie bitte den Eintrag *Java* und klicken Sie anschließend auf *Next*. Auf der zweiten Seite des Assistenten, die Sie in Abbildung 2.51 sehen, geben Sie dem Working Set einen Namen (beispielsweise *Test-Working Set*) und legen fest, welche Elemente Sie ihm zuordnen möchten. Deselektieren Sie hierzu bitte alle Elemente außer den drei Dateien *.classpath*, *.project* und Ihre Scrapbook-Seite. Um alle Einträge zu sehen, müssen Sie die Knoten gegebenenfalls aufklappen. Bitte schließen Sie den Dialog mit *Finish*.

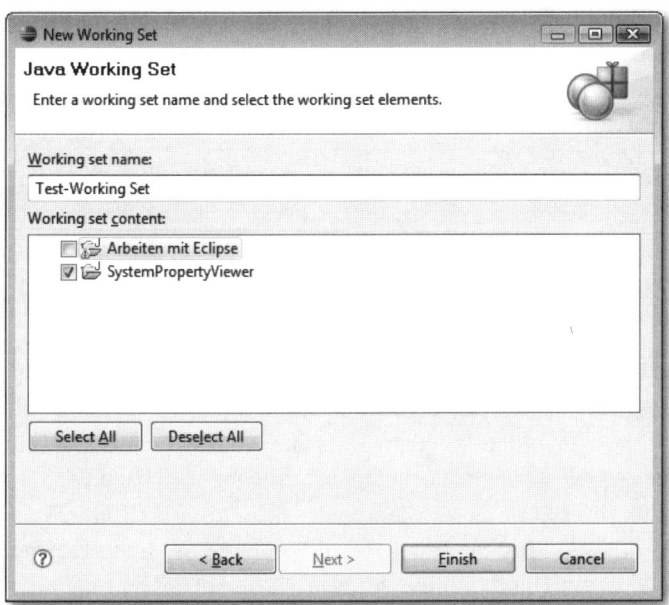

Abbildung 2.51 Zweite Seite des Assistenten zum Anlegen von Working Sets

Eine weitere Möglichkeit, Dateien zu Working Sets hinzuzufügen und eine bestehende Zuordnung zu lösen, bietet das Menü Edit in Gestalt der beiden Funktionen Add to Working Set und Remove from Working Set. In beiden Fällen wählen Sie aus einem Untermenü das betreffende Working Set aus.

Der Dialog *Select Working Set* zeigt Ihr neu angelegtes Working Set sowie das bereits bestehende *Other Projects* an. Bitte deselektieren Sie dieses. Wenn Sie den Dialog mit *OK* beenden, werden im *Package Explorer* nur noch Elemente angezeigt, die zu dem neu angelegten Working Set *Test-Working Set* gehören.

Sie werden feststellen, dass sich die Anzeige des *Package Explorers* geändert hat. Statt des Projektnamens finden Sie nunmehr das Element *Test-Working Set*. Welche Wurzelelemente der *Package Explorer* anzeigt, können Sie in dessen Klappmenü einstellen. Wählen Sie hierzu bitte Top Level Elements • Projects oder Top Level elements • Working Sets.

Ihnen ist wahrscheinlich aufgefallen, dass unter *Test-Working Set* nur Ihre Scrapbook-Seite zu finden ist, nicht aber die beiden ebenfalls zum Working Set gehörenden Dateien *.classpath* und *.project*. Der Grund hierfür ist, dass der *Package*

Explorer stets eine logische Sicht auf Java-Projekte bietet und bestimmte Dateien immer ausblendet.

Um die Wirkung von Working Sets auf andere Sichten auszuprobieren, öffnen Sie nun bitte den *Navigator* und wählen *Select Working Set* in dessen Klappmenü. Es öffnet sich der Dialog *Select Working Set* mit seinen drei zusätzlichen Auswahlmöglichkeiten *Window Working Sets*, *No Working Sets* und *Selected Working Sets*, die Sie bereits aus Abbildung 2.51 kennen.

Klicken Sie bitte auf *Selected Working Sets* und wählen Sie *Test-Working Set*. Beenden Sie anschließend den Dialog, indem Sie auf *OK* klicken. Sie werden feststellen, dass der Navigator nur noch die drei Dateien *.project*, *.classpath* sowie Ihre Scrapbook-Seite anzeigt. Um die Filterung durch Working Sets aufzuheben, wählen Sie bitte die Klappmenü-Funktion DESELECT WORKING SET.

Working Sets helfen Ihnen also dabei, nicht benötigte Elemente auszublenden. Anstatt Projekte im *Package Explorer* zu schließen, legen Sie zwei Working Sets an. Eines enthält die auszublendenden Elemente, das zweite diejenigen, mit denen Sie aktuell arbeiten. Sie können Working Sets übrigens auch dazu verwenden, den Build-Vorgang Ihrer Projekte zu optimieren. Mit PROJECT • BUILD WORKING SET wählen Sie das Working Set aus, dessen Elemente Sie neu erzeugen möchten. Informationen zum Thema Projektverwaltung finden Sie im folgenden Kapitel, *Arbeitsbereiche und Projekte*.

2.3   Suchen, Ersetzen und Refactoring

Es gibt unzählige Situationen, in denen Sie nach Schlüsselwörtern oder Bezeichnern in Ihren Quelltexten oder projektbegleitenden Dateien suchen. Beispielsweise kann es nötig sein, alle Referenzen auf einen bestimmten Datentyp zu finden. Oder Sie möchten gerne wissen, wie oft eine Methode aufgerufen wird. Sehr häufig kommt es auch vor, dass Sie Elemente einfach umbenennen müssen. All dies hat irgendwie mit *Suchen* und *Ersetzen* zu tun. Eclipse bietet für verschiedene Problemstellungen in diesem Bereich spezialisierte Hilfsmittel. Welche dies sind und wie Sie sie einsetzen, zeige ich Ihnen im Folgenden.

2.3.1   In und nach Dateien suchen

Grundlage für die folgenden Erklärungen ist ein kleines Programm, das ich *UI-Properties* genannt habe. Es erzeugt eine Textdatei, die Schlüssel aus der Swing-Klasse `UIDefaults` enthält. Sie benötigen diese Schlüssel, wenn Sie bestimmte Eigenschaften von Swing-Komponenten abfragen möchten.

Das Programm UIProperties

Legen Sie bitte ein neues, leeres Java-Projekt mit dem Namen *UIProperties* an. Wählen Sie hierzu FILE • NEW • PROJECT und klicken Sie im anschließend erscheinenden Dialog *New Project* auf JAVA • JAVA PROJECT. Nachdem Eclipse das Projekt angelegt hat, fügen Sie ihm die Klasse UIProperties hinzu. Klicken Sie im *Package Explorer* mit der rechten Maustaste auf die Projekt-Wurzel und wählen Sie NEW • CLASS. Sie sehen den Dialog *New Java Class*, in dem Sie als Paketnamen bitte uiproperties eingeben. Nachdem Sie den Dialog durch Klicken auf *Finish* geschlossen haben, ergänzen Sie bitte die Klasse *UIProperties* entsprechend dem folgenden Listing:

```java
package uiproperties;

import java.io.FileWriter;
import java.io.IOException;
import java.util.Enumeration;

import javax.swing.UIDefaults;
import javax.swing.UIManager;

public class UIProperties {

  public static void main(String[] args) {
    UIDefaults uiDefaults = UIManager.getDefaults();
    Enumeration<Object> keys = uiDefaults.keys();
    String datei = "ausgabe.txt";
    FileWriter fr = null;
    try {
      fr = new FileWriter(datei);
      while (keys.hasMoreElements()) {
String key =
keys.nextElement().toString();
        if ((args.length == 0) ||
 (key.indexOf(args[0]) >= 0)) {
          fr.write(key.toString() + "\n");
        }
      }
    } catch (IOException e) {
      System.err.println(e);
    } finally {
      // Ausgabestrom schließen
      if (fr != null) {
        try {
          fr.close();
```

```
      } catch (IOException e) {
      }
    }
  }
}
}
```

Listing 2.1 UIProperties.java

Um *UIProperties* zu starten, wählen Sie bitte RUN • RUN. Sie sehen den Dialog *Run*, mit dem Sie den Typ Ihres Programms festlegen. Klicken hierzu Sie mit der rechten Maustaste auf *Java application*, um eine neue Konfiguration zu erstellen. Daraufhin öffnet sich ein kleines Kontextmenü, in dem Sie bitte auf *New* klicken. Der Dialog *Run* zeigt Ihnen nun die Einstellungen für Ihre neu erstellte Konfiguration. Sie können auf *Run* klicken, ohne an diesen Einstellungen Änderungen vornehmen zu müssen. Ausführliche Informationen zur Arbeit mit Konfigurationen finden Sie übrigens in Kapitel 3, *Arbeitsbereiche und Projekte*.

Nach Dateien suchen

Während der Eingabe des Quelltextes ist Ihnen sicher aufgefallen, dass *UIProperties* die Datei *ausgabe.txt* schreibt. Da ich keinen absoluten Pfad angegeben habe, stellt sich die Frage, in welchem Verzeichnis sie abgelegt wird. Für die Suche nach Dateien bietet Eclipse eine eigene Funktion, die Sie über SEARCH • FILE erreichen. Sie sehen daraufhin den in Abbildung 2.52 gezeigten Dialog *Search*.

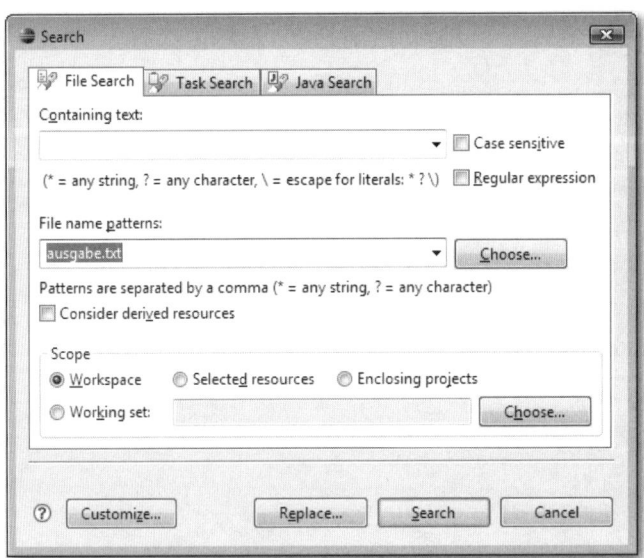

Abbildung 2.52 Dialog zum Suchen nach Dateien und Texten

Auf der Registerkarte *File Search* tragen Sie unter *File name patterns* den Namen der gesuchten Datei ein, also *ausgabe.txt*. Das Feld *Containing text* lassen Sie bitte leer. Wo Sie suchen möchten, stellen Sie unter *Scope* ein. Solange Sie nur wenige Projekte verwalten, ist *Workspace* eine gute Wahl. Bei umfangreichen Projekten mit vielen Quelltexten kann es sich allerdings lohnen, ein eigenes *Working Set* anzulegen und die Suche darauf zu beschränken.

Sie starten die Suche, indem Sie auf die Schaltfläche *Search* klicken. Die Liste mit Fundstellen wird in einer eigenen Sicht *Search* dargestellt, die Sie in Abbildung 2.53 sehen. Falls sie sich nicht automatisch geöffnet hat, können Sie die Sicht über WINDOW • SHOW VIEW • SEARCH aktivieren.

Abbildung 2.53 Die Sicht Search

Wie Sie bereits wissen, ist der *Arbeitsbereich* eine Art Container, in dem Projekte und Metainformationen abgelegt werden. Er wird von Eclipse verwaltet. Wenn die IDE selbst Änderungen an ihm vornimmt, beispielsweise weil Sie als Anwender eine Datei hinzufügen oder löschen, kann sie ihre Verwaltungsinformationen entsprechend aktualisieren.

Anders verhält es sich, wenn Dritte in den Arbeitsbereich schreiben, so wie es *UIProperties* tut. In diesem Fall bemerkt Eclipse unter Umständen nicht, dass der Arbeitsbereich eine neue Datei namens *ausgabe.txt* enthält. Ihre Suche liefert dann keine Treffer. Falls dies passiert, können Sie Eclipse auf die Sprünge helfen, indem Sie im *Navigator* an einer beliebigen freien Stelle die rechte Maustaste drücken und anschließend REFRESH auswählen. Führen Sie dann die Suche erneut aus.

Dies ist ohne erneutes Aufrufen des Dialogs *Search* möglich. Klicken Sie stattdessen in der Sicht *Search* auf das Symbol RUN THE CURRENT SEARCH AGAIN oder drücken Sie die Taste ⌈F5⌋. Eine weitere interessante Funktion bietet SHOW PREVIOUS SEARCHES. Ein Klick auf das Symbol öffnet den Dialog *Previous Searches*, den Sie in Abbildung 2.54 sehen. Mit ihm verwalten Sie Suchanfragen und führen diese gegebenenfalls erneut aus. Wählen Sie hierzu die gewünschte Suche aus und klicken Sie anschließend auf *Open*. Nicht mehr benötigte Anfragen lassen sich nach dem Markieren mit der Schaltfläche *Remove* entfernen.

Der kleine nach unten weisende Pfeil rechts neben dem Symbol SHOW PREVIOUS SEARCHES öffnet ein Klappmenü, das Sie in Abbildung 2.55 sehen. Mit ihm können Sie Ihre früheren Suchanfragen ohne Umweg über den Dialog *Previous Searches* erneut starten.

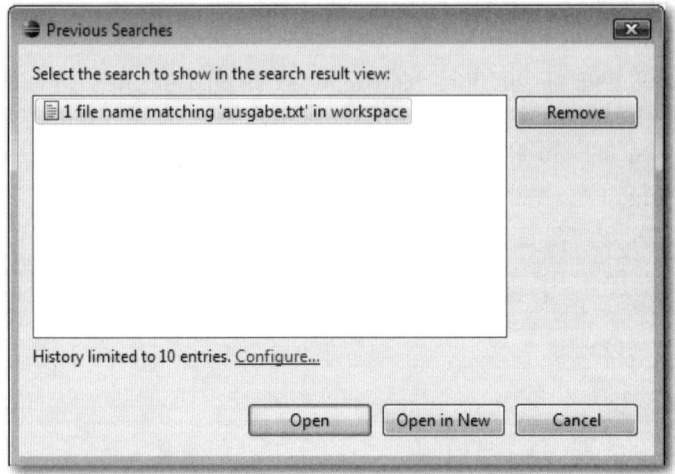

Abbildung 2.54 Der Dialog Previous Searches

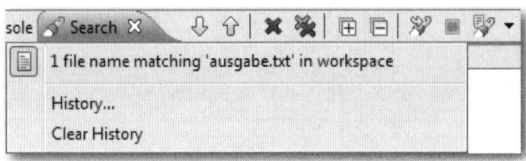

Abbildung 2.55 Klappmenü des Symbols Show Previous Searches

Mit einem Doppelklick auf ihren Namen in der Sicht *Search* können Sie die Datei *ausgabe.txt* in einem Editor bearbeiten. Ein Druck auf die rechte Maustaste hingegen öffnet ein Kontextmenü, in dem Sie die Datei beispielsweise in den Sichten *Package Explorer* und *Navigator* anzeigen können.

Die Suche nach *ausgabe.txt* lieferte erwartungsgemäß nur einen Treffer. In der Regel werden Sie bei Suchanfragen aber mehrere Fundstellen erwarten. Bitte probieren Sie dies aus, indem Sie eine neue Suche starten, die alle Java-Quelltexte im Arbeitsbereich findet. Im Dialog *Search* tragen Sie hierzu im Feld *File name pattern* den Wert *.java ein. Die Sicht *Search* stellt alle gefundenen Dateien nach Projekten geordnet dar. Mit den beiden Symbolen SHOW NEXT MATCH und SHOW PREVIOUS MATCH können Sie sie in einer Editor-Instanz der Reihe nach ansehen bzw. bearbeiten.

In Dateien suchen

Ihnen ist im Dialog *Search* sicher das Feld *Containing Text* aufgefallen. Wenn Sie hier etwas eintragen, gilt dies als zusätzliches Suchkriterium. Es werden also nur diejenigen Dateien gefunden, die den eingetragenen Text enthalten und dem angegebenen Namensmuster entsprechen. Bitte probieren Sie es aus, indem Sie als Namensmuster * wählen und Eclipse nach dem Text *UI* in allen Projekten suchen lassen. Achten Sie bitte darauf, dass Unterschiede in der Groß- und Kleinschreibung ignoriert werden. Das Häkchen vor *case sensitive* darf also nicht gesetzt sein.

Eclipse wird eine ganze Reihe von Treffern präsentieren, die sich nicht nur auf Java-Quelltexte beziehen. Auch die Datei *.project* enthält den von Ihnen eingegeben Suchtext. Um die Fundstellen zu überprüfen, öffnen Sie sie bitte. Eclipse hat *UI* also auch als Bestandteil von Wörtern erkannt, beispielsweise in *<build-Spec>* und in *</buildCommand>*.

Anstelle von festen Zeichenfolgen können Sie übrigens auch nach regulären Ausdrücken suchen, indem Sie den entsprechenden Schalter setzen. Beispiele zum Umgang mit ihnen finden Sie im folgenden Abschnitt, der sich mit dem Suchen und Ersetzen in Texten beschäftigt.

2.3.2 Suchen und Ersetzen im Quelltext

Wenn eine Editorinstanz aktiv ist, stehen Ihnen im Menü EDIT zahlreiche Funktionen zum Suchen und Ersetzen von Text zur Verfügung. Sie steuern den Suchvorgang mithilfe des Dialogs *Find/Replace*, den Sie in Abbildung 2.56 sehen. Um ihn aufzurufen, wählen Sie bitte EDIT • FIND/REPLACE oder drücken die Tastenkombination ⌨Ctrl+⌨F. Der Dialog wird sowohl für die reine Suche als auch für das Ersetzen von Zeichenketten verwendet. Im ersten Fall können Sie das Feld *Replace With* leer lassen. Dies gilt auch, wenn Sie Zeichenfolgen löschen, also mit *nichts* ersetzen möchten.

Sie können den Such- und Ersetzvorgang über zahlreiche Optionen steuern. Beispielsweise lässt sich Eclipse anweisen, Unterschiede in der Groß-/Kleinschreibung zu beachten oder die Suche am Beginn der Datei fortzusetzen, wenn das Ende erreicht wurde. Außerdem können Sie entweder in der gesamten Datei oder nur im markierten Bereich suchen sowie die Suchrichtung bestimmen.

Bitte probieren Sie die Suchfunktion aus, indem Sie die Datei *.project* eines Projekts, beispielsweise *UIProperties*, öffnen und anschließend FIND/REPLACE aufrufen. Suchen Sie bitte nach *build*, wobei Sie alle Optionen außer *Wrap Search* deaktiviert lassen. Jeder Klick auf die Schaltfläche *Find* springt im Editor zur jeweils nächsten Fundstelle. Wie Sie in Abbildung 2.57 sehen, werden Treffer farblich hervorgehoben. Die Zeile, die die aktuelle Fundstelle enthält, ist zusätzlich mit einer anderen Hintergrundfarbe versehen.

Abbildung 2.56 Dialog zum Suchen und Ersetzen von Zeichenfolgen

Bitte schließen Sie den Dialog *Find/Replace*, indem Sie auf *Close* klicken. Möchten Sie noch einmal nach *build* suchen, wäre es umständlich, ihn erneut öffnen zu müssen. Stattdessen können Sie mit FIND NEXT bzw. FIND PREVIOUS im Menü EDIT oder durch Drücken der korrespondierenden Tastaturkürzel unmittelbar zur nächsten bzw. vorherigen Fundstelle springen. Hatten Sie *Wrap Search* aktiviert, wird die Suche automatisch am Beginn bzw. Ende der Datei fortgesetzt. Ein akustisches Signal macht Sie darauf aufmerksam.

```
 1 <?xml version="1.0" encoding="UTF-8"?>
 2 <projectDescription>
 3     <name>SystemPropertyViewer</name>
 4     <comment></comment>
 5     <projects>
 6     </projects>
 7     <buildSpec>
 8         <buildCommand>
 9             <name>org.eclipse.jdt.core.javabuilder</name
10             <arguments>
11             </arguments>
12         </buildCommand>
13     </buildSpec>
14     <natures>
15         <nature>org.eclipse.jdt.core.javanature</nature>
16     </natures>
17 </projectDescription>
18
```

Abbildung 2.57 Markierung von Fundstellen im Texteditor

Eine weitere äußerst praktische Funktion ist die inkrementelle Suche, die Sie im Dialog *Find/Replace* oder über das Menü EDIT aktivieren können.

Inkrementelles Suchen

Um sie zu testen, öffnen Sie bitte die Datei *ausgabe.txt* und wählen anschließend EDIT • INCREMENTAL FIND NEXT oder drücken die Tastenkombination ⌨Ctrl+⌨J. Sie sehen in der *Statuszeile* einen Hinweis, dass Sie das inkrementelle Suchen aktiviert haben. Angenommen, Sie möchten wissen, welche Schlüssel den Namensbestandteil *table* enthalten. Tippen Sie hierzu die Buchstaben ⌨t und ⌨a. Die Zeile, die die erste Fundstelle enthält, wird mit einer besonderen Hintergrundfarbe gekennzeichnet. Außerdem erscheinen die bereits getippten Buchstaben markiert. Allerdings ist der erste gefundene Schlüssel *TabbedPane.textIconGap*. Tippen Sie deshalb bitte zwei weitere Buchstaben ein, ⌨b und ⌨l.

Nun sollte die Zeile *Table.dropCellBackground* als Fundstelle gekennzeichnet werden. Eclipse hat also den ersten Schlüssel, der die gesuchte Zeichenfolge enthält, gefunden. Jetzt können Sie mit den beiden Tasten ⌨↓ und ⌨↑ zur nächsten bzw. zur vorherigen Fundstelle springen.

Suchen mit regulären Ausdrücken

Eclipse bietet in den meisten Suchdialogen die Möglichkeit an, nach *regulären Ausdrücken* anstelle von festen Zeichenfolgen zu suchen. Dies ist beispielsweise nützlich, wenn Sie nur den Anfang und das Ende eines Wortes kennen. Öffnen Sie bitte die Datei *ausgabe.txt* und rufen Sie den Dialog *Find/Replace* auf. Aktivieren Sie anschließend die Suche nach regulären Ausdrücken. Sobald Sie den Cursor in das Suchfeld bewegen, zeigt Ihnen das Symbol *Content Assist available* in Gestalt einer kleinen Glühbirne die Verfügbarkeit des sogenannten *Content Assists* an. Um ihn aufzurufen, drücken Sie bitte die Tastenkombination ⌨Ctrl+⌨Leertaste.

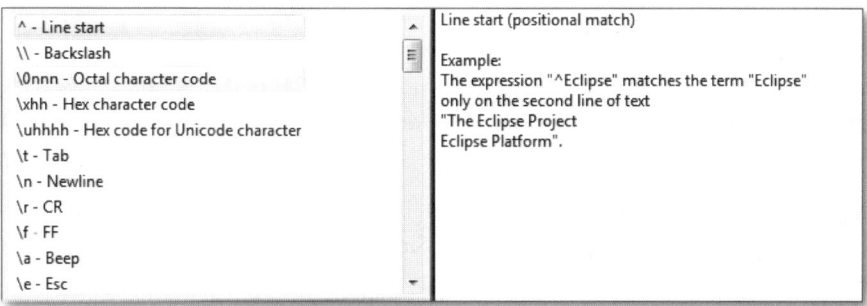

Abbildung 2.58 Der Content Assist

Wie Sie in Abbildung 2.58 sehen, gibt Ihnen *Content Assist* einen Überblick, wie Sie reguläre Ausdrücke zusammensetzen.

Beispielsweise ist der Punkt (.) ein Platzhalter für ein beliebiges Zeichen. Der *Asterisk* (*) gibt an, dass das ihm vorangestellte Zeichen beliebig oft vorkommen kann. Die beiden Ausdrücke lassen sich kombinieren, um beliebige Wortbestandteile zu finden. Möchten Sie also alle Zeilen von *ausgabe.txt* finden, die mit *split* beginnen und auf *color* enden, so können Sie den einfachen regulären Ausdruck *split.*color* verwenden.

2.3.3 Refactoring

Der Begriff *Refactoring* wird in Zusammenhang mit der Verbesserung der Struktur eines Programms verwendet, wobei sich das bestehende Verhalten der Anwendung nicht ändert. Eine solche »Umgestaltung« des Quelltextes kann maschinell oder von Hand erfolgen.

Ziel des Refactorings ist, die Lesbarkeit, Wartbarkeit und Verständlichkeit der Software zu verbessern. Dies wiederum führt idealerweise zu einer Reduzierung der Aufwände für die Fehleranalyse, aber auch für die Erweiterung des Funktionsumfangs. Populär wurde das Refactoring als Bestandteil des Programmiermodells *Extreme Programming*, wenngleich seine Ursprünge bis in das Jahr 1990 zurückreichen.

In diesem Abschnitt möchte ich Ihnen anhand einiger Beispiele zeigen, wie Sie Eclipse beim Umstrukturieren Ihrer Quelltexte unterstützt. Zwei weitere Einsatzmöglichkeiten finden Sie in Abschnitt 2.2.4, *Komfortabel arbeiten*. Wenn Sie tiefer in die Ideen und Konzepte des Refactorings eintauchen möchten, empfehle ich Ihnen, sich entsprechende weiterführende Literatur zu besorgen. Die Zusammenfassung am Ende dieses Kapitels hält eine kleine Lektüreliste bereit.

Umbenennen und Verschieben

Praktisch alle Befehle, die sich auf das Refactoring beziehen, sind über das Menü REFACTOR erreichbar. Auch das Kontextmenü einer Datei, das Sie beispielsweise im *Package Explorer* durch Anklicken mit der rechten Maustaste öffnen können, enthält ein solches Untermenü.

Duplizieren Sie bitte die Datei *UIProperties.java*, indem Sie Sie deren Kontextmenü öffnen und COPY wählen. Klicken Sie nun die Projektwurzel *UIProperties* mit der rechten Maustaste an und wählen Sie dann PASTE. Sie haben auf diese Weise eine Kopie der Datei erzeugt, die allerdings nicht in einem Quelltextverzeichnis abgelegt wurde, sondern auf derselben Ebene liegt wie *ausgabe.txt*.

Refactoring sieht vor, bei Bedarf Klassen in andere Pakete zu verschieben. Sie können sich dies zunutze machen, um die Datei in ein Quelltextverzeichnis zu bewegen. Klicken Sie die eben erzeugte Kopie *UIProperties.java* im *Package Explorer* an und wählen Sie in der Menüleiste REFACTOR • MOVE. Sie sehen daraufhin den in Abbildung 2.59 gezeigten Dialog zum Verschieben einer Klasse. Mit ihm legen Sie deren Zielpaket fest. Wenn Sie die Wurzel *UIProperties* aufklappen, finden Sie das Verzeichnis *src* mit den beiden Paketen `uiproperties` und `(default package)`. Klicken Sie Letzteres bitte an und schließen Sie den Dialog mit *OK*.

Der *Package Explorer* zeigt die Kopie der Klasse *UIProperties* nun ebenfalls unterhalb des Knotens *src* (im Standardpaket) an. Wenn Sie diese mit einem Doppelklick öffnen, wird Eclipse allerdings einen Fehler melden. Der Grund hierfür liegt in der Anweisung `package`. Der Quelltext liegt nämlich in einem anderen Verzeichnis, als er (aufgrund dieser Anweisung) eigentlich müsste. Eclipse hat ihn nicht angepasst, weil der Ursprung der Verschiebeaktion kein Quelltextverzeichnis war. Um das Problem zu beheben, könnten Sie die betreffende Zeile einfach löschen. Stattdessen rufen Sie bitte wie eben beschrieben erneut den Dialog *Move* auf.

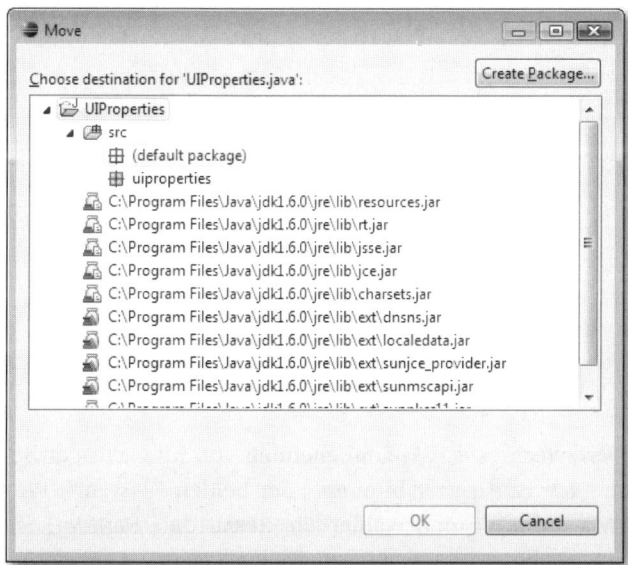

Abbildung 2.59 Dialog zum Verschieben einer Klasse

Klicken Sie auf die Schaltfläche *Create Package*, woraufhin sich der in Abbildung 2.60 gezeigte Dialog zum Anlegen neuer Java-Pakete öffnet. Geben Sie in der Zeile *Name* bitte einen Paketnamen in der üblichen Java-Notation an, beispielsweise *de.thomaskuenneth.uiproperties*.

Sie können in diesem Dialog komplett neue Hierarchien aufbauen oder aber für bestehende Pakete Subpakete anlegen. Nachdem Sie ihn mit *Finish* geschlossen haben, legt Eclipse die Pakete an und zeigt sie im *Package Explorer* an. Öffnen Sie nun die Klasse `de.thomaskuenneth.uiproperties.UIProperties` und sehen Sie sich die `package`-Anweisung an. Die IDE hat diesmal das richtige Paket eingetragen. Falls Sie übrigens versuchen sollten, die Klasse *UIProperties* vom Paket `de.thomaskuenneth.uiproperties` nach `uiproperties` zu verschieben, weist Sie Eclipse daraufhin, dass dort schon eine Klasse mit gleichem Namen existiert. Auf diese Weise wird ein ungewolltes Überschreiben verhindert.

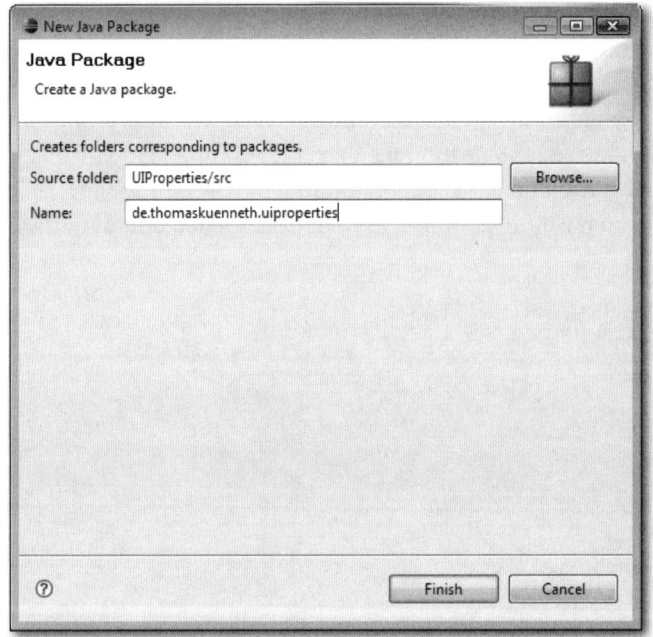

Abbildung 2.60   Dialog zum Anlegen eines neuen Pakets

Ein weiterer Aspekt des Refactorings ist das Umbenennen von Klassen oder Bezeichnern. Klicken Sie im *Package Explorer* bitte eine der beiden Klassen *UIProperties* mit der rechten Maustaste an und wählen Sie REFACTOR • RENAME. Sie sehen daraufhin den in Abbildung 2.61 gezeigten Dialog *Rename Compilation Unit*, in dem Sie in *New name* einen neuen Namen eintragen können.

Zahlreiche Schalter beeinflussen, welche Teile des Quelltextes gegebenenfalls angepasst werden. Wenn Sie beispielsweise in Javadoc-Kommentaren Bezug auf eine umzubenennende Klasse nehmen, sollten Sie ein Häkchen vor *Update textual occurrences in comments and strings* setzen. Klicken Sie bitte auf *Finish*, um den Vorgang abzuschließen.

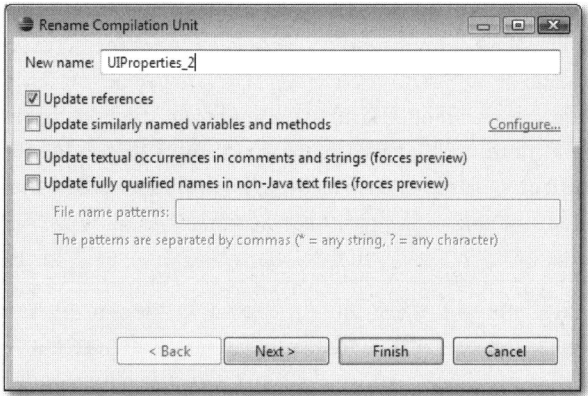

Abbildung 2.61 Dialog zum Umbenennen einer Klasse

Eclipse macht Sie nun auf ein mögliches Problem aufmerksam. Wie solche Hinweise aussehen können, sehen Sie in Abbildung 2.62. Die Klasse *UIProperties* enthält nämlich eine `main()`-Methode, könnte also durch Scripts oder andere Klassen gestartet werden. Durch das Ändern des Klassennamens würden diese Aufrufer die Klasse nicht mehr finden. Da dies in diesem Beispiel nicht der Fall ist, können Sie den Hinweis ignorieren und den Dialog durch erneutes Klicken auf *Finish* schließen.

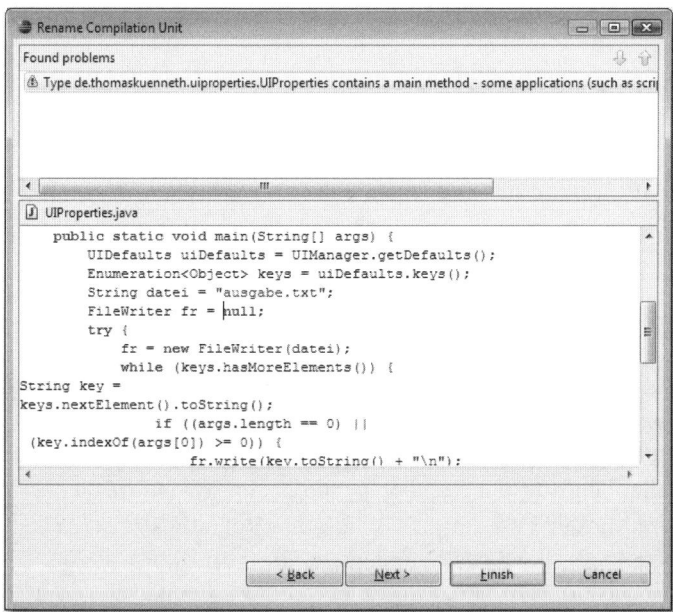

Abbildung 2.62 Hinweis auf ein mögliches Problem nach dem Refactoring

Eclipse erlaubt nicht nur das Umbenennen von Klassen, sondern auch von Variablen. Um dies auszuprobieren, öffnen Sie bitte die Klasse *UIProperties* und markieren, wie in Abbildung 2.63 zu sehen ist, die Variable `args`, den einzigen Parameter der Methode `main()`. Anschließend können Sie durch Klick mit der rechten Maustaste das Kontextmenü des Java-Editors öffnen oder in der Menüleiste REFACTOR • RENAME aufrufen. Der schnellste Weg ist wahrscheinlich, die entsprechende Tastenkombination ⎇Alt+⇧+R zu drücken.

Anschließend müssen Sie nur den neuen Variablennamen eintippen und die Taste ⏎ drücken. Haben Sie bemerkt, dass der Tooltip einen kleinen blauen Pfeil enthält? Wenn Sie diesen anklicken, öffnet sich ein Menü, das weitere Funktionen zur Verfügung stellt. Beispielsweise können sie mit *Open Rename Dialog* den aus früheren Eclipse-Versionen bekannten Dialog öffnen.

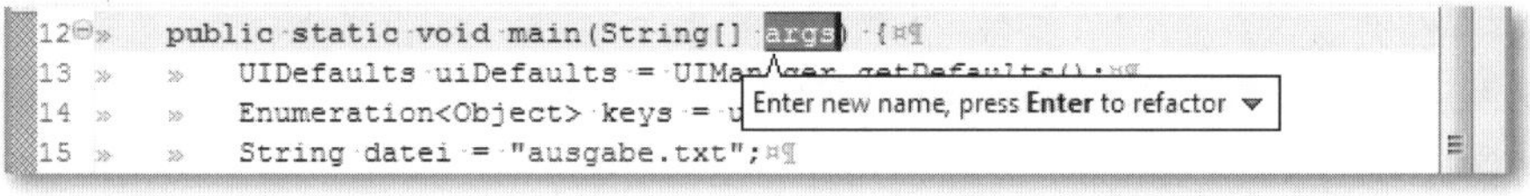

```
12    public static void main(String[] args) {
13        UIDefaults uiDefaults = UIManager.getDefaults();
14        Enumeration<Object> keys = 
15        String datei = "ausgabe.txt";
```

Abbildung 2.63 Umbenennen einer Variablen unmittelbar im Java-Editor

Mit den beiden Funktionen zum Umbenennen und Verschieben lässt sich auf sehr komfortable Weise die Struktur einer Anwendung verändern. Im folgenden Abschnitt stelle ich Ihnen weitere Werkzeuge vor, mit denen Sie Ihre Programme modifizieren können.

Weitere Werkzeuge für das Refactoring

Im Abschnitt *Texte auslagern* habe ich Ihnen eine Möglichkeit vorgestellt, Zeichenketten in externe Dateien zu verschieben. Mithilfe der Funktion EXTRACT CONSTANT können Sie Konstanten, die Sie in Ihrem Quelltext verwenden, automatisch einem Bezeichner zuweisen.

Werfen Sie bitte einen Blick auf die Klasse *UIProperties*. Sie enthält die Zeile `String datei = "ausgabe.txt";`. Die Zeichenkette könnte stattdessen auch als Konstante definiert werden. Markieren Sie bitte `"ausgabe.txt"` und wählen Sie anschließend REFACTOR • EXTRACT CONSTANT.

Sie sehen daraufhin den in Abbildung 2.64 gezeigten Dialog *Extract Constant*, in dem Sie der zu erstellenden Konstante einen Namen geben sowie ihre Sichtbarkeit festlegen müssen. Klicken Sie bitte auf *OK*, um den Vorgang abzuschließen. Eclipse fügt nun eine entsprechende Zeile in den Quelltext ein.

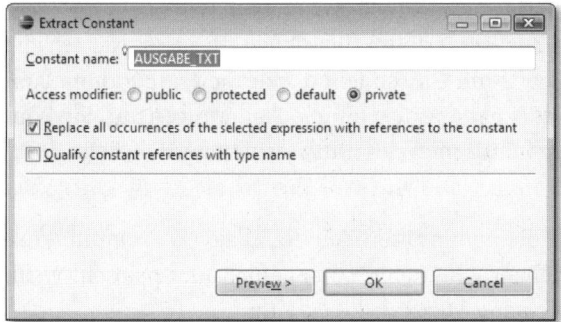

Abbildung 2.64 Dialog zum Extrahieren einer Konstanten

Eine weitere, äußerst praktische Funktion ist, aus Bereichen des Quelltextes eine eigene Methode zu erzeugen. Dies kann aus verschiedenen Gründen sinnvoll sein. Zum einen können Sie auf diese Weise lange, und damit vermutlich schlecht lesbare Methoden entzerren. Ein anderes Einsatzgebiet ergibt sich, wenn Sie in Ihrem Code ähnliche oder identische Fragmente entdecken. Diese sind klassische Kandidaten für das Refactoring.

Bitte markieren Sie die vollständige `while()`-Schleife der Methode `main()` und klicken Sie anschließend auf REFACTOR • EXTRACT METHOD. Sie sehen daraufhin den in Abbildung 2.65 gezeigten Dialog zum Extrahieren von Methoden.

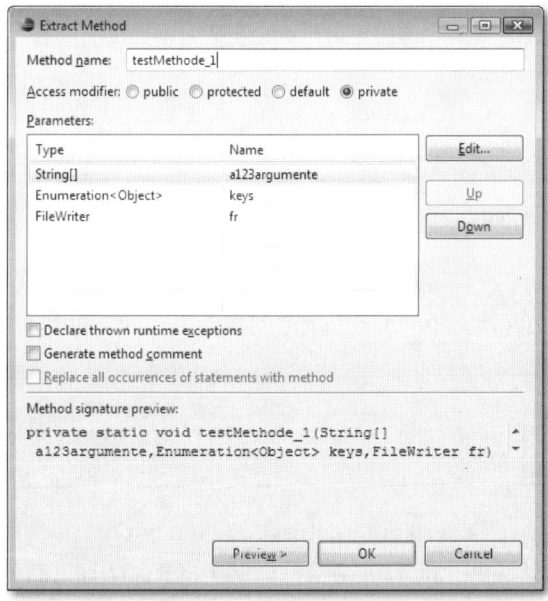

Abbildung 2.65 Dialog zum Extrahieren von Methoden

In diesem Dialog legen Sie die Parameter sowie den Namen der neu anzulegenden Methode fest. Klicken Sie auf *Preview*, um den Quelltext zu sehen, den die IDE generiert, wenn Sie den Dialog mit *OK* schließen. Wie Sie in Abbildung 2.66 sehen, listet Eclipse unter *Changes to be performed* alle Änderungen auf. Sie können einzelne Änderungen durch Entfernen des entsprechenden Häkchens deaktivieren.

Anhand der Vergleichsansicht, die den größten Teil des Dialogs einnimmt, können Sie sehr genau nachvollziehen, wo Quelltext eingefügt oder gelöscht wird. Klicken sie bitte auf *OK*, um die neue Methode zu erzeugen.

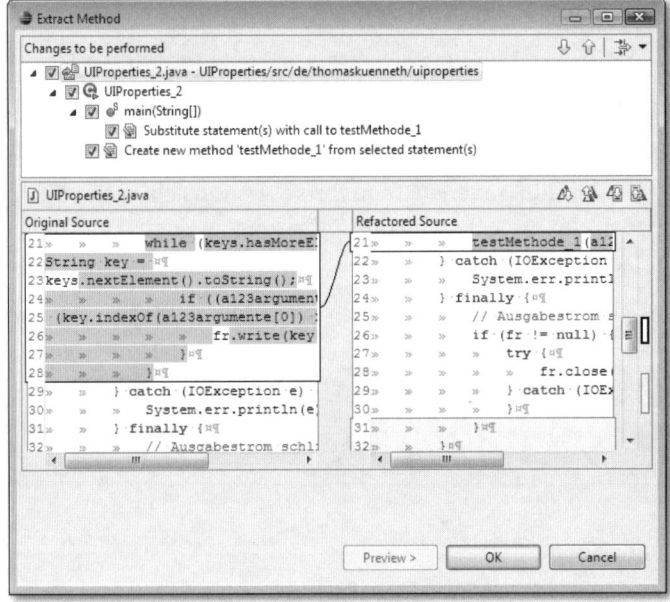

Abbildung 2.66 Vorschau des generierten Quelltextes

Das Menü REFACTOR bietet zahlreiche weitere Funktionen, mit denen Sie die Struktur Ihrer Programme verändern können. Bitte probieren Sie diese anhand kleiner Beispielanwendungen aus.

2.4   Zusammenfassung

Sie haben in diesem Kapitel sehr viel über komfortables Arbeiten mit Eclipse erfahren. Ihnen sind nun wichtige Konzepte wie Sichten und Perspektiven vertraut. Im nächsten Kapitel möchte ich Ihnen das Arbeiten mit Projekten sowie den Umgang mit dem Arbeitsbereich näherbringen.

Wenn Sie sich ausführlicher mit dem spannenden Thema Refactoring auseinandersetzen möchten, empfehle ich Ihnen eines der Werke von Martin Fowler, einem ausgewiesenen Experten auf diesem Gebiet. Sofern Sie gute Englischkenntnisse haben, rate ich Ihnen zur englischen Originalfassung *Refactoring: Improving the Design of Existing Code*. Zu diesem Buch gibt es auch eine deutsche Übersetzung: *Refactoring. Oder wie Sie das Design vorhandener Software verbessern*. Ebenfalls sehr empfehlenswert ist das englische *Refactoring Workbook* von William C. Wake. Die vollständigen bibliographischen Angaben finden Sie im Literaturverzeichnis im Anhang.

*Die Eclipse-eigene Projektverwaltung bildet die Basis für Ihre Arbeit mit
der IDE. Ein routinierter Umgang mit Projekten und Arbeitsbereichen
ist deshalb unerlässlich. Beides stelle ich Ihnen in diesem Kapitel ausführlich vor.*

3   Arbeitsbereiche und Projekte

Die Organisation Ihrer Quelltexte in sogenannten Projekten bildet die Grundlage
für die Arbeit mit Eclipse. Vereinfacht ausgedrückt fasst ein Projekt alle Elemente
zusammen, die für das Erstellen eines Programms erforderlich sind. Neben den
Klassen gehören hierzu beispielsweise Grafiken, Sounds und Texte. Aber auch
Verweise auf benötigte Bibliotheken, die verwendete Java-Version, Übergabepa-
rameter beim Start einer Anwendung sowie Umgebungsvariablen werden als
projektbezogene Einstellungen gespeichert.

Projekte werden im sogenannten Arbeitsbereich abgelegt. Für jede Eclipse-Sitzung gibt es stets nur einen aktiven Arbeitsbereich. Sie können aber sowohl beim
Start der IDE als auch im laufenden Betrieb zwischen verschiedenen Arbeitsbereichen umschalten. Wie dies funktioniert und warum es hilfreich sein kann,
mit unterschiedlichen Workspaces zu arbeiten, zeige ich Ihnen im ersten Abschnitt. Dort erfahren Sie auch, wie Sie Arbeitsbereiche anlegen und löschen. Die
folgenden Abschnitte beschäftigen sich mit Projekten und deren Verwaltung. Ich
zeige Ihnen beispielsweise, welche Arten von Projekten es gibt, wie Sie diese anlegen und mit ihnen umgehen. Der Abschnitt *Ant und externe Tools* schließlich
erklärt Ihnen, wie aus Projekten Programme werden und wie Sie durch eigene
Ant-Targets in diesen Entstehungsprozess eingreifen können.

3.1   Der Arbeitsbereich

Sie haben in den vorangehenden Kapiteln dieses Buches bereits Bekanntschaft
mit dem *Arbeitsbereich* (engl.: *workspace*) gemacht und ihn als eine Art Container
für Projekte kennengelernt. Im Folgenden zeige ich Ihnen, wie Sie Arbeitsbereiche einsetzen und welche Möglichkeiten Ihnen diese bieten.

3.1.1 Arbeitsbereiche anlegen und wechseln

Beim ersten Start von Eclipse mussten Sie einen sogenannten *Arbeitsbereichsordner* angeben, der auf Dateisystemebene das übergeordnete Verzeichnis für Projekte und sogenannte Metainformationen bildet. Er enthält oder entspricht also dem Arbeitsbereich.

Arbeitsbereiche auswählen

Während einer Eclipse-Sitzung können Sie nach Belieben zwischen verschiedenen Arbeitsbereichen wechseln. Das Untermenü FILE • SWITCH WORKSPACE listet Arbeitsbereiche auf, die Sie zuletzt verwendet haben. Klicken Sie auf *Other*, erscheint der in Abbildung 3.1 gezeigte Dialog *Workspace Launcher*, mit dem Sie nicht nur zu bestehenden Arbeitsbereichen wechseln, sondern auch neue anlegen können.

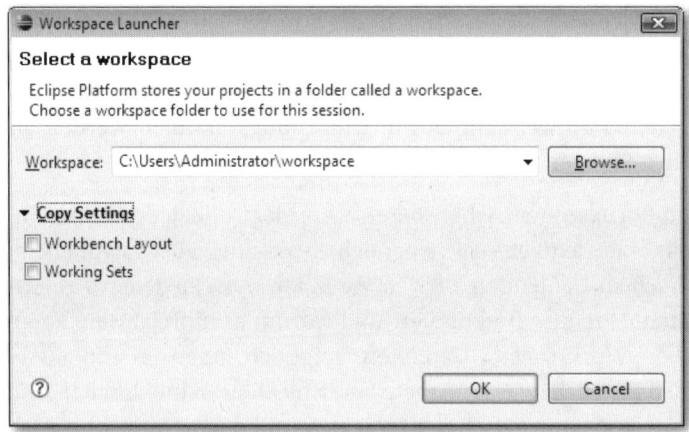

Abbildung 3.1   Der Dialog Workspace Launcher mit erweiterten Einstellungen

Klicken Sie auf die Schaltfläche *Browse*, um die *Verzeichnisauswahl* des Betriebssystems zu öffnen. In diesem Dialog können Sie zu bestehenden *Arbeitsbereichsordnern* navigieren oder mit der Schaltfläche *Neuer Ordner* ein neues Verzeichnis anlegen und als Arbeitsbereich übernehmen.

Einstellungen kopieren

Mithilfe der *Copy Settings* haben Sie die Möglichkeit, das Layout der Workbench, also Lage und Größe von *Darstellungsbereichen*, geöffnete *Sichten* und *Perspektiven* sowie *Working Sets*, in den neuen Arbeitsbereich zu übernehmen. Dies ist sehr praktisch, weil das Anpassen der Workbench an die eigenen Bedürfnisse erfahrungsgemäß eine gewisse Zeit benötigt. Ob Sie auch Working Sets übernehmen möchten, ist davon abhängig, ob Sie in den verschiedenen Arbeitsbereichen mit denselben Projekten arbeiten oder aber Ihre Projekte auf unterschiedliche Workspaces verteilen.

Wenn Sie zu einem anderen Arbeitsbereich wechseln, wird das Workbench-Fenster geschlossen und Eclipse anschließend neu gestartet.

Welche Arbeitsbereiche Sie kürzlich verwendet und mit welchem Sie in der letzten Sitzung gearbeitet haben, speichert Eclipse in der Datei *org.eclipse.ui.ide .prefs*, die Sie im Verzeichnis *configuration\settings* unterhalb des Installationsordners finden. Beispielsweise enthält die Zeile, die mit `RECENT_WORKSPACES=` beginnt, eine durch Kommata getrennte Liste von Arbeitsbereichen. Der zuletzt verwendete Workspace ist der erste Eintrag dieser Liste. Bitte widerstehen Sie aber der Versuchung, die Datei zu editieren, wenn Sie nach dem Start einen anderen Arbeitsbereich vorfinden möchten. Dies erreichen Sie einfacher, indem Sie der IDE beim Aufruf den Parameter `-data` übergeben. Unter Windows könnte dies folgendermaßen aussehen:

```
eclipse.exe -data C:\Users\Administrator\workspace
```

Wenn Sie häufiger unmittelbar beim Start von Eclipse andere Arbeitsbereiche auswählen müssen, kann es sinnvoll sein, den Dialog *Workspace Launcher* standardmäßig anzeigen zu lassen. Sie können hierzu die Zeile `SHOW_WORKSPACE_ SELECTION_DIALOG=false` in `true` ändern oder die entsprechende Einstellung im Dialog *Preferences* unter GENERAL • STARTUP AND SHUTDOWN vornehmen. Setzen Sie hierzu bitte ein Häkchen vor *Prompt for Workspace on startup*.

Arbeitsbereiche löschen

Im Gegensatz zum Anlegen von Arbeitsbereichen sieht Eclipse keine Funktion für das Löschen vor. Wenn Sie ganz sicher sind, einen Arbeitsbereich nicht mehr zu benötigen, können Sie sein Basisverzeichnis oder dessen Inhalt mit den Mitteln des Betriebssystems löschen. An dieser Stelle sei aber eine deutliche Warnung gestattet. Sofern Sie nicht mithilfe eines Backup-Programms eine Sicherung durchgeführt haben, ist es nach dem Löschen aufwendig bis unmöglich, einen Arbeitsbereichsordner wiederherzustellen. Sie sollten einen »stillgelegten« Arbeitsbereich erst eine gewisse Zeit ruhen lassen, bevor Sie ihn physikalisch entfernen.

Im folgenden Abschnitt möchte ich einen kurzen Blick darauf werfen, was in einem Arbeitsbereich an Informationen abgelegt wird und wie die Daten strukturiert werden.

3.1.2 Im Arbeitsbereich abgelegte Informationen

Ganz allgemein ist ein Arbeitsbereich eine Sammlung von *Ressourcen*. Aus der Sicht des Entwicklers handelt es sich hierbei um Projekte, Verzeichnisse und Dateien, wobei Projekte aus einer beliebigen Anzahl der beiden zuletzt genannten Elemente bestehen. Im Gegensatz zu »einfachen« Verzeichnissen lassen sich Projekte innerhalb des Arbeitsbereichs allerdings nicht schachteln. Alle Elemente des Arbeitsbereichs werden mit den Mitteln der Workbench angezeigt und manipuliert. Beispielsweise erlauben die Sichten die Navigation im Arbeitsbereich. Mit Editoren bearbeiten Sie die in ihm abgelegten Dateien.

Logische Struktur eines Arbeitsbereichs

Arbeitsbereiche entsprechen baumartigen Strukturen. Beliebig viele Projekte bilden die oberste Ebene, an der Verzeichnisse und Dateien hängen können. Ein Arbeitsbereich lässt sich durch sein Basisverzeichnis eindeutig identifizieren. Normalerweise entspricht seine logische Struktur, die beispielsweise die Sicht *Navigator* darstellt, auch der physikalischen Anordnung von Dateien und Verzeichnissen auf der Festplatte. Die Projekte eines Arbeitsbereichs (oder Teile von ihnen) können prinzipiell aber an unterschiedlichen Positionen im Dateisystem abgelegt werden.

Möglich wird dies durch sogenannte *verknüpfte Ressourcen*. Mit solchen Verknüpfungen binden Sie Elemente in den Arbeitsbereich ein, die physikalisch an anderer Stelle abgelegt wurden. Hierzu ein Beispiel: Nehmen Sie an, eine Anwendung generiert Java-Quelltexte. Anstatt dieses Programm direkt in den Arbeitsbereich schreiben zu lassen, können Sie dessen Ausgabeverzeichnis als verknüpfte Ressource einbinden und erreichen so eine saubere Trennung zwischen Ihrem Projekt und der Generator-Anwendung. Verknüpfte Ressourcen lassen sich übrigens auch dazu verwenden, die während des Build-Vorgangs erzeugten *.class*-Dateien von den Quelltexten zu trennen. Ausführliche Informationen zum Umgang mit verknüpften Ressourcen finden Sie in Abschnitt 3.1.3, *Verknüpfte Ressourcen*.

Arbeitsbereiche und das Dateisystem

Um die logische Struktur des Arbeitsbereichs, die Ihnen beispielsweise der *Navigator* anzeigt, mit der physikalischen Ablage im Dateisystem vergleichen zu können, öffnen Sie bitte den Arbeitsbereich mithilfe des *Windows Explorers*, des *Finders*, *Nautilus* oder einem anderen Dateimanager für das Betriebssystem Ihres Rechners. Welches Verzeichnis dem Arbeitsbereich entspricht, können Sie beispielsweise dem Dialog *Workspace Launcher* entnehmen, der nach Aufruf von *File • Switch Workspace • Other* erscheint.

Wie die Verzeichnisstruktur eines Arbeitsbereichs aussehen kann, sehen Sie in Abbildung 3.2. Das Verzeichnis *.metadata* enthält unter anderem wichtige Einstellungen, die verschiedene Plug-ins während einer Eclipse-Sitzung dort ablegen, beispielsweise Ihre Working Sets. Da Sie die IDE praktisch vollständig über entsprechende Dialogseiten konfigurieren können, rate ich von Änderungen an den Dateien und Unterverzeichnissen in jedem Fall ab. Die Verzeichnisstruktur auf Projektebene wird beim Anlegen eines neuen Projekts bestimmt. Dies betrifft unter anderem die Frage, wo übersetzte Klassen abgelegt werden. Ausführliche Informationen hierzu finden Sie in Abschnitt 3.2, *Die Projektverwaltung*.

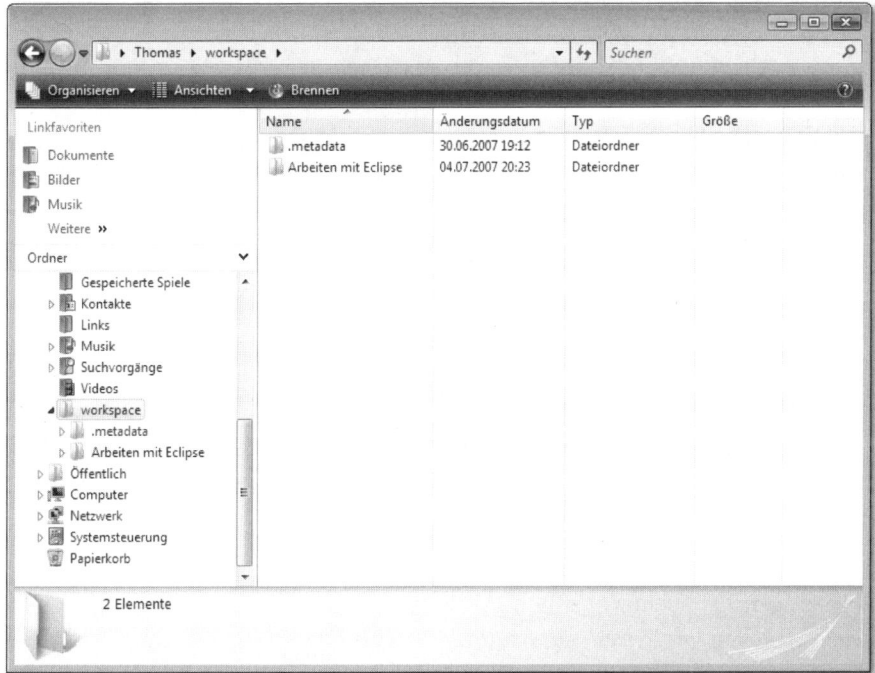

Abbildung 3.2   Der Arbeitsbereich im Windows Explorer

Bestimmte Elemente von Projekten, beispielsweise Dateien und Verzeichnisse, werden also letztlich physikalisch im Dateisystem Ihres Rechners abgelegt. Die gesamte Eclipse-Infrastruktur kennt aber nur die logische Sichtweise des Arbeitsbereichs. Hieraus ergeben sich einige Konsequenzen:

1. Der Arbeitsbereich ist eine eigene Datenstruktur, die regelmäßig mit dem Dateisystem abgeglichen werden muss.

2. Sie sollten deshalb Änderungen an Dateien, Verzeichnissen und Projekten soweit möglich nur innerhalb von Eclipse vornehmen.

3. Falls externe Tools direkt in den Arbeitsbereichsordner schreiben, entdeckt Eclipse die Änderungen unter Umständen nicht automatisch.

4. Externe Tools sollten daher in Verzeichnisse außerhalb des Arbeitsbereichs schreiben. Diese können in Form von Verknüpfungen in die Projekthierarchie eingebettet werden.

5. Nach der Arbeit mit externen Werkzeugen sollten Sie den Projektteilbaum in der Sicht *Navigator* aktualisieren.

Um etwaige Änderungen durch externe Programme in Eclipse zu übernehmen, klicken Sie bitte mit der rechten Maustaste in der Sicht *Navigator* auf denjenigen Knoten, der das betroffene Verzeichnis repräsentiert. Wählen Sie anschließend den Kontextmenüpunkt REFRESH. Dies ist übrigens auch dann erforderlich, wenn Sie eine Datei, die Sie in Eclipse erstellt haben, mit einem Programm außerhalb der IDE bearbeiten. Öffnen Sie in diesem Fall aber nicht das Kontextmenü des übergeordneten Verzeichnisses, sondern klicken Sie mit der rechten Maustaste direkt auf die veränderte Datei.

Eclipse kann den Arbeitsbereich übrigens auch automatisch mit dem Dateisystem abgleichen. Im folgenden Abschnitt zeige ich Ihnen, wie Sie diese Funktion aktivieren.

Anpassungen vornehmen

Der Dialog *Preferences* bietet auf mehreren Seiten arbeitsbereichsbezogene Einstellmöglichkeiten. Bitte öffnen Sie ihn und wechseln Sie zunächst zur Seite GENERAL • WORKSPACE, die Sie in Abbildung 3.3 sehen.

Um den Arbeitsbereich automatisch mit dem Dateisystem abzugleichen (was bei der häufigen Arbeit mit externen Werkzeugen sehr nützlich sein kann), setzen Sie ein Häkchen vor *Refresh automatically*. Wie oft Arbeitsbereichsinformationen gespeichert werden, lässt sich bei *Workspace save interval* angeben. Hiermit hat es folgende Bewandtnis: Wenn Sie den Inhalt eines Editors speichern, wird dieser sofort auf der Festplatte abgelegt.

Benutzerdefinierte *Working Sets* oder Plug-in-Einstellungen hingegen hält Eclipse zunächst nur im Arbeitsspeicher. Stürzt die IDE vor dem Schreiben dieser Daten ab, sind die Informationen verloren. Indem Sie das Intervall zwischen zwei Schreibvorgängen heruntersetzen, können Sie diesen Schaden unter Umständen begrenzen. Da es sich hierbei aber nicht um projektrelevante Informationen wie Quelltexte handelt, können Sie den voreingestellten Wert auch problemlos unverändert zu lassen.

Die beiden Schalter *Build automatically* und *Save automatically before build* beeinflussen das Erzeugen von übersetzten Klassendateien. Sie können steuern, ob nach dem Speichern das Projekt neu gebaut wird und ob der Aufruf von entsprechenden Menüfunktionen vor dem Bau eines Projekts nicht gesicherte Dateien schreibt. Ausführliche Informationen zum sogenannten Build-Vorgang finden Sie in Abschnitt 3.2, *Die Projektverwaltung*.

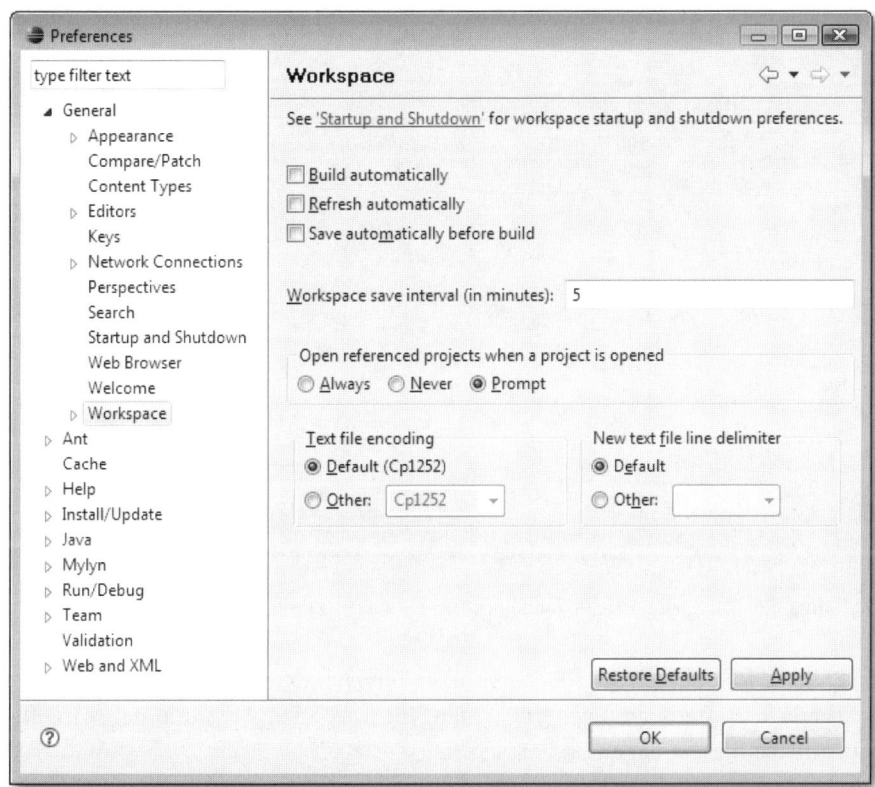

Abbildung 3.3   Die Seite Workspace des Dialogs Preferences

Die Seite *Startup and Shutdown* des Dialogs *Preferences*, die Sie in Abbildung 3.4 sehen, enthält zwei weitere Einstellmöglichkeiten zum Arbeitsbereich. Um sie anzuzeigen, navigieren Sie bitte zu GENERAL • STARTUP AND SHUTDOWN. Sie können einen Abgleich des Arbeitsbereichs mit dem Dateisystem während des Starts von Eclipse erzwingen und einen Dialog zum Auswählen des Arbeitsbereichs einblenden. Wenn Sie dies möchten, setzen Sie bitte jeweils ein Häkchen vor *Prompt for workspace on startup* sowie *Refresh workspace on startup*.

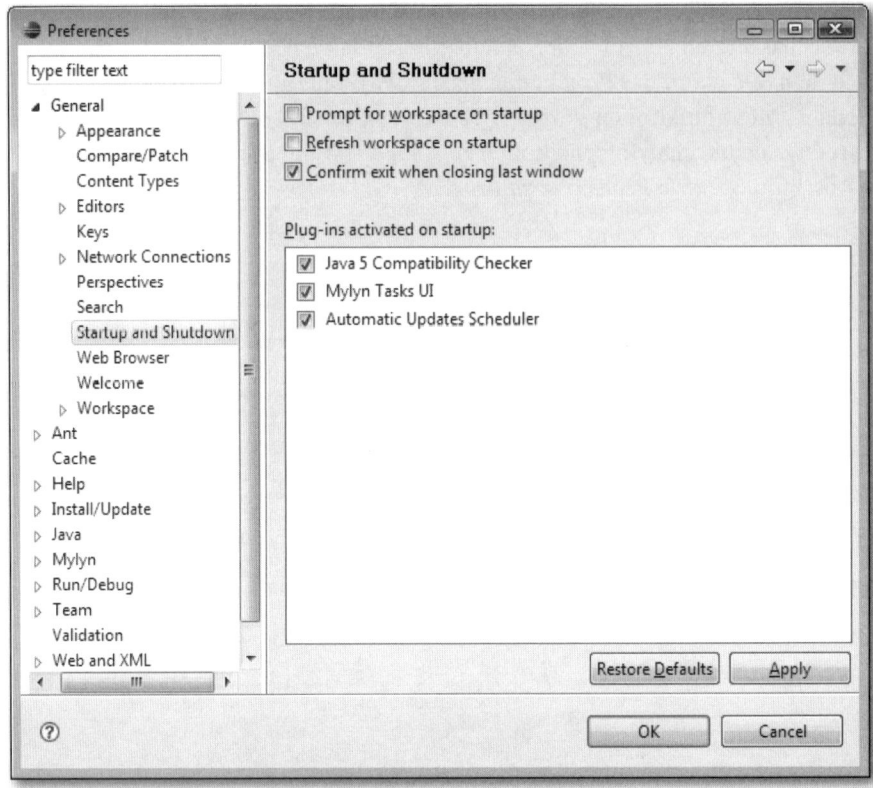

Abbildung 3.4   Die Seite Startup and Shutdown des Dialogs Preferences

Verknüpfte Ressourcen sind Dateien oder Verzeichnisse, die außerhalb des Arbeitsbereichsordners gespeichert werden. Im folgenden Abschnitt zeige ich Ihnen, wie Sie diese anlegen und einsetzen.

3.1.3   Verknüpfte Ressourcen

Sie können solche Verknüpfungen auf der Seite General • Workspace • Linked Resources des Dialogs *Preferences*, die Sie in Abbildung 3.5 sehen, verwalten. Stellen Sie zunächst bitte sicher, dass der Schalter *Enable linked resources* mit einem Häkchen versehen ist. Diese Einstellung wirkt auf den gesamten Arbeitsbereich, ist also nicht projektbezogen. Falls Sie die Funktion ausschalten, können Sie auf bestimmte Dateien oder Verzeichnisse innerhalb eines Projekts nicht zugreifen, sofern es sich um verknüpfte Ressourcen handelt.

Linked resources werden über Variablen angesprochen. Standardmäßig ist die Liste *Defined path variables* leer.

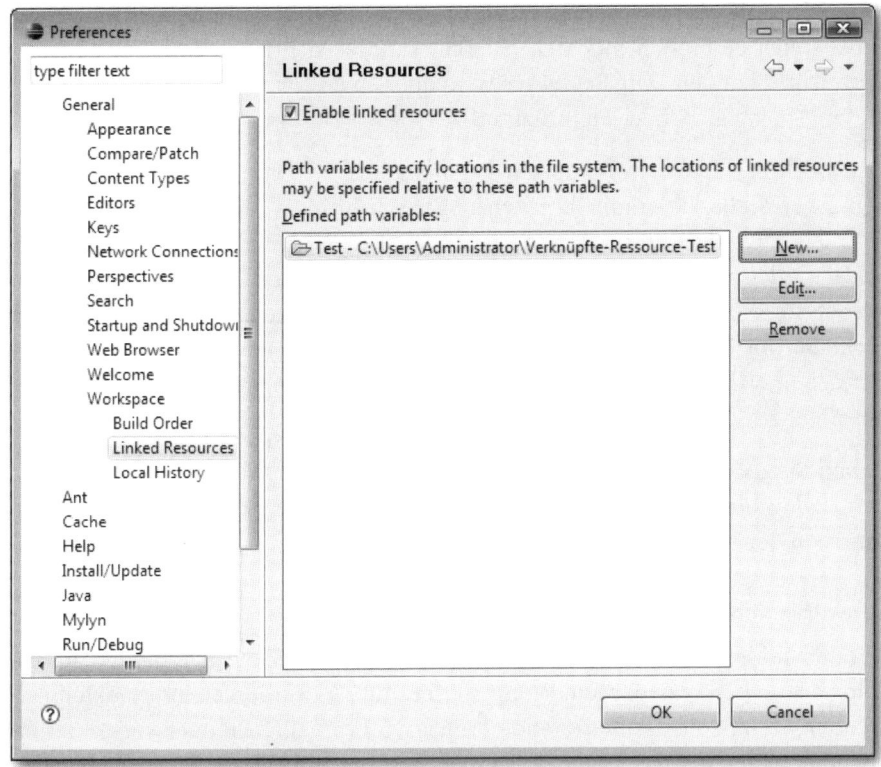

Abbildung 3.5 Die Seite Linked Resources des Dialogs Preferences

Anlegen von Linked Resources

Um eine neue verknüpfte Ressource anzulegen, klicken Sie bitte auf *New*. Sie definieren nun eine *Pfadvariable*. Dies geschieht mithilfe des Dialogs *New Variable*, den Sie in Abbildung 3.6 sehen.

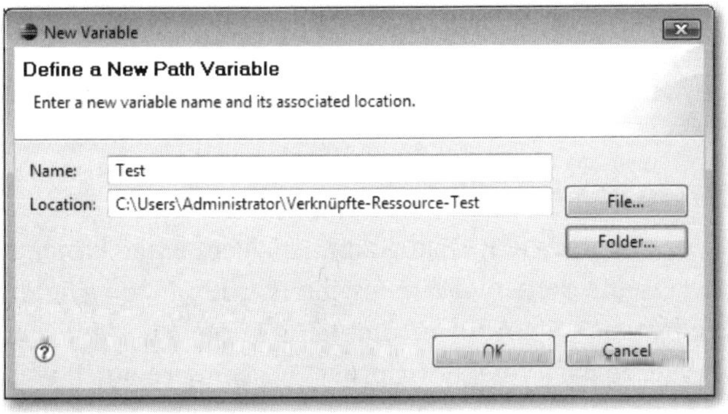

Abbildung 3.6 Der Dialog New Variable

Mit ihm wählen Sie ein Element aus, das Sie als verknüpfte Ressource in den Arbeitsbereich einbinden möchten. Hierbei kann es sich um eine Datei oder ein Verzeichnis handeln. Die Ressource wird über einen Namen, den Sie ebenfalls in diesem Dialog eingeben, identifiziert.

Um das Anlegen von verknüpften Ressourcen zu testen, erzeugen Sie bitte an beliebiger Stelle außerhalb des Arbeitsbereichsordners ein neues Verzeichnis, beispielsweise *Verknüpfte-Ressource-Test*. Klicken Sie hierzu auf die Schaltfläche *Folder* und navigieren in der nun erscheinenden Verzeichnisauswahl des Betriebssystems zu der Position, an der Sie das neue Verzeichnis erstellen möchten. Legen Sie dort den Ordner *Verknüpfte-Ressource-Test* an, indem Sie *Neuen Ordner erstellen* anwählen (unter Linux und Mac OS X ist diese Schaltfläche anders beschriftet). Anschließend markieren Sie ihn bitte und klicken auf *OK*.

Geben Sie der Variable noch einen Namen, beispielsweise *Test*, und schließen den Dialog *New Variable* mit *OK*. Sie finden Ihre neu angelegte verknüpfte Ressource in der Liste unterhalb von *Defined path variables*.

Verwalten von Linked Resources

Mit den beiden Schaltflächen *Edit* und *Remove* können Sie vorhandene Pfadvariablen bearbeiten und löschen. Wenn Sie verknüpfte Ressourcen in Projekten verwenden, sollten Sie das betreffende Projekt vorher schließen oder vor Änderungen überprüfen, ob das Projekt auch nach den Modifikationen noch übersetzbar ist. Wie Sie dies tun und wie Sie mit verknüpften Ressourcen und Projekten arbeiten, lernen Sie im folgenden Abschnitt.

3.2 Die Projektverwaltung

In diesem Abschnitt beschäftige ich mich ausführlich mit der Eclipse-eigenen Projektverwaltung. Grundlegende Konzepte habe ich Ihnen bereits in den ersten beiden Kapiteln vorgestellt. Auf diesem Wissen aufbauend, zeige ich Ihnen nun die verschiedenen von der IDE angebotenen Projekttypen.

3.2.1 Verschiedene Arten von Projekten

Wenn Sie mittels FILE • NEW • PROJECT den Dialog zum Anlegen neuer Projekte aufrufen, öffnet sich zunächst eine Seite, auf der Sie die Art des anzulegenden Projekts bestimmen. Sie sollten bei der Auswahl sorgfältig vorgehen, denn der Projekttyp legt nicht nur fest, wie das Projekt organisiert ist, sondern auch, welche Funktionen Sie ausführen können. Beispielsweise können Sie einem *allgemeinen Projekt* normalerweise keine Java-Quelltexte hinzufügen.

Allgemeine Projekte anlegen

Um ein komplett leeres Projekt zu erzeugen, wählen Sie bitte *General • Project*.

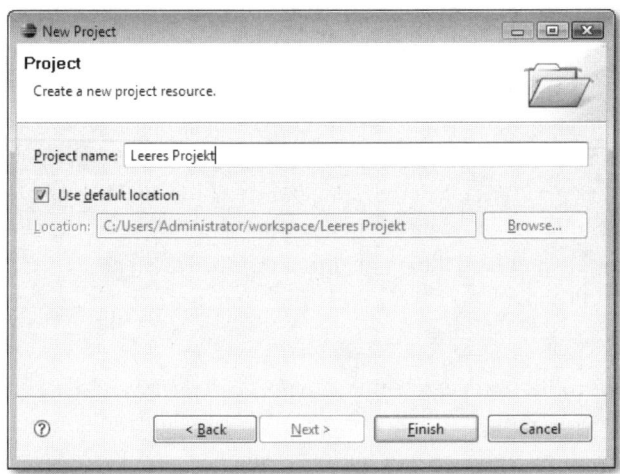

Abbildung 3.7   Dialog zum Anlegen eines allgemeinen, leeren Projekts

Sie sehen die in Abbildung 3.7 gezeigte zweite Seite des Dialogs *New Project*, auf der Sie zunächst einen Namen für das anzulegende Projekt vergeben. Wenn Sie das Häkchen vor *Use default location* entfernen, wird das Projekt nicht im Arbeitsbereich, sondern an einem beliebigen, von Ihnen bestimmbaren Ort erzeugt. Bitte beachten Sie hierbei, dass Eclipse in diesem Fall für das Projekt kein neues Verzeichnis mit dem Projektnamen anlegt, was bei Projekten innerhalb des Arbeitsbereichs der Fall ist. Die Datei *.project*, die wichtige Projektinformationen enthält, findet sich also unmittelbar in dem unter *Location* angegebenen Ordner.

Eine weitere Konsequenz ist übrigens, dass Sie in diesem Verzeichnis kein weiteres Projekt anlegen können, weil Eclipse in diesem Fall eine Überschneidung mit dem bestehenden moniert. Um dies zu verhindern, können Sie mit den Mitteln des Betriebssystems vor dem Anlegen des Projekts entsprechende Verzeichnisse erzeugen.

Um das Anlegen eines leeren Projekts abzuschließen, klicken Sie bitte auf *Finish*. Ich habe bereits weiter vorne geschrieben, dass Sie allgemeine Projekte besser nicht für das Bearbeiten von Java-Quelltexten verwenden sollten. Sie eignen sich aber hervorragend, um beispielsweise projektbegleitende Dokumente wie *Hilfstexte* oder *Produktbeschreibungen* zu sammeln.

Java-Projekte anlegen

Wie Sie ein leeres Java-Projekt anlegen und diesem eine Klasse hinzufügen, habe ich Ihnen im Abschnitt *Ein neues Projekt anlegen* des ersten Kapitels gezeigt. Auch das Übernehmen von bestehenden Quelltexten in ein neues Projekt ist mit Eclipse schnell erledigt. Wählen Sie hierzu FILE • NEW • PROJECT und tippen dann java. Der Dialog *New Project* zeigt Ihnen nun alle Projekttypen, mit denen Sie Java-Quelltexte bearbeiten können. Wählen Sie bitte JAVA • JAVA PROJECT und klicken auf *Next*.

Auf der zweiten Seite des Dialogs, die Sie in Abbildung 3.8 sehen, vergeben Sie zunächst einen Projektnamen. Anders als in Kapitel 1, *Hands on Eclipse*, wählen Sie unter *Contents* bitte *Create project from existing source*. Klicken Sie auf die Schaltfläche *Browse*, um das Verzeichnis mit den vorhandenen Quellen festzulegen. Der hier angegebene Ordner enthält nicht nur die *.java*-Dateien, sondern bildet auch die Wurzel des Projekts. Die Projektbeschreibung *.project* wird ebenfalls hier abgelegt.

Um dies zu testen, kopieren Sie das Verzeichnis *Quelltexte\Arbeitsbereiche und Projekte\Clip4Moni* der Begleit-DVD zum Buch bitte an eine beliebige Stelle auf Ihrer Festplatte. Geben Sie diese bei *Directory* an und schließen den Dialog *New Java Project* durch Anklicken der Schaltfläche *Finish*. Das Projekt erscheint unter dem von Ihnen angegebenen Namen im *Package Explorer*.

Bitte beachten Sie, dass die Projektdaten nicht im Arbeitsbereich abgelegt werden. Wenn Sie sich angewöhnt haben, diesen regelmäßig zu sichern, werden die Quelltexte des eben angelegten Projekts nicht mit erfasst. Ein weiterer Nachteil offenbart sich, wenn Sie sich das Projektverzeichnis auf Dateisystemebene ansehen, beispielsweise mit den *Windows Explorer* oder dem *Finder*. Dabei werden *.class*- und *.java*-Dateien nicht sauber getrennt, sondern paketweise in gemeinsamen Ordnern abgelegt. Wie Sie diese beiden Probleme beheben können, zeige ich Ihnen etwas später.

Auch im folgenden Abschnitt beschäftige ich mich mit dem Importieren bestehender Quelltexte. In diesem Fall liegen sie aber nicht lokal vor, sondern wurden in einem sogenannten CVS-Repository abgelegt.

Projekte aus CVS-Repositories importieren

Mit dem *Concurrent Versions System* (CVS) werden in der Regel Quelltexte verwaltet (wenngleich Sie im Prinzip beliebige Dateien versionieren könnten). Die zu einem Projekt gehörenden Dateien werden zentral auf einem Server (dem sogenannten *Repository*) vorgehalten und können bei Bedarf »ausgecheckt« werden: Nach dem Herunterladen haben Sie auf Ihrem Rechner lokale Kopien der Dateien

Abbildung 3.8 Anlegen eines neuen Java-Projekts

auf dem Server. Der übliche Arbeitsfluss ist nun, diese zu bearbeiten und anschließend als neue Version auf dem Server abzulegen. Eine Rechteverwaltung sorgt dafür, dass Gäste Dateien zwar herunterladen, jedoch keine Modifikationen einspielen können.

Im Folgenden zeige ich Ihnen, wie Sie mithilfe des Assistenten zum Anlegen neuer Projekte bestehende Java-Quelltexte aus einem CVS-Repository auschecken. Ich verwende hierfür das auf *java.net* gehostete Projekt *BeenClock*, eine binäre Uhr, die Sie zum einen als Anwendung oder Applet starten, oder aber als Komponente in eigene Programme integrieren können.

Rufen Sie zunächst bitte wie gewohnt FILE • NEW • PROJECT auf. Tippen Sie cvs, wählen dann CVS • PROJECTS FROM CVS und klicken anschließend auf NEXT. Sie sehen den in Abbildung 3.9 gezeigten Dialog *Checkout from CVS*, in dem Sie die Daten eines CVS-Repositories eingeben müssen. Der *Host* ist *cvs.dev.java.net*, als Repository-Pfad tragen Sie bitte */cvs* ein. Sie werden sich als Benutzer *guest* anmelden, für den kein Passwort vergeben wurde.

Als Verbindungstyp wählen Sie bitte PSERVER und verwenden den Standard-Port (*Use default port*). Klicken Sie anschließend auf *Next*. Auf der nächsten Seite des Dialogs müssen Sie ein Modul auswählen, das Eclipse auschecken wird. Wenn Sie neugierig sind, können Sie *Use an existing module* anklicken. Die IDE wird daraufhin eine Liste der im Repository vorhandenen Module herunterladen und zur Auswahl anbieten. Markieren Sie bitte den Eintrag *beenclock*. Haben Sie stattdessen die Voreinstellung *Use specified module name* beibehalten, so tippen Sie bitte *beenclock* ein. In beiden Fällen bringt Sie ein Klick auf *Next* zur dritten Dialogseite, *Check Out As*.

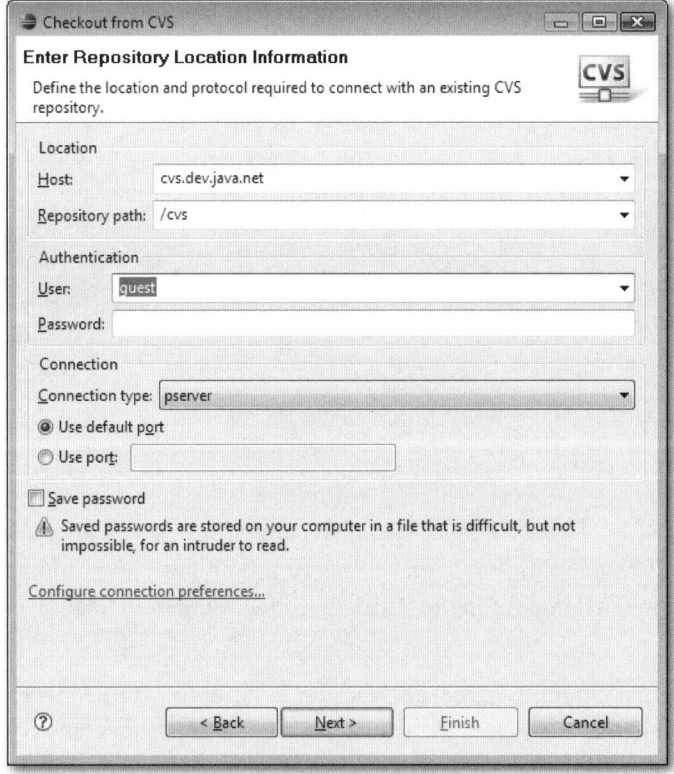

Abbildung 3.9 Die Seite Checkout from CVS

Auf ihr legen Sie fest, wie Sie das Modul *beenclock* auschecken möchten. Wählen Sie bitte *Check out as a project configured using the New Project Wizard*. Wichtig ist, dass *Checkout subfolders* aktiviert ist. Auf diese Weise stellen Sie sicher, dass alle zum Projekt gehörenden Dateien heruntergeladen werden. Beenden Sie nun den Assistenten, indem Sie die Schaltfläche *Finish* anklicken.

Eclipse öffnet den Ihnen bereits bekannten Dialog *New Project*. Wählen Sie hier bitte JAVA • JAVA PROJECT. Dies ist wichtig, weil Sie sonst die enthaltenen Quelltexte später nicht übersetzen können. Vervollständigen Sie die Angaben wie gewohnt und beenden Sie den Dialog, indem Sie die Schaltfläche *Finish* anklicken.

Nachdem Eclipse alle Dateien des Projekts heruntergeladen hat, können Sie in die Sicht *Package Explorer* wechseln und sich die Bestandteile von *BeenClock* ansehen. Die Quelltexte befinden sich unterhalb von *src*. Der Ordner *www* enthält eine *.html*-Seite, die der Projekthomepage auf *beenclock.dev.java.net* entspricht. Wenn Sie möchten, können Sie ihn löschen, indem Sie ihn mit der rechten Maustaste anklicken und im Kontextmenü DELETE wählen. Im *Package Explorer* lassen sich übrigens mehrere Dateien selektieren, indem Sie beim Anklicken mit der linken Maustaste die Taste ⌈Strg⌉ gedrückt halten.

Wenn Sie später erneut ein Projekt anlegen, dessen Bestandteile Sie aus einem Repository importieren möchten, wird Sie Eclipse zunächst fragen, ob Sie ein bestehendes Repository verwenden oder auf ein neues zugreifen möchten. Falls Sie nur ein anderes Modul auschecken möchten, klicken Sie bitte *Use existing repository location* an.

In diesem Abschnitt habe ich Ihnen mehrere Möglichkeiten gezeigt, wie Sie neue Projekte anlegen können. Im Folgenden lernen Sie, diese zu verwalten. Außerdem stelle ich Ihnen das Menü PROJECT ausführlicher vor, das als zentrale Anlaufstelle beim sogenannten Bauen von Anwendungen fungiert.

3.2.2 Projekte verwalten

Die Verwaltung von Projekten hat zahlreiche Facetten. Wie Sie bereits wissen, können Sie einem *Arbeitsbereich* im Prinzip beliebig viele Projekte hinzufügen. Allerdings wird mit zunehmender Anzahl geöffneter Projekte die Darstellung im *Package Explorer* unübersichtlich. Hier bietet es sich an, nicht benötigte Projekte zeitweise zu schließen.

Wie Sie hierzu vorgehen, habe ich in Kapitel 1, *Hands on Eclipse*, beschrieben. Geschlossene Projekte können bis zu einem erneuten Öffnen nicht in der Workbench bearbeitet oder angezeigt werden. Allerdings benötigen sie weniger Speicher und werden bei den weiter unten beschriebenen Build-Vorgängen nicht berücksichtigt, was sich positiv auf die Dauer auswirken kann.

Projekte umbenennen

Falls Sie einem Projekt einen anderen Namen geben möchten, klicken Sie im *Package Explorer* mit der rechten Maustaste auf dessen Namen und wählen anschließend REFACTOR • RENAME oder Sie drücken stattdessen die Tastenkombination ⌈Alt⌉+⌈⇧⌉+⌈R⌉. Sie sehen nun den Dialog *Rename Java Project*, in dem Sie neben dem neuen Namen auch festlegen müssen, ob Referenzen auf dieses Projekt angepasst werden sollen. Ausführliche Informationen zu Projektreferenzen finden Sie in Abschnitt 3.3.1, *Der Build Path*.

Projekte verschieben

Die Funktion zum Verschieben von Projekten findet sich ebenfalls im Projekt-Kontextmenü unter REFACTOR. Um sie zu testen, klicken Sie mit der linken Maustaste bitte auf die Projektwurzel von *BeenClock* und drücken anschließend ⌈Alt⌉+⌈⇧⌉+⌈V⌉. Sie sehen daraufhin den in Abbildung 3.10 gezeigten Dialog *Move Project*. Damit Sie ein neues Basisverzeichnis für das Projekt angeben können, entfernen Sie bitte zunächst das Häkchen vor *Use default location* und klicken anschließend auf *Browse*. Nachdem Sie den neuen Ordner ausgewählt haben, beenden Sie den Dialog mit *OK*.

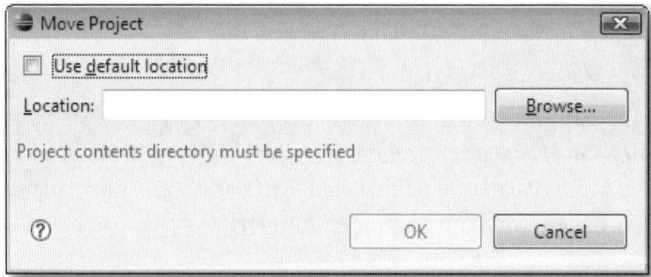

Abbildung 3.10   Dialog zum Verschieben von Projekten

Bitte beachten Sie, dass Sie auf diese Weise ein Projekt nicht ohne Weiteres in einen anderen Arbeitsbereich verschieben können, selbst wenn Sie ihn als Basisverzeichnis angegeben haben. Das Projekt bleibt weiterhin dem aktuellen Arbeitsbereich zugeordnet. Um dies zu ändern, müssen Sie es löschen. Achten Sie bitte darauf, dass nur das Projekt aus dem Arbeitsbereich entfernt wird, nicht jedoch die Dateien. Anschließend können Sie in den neuen Arbeitsbereich wechseln und das Projekt dort importieren.

Vor umfassenden Änderungen an der Struktur von Projekten oder Arbeitsbereichen rate ich Ihnen, zuvor Sicherungen der beteiligten Arbeitsbereiche anzufertigen.

Projektdetails

Detaillierte Informationen zu einem Projekt erhalten Sie, indem Sie es im *Package Explorer* anklicken und anschließend die Menüfunktion PROJECT • PROPERTIES aufrufen. Es öffnet sich der in Abbildung 3.11 gezeigte Dialog *Properties for Been-Clock*. Er enthält beispielsweise auf der Seite *CVS* eine Zusammenfassung aller Repository-bezogenen Einstellungen wie Hostname, Wurzelverzeichnis und Benutzerkennung. Die Seite *Project References* zeigt Ihnen, ob das angezeigte Projekt von anderen Projekten referenziert wird. Diese Informationen sind wichtig, falls Sie das Projekt schließen oder löschen möchten.

Die Seite *Java Build Path* bietet einen umfassenden Überblick darüber, in welchen Verzeichnissen projektbezogene Quelltexte liegen und welche anderen Projekte und Bibliotheken für das Übersetzen und den Bau des Projekts benötigt werden. Ausführliche Informationen zur Verwendung von Bibliotheken finden Sie in Abschnitt 3.3.2, *Bibliotheken*.

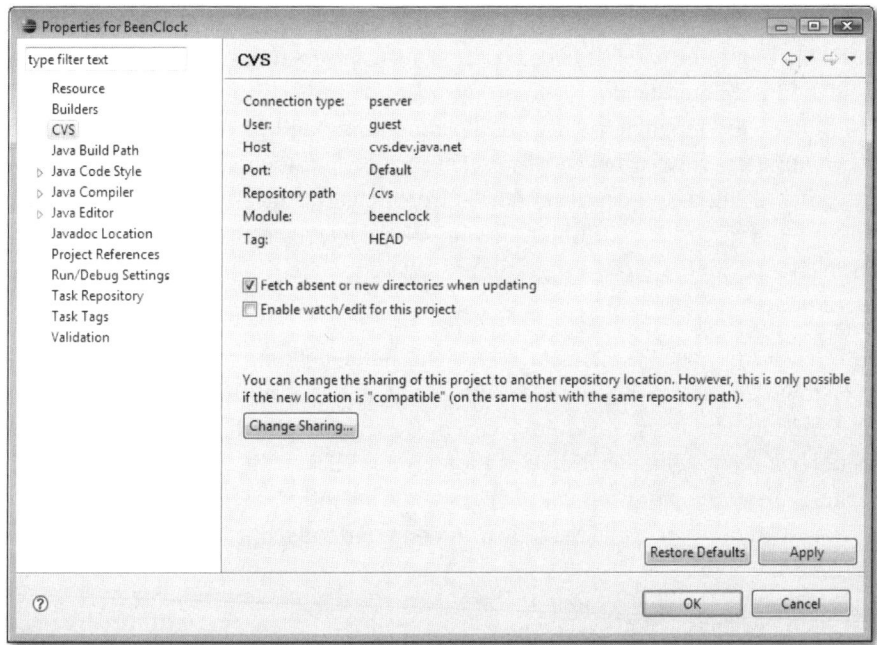

Abbildung 3.11   Projekteigenschaften

Unter *Javadoc location* schließlich legen Sie das Basisverzeichnis für die Javadoc-Dokumentation des Projekts fest. Um die Funktion zu testen, wechseln Sie bitte auf diese Seite. Der *Javadoc location path* ist noch leer. Klicken Sie bitte auf *Browse* und navigieren Sie zum Wurzelverzeichnis des Projekts *BeenClock*. Schließen Sie die

Verzeichnisauswahl mit *OK* und klicken Sie anschließend auf die Schaltfläche *Validate* des Dialogs *Properties for BeenClock*. Eclipse wird Sie darauf hinweisen, dass der angegebene Ort möglicherweise ungültig ist, da bestimmte Dateien nicht vorhanden sind. Diese werden beim ersten Erzeugen der Dokumentation generiert.

Wie dies funktioniert und wie Sie mit der automatisch aus Quelltexten generierten Dokumentation arbeiten, zeige ich Ihnen im folgenden Abschnitt.

3.2.3 Das Menü Project

Neben den Funktionen zum Öffnen und Schließen von Projekten sowie dem Anzeigen von Projekteigenschaften enthält das Menü PROJECT mehrere Einträge, die sich dem sogenannten Build-Vorgang widmen, also dem Übersetzen und Bauen von Projekten. Zunächst möchte ich Ihnen aber zeigen, wie Sie Javadoc-Dokumentation erzeugen können.

Javadoc-Dokumentation erzeugen

Rufen Sie hierzu bitte GENERATE JAVADOC auf. Sie sehen daraufhin den in Abbildung 3.12 gezeigten Dialog *Generate Javadoc*. Wenn Sie ihn das erste Mal aufrufen, müssen Sie möglicherweise das Javadoc-Kommando auswählen, das Sie für das Generieren verwenden möchten. Dies ist Bestandteil des Java Development Kits. Klicken Sie bitte gegebenenfalls auf die Schaltfläche *Configure* und navigieren Sie zu dem Ordner *bin* unterhalb des Wurzelverzeichnisses Ihrer JDK-Installation. Hier finden Sie das Programm *javadoc*, das Sie durch einen Doppelklick übernehmen.

Als Nächstes müssen Sie auswählen, aus welchen Quelltexten die Dokumentation erzeugt werden soll. Markieren Sie bitte *BeenClock*, woraufhin alle untergeordneten Elemente ebenfalls selektiert werden. Geben Sie schließlich als Zielverzeichnis noch das Wurzelverzeichnis des Projekts an. Klicken Sie hierzu auf die Schaltfläche *Browse*. Sie könnten die Generierung beeinflussen, indem Sie auf *Next* klicken. Tun Sie dies zunächst jedoch nicht, sondern schließen den Dialog bitte mit *Finish*.

Wie Sie sicherlich bemerkt haben, wurden während der Generierung zahlreiche Meldungen in der Sicht *Console* protokolliert. Beispielsweise können Sie dort ablesen, welche Dateien das Tool *javadoc* erzeugt hat. Ob die Generierung erfolgreich war, lässt sich übrigens auch testen, indem Sie die Projekteigenschaften öffnen und auf der Seite *Javadoc Location* erneut *Validate* anklicken. Schließen Sie den Hinweis bitte mit *OK*. Eclipse wird die generierten Javadoc-Seiten daraufhin im Standard-Webbrowser anzeigen.

Abbildung 3.12   Erste Seite des Dialogs Generate Javadoc

Auf der zweiten Seite des Dialogs *Generate Javadoc* können Sie in bestimmten Grenzen Einfluss auf den Inhalt der erzeugten Dokumente nehmen. Um dies auszuprobieren, rufen Sie den Dialog bitte erneut auf. Da Eclipse sich die Einstellungen vom letzten Mal gemerkt hat, können Sie gleich auf die zweite Seite wechseln, die Sie in Abbildung 3.13 sehen.

Beim Betrachten der Dokumentation im Browser ist Ihnen wahrscheinlich der wenig aussagekräftige Titel *Generated Documentation (Untitled)* aufgefallen. Um ihn zu ändern, setzen Sie bitte ein Häkchen vor *Document title* und geben einen passenden Namen ein, beispielsweise *Dokumentation zu BeenClock*.

Unter *Basic Options* können Sie festlegen, welche Standardseiten generiert werden sollen. Beispielsweise ließe sich hier das Erzeugen des Index ausschalten. Im Abschnitt *Document these tags* legen Sie fest, ob zum Beispiel Autoren- und Versionsinformationen in die generierten Dokumente übernommen werden sollen.

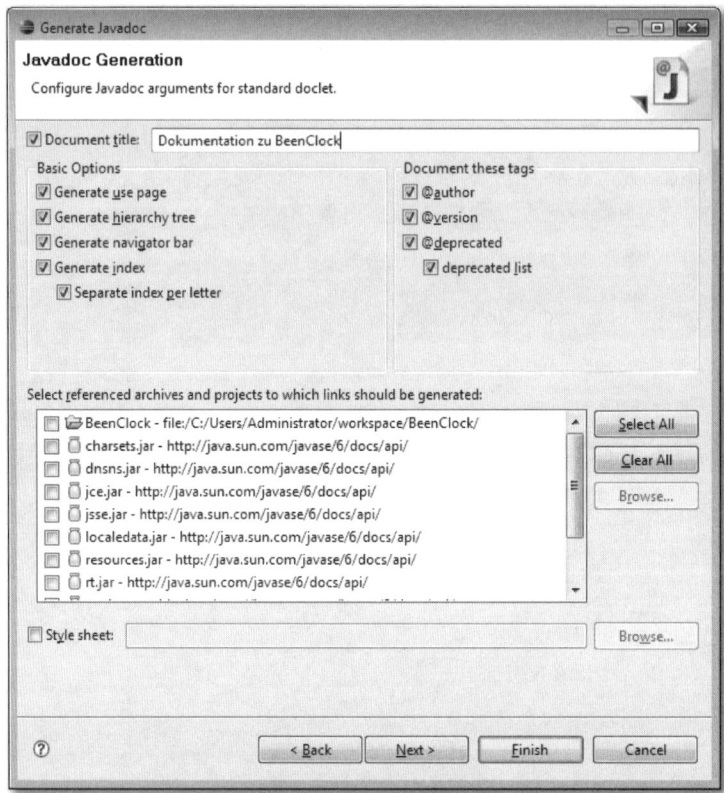

Abbildung 3.13 Die zweite Seite des Dialogs Generate Javadoc

Javadoc-Dokumente sind verlinkte HTML-Seiten. Insofern ist es möglich, die Dokumentationen verschiedener Projekte miteinander zu verzahnen. Haben Sie beispielsweise eine eigene Klassenbibliothek entwickelt und beziehen sich in der Beschreibung eines anderen Projekts auf eine ihrer Klassen, so kann dieser Verweis in Form eines Hyperlinks auf die Originalstelle der Dokumentation erfolgen.

Für welche referenzierten Archive und Projekte *javadoc* entsprechende Links erzeugt, teilen Sie dem Tool in der Auswahlliste *Select referenced archives and projects* mit. Setzen hierzu Sie vor dem betreffenden Eintrag ein Häkchen. Wenn dessen Name die Bemerkung *not configured* enthält, müssen Sie Eclipse noch das Verzeichnis oder Archiv nennen, das die zugehörige Javadoc-Dokumentation enthält. Klicken Sie in diesem Fall den Eintrag an und wählen anschließend *Browse*. Sie sehen nun den in Abbildung 3.14 gezeigten Dialog *Configure Javadoc Location*. Mit ihm können Sie die gewünschte Dokumentation im Dateisystem oder innerhalb eines Archivs auszuwählen. Es ist ratsam, vor dem Schließen dieses Dialogs die Pfadauswahl durch einen Klick auf die Schaltfläche *Validate* zu prüfen.

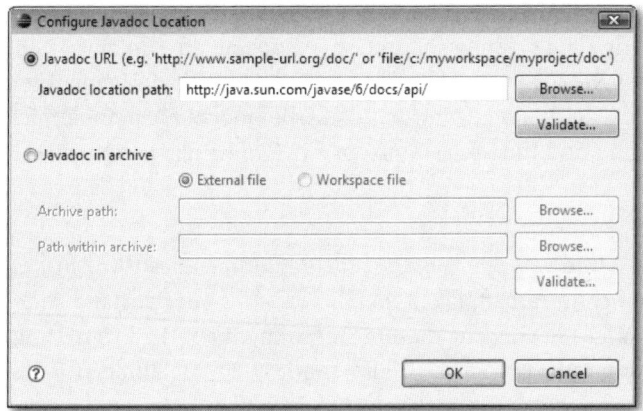

Abbildung 3.14   Der Dialog Configure Javadoc Location

Mit *Next* gelangen Sie zur dritten Seite des Dialogs *Generate Javadoc*. Dort können Sie der Dokumentation noch eine Übersichtsseite hinzufügen und die Kompatibilitätsstufe des Quelltexts festlegen.

Sie haben die Möglichkeit, die in diesem Dialog gemachten Einstellungen als sogenanntes *Ant-Script* zu exportieren. Ant und das Build-Management behandle ich ausführlich in Abschnitt 3.4, *Ant und externe Tools*. Speichern Sie die Dialogeinstellungen deshalb bitte in der Datei *javadoc.xml* im Projektverzeichnis ab. Der entsprechende Pfad ist bereits voreingestellt, sodass Sie nur das Häkchen vor *Save the settings of this Javadoc Export as an Ant script* setzen müssen.

Um sich die neue Version der Dokumentation gleich ansehen zu können, sollten Sie noch ein Häkchen vor *Open generated index file in browser* setzen. Bitte schließen Sie nun den Dialog, indem Sie auf *Finish* klicken. Eclipse weist Sie darauf hin, dass das Tool *javadoc* in einem der in der Umgebungsvariable PATH eingetragenen Verzeichnisse vorhanden sein muss, um das erzeugte Ant-Script starten zu können. Wenn Sie Java, wie in Kapitel 1, *Hands on Eclipse*, beschrieben, installiert haben, ist dies automatisch der Fall.

Sie können die Javadoc-Dokumentation jederzeit im Browser anzeigen, indem Sie in die Sicht *Navigator* wechseln und die Datei *index.html* mit der rechten Maustaste anklicken. Im anschließend erscheinenden Kontextmenü wählen Sie bitte OPEN WITH • WEB BROWSER. Zusätzlich stellt die Sicht *Javadoc* Teile davon kontextbezogen dar. Um dies auszuprobieren, öffnen Sie die Sicht bitte mit WINDOW • SHOW VIEW • JAVADOC. Wechseln Sie nun in den *Package Explorer* und klicken Sie verschiedene Einträge an. Falls die Dokumentation Informationen zu ihnen enthält, werden diese in der Sicht *Javadoc* angezeigt. Dies trifft unter anderem auf die Methode addToggle() der Klasse ClockPanel zu.

Ich werde im weiteren Verlauf dieses Kapitels nochmals auf das Projekt *Been-Clock* zurückkommen. Als kleine Übung sollten Sie versuchen, die Uhr zu starten. Die meisten Einträge des Menüs PROJECT beschäftigen sich mit dem sogenannten Build-Vorgang. Bevor ich sie Ihnen ausführlich vorstelle, möchte ich einen Blick hinter die Kulissen werfen und Ihnen das Konzept der *Builder* näherbringen.

Builder

Ganz allgemein erzeugen und verändern *Builder* die Ressourcen des Workspaces. Sie tun dies für gewöhnlich in Abhängigkeit vom Status oder vom Zustand anderer Ressourcen. Bitte rufen Sie sich in diesem Zusammenhang in Erinnerung, dass Eclipse nicht in erster Linie eine Java-IDE ist, sondern einen Rahmen für Anwendungen zur Verfügung stellt. Beispielsweise greifen die *Java Development Tools* das Konzept der Builder auf, indem sie aus Quelltexten, die als *.java*-Dateien vorliegen, Klassendateien erzeugen.

Welche Builder in einem Projekt zur Verfügung stehen, können Sie auf der Seite *Builders* des Projekteigenschaften-Dialogs einstellen, die Sie in Abbildung 3.15 sehen. Neben dem standardmäßig vorhandenen *Java Builder* finden Sie dort den Builder *Javadoc erzeugen*, den ich dem Projekt hinzugefügt habe. Er ruft bei jedem Build-Vorgang das Ant-Script *javadoc.xml* aus dem vorangegangenen Abschnitt auf.

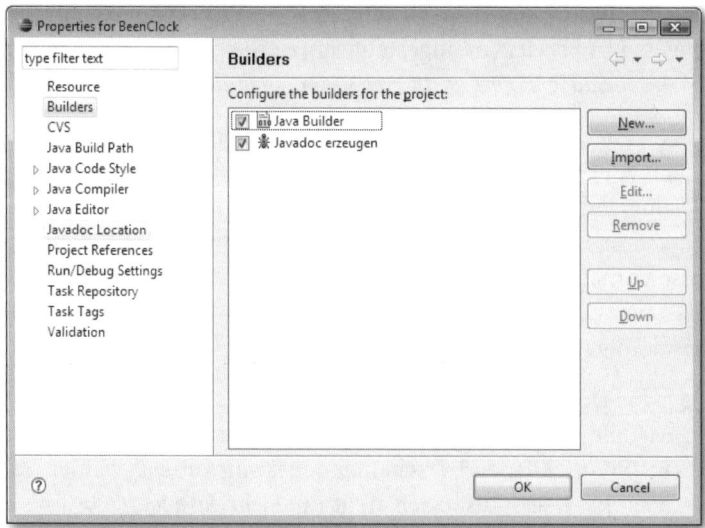

Abbildung 3.15 Die Seite Builders der Projekteigenschaften

Um einen solchen benutzerdefinierten Builder anzulegen, klicken Sie bitte auf *New*. Sie sehen daraufhin den Dialog *Choose configuration type*, in dem Sie bitte

Ant Builder auswählen. Nachdem Sie den Dialog mit *OK* geschlossen haben, öffnet sich der in Abbildung 3.16 gezeigte Dialog *Edit launch configuration properties*. Geben Sie dem neuen Builder auf der Registerkarte *Main* bitte als Erstes einen Namen, beispielsweise *Javadoc erzeugen*. Anschließend wählen Sie das zu verwendende Buildfile aus.

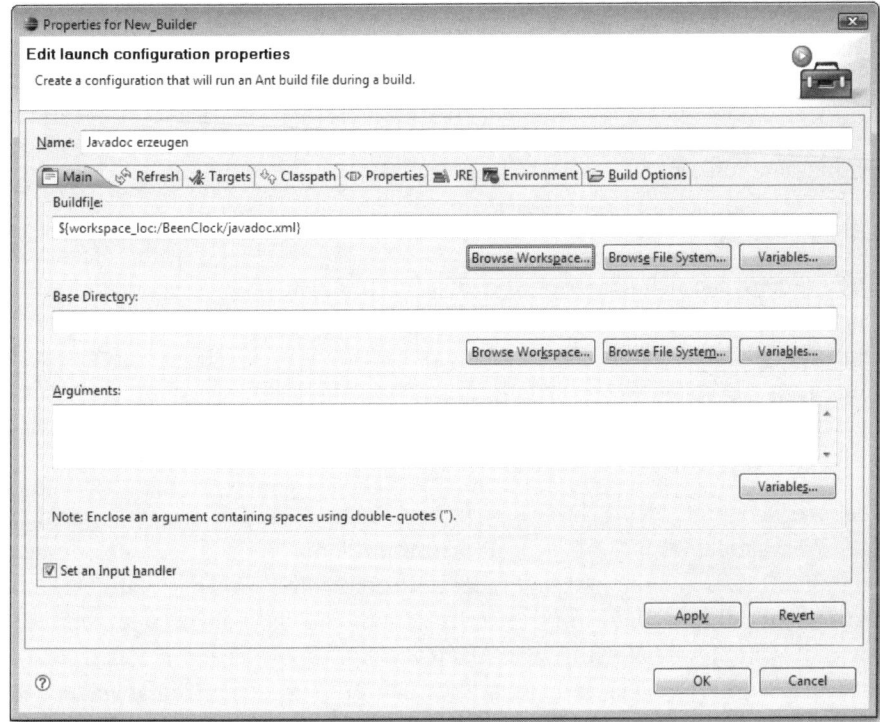

Abbildung 3.16 Dialog zum Anlegen oder Bearbeiten eines Builders

Klicken Sie hierzu auf *Browse Workspace* und selektieren im nun erscheinenden Dialog *Choose Location* die Datei *javadoc.xml*. Alle übrigen Einstellungen des Eigenschaften-Dialogs können Sie unverändert übernehmen. Schließen Sie ihn bitte mit *OK*. Der neue Builder erscheint nun auf der Seite *Builders*.

Indem Sie einem Projekt eigene Builder hinzufügen, können Sie während des Baus des Projekts beliebige Aktionen ausführen. Sie müssen hierfür nicht zwingend Ant-Scripts verwenden. Wenn Sie auf dem Dialog *Choose configuration type* namlich anstelle von *Ant Builder* den Eintrag *Program* auswählen, können Sie eine beliebige Startkonfiguration angeben

Wie Sie bereits wissen, legen Sie mit ihr fest, welches Programm gestartet werden soll und welche Parameter ihm Eclipse übergeben soll. Weitere Informationen zu diesen sogenannten Launch Configurations finden Sie in Abschnitt 3.3.3, *Launch Configurations*.

Sie können die Reihenfolge, in der Builder abgearbeitet werden, übrigens mithilfe der beiden Schaltflächen *Up* und *Down* verändern. Klicken Sie hierzu den zu verschiebenden Builder an und bringen Sie ihn in die gewünschte Position. Um einen Builder zu bearbeiten, klicken Sie auf *Edit*. Mit *Remove* entfernen Sie ihn aus der Liste.

Sie haben in diesem Abschnitt Builder als Bausteine für das Erzeugen von Projekten kennengelernt. Hierauf aufbauend, stelle ich Ihnen im Folgenden die dazu gehörenden Funktionen des Menüs PROJECT vor.

Projekte bauen

Bitte erinnern Sie sich, dass der *Java Builder* aus Quelltexten Klassendateien erzeugt. Auf der Seite *Workspace* des Dialogs *Preferences* können Sie einstellen, wann dies geschieht. Der Schalter *Build automatically* legt fest, ob Eclipse einen Build-Vorgang startet, wenn die IDE Änderungen an Ressourcen entdeckt. Er findet sich übrigens auch im Menü PROJECT. Wenn Sie dies möchten, kann also das Speichern einer Datei den Bau des Projekts auslösen.

Aber was bedeutet eigentlich *ein Projekt bauen*? Oder – anders gefragt – was sind *Builds*? Es handelt sich hierbei um Prozesse, in deren Verlauf neue Ressourcen auf Basis von bestehenden erzeugt, oder bestehende Ressourcen aktualisiert werden. Hierzu ruft die IDE die Ihnen bereits bekannten *Builder* auf. Man unterscheidet in diesem Zusammenhang zwei Arten von Builds. *Inkrementelle Builds* bauen auf einem vorherigen Zustand auf. Sie werden nur auf Ressourcen angewendet, die sich seit dem letzten Build geändert haben. *Clean Builds* hingegen verwerfen einen etwaigen vorherigen Zustand. In beiden Fällen werden alle Ressourcen mit den jeweils geeigneten Buildern transformiert.

Um einen Clean Build einzuleiten, rufen Sie bitte PROJECT • CLEAN auf. Sie sehen nun den in Abbildung 3.17 gezeigten Dialog *Clean*, In ihm legen Sie fest, für welche Projekte ein *Clean Build* stattfinden soll. Beide Build-Arten können entweder auf ein Projekt, die Projekte eines Working Sets oder den kompletten Workspace angewendet werden. Einzelne Dateien oder Verzeichnisse lassen sich hingegen nicht bauen.

Automatische Builds sind stets inkrementell und umfassen immer den gesamten Workspace. *Manuelle Builds* hingegen starten nur auf ausdrücklichen Wunsch des Entwicklers durch Auswahl des entsprechenden Menüpunkts BUILD ALL, BUILD PROJECT oder BUILD WORKING SET in PROJECT.

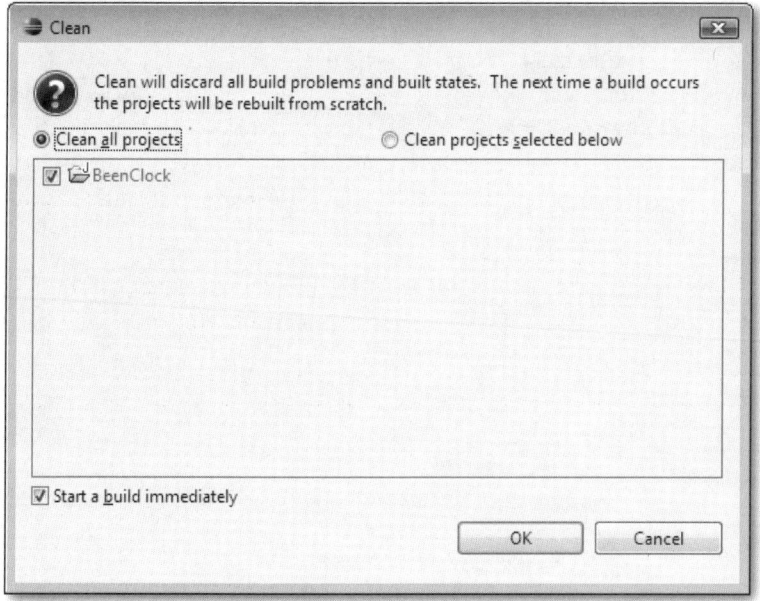

Abbildung 3.17 Dialog zum Bereinigen von Projekten

Automatische Build-Vorgänge sind ohne Zweifel eine große Arbeitserleichterung, können sich aber als nachteilig erweisen, wenn Sie vor dem Bau umfangreiche Änderungen (an mehreren Quelltexten) als Block abschließen möchten. In diesem Fall entfernen Sie das Häkchen vor BUILD AUTOMATICALLY. Sie müssen dann aber selbst daran denken, den Build-Vorgang zu starten, wenn Sie beispielsweise Ihr Programm aufrufen oder die Klassendateien mit externen Tools weiterbearbeiten möchten.

Standardmäßig ermittelt Eclipse die Build-Reihenfolge auf Basis von Projektreferenzen bzw. -abhängigkeiten. Sie können diese Reihenfolge auch explizit angeben. Öffnen Sie hierzu bitte den Dialog *Preferences* und navigieren zu der Seite GENERAL • WORKSPACE • BUILD ORDER, die Sie in Abbildung 3.18 sehen. Entfernen Sie nun das Häkchen vor *Use default build order*. Anschließend können Sie die Reihenfolge der Projekte ändern, indem Sie das Projekt anklicken und mithilfe der Schaltflächen *Up* und *Down* an die gewünschte Position verschieben.

In diesem Abschnitt habe ich Ihnen die Grundlagen der Projektverwaltung vorgestellt. Im nächsten Abschnitt lernen Sie unter anderem das Konzept des sogenannten *Build Paths* kennen. Außerdem zeige ich Ihnen, wie Sie in Ihren Projekten externe Bibliotheken nutzen und wie Sie diese verwalten.

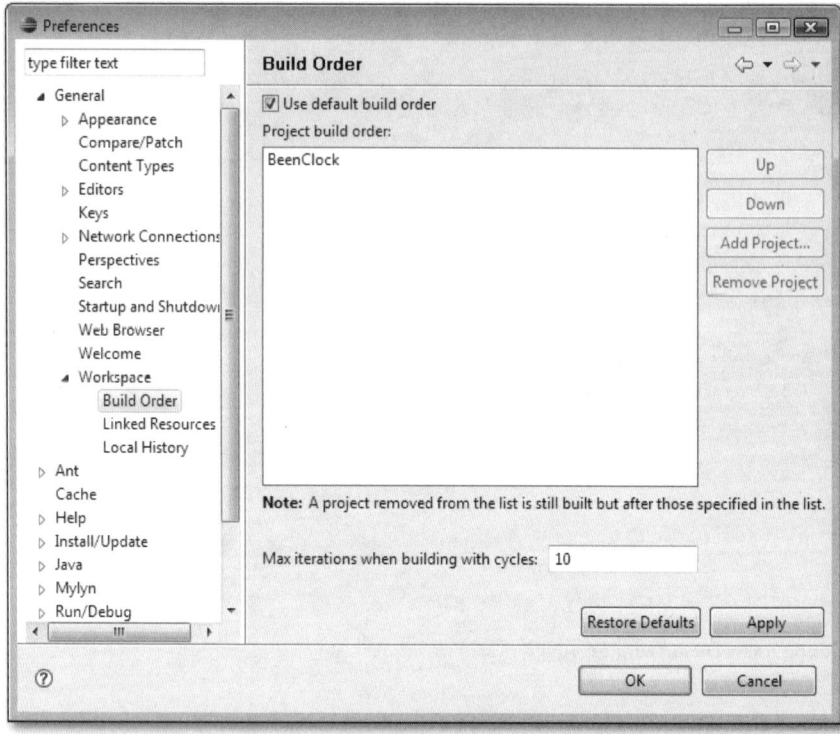

Abbildung 3.18   Dialog zum Festlegen der Build-Reihenfolge

3.3   Komplexe Projekte

Die bisher in diesem Buch vorgestellten Projekte hatten, natürlich mit Ausnahme der Standard-Klassenbibliothek, keine externen Referenzen. Anders ausgedrückt: Durch das Bauen des Projekts entstand stets ein lauffähiges Programm. Sobald Sie in einem Ihrer Projekte Bezug auf andere Klassenbibliotheken nehmen, ist die resultierende Anwendung nur dann funktionsfähig, wenn zur Laufzeit die dazu gehörenden Klassen im Klassenpfad gefunden werden. Dies gilt natürlich auch für die Arbeit mit Eclipse. Sobald Projekte sich auf projektfremde Klassen beziehen, müssen entweder die Quelltexte der verwendeten Bibliothek oder deren Klassendateien bekannt sein. Welche Klassen in einem Projekt verwendet werden können, wird in Eclipse mithilfe des sogenannten *Build Paths* geregelt.

3.3.1   Der Build Path

Sie können den *Build Path* eines Projekts auf verschiedene Weise erweitern. Wenn die Klassenbibliothek, die Sie verwenden möchten, als Projekt in Ihrem

Arbeitsbereich vorliegt, genügt es, dieses dem Build Path des Projekts, das die Klassen verwenden möchte, hinzuzufügen. Wie dies funktioniert, zeige ich Ihnen im Folgenden. Der erste Schritt ist, das zu verwendende Projekt zu referenzieren.

Projekte referenzieren

Legen Sie zunächst das leere Java-Projekt *BeenClockTest* an, indem Sie wie gewohnt durch Aufrufen von FILE • NEW • PROJECT den Assistenten zum Anlegen neuer Projekte öffnen. Fügen Sie ihm nun die Klasse beenclocktest.BeenClock-Test hinzu.

Wie Sie an der Namensgebung erkennen, sollten Sie die Klasse in einem Paket ablegen, da Sun seit einigen Java-Versionen die Verwendung von Toplevel-Klassen nicht mehr empfiehlt. Den Quelltext finden Sie unten abgedruckt. Alternativ können Sie ihn von der Begleit-DVD übernehmen. Er befindet sich im Verzeichnis *Quelltexte\Arbeitsbereiche und Projekte\BeenClockTest*.

```
package beenclocktest;

import java.awt.BorderLayout;
import java.awt.Container;
import javax.swing.JFrame;
import com.sardak.bc.ClockPanel;

public class BeenClockTest extends JFrame {

  private Container cp;
  private ClockPanel panel;

  public BeenClockTest() {
    super("BeenClockTest");
    setDefaultCloseOperation(JFrame.EXIT_ON_CLOSE);
    cp = getContentPane();
    panel = new ClockPanel(false);
    cp.add(panel, BorderLayout.CENTER);
    pack();
    setVisible(true);
    panel.start(this);
  }

  public static void main(String[] args) {
    new BeenClockTest();
  }
}
```

Listing 3.1 BeenClockTest.java

Obwohl Sie das Programm korrekt eingegeben oder von DVD kopiert haben, moniert Eclipse natürlich einen Fehler: den nicht auflösbaren Typ `ClockPanel`.

Bevor Sie dieses Problem beheben, indem Sie das Projekt *BeenClock* dem Build Path von *BeenClockTest* hinzufügen, müssen Sie zunächst eine Referenz auf die genannte Klassenbibliothek anlegen. Öffnen Sie hierzu bitte die Projekteigenschaften von *BeenClockTest* und wechseln auf die Seite *Project References*, die Sie in Abbildung 3.19 sehen.

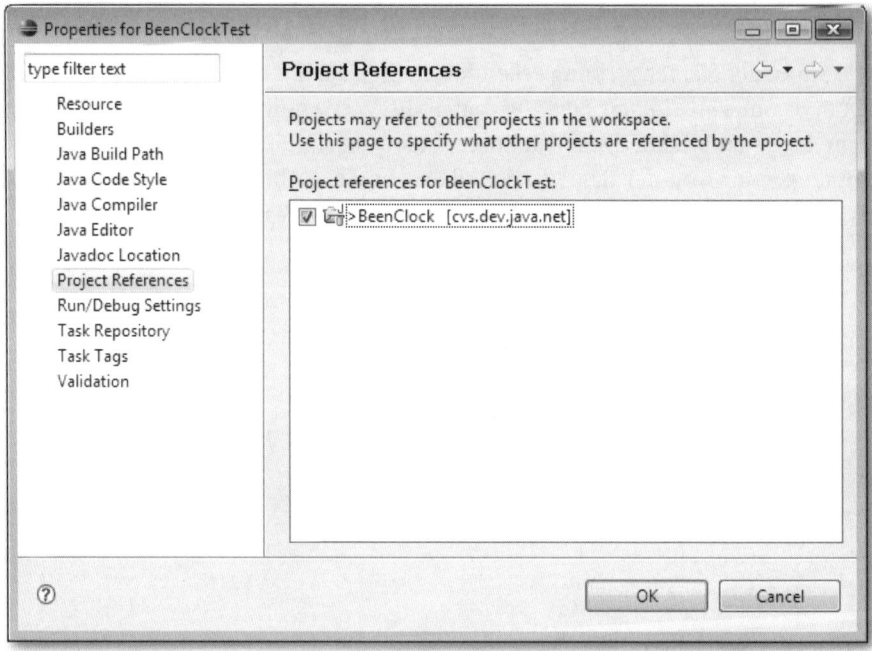

Abbildung 3.19 Die Seite Project References des Projekteigenschaften-Dialogs

Hier können Sie festlegen, welche anderen Projekte innerhalb des Arbeitsbereichs das Projekt *BeenClocktest* referenzieren soll. Setzen Sie bitte ein Häkchen vor *BeenClock* und schließen den Dialog mit *OK*.

Ihnen ist vielleicht aufgefallen, dass Eclipse den Typ `ClockPanel` weiterhin nicht auflösen kann. *Referenzen* sind beim Bau von Projekten wichtig, weil Eclipse durch sie die Reihenfolge bestimmen kann, in der Projekte gebaut werden müssen. Anders ausgedrückt: Falls Änderungen an *BeenClock* vorgenommen wurden, ist es sinnvoll, erst diese Klassen zu übersetzen und anschließend diejenigen Projekte, die darauf basieren. Referenzen alleine modifizieren allerdings nicht den *Build Path* eines Projekts.

Projekte hinzufügen

Um den Build Path eines Projekts um ein anderes Projekt desselben Arbeitsbereichs zu erweitern, öffnen Sie bitte die Projekteigenschaften und wechseln auf
die Seite *Java Build path*, die Sie in Abbildung 3.20 sehen.

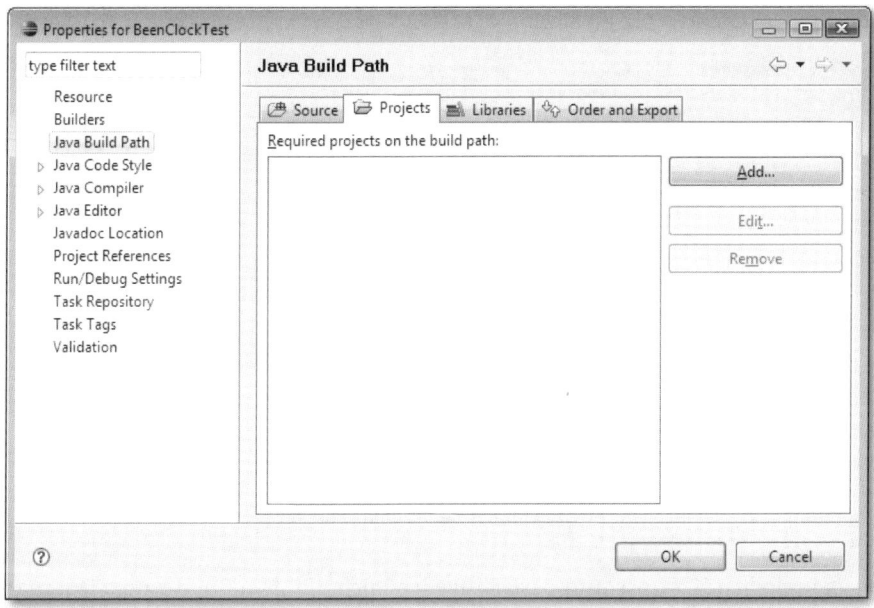

Abbildung 3.20 Die Seite Java Build Path der Projekteigenschaften

Auf der Registerkarte *Projects* finden Sie eine Liste derjenigen Projekte, die dem
Build Path schon hinzugefügt wurden. Bei *BeenClockTest* ist diese Liste zunächst
natürlich leer. Klicken Sie deshalb bitte auf *Add*, woraufhin sich der Dialog *Required Project Selection* öffnet. Sie sehen ihn in Abbildung 3.21. Setzen Sie bitte
ein Häkchen vor *BeenClock* und klicken Sie auf *OK*. Schließen Sie auch den Pro-
jekteigenschaften-Dialog, indem Sie auf dessen Schaltfläche *OK* klicken.

Da die Klasse ClockPanel nicht mit voll qualifizierten Namen referenziert wird,
lässt sich BeenClockTest noch immer nicht übersetzen. Sie können dieses letzte
Problem beheben, indem Sie der Klasse eine entsprechende import-Anweisung
hinzufügen. Rufen Sie hierzu SOURCE • ORGANIZE IMPORTS auf oder verwenden
das korrespondierende Tastenkürzel [Ctrl]+[⇧]+[O].

Der Build Path legt also fest, wo Eclipse nach Klassen bzw. Ressourcen sucht, die
in einem Projekt verwendet werden. Dennoch ist *Build Path* kein Synonym für
Klassenpfad, der sich auf das Ausführen von Java-Programmen bezieht. Der Klas-

senpfad legt fest, wo die virtuelle Maschine nach Klassen und Ressourcen sucht. Konsequenterweise müssen Sie für den Start Ihrer Programme außerhalb von Eclipse den Klassenpfad mit Java-üblichen Mitteln setzen.

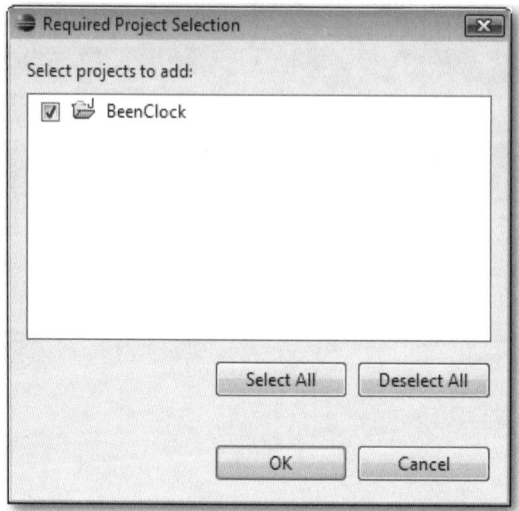

Abbildung 3.21   Dialog zum Auswählen der benötigten Projekte

Auch im folgenden Abschnitt beschäftige ich mich mit dem Build Path. Sie lernen nämlich, externe Bibliotheken in Eclipse zu verwalten und in Ihre Projekte zu integrieren.

3.3.2   Bibliotheken

Eigene Klassenbibliotheken, die als Eclipse-Projekte vorliegen, lassen sich also auf sehr einfache Weise in Projekte integrieren. Wie aber gehen Sie vor, wenn Ihnen nur Klassendateien oder *.jar*-Archive vorliegen?

Das Anlegen eines Projekts scheidet in diesen Fällen ja aus. Eclipse bietet hierfür eine sehr mächtige Bibliotheksverwaltung, mit deren Hilfe Sie auf sehr einfache Weise Archive, gegebenenfalls Quelltexte sowie Dokumentationen externer Bibliotheken verwalten.

Um die in Abbildung 3.22 gezeigte Bibliotheksverwaltung aufzurufen, öffnen Sie bitte den Eigenschaften-Dialog des Projekts *BeenClockTest*, wechseln dann auf die Seite *Java Build Path* und aktivieren die Registerkarte *Libraries*.

Mit den entsprechenden Schaltflächen können Sie dem Build Path nun Bibliotheken, Verzeichnisse und *.jar*-Archive hinzufügen.

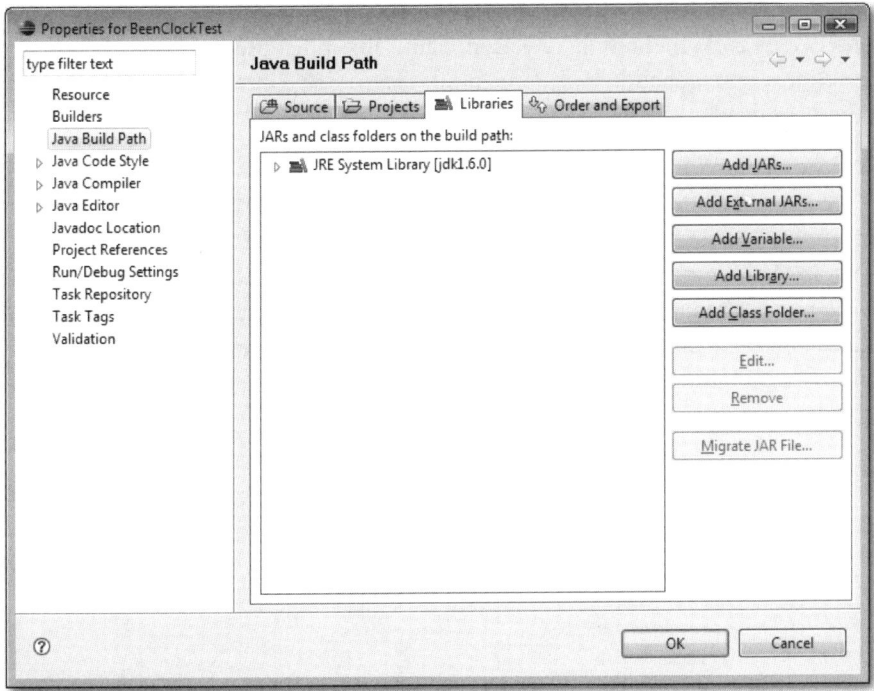

Abbildung 3.22 Die Registerkarte Libraries der Seite Java Build Path

Einzelne .jar-Archive

Wenn die Klassenbibliothek, die Sie in einem Projekt einsetzen möchten, ohne native Ressourcen auskommt und als *.jar*-Archiv zur Verfügung gestellt wird, können Sie sie durch einfaches Anklicken von *Add External JARs* in das Projekt einbinden.

Hierzu ein Beispiel: *Quick Color Chooser* ist eine kostenlose Swing-Komponente zur Farbauswahl. Laden Sie die Dateien *colorchooser.jar* und *colorchooser-java-doc.zip* bitte von der Projekthomepage unter *colorchooser.dev.java.net* herunter oder kopieren Sie sie aus dem Verzeichnis *Software\Java Bibliotheken\Quick Color Chooser* der Begleit-DVD. Grundsätzlich können Sie die beiden Dateien in einem beliebigen Verzeichnis ablegen. Aus Gründen der Übersichtlichkeit rate ich Ihnen aber, entweder im Projektverzeichnis einen Ordner *lib* anzulegen und sie dorthin zu verschieben oder eine systemweit gültige Ablage zu schaffen. Auf meinem Entwicklungsrechner ist dies beispielsweise der Pfad *C:\Program Files\ Java\Klassenbibliotheken*.

Fügen Sie *colorchooser.jar* nun bitte wie weiter vorne beschrieben dem Projekt *BeenClockTest* hinzu. Die Bibliothek wird anschließend in der Liste *JARs and class folders on the build path* angezeigt. Sie sollten ihr nun noch die ebenfalls heruntergeladene Dokumentation zuweisen, damit Ihnen Eclipse bei Bedarf Hilfen zur Funktionsweise geben kann. Klappen Sie hierzu den Eintrag auf, indem Sie das kleine Dreieck links von *colorchooser.jar* anklicken.

Wie Sie in Abbildung 3.23 sehen, enthält jeder Listeneintrag vier Unterpunkte. Selektieren Sie bitte *Javadoc location*, um den Speicherort der zur Bibliothek gehörenden Dokumentation auszuwählen und klicken Sie anschließend auf *Edit*. In dem in Abbildung 3.24 gezeigten Dialog wählen Sie *Javadoc in archive* und klicken anschließend auf *Browse*. Navigieren Sie zu dem Verzeichnis, in das Sie die Datei *colorchooser-javadoc.zip* kopiert haben und selektieren diese. Bitte schließen Sie nun alle geöffneten Dialoge mit *OK*.

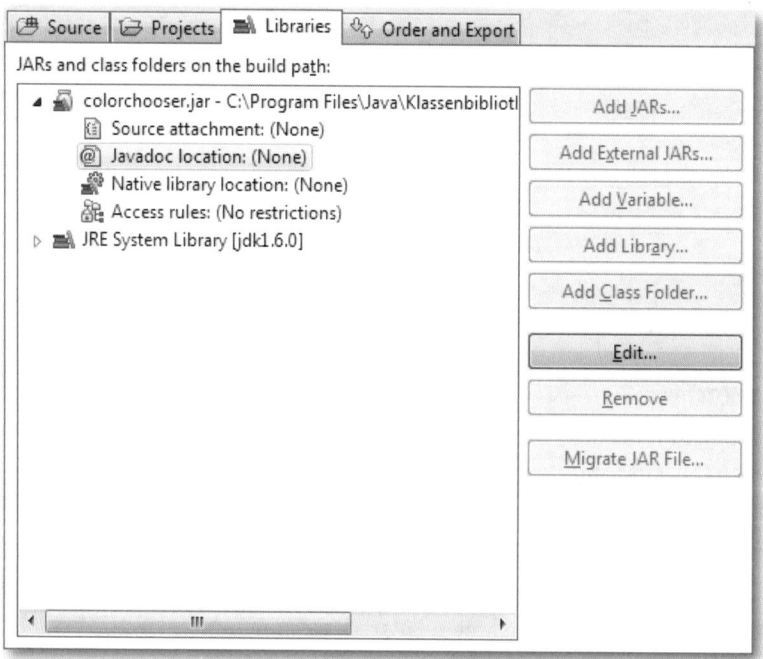

Abbildung 3.23 Hinzufügen einer Javadoc-Dokumentation

Erweitern Sie nun bitte den Konstruktor des Klasse `BeenClockTest` um die folgenden Anweisungen.

```
JPanel buttons = new JPanel(new FlowLayout());
JButton hgnd = new JButton("Hintergrundfarbe");
cp.add(buttons, BorderLayout.SOUTH);
cc = new ColorChooser();
buttons.add(cc);
```

```
hgnd.addActionListener(new ActionListener() {
  public void actionPerformed(ActionEvent e) {
    panel.setBackground(cc.getColor());
  }
});
buttons.add(hgnd);
```

Listing 3.2 BeenClockTest (zweiter Teil)

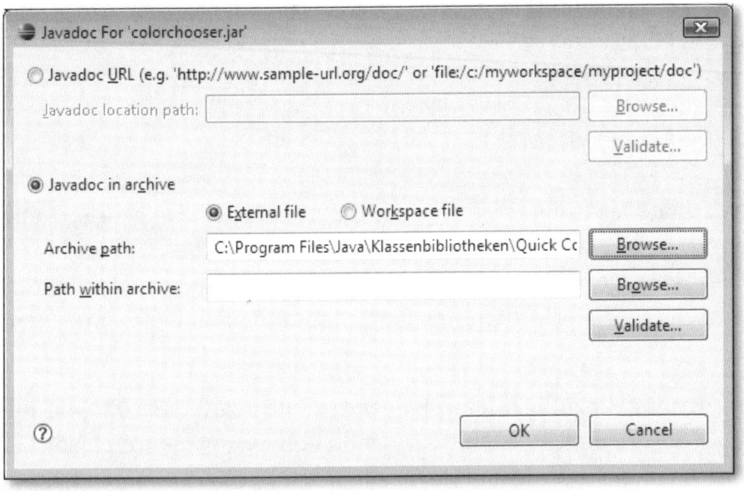

Abbildung 3.24 Auswählen des Speicherortes für die Javadoc-Dokumentation

Damit Sie das Programm fehlerfrei übersetzen können, müssen Sie die fehlenden Importe korrigieren. Außerdem benötigen Sie noch eine Instanzvariable cc des Typs ColorChooser. Sie hält eine Referenz auf die durch die Bibliothek bereit gestellte Farbauswahl. Den vollständigen Quelltext finden Sie im Verzeichnis *Quelltexte\Arbeitsbereiche und Projekte\BeenClockTest_2* der Begleit-DVD. Starten Sie nun bitte die kleine Demoanwendung. Sie sehen ein Fenster ähnlich Abbildung 3.25.

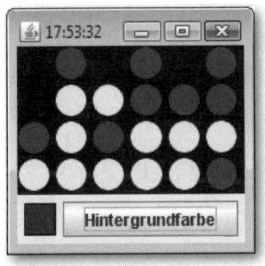

Abbildung 3.25 Das Programm BeenClockTest

Um die Funktion der Abbildung 3.26 gezeigten Farbauswahl zu testen, klicken Sie mit der linken Maustaste bitte auf das Farbfeld links neben der Schaltfläche *Hintergrundfarbe*.

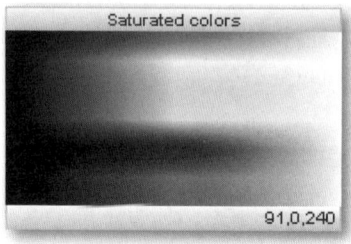

Abbildung 3.26 Die Farbauswahl

Während die Farbtafel geöffnet ist, halten Sie die Maustaste bitte gedrückt und bewegen den Mauszeiger über die Farben. Mit den Tasten ⇧, Ctrl und Alt kontrollieren Sie die angezeigten Farben. Sobald Sie die gewünschte Farbe markiert haben, lassen Sie die Maustaste los und klicken anschließend auf *Hintergrundfarbe*.

Wie Sie sehen, ist das Hinzufügen einzelner *.jar*-Archive zu einem Projekt mit wenigen Mausklicks erledigt. Falls eine Klassenbibliothek aus mehreren solcher Archive besteht, können Sie diese im Prinzip auf die gleiche Weise einbinden. Allerdings müssten Sie diesen Aufwand für jedes Projekt, in dem Sie die Bibliothek verwenden möchten, erneut treiben.

Glücklicherweise bietet Ihnen Eclipse hierfür eine komfortable Alternative. Sie können nämlich Klassenbibliotheken, deren Quelltexte und Dokumentationen zu sogenannten *Bibliotheken* zusammen fassen. Wie dies funktioniert, zeige ich Ihnen im folgenden Abschnitt.

Mehrteilige Bibliotheken

Die Kombination mehrerer *.jar*-Archive zu einer benutzerdefinierten Bibliothek möchte ich Ihnen anhand der *L2FProd.com Common Components* demonstrieren. Ziel dieser Klassenbibliothek ist es, häufig benutzte komplexe Oberflächenelemente wie die seit Windows XP geläufige *TaskPane* oder die aus Microsoft Office bekannte *Outlook-Leiste* zur Verfügung stellen.

Laden Sie zunächst bitte die Datei *l2fprod-common-7.3-20070317.zip* oder eine aktuellere Version von der Projekthomepage unter *common.l2fprod.com* herunter oder kopieren Sie sie aus dem Ordner *Software\Java Bibliotheken\l2fprod-common* der Begleit-DVD in ein beliebiges Verzeichnis. Entpacken Sie anschließend das Archiv.

Um einem Projekt eine bestehende Bibliothek hinzuzufügen oder eine solche anzulegen, klicken Sie auf der Registerkarte *Libraries* der Seite *Java Build Path* des Projekteigenschaften-Dialogs auf *Add Library*. Sie sehen den in Abbildung 3.27 gezeigten Dialog ADD LIBRARY. Hier wählen Sie die Art der hinzuzufügenden Bibliothek aus. Markieren Sie bitte *User Library* und klicken Sie anschließend auf *Next*.

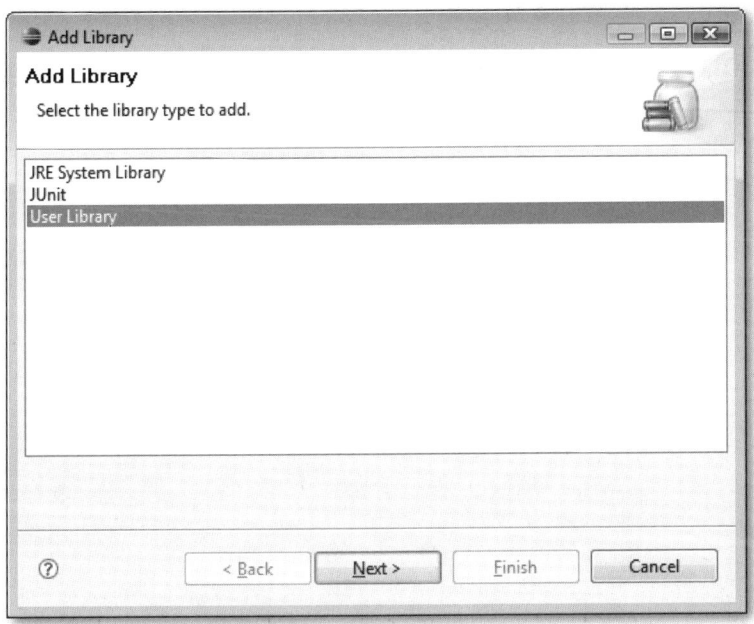

Abbildung 3.27   Hinzufügen einer benutzerdefinierten Bibliothek

Auf der zweiten Seite des Dialogs erscheint eine zunächst noch leere Liste der bekannten benutzerdefinierten Bibliotheken. Klicken Sie nun bitte auf *User Libraries*. Es öffnet sich der Ihnen bereits bekannte Dialog *Preferences*. Der Hinweis *Filtered* in seiner Titelzeile weist Sie darauf hin, dass alle Seiten mit Ausnahme der aktuell sichtbaren Seite *User Libraries*, die Sie in Abbildung 3.28 sehen, ausgeblendet wurden. Klicken Sie bitte auf *New*, woraufhin sich erneut ein Dialog öffnet.

Im Dialog *New User Library*, den Abbildung 3.29 zeigt, müssen Sie für die neu anzulegende benutzerdefinierte Bibliothek einen Namen vergeben, beispielsweise *L2FProd Common Components*. Das Häkchen vor *System library* müssen Sie normalerweise nicht setzen. Bitte schließen Sie den Dialog mit *OK*.

Ihre neue (leere) Bibliothek erscheint nun in der Liste *Defined user libraries* des Dialogs *Preferences*. Dort müssen Sie ihr *.jar*-Archive zuordnen, indem Sie die Schaltfläche *Add JARs* anklicken. Navigieren Sie in der Dateiauswahl zu demjenigen Verzeichnis, in das Sie die heruntergeladene Datei entpackt haben. Übernehmen Sie bitte einige (beliebige) Archive mit Ausnahme von *l2fprod-common-all.jar*. Die Komponenten der *L2FProd Common Components* können einzeln verwendet werden. Durch die Auswahl eines bestimmten Archivs legen Sie fest, welche Komponente Sie in Ihr Projekt übernehmen möchten. Wenn Sie tatsächlich alle Elemente einsetzen, sollten Sie stattdessen die von mir ausgeschlossene Datei *l2fprod-common-all.jar* einsetzen.

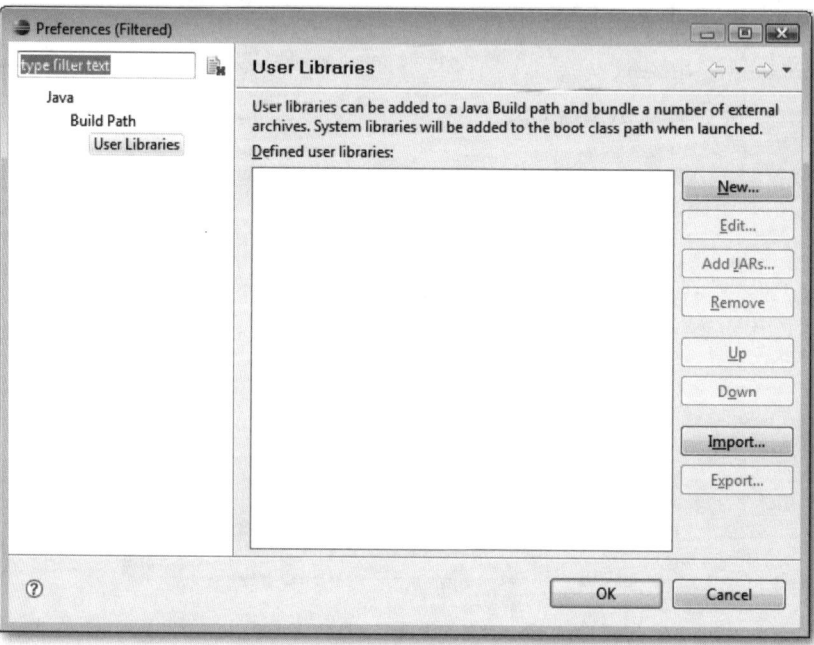

Abbildung 3.28 Die Seite User Libraries des Dialogs Preferences

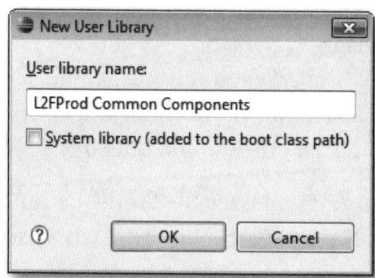

Abbildung 3.29 Der Dialog New User Library

Wie Sie aus dem vorigen Abschnitt wissen, können Sie jeder *.jar*-Datei ein Verzeichnis oder Archiv mit Dokumentation und Quelltexten zuweisen. Falls eine

Komponente native Ressourcen (*.dll* unter Windows, *.so* unter Linux oder Mac OS X) benötigt, werden diese ebenfalls hier angegeben.

Sie können Ihre benutzerdefinierten Bibliotheken übrigens exportieren, um sie in andere Arbeitsbereiche oder neuere Eclipse-Versionen zu übernehmen. Verwenden Sie hierzu bitte die beiden entsprechenden Schaltflächen auf der Seite *User Libraries* des Dialogs *Preferences*. Wie Sie in Abbildung 3.30 sehen, können Sie die zu exportierenden Bibliotheken beliebig kombinieren. Auf diese Weise lassen sie sich sehr einfach kategorisieren.

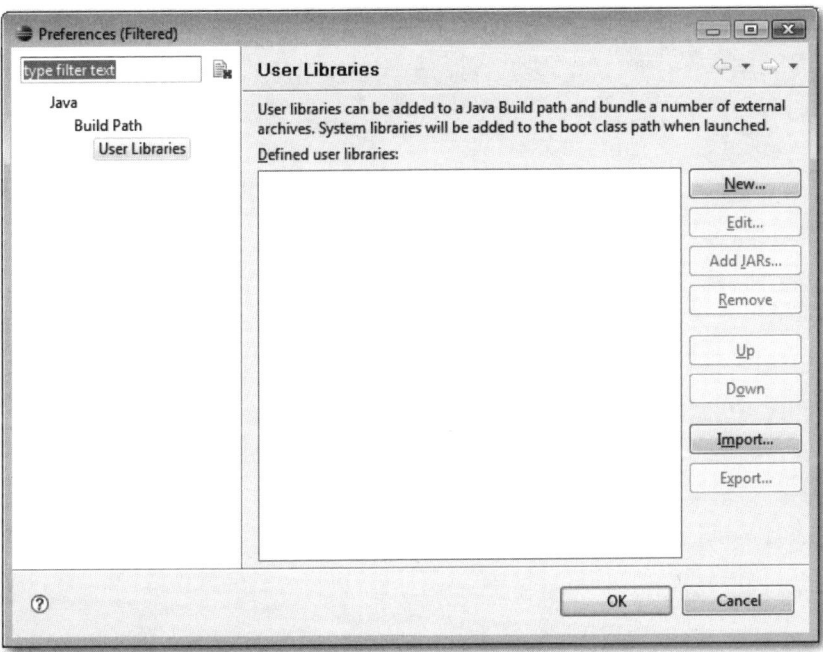

Abbildung 3.30 Dialog zum Exportieren von benutzerdefinierten Bibliotheken

Sie haben den *Build Path* als eine Besonderheit von Eclipse kennengelernt, der alle Elemente enthält, die Eclipse für den erfolgreichen Bau eines Projekts kennen muss. Im folgenden Abschnitt möchte ich Ihnen die Launch Configurations näher bringen, mit deren Hilfe Sie die Ablaufumgebung eines Programms festlegen.

3.3.3 Launch Configurations

Sie hatten bei Ihren bisherigen Experimenten mit Eclipse schon mehrfach Kontakt mit den sogenannten *Launch Configurations*. Eine ausführliche Erklärung dieses Konzepts bin ich Ihnen bisher schuldig geblieben. Dies möchte ich nun nachholen.

Konfigurationen anlegen und bearbeiten

Unterschiedliche Projekt- oder Programmtypen erfordern individuelle Ablauf-umgebungen. Um beispielsweise eine Klasse mit `main()`-Methode auszuführen, sind andere Einstellungen erforderlich als für einen Unit-Test oder ein Eclipse-Plug-in. Diese verwalten Sie mit dem Dialog *Run*, der in Abbildung 3.31 zu sehen ist. Sie erreichen Ihn über den Menübefehl RUN • OPEN RUN DIALOG.

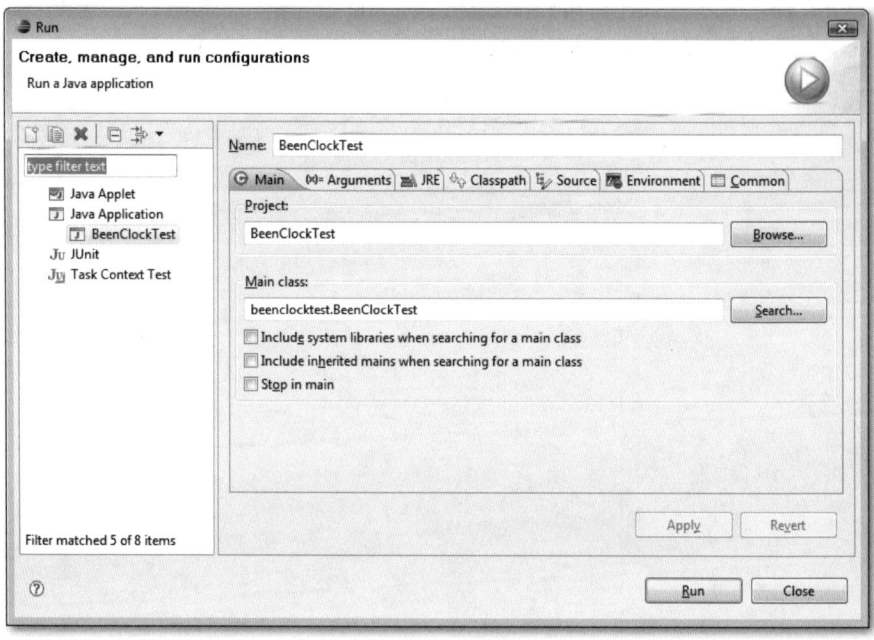

Abbildung 3.31 Der Dialog Run

Der linke Teil des Dialogs listet die Eclipse bekannten Arten von Konfigurationen auf, beispielsweise JAVA APPLET und JAVA APPLICATION. Wenn für einen solchen Typ schon Konfigurationen angelegt wurden, können Sie diese sichtbar machen, indem Sie das kleine Dreieck links des Namens anklicken. Klicks mit der rechten Maustaste hingegen öffnen ein Kontextmenü, das Abbildung 3.32 zeigt.

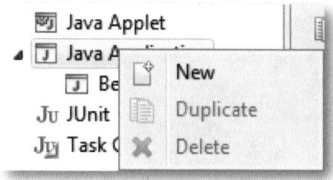

Abbildung 3.32 Kontextmenü zum Bearbeiten von Konfigurationen

Mit ihm löschen und duplizieren Sie bestehende Einträge und legen neue Konfigurationen an. Probieren Sie dies bitte aus. Fahren Sie hierzu mit dem Mauszeiger auf *Java Application*, drücken Sie die rechte Maustaste und wählen Sie *New*.

Im rechten Teil des Dialogs können Sie der neu erstellten Konfiguration einen Namen geben, beispielsweise *Meine BeenClock-Konfiguration*. Auf der Registerkarte *Main* wählen Sie anschließend das auszuführende Projekt aus, indem Sie die Schaltfläche *Browse* anklicken. Im nun erscheinenden Dialog *Project Selection* markieren Sie bitte *BeenClock* und schließen den Dialog mit *OK*.

Um die Klasse mit der `main()`-Methode festzulegen, klicken Sie schließlich auf *Search*. Sie sehen den Abbildung 3.33 gezeigten Dialog *Select Main Type*, in dem Sie diese auswählen können.

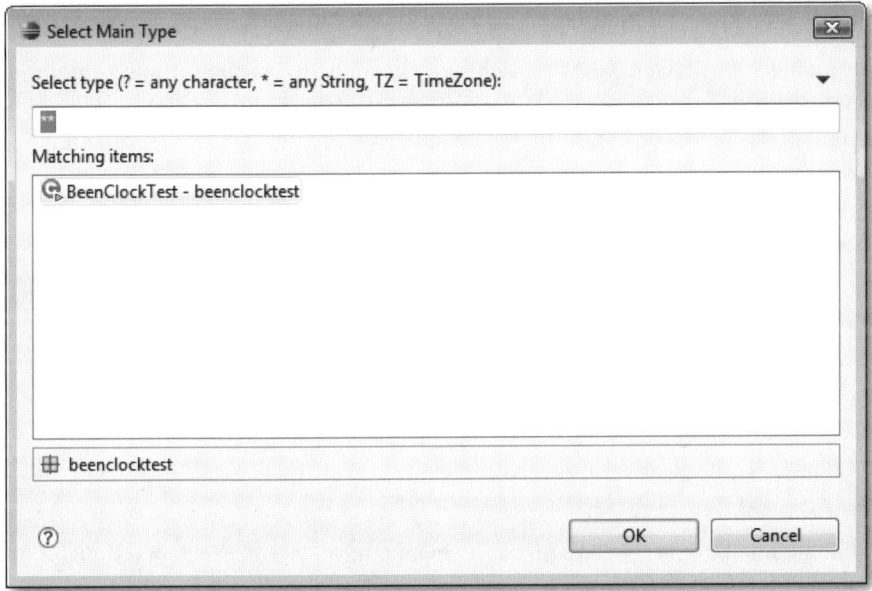

Abbildung 3.33   Dialog zum Auswählen der Hauptklasse

Auf der Registerkarte *Arguments* legen Sie fest, welche Parameter Sie dem zu startenden Programm bzw. der Java-Laufzeitumgebung übergeben möchten. Eclipse unterscheidet hier zwischen *Program arguments* und *VM arguments*. Letztere werden der virtuellen Maschine übergeben und nicht an die Anwendung weitergereicht. Dies ist unter anderem sehr praktisch, um System-Properties zu setzen. Ein entsprechender Parameter hat die Form:

```
-Dname=wert
```

Um beispielsweise das *Look und Feel* einer Anwendung auf das vor Java 5 übliche *Metal* zu setzen, übergeben Sie die folgenden beiden Parameter:

```
-Dswing.defaultlaf=javax.swing.plaf.metal.MetalLookAndFeel
-Dswing.metalTheme=steel
```

Program arguments hingegen erscheinen in der Reihenfolge, in der sie eingetragen werden, als Elemente des Felds `args[]` der `main()`-Methode. Probieren Sie dies bitte aus, indem Sie folgenden Wert übergeben:

```
-back 00ff00
```

Er sorgt dafür, dass der Hintergrund der binären Uhr grün gezeichnet wird. Auf der dritten Registerkarte, *JRE*, können Sie die Laufzeitumgebung auswählen, in der das Projekt ausgeführt werden soll. Dies ist praktisch, falls Sie Ihre Anwendung unter verschiedenen Java-Versionen testen möchten.

Für kleine Test-Klassen lohnt es nicht, eigene Launch Configurations zu definieren. Eclipse sieht für solche Fälle die beiden Standard-Konfigurationen *Java Applet* und *Java Application* vor, die Sie beispielsweise über das Kontextmenü eines Projekts unter RUN As finden.

Projekte ausführen

Der Menübefehl RUN • OPEN RUN DIALOG öffnet stets den Dialog zum Anlegen und Bearbeiten von Launch Configurations. Wenn Sie hier keine Änderungen vornehmen möchten, ist es natürlich lästig, nochmals auf *Run* klicken zu müssen. Aus diesem Grund bietet Eclipse mehrere Alternativen an. Der schnellste Weg, ein Projekt auszuführen, ist wahrscheinlich, den Befehl RUN • RUN aufzurufen. Ebenfalls im Menü RUN findet sich die RUN HISTORY. Dieses Untermenü enthält eine Liste der zuletzt gestarteten Programme.

Schließlich haben Sie die Möglichkeit, sogenannte *Favoriten* zu verwalten. Hierbei handelt es sich um Konfigurationen, die Sie im schnellen Zugriff haben möchten. Klicken Sie auf den kleinen schwarzen Pfeil rechts neben dem Symbol *Run* und wählen Sie im nun aufklappenden Menü die Funktion ORGANIZE FAVORITES.

Im Dialog *Organize Run Favorites*, den Abbildung 3.34 zeigt, können Sie Launch Configurations zu Ihren Favoriten hinzufügen, ihre Reihenfolge ändern und löschen.

In diesem und den vorherigen Abschnitten habe ich Ihnen die Grundlagen der Projektverwaltung von Eclipse und den Bau von Projekten vermittelt. Im folgenden Abschnitt möchte ich Ihnen ein zusätzliches Build-Werkzeug, das durch die Apache Software Foundation gepflegte *Ant*, vorstellen und zeigen, wo Sie bei Ihrer Arbeit mit Eclipse mit ihm in Berührung kommen.

Abbildung 3.34   Der Dialog Organize Run Favorites

3.4   Ant und externe Tools

Da Sie in Abschnitt 3.2.3, *Das Menü Project*, die sogenannten Builder und die Menüfunktionen zum Bauen von Projekten kennengelernt haben, fragen Sie sich vielleicht, warum Sie mit einem zusätzlichen Build-Tool arbeiten sollen, wo doch Eclipse den Bau von Projekten sehr gut alleine beherrscht. Oftmals gehört hierzu aber mehr als nur das Übersetzen von Quelltexten. So kann es sinnvoll sein, vor dem Erzeugen etwaige alte Versionen zu löschen oder nach dem Bau automatisiert *.jar*-Archive zu generieren. Ein weiteres Beispiel ist das Einchecken der Quelltexte in ein Versionsverwaltungssystem nach einer erfolgreich durchlaufenen Kette von Tests.

3.4.1   Ant

Idealerweise geschieht dies alles zeitgesteuert und vor allem ohne Zutun des Entwicklers. Die Koordination solcher komplexen Ablaufketten ist eine Spezialität von Build-Tools wie *Ant*. Sie greifen dabei auf Konfigurationsdateien zurück, in denen alle Phasen eines Build-Vorgangs und deren zeitliche Abfolge festgelegt werden. *Ant* wurde in Java geschrieben, steht also für viele Plattformen zur Verfügung. Anders als sein Vorläufer erwartet es seine Steuerdateien, die sogenannten *Buildfiles*, in Form von XML-Dateien.

Buildfiles

Sehen Sie sich zunächst bitte ein einfaches, aber vollständiges *Buildfile* an.

```
<?xml version="1.0" encoding="UTF-8"?>
<project name="Hallo, Welt" default="Hallo_1" basedir=".">
  <property name="meldung" value="Hallo, Welt!" />
```

```
<target name="Hallo_1">
  <echo> ${meldung}</echo>
</target>
</project>
```

Listing 3.3   build.xml

Buildfiles haben mehrere Hauptbestandteile. Auf die für jede XML-Datei typische Zeile `<?xml version...>` folgt das Wurzelelement `<project>`. Es enthält unter anderem den Namen des Projekts. Anschließend finden sich Variablendefinitionen. Hierfür verwendet man das Tag `<property>`, dessen Attribute Name-Wert-Paare bilden. Das Tag `<target>` schließlich legt Befehlssequenzen fest. Jedes Target oder Ziel hat einen eindeutigen, durch sein `name`-Attribut festgelegten Namen. *Ant* kennt eine ganze Reihe fest eingebauter Kommandos oder **Tasks**. Eine Aufstellung finden Sie beispielsweise in der Online-Version des Ant-Handbuchs unter *ant.apache.org/manual/tasksoverview.html.*

Vielleicht fragen Sie sich nun, wie festgelegt wird, wann oder in welcher Reihenfolge Ziele ausgeführt werden. Grundsätzlich können Sie beim Start von *Ant* angeben, welches Target aufgerufen werden soll. Tun Sie dies nicht, wertet das Tool das Attribut `default` des Tags `<project>` aus. Zusätzlich können Sie mit dem Attribut `depends` eines Ziels festlegen, dass ein bestimmtes Target erfolgreich ausgeführt worden sein muss, um dieses Target starten zu können. Im folgenden Abschnitt zeige ich Ihnen, wie Sie Buildfiles eingeben und ausführen.

Anlegen und Bearbeiten von Buildfiles

Legen Sie nun eine neue, leere Datei an, indem Sie FILE • NEW • FILE aufrufen. Sie sehen den in Abbildung 3.35 gezeigten Dialog *New File*. Wählen Sie als übergeordnetes Verzeichnis bitte *BeenClockTest* und geben als Name *build.xml* ein. Schließen Sie danach den Dialog, indem Sie auf *Finish* klicken.

Die neu angelegte Datei wird im *Package Explorer* angezeigt und automatisch in einem Editor geöffnet. Bitte geben Sie nun das kurze Buildfile ein oder übernehmen es aus dem Verzeichnis *Quelltexte\Arbeitsbereiche und Projekte\BeenClock-Test* der Begleit-DVD. Wenn Sie nach der Eingabe der sich öffnenden spitzen Klammer das Tastenkürzel Strg+Leertaste drücken, sehen Sie die in Abbildung 3.36 gezeigte Übersicht der zur Verfügung stehenden Ant-Tasks sowie eine kurze Beschreibung.

Wie Sie es schon von der Eingabe von Java-Quelltexten her kennen, kennzeichnet die IDE auch Fehler in XML-Dateien. Wenn Sie mit dem Mauszeiger auf das rote Symbol am linken Rand der betreffenden Zeile fahren, öffnet sich ein Tooltip, der das Problem beschreibt. Das Kontextmenü des Editors unterstützt Sie bei der Formatierung. Die Befehle SHIFT RIGHT und SHIFT LEFT schieben den Inhalt der aktuellen Zeile nach links oder rechts. FORMAT rückt die Tags ihrer Hierarchie entsprechend richtig ein.

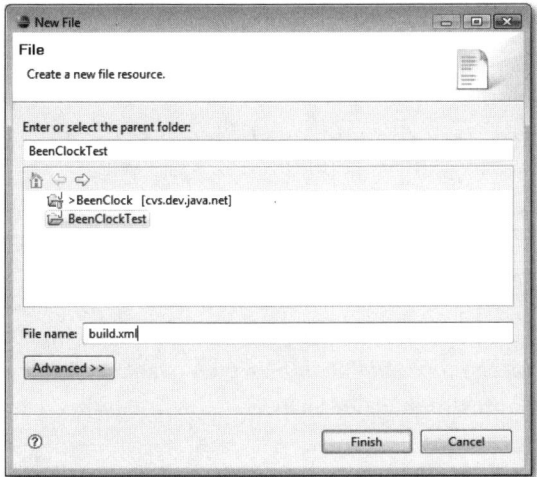

Abbildung 3.35 Der Dialog New File

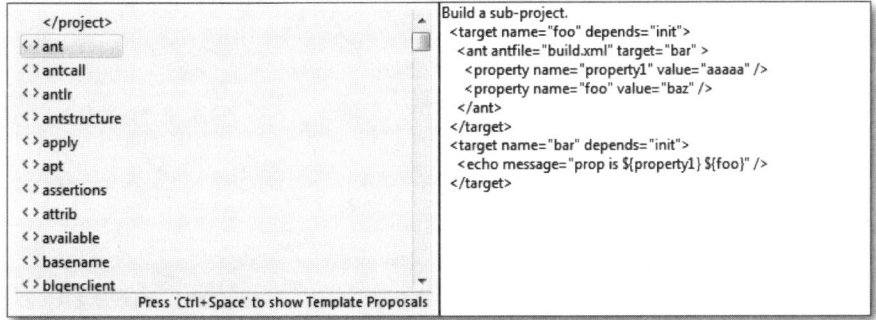

Abbildung 3.36 Kontextbezogene Ant-Eingabehilfe

Um auch in umfangreichen Buildfiles den Überblick zu behalten, können Sie mit WINDOW • SHOW VIEW • OUTLINE die Sicht *Outline* öffnen. Sie bietet eine hierarchische Darstellung aller Properties, Targets und Tasks. Wie Sie in Abbildung 3.37 sehen, werden diese Elemente mit verschiedenen Symbolen gekennzeichnet. Mit den Symbolen der Sicht können Sie Elemente sortieren und ausblenden.

Noch wichtiger für die Arbeit mit Buildfiles ist die Sicht *Ant*. Sie bietet nämlich, wie sie gleich sehen werden, eine zentrale Anlaufstelle für das Ausführen von Ant-Scripts.

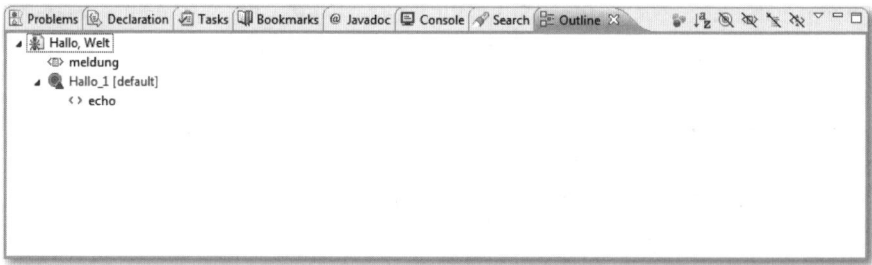

Abbildung 3.37 Die Sicht Outline

Die Sicht Ant

Wenn Sie die in Abbildung 3.38 gezeigte Sicht mit WINDOW • SHOW VIEW • ANT das erste Mal aufrufen, ist sie noch leer. Sie müssen ihr zunächst Buildfiles hinzufügen. Klicken Sie hierzu auf das Symbol *Add Buildfiles* oder wählen Sie den gleichnamigen Menüpunkt des Kontextmenüs der Sicht.

Abbildung 3.38 Die Sicht Ant

Daraufhin öffnet sich der Dialog *Buildfile Selection*, den Sie in Abbildung 3.39 sehen. Suchen und markieren Sie bitte die eben angelegte Datei *build.xml* und schließen Sie danach den Dialog mit *OK*. Die Sicht enthält nun einen Eintrag *Hallo, Welt*. Wenn Sie diesen mit der rechten Maustaste anklicken, öffnet sich ein Kontextmenü, mit dem Sie das Buildfile bearbeiten, weitere hinzufügen sowie nicht mehr benötigte entfernen können. Außerdem können Sie Ant-Scripts ausführen. Wie dies funktioniert, zeige ich Ihnen gleich.

Da Sie der Sicht *Ant* praktisch beliebig viele Buildfiles hinzufügen können, ist sie eine Art Kontrollzentrum für alle Build-Aktivitäten außerhalb der Eclipse-eigenen Projektverwaltung. Um das Arbeiten mit ihr noch etwas zu üben, können Sie der Sicht die in Abschnitt 3.2.3 erstellte Datei *javadoc.xml* hinzufügen. Sie erscheint als Eintrag *project* und zeigt nach dem Aufklappen seiner Knoten das Target ja-vadoc mit der Task link.

Ausführen von Ant-Scripts

Es gibt mehrere Möglichkeiten, ein Ant-Script auszuführen. Am Einfachsten ist es, das Symbol *Run the Default Target oft the Selected Buildfile* der Sicht *Ant* anzuklicken. Damit dies klappt, muss die Wurzel eines Ant-Scripts selektiert sein. Haben Sie stattdessen ein Ziel markiert, rufen Sie es mit dem Symbol *Run the Selected Target* auf. Sie erkennen das Standardziel am Text *(default)* nach dem Namen des Targets. Bei der Eingabe des Buildfiles legen Sie es mit dem Attribut default des Tags <project> fest. Sie können das Script auch starten, indem Sie im Kontextmenü des Buildfiles RUN AS • ANT BUILD auswählen.

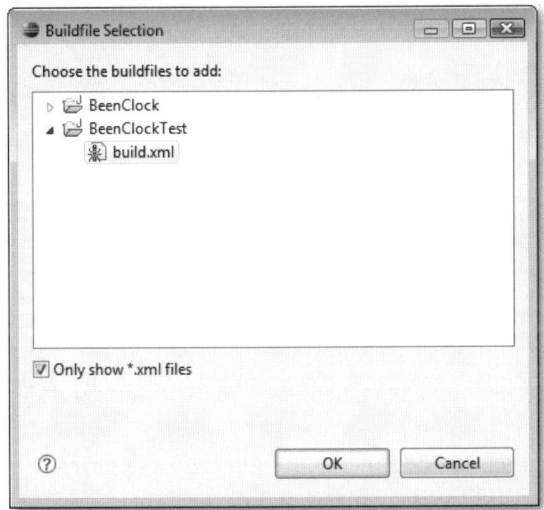

Abbildung 3.39   Der Dialog Buildfile Selection

Die zweite Variante dieses Befehls, RUN AS • ANT BUILD..., öffnet den in Abbildung 3.39 gezeigten Dialog zum Bearbeiten und Ausführen von Ant-Scripts. Er erinnert teilweise an den Ihnen bereits bekannten Dialog zum Bearbeiten von Launch Configurations. Auf der Registerkarte *Refresh* können Sie einstellen, ob nach der Abarbeitung des Scripts Teile des Workspaces aktualisiert werden sollen. Dies ist beispielsweise nach dem Anlegen neuer Dateien nötig.

Auf der Registerkarte *Build* legen Sie fest, ob vor dem Start des Scripts bestimmte Projekte neu gebaut werden sollen. Dies ist beispielsweise dann sinnvoll, wenn Targets auf Klassendateien operieren. Dies ist beim Erzeugen von *.jar*-Dateien der Fall.

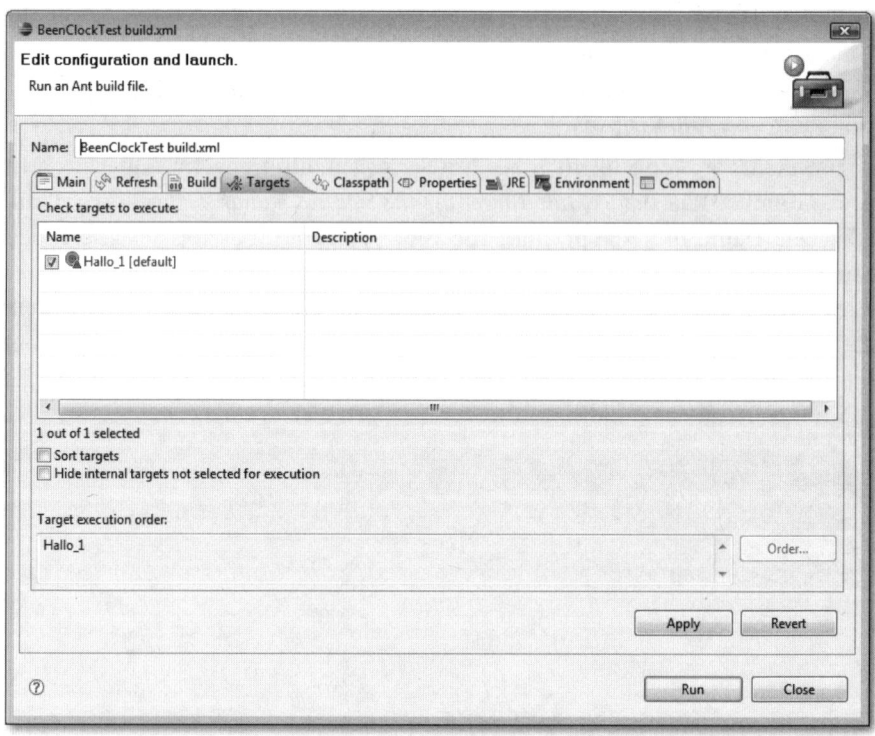

Abbildung 3.40   Dialog zum Anlegen und Bearbeiten einer Konfiguration

Auf der Registerkarte *Targets* können Sie auswählen, welche Ziele während der Abarbeitung des Scripts ausgeführt werden sollen. Um bei umfangreichen Build-files den Überblick zu behalten, können Sie sogenannte interne Ziele durch Setzen eines Häkchens vor *Hide internal targets* ausblenden. Interne Targets besitzen kein Attribut `description`. Haben Sie ein solches Ziel übrigens schon als auszuführen markiert, hat dieser Schalter hier keine Wirkung.

Sie können die Reihenfolge, in der Ziele abgearbeitet werden, ändern, indem Sie auf *Order* klicken. Sie sehen daraufhin den Dialog *Order targets*, in welchem Sie Ziele mit den Schaltflächen *Up* und *Down* verschieben können.

In diesem Abschnitt haben Sie erste Einblicke in die Arbeit mit *Ant* erhalten. Die Fähigkeiten dieses Build-Werkzeugs sind so mächtig, dass sie umfassend nur in einem eigenen Buch beschrieben werden können. Einige diesbezügliche Literaturhinweise finden Sie am Ende dieses Kapitels. Besonders interessant ist, die Funktionen von Ant in die Eclipse-Projektverwaltung zu integrieren. Dies geschieht mittels der sogenannten Builder, die ich Ihnen in Abschnitt 3.2.3, *Das Menü Project*, vorgestellt habe.

3.4.2   Externe Tools

Sie haben die Launch Configurations als Instrument zur Steuerung des Programmstarts von Java-Programmen kennengelernt. Auch der Dialog beim Start von Ant-Scripts enthält zahlreiche Einstellmöglichkeiten. Um diese nicht jedes Mal erneut eingeben zu müssen, sieht Eclipse für Buildfiles einen vergleichbaren Mechanismus vor. Allerdings werden solche Konfigurationen über einen eigenen Dialog verwaltet. Sie erreichen ihn über RUN • EXTERNAL TOOLS • OPEN EXTERNAL TOOLS DIALOG.

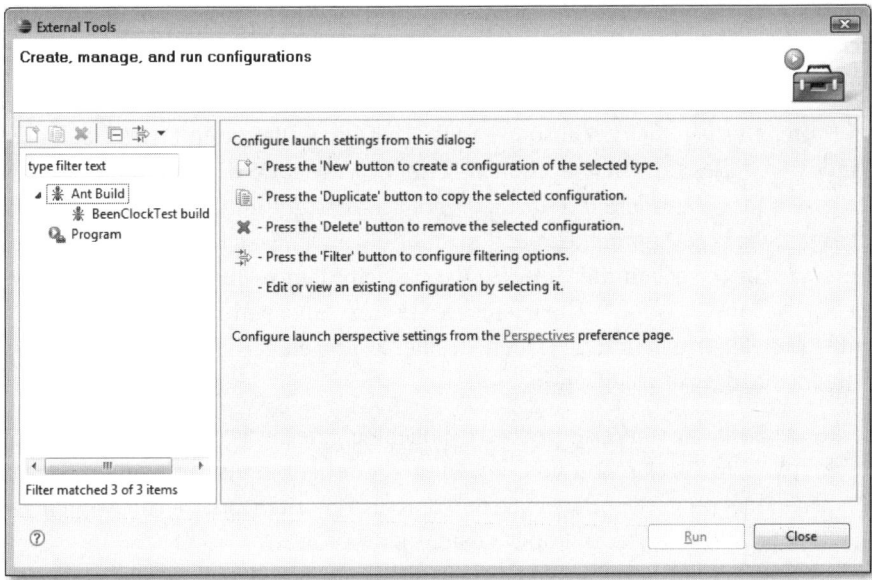

Abbildung 3.41   Der Dialog External Tools

Wie Sie in Abbildung 3.41 sehen, ist er dem Dialog *Run* sehr ähnlich. Sein linker Bereich enthält die Einträge *Ant Build* und *Program*. Beide Knoten können Konfigurationen enthalten, die nach dem Anklicken im Hauptbereich des Dialogs angezeigt und dort bearbeitet werden können. Mit der rechten Maustaste öffnen Sie ein Kontextmenü, das das Anlegen, Duplizieren und Löschen solcher Konfigurationen ermöglicht.

Ant Build

Unter *Ant Build* hat Eclipse möglicherweise automatisch Konfigurationen abgelegt. Diese sind beim Aufruf von Buildfiles, beispielsweise *build.xml*, entstanden. Wie Sie es von den Launch Configurations bereits kennen, können Sie neue Konfigurationen anlegen, bestehende überarbeiten oder löschen. Wenn Ihnen die standardmäßig vergebenen Namen nicht gefallen, lassen diese sich auf der Registerkarte *Main* im rechten Bereich des Dialogs ändern.

Um ein bestimmtes Ant-Script auszuführen, klicken Sie seinen Eintrag an und wählen anschließend *Run*.

Program

Der Eintrag *Program* enthält zunächst noch keine Konfigurationen. Wie Sie eine solche anlegen, möchte ich Ihnen anhand der (nicht sehr schwierigen) Aufgabenstellung *Ermitteln des aktuellen Datums* zeigen. Öffnen Sie bitte sein Kontextmenü und wählen Sie *New*. Geben Sie auf der Registerkarte *Main* unter *Name* einen beliebigen Text ein, beispielsweise *Datum ausgeben*.

Bei *Location* tragen Sie den absoluten Pfad der auszuführenden Datei ein. Unter Windows ist dies *C:\Windows\System32\cmd.exe*. Mac OS X- und Linux-Anwender geben hier bitte */bin/sh* ein. Das *Working Directory* müssen Sie nicht festlegen, wohl aber die Argumente, die der auszuführenden Datei übergeben werden. Windows-Nutzer geben hier bitte `/C date /T` ein, Linux- und Mac OS X-Anwender `-c "date +%d.%m.%G"`. Übernehmen Sie Ihre Eingaben nun bitte mit *Apply* und klicken Sie dann auf *Run*. Haben Sie alles richtig eingegeben, erscheint in der Sicht *Console* das aktuelle Datum.

Sie können auf diese Weise praktisch beliebige externe Programme in Eclipse einbinden. Wie Sie es schon von den Launch Configurations her kennen, lassen sich besonders oft verwendete externe Tools als Favoriten speichern. Wählen Sie hierzu bitte RUN • EXTERNAL TOOLS • ORGANIZE FAVORITES.

Klicken Sie im Dialog *Organize External Tools Favorites* auf *Add*. Es öffnet sich daraufhin der neue Dialog *Add External Tools Favorites*, in dem Sie diejenigen Ant Build- und Programm-Konfigurationen auswählen, die sie als Favoriten hinzufügen möchten. Schließen Sie beide Dialoge bitte mit *OK*. Um einen Favoriten zu starten, klicken Sie bitte auf den schwarzen Pfeil des Symbols *Run External Tools*, das Sie in Abbildung 3.42 sehen, und wählen den entsprechenden Eintrag aus.

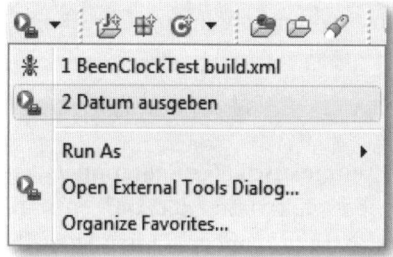

Abbildung 3.42 Menü mit externen Favoriten

Falls Sie häufig verwendete externe Tools auf die eben beschriebene Weise in die IDE integrieren, müssen Sie nicht jedes Mal die Eingabeaufforderung oder die Shell öffnen, um sie zu starten. Dies kann Ihre Arbeit spürbar beschleunigen. Bitte denken Sie aber daran, den Arbeitsbereich mit REFRESH zu aktualisieren, wenn die Programme Dateien anlegen oder verändern.

3.5 Zusammenfassung

Sie haben in diesem Kapitel die Eclipse-Projektverwaltung kennengelernt und gesehen, wie sie sich mit dem Build-Werkzeug *Ant* erweitern und verzahnen lässt. Im folgenden Kapitel beschäftige ich mich mit den sogenannten Eclipse-Plug-ins. Auch sie erweitern die IDE und bilden mit dem ihnen zugrunde liegenden Framework eines der fundamentalen Konzepte von Eclipse.

Wenn Sie sich ausführlicher mit *Ant* beschäftigen möchten, finden Sie in *Ant. Eine praktische Einführung in das Java-Build-Tool* von Bernd Matzke einen guten Einstieg. Nicht seines praktischen Formats wegen ist *Ant – kurz & gut* von Stefan Edlich und Jörg Staudemeyer einen Blick wert. Die vollständigen bibliographischen Angaben finden Sie in der Literaturliste im Anhang.

Plug-ins erweitern Software um zusätzliche Funktionen. In Eclipse sind sie nicht nur schmückendes Beiwerk, sondern eine tragende Säule der gesamten Architektur. Dieses Kapitel stellt Ihnen die technischen Hintergründe, aber auch einige nützliche Plug-ins vor.

4 Funktionen mit Plug-ins erweitern

Bisher haben Sie Eclipse in erster Linie als eine äußerst komfortable Java-IDE kennengelernt. In diesem Kapitel möchte ich Ihnen zeigen, wie Sie das Produkt durch sogenannte Plug-ins erweitern können. Ganz allgemein sind Plug-ins ja Module oder Komponenten, die Software zusätzliche Fähigkeiten verleihen oder ihr neue Einsatzgebiete erschließen. Die Anwendung stellt hierzu eine Schnittstelle zur Verfügung, über die die Module eigene Funktionen registrieren und Dienste des Hauptprogramms aufrufen können. Die hierzu nötige Infrastruktur, beispielsweise das Laden und Verwalten der Plug-ins, wird meistens durch die Anwendung bereitgestellt.

Das Modul-Konzept, das die Eclipse-Entwickler gewählt haben, ist viel umfassender. Es sieht nämlich keine strikte Trennung zwischen Hauptprogramm und Plug-in vor. Vielmehr definiert sich eine Anwendung letztlich »nur« als Kombination bestimmter Plug-ins. Damit dies funktioniert, muss natürlich eine Basiskomponente vorhanden sein, die sich um die Verwaltung der benötigten Module kümmert. Wie diese technische Infrastruktur beschaffen ist, zeige ich Ihnen in Abschnitt 4.2, *Die technische Infrastruktur.*

Beginnen möchte ich aber mit dem Download und der Installation von Plug-ins. Im ersten Abschnitt zeige ich Ihnen, wo Sie die nützlichen Helfer finden und wie Sie sie installieren. In diesem Zusammenhang lernen Sie einige interessante Erweiterungen etwas genauer kennen. Die technischen Grundlagen der Eclipse-Plug-ins sind, wie ich bereits angedeutet habe, Thema des zweiten Abschnitts, in dem ich nicht nur einige Begriffe etwas differenzierter betrachte, sondern Ihnen auch die Eclipse-Architektur in Grundzügen vorstelle. In *Eigene Plug-ins entwickeln* zeige ich Ihnen anhand eines einfachen Beispiels, wie sie selbst Plug-ins erstellen. Der Bau eigener Anwendung auf der Basis von Eclipse schließt dieses Kapitel ab.

4.1   Plug-ins aus Anwendersicht

Im Laufe der Jahre ist eine unglaubliche Vielzahl an Eclipse-Plug-ins entstanden. Um hier den Überblick zu behalten, ist eine möglichst genaue Kategorisierung und Beschreibung der Komponenten nötig. Dieser Aufgabe haben sich Katalog-Seiten wie *eclipse plugin central* (*www.eclipseplugincentral.com*) oder *eclipse plugins* unter *www.eclipse-plugins.info* verschrieben.

Beide bieten dem Besucher eine umfangreiche Schlagwortsammlung sowie ausgefeilte Suchfunktionen. Haben Sie ein interessantes Plug-in gefunden, helfen Ihnen Bewertungen anderer Besucher, die Qualität der Software einzuschätzen. Natürlich können solche Mechanismen nur funktionieren, wenn möglichst viele daran teilnehmen. Insofern möchte ich Sie ermuntern, Ihre Erfahrungen mit einem Plug-in an andere weiterzugeben, indem Sie ebenfalls eine Bewertung abgeben.

4.1.1   Manuelle Installation von Plug-ins

In diesem Abschnitt möchte ich Ihnen zeigen, wie Sie ein Plug-in manuell herunterladen, installieren und einrichten.

Abbildung 4.1   Die Sicht Clock im nicht angedockten Zustand

Ich habe hierfür das Abbildung 4.1 gezeigte Plug-in *Clock* ausgewählt, eine Analog-Uhr in einer eigenen Sicht.

Download

Laden Sie bitte die Datei *fr.nom.fourrier.lo.ecltools.clock_1.0.0.zip* von *eclipse plugins* (*www.eclipse-plugins.info/eclipse/plugin_details.jsp?id=271*) herunter oder kopieren Sie sie aus dem Verzeichnis *Software\Eclipse Plug-ins* der Begleit-DVD. Eclipse-Plug-ins werden normalerweise als *.zip*-Archive verteilt. Nach dem Entpacken erhalten Sie ein Verzeichnis, dessen Name der Syntax von Java-Paketen entspricht, im Falle der Uhr also *fr.nom.fourrier.lo.ecltools.clock_1.0.0*.

Installation

Dieses Verzeichnis muss in das zentrale Eclipse-Plug-in-Verzeichnis kopiert werden. Öffnen Sie hierzu bitte den Ordner, in den Sie Eclipse installiert haben, unter Windows beispielsweise *C:\Programme\Eclipse*. Dort finden Sie das Verzeichnis *plugins*. In dieses kopieren Sie nun bitte den aus dem Archiv entpackten Ordner *fr.nom.fourrier.lo.ecltools.clock_1.0.0*. Falls Sie Eclipse geöffnet haben, schließen Sie bitte die IDE. Nach dem nächsten Programmstart ist die Analog-Uhr einsatzbereit.

Anzeigen der Uhr

Wählen Sie bitte *Window • Show View • Other*. Sie sehen daraufhin den Dialog *Show View*. Tippen Sie in der Filterzeile im oberen Bereich des Dialogs clock ein, woraufhin sich der Knoten *Other* öffnet und der Eintrag *Clock* markiert wird. Bitte schließen Sie nun den Dialog mit *OK*. Sie können die Sicht *Clock* an beliebigen Darstellungsbereichen andocken oder aber, wie in Abbildung 4.1 zu sehen ist, als frei schwebendes Fenster auch außerhalb der Workbench positionieren. Ausführliche Informationen zum Anordnen von Sichten finden Sie übrigens in Kapitel 2, *Arbeiten mit Eclipse*.

4.1.2 Installation über den Update Manager

Wie Sie bereits wissen, können Sie mit dem *Update Manager* Ihre Eclipse-Installation auf dem aktuellen Stand halten. Mit ihm ist es aber auch möglich, Plug-ins von Drittanbietern herunterzuladen und zu installieren, sofern deren Entwickler dies vorgesehen haben. Wie Sie hierbei vorgehen, möchte ich Ihnen anhand eines Plug-ins zum Anzeigen von Dateien im Standard-Dateimanager des Betriebssystems zeigen. Ausführliche Informationen zu den von Markus Junginger entwickelten Plug-ins finden Sie auf seiner Homepage unter *www.junginger.biz/eclipse/*.

Einrichten des Update Managers

Bitte öffnen Sie den *Update Manager*, indem Sie HELP • SOFTWARE UPDATES • FIND AND INSTALL auswählen. Sie sehen den Dialog *Install/Update*. Markieren Sie bitte *Search for new features to install* und klicken Sie auf *Next*. Auf der Seite *Update sites to visit* klicken Sie bitte auf *New Remote Site*.

Daraufhin öffnet sich der in Abbildung 4.2 gezeigte Dialog *New Update Site*. Vergeben Sie hier bitte einen Namen für die neue Update Site, beispielsweise *Plugins von Markus Junginger* und tragen Sie *http://www.junginger.biz/eclipse/* als URL ein. Nachdem Sie diesen Dialog mit *OK* geschlossen haben, sehen Sie Ihren neu angelegten Eintrag in der Liste *Sites to include in search* des Update Managers. Bitte achten Sie darauf, dass er mit einem Häkchen versehen ist. Klicken Sie nun auf *Finish*.

Abbildung 4.2   Der Dialog New Update Site

Eclipse untersucht daraufhin die angegebene Website auf installierbare Plug-ins. Das Ergebnis wird auf der Seite *Search Results* des Dialogs *Update*, die Sie in Abbildung 4.3 sehen, angezeigt. Die Liste der installierbaren Features enthält drei Einträge.

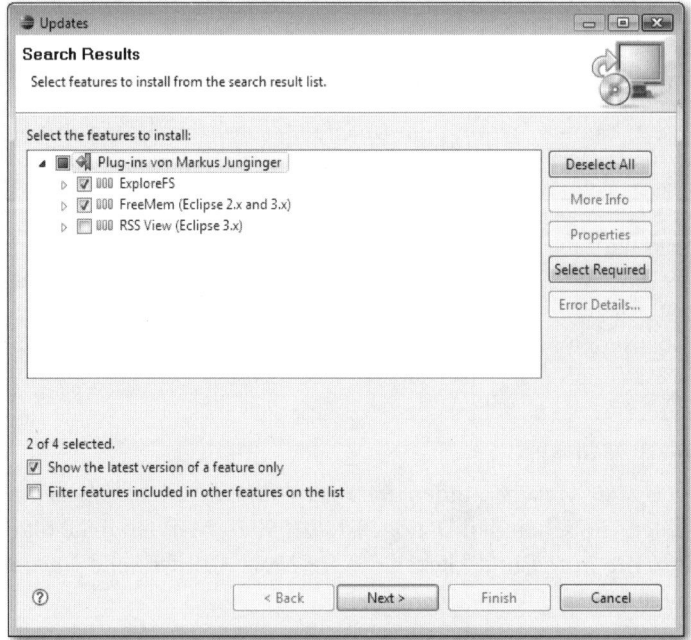

Abbildung 4.3   Liste der zur Verfügung stehenden Plug-ins

Versehen Sie bitte *ExploreFS* und *FreeMem* mit einem Häkchen. Falls Sie auch das dritte Plug-in testen möchten, können Sie dieses selbstverständlich ebenfalls markieren. Klicken Sie dann auf *Next*. Sie müssen nun den Lizenzbestimmungen der Plug-ins zustimmen. Sie unterliegen der Open-Source-Lizenz *Creative Common Licence*. Klicken Sie bitte auf *I accept the terms in the licence agreement* und anschließend auf *Next*, wenn Sie den Bestimmungen zustimmen. Andernfalls können Sie die Plug-ins nicht einsetzen. In diesem Fall beenden Sie den Dialog mit *Cancel*.

Installationsort festlegen

Bevor Eclipse den Download- und Installationsvorgang beginnt, sehen Sie noch die in Abbildung 4.4 gezeigte Übersichtsseite *Installation*, der Sie das oder die zu installierenden Plug-ins entnehmen können.

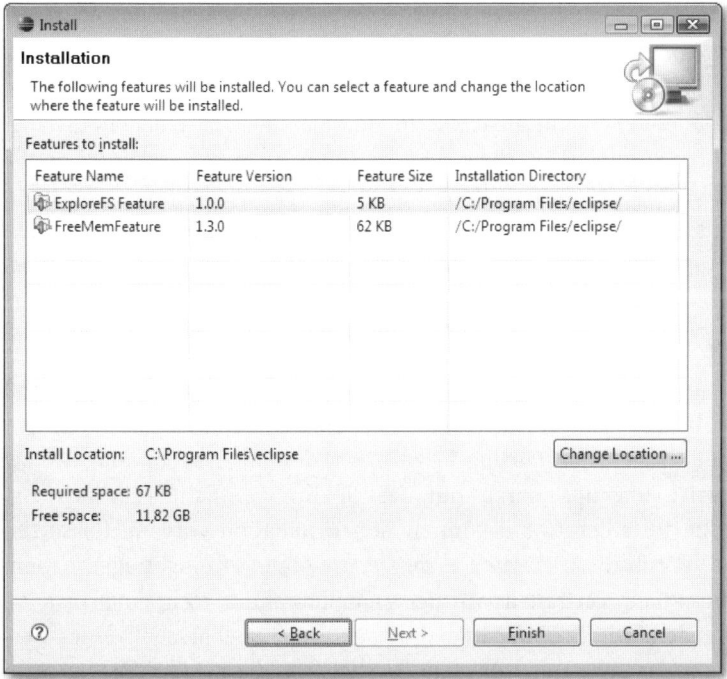

Abbildung 4.4 Zusammenfassung der zu installierenden Plug-ins

Als *Installationsort* ist das Basisverzeichnis der gerade ausgeführten Eclipse-Version voreingestellt. Klicken Sie auf *Change Location*, um dies zu ändern. Das Ablegen von Plug-ins außerhalb des Eclipse-Installationsverzeichnisses hat nämlich unter anderem den Vorteil, dass es die parallele Arbeit mit mehreren Eclipse-Versionen und das Upgrade auf eine spätere Release erleichtert.

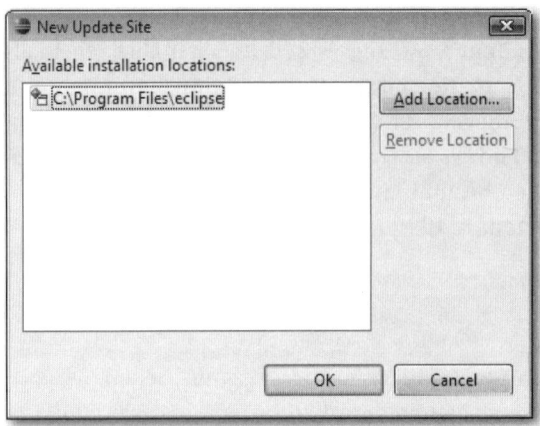

Abbildung 4.5 Dialog zum Anlegen und Auswählen von Installationsorten

Um Eclipse einen neuen Installationsort hinzuzufügen, klicken Sie im Dialog *New Update Site*, den Sie in Abbildung 4.5 sehen, auf *Add Location*. Es erscheint die Betriebssystem-eigene Verzeichnisauswahl, in der Sie den zusätzlichen Installationsort auswählen können. Unterhalb des von Ihnen angegebenen Verzeichnisses wird Eclipse den Ordner *eclipse* anlegen, der wiederum die beiden Unterverzeichnisse *features* und *plugins* sowie die Datei *.eclipseextension* enthält. Achten Sie darauf, dass in der Liste *Available installation locations* Ihr neu angelegter Installationsort markiert ist und schließen Sie den Dialog *New Update Site* bitte mit *OK*.

Schließen Sie nun den Dialog *Install*, indem Sie auf dessen Schaltfläche *Finish* klicken. Eclipse beginnt jetzt mit dem Laden und Installieren der ausgewählten Plug-ins. Hierbei erscheint der Dialog *Verification*, den Sie in Abbildung 4.6 sehen. Mit ihm weist Sie Eclipse darauf hin, dass Sie im Begriff sind, ein nicht signiertes Plug-in zu installieren. Sie können den Installationsvorgang fortsetzen oder abbrechen. Wenn die URL, die Sie im *Update Manager* eingetragen haben, von einer aus Ihrer Sicht vertrauenswürdigen Quelle stammt, steht einer Installation nichts entgegen. Die Problematik, dass sich die Urheberschaft eines Programms ohne elektronische Signatur nicht zweifelsfrei überprüfen lässt, ist auch nicht Eclipse-spezifisch, sondern ein grundsätzliches Problem in der Software-Entwicklung. Kaum ein privater Entwickler wird bereit sein, bei einer Zertifizierungsstelle hierfür eine Signatur zu beantragen.

Klicken Sie auf *Install All*, um alle Plug-ins zu installieren. Um die heruntergeladenen Plug-ins zu verwenden, ist eventuell ein Neustart der IDE erforderlich. In diesem Fall fragt Eclipse, ob Sie den Neustart durchführen oder ob Sie die Änderungen im laufenden Betrieb vornehmen möchten. Auch wenn das erneute Starten der IDE mehr Zeit braucht, rate ich Ihnen zu dieser Option. Auf diese Weise stellen Sie sicher, dass die Plug-ins richtig initialisiert und in die Eclipse-Konfiguration eingebunden werden.

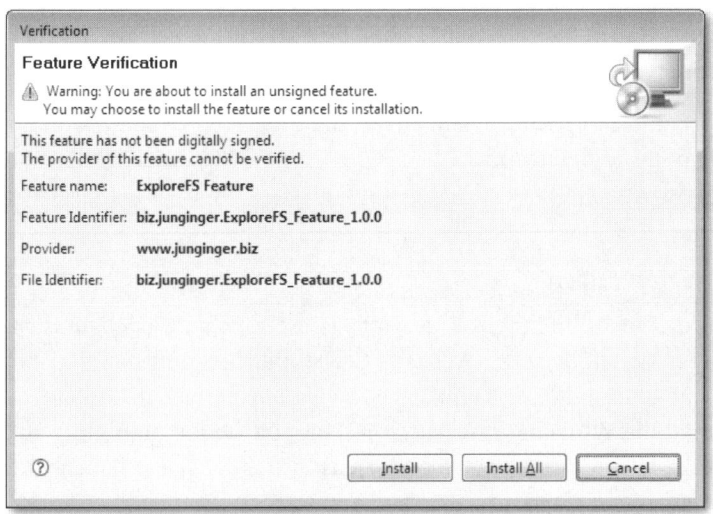

Abbildung 4.6 Der Dialog Verification

Verwenden des Plug-ins

ExploreFS fügt dem Kontextmenü des *Package Explorers* den Menüpunkt EXPLORE IN FILE SYSTEM hinzu. Um die Funktionsweise zu testen, rufen Sie ihn bitte für einige Dateien und Ordner auf.

FreeMem stellt eine neue Sicht zur Verfügung, die Sie wie üblich über WINDOW • SHOW VIEW • OTHER erreichen. Sie ist in Abbildung 4.7 zu sehen. Über ihr Klappmenü können Sie Speicher freigeben sowie den Konfigurationsdialog des Plug-ins öffnen, der als eigene Seite in den Dialog *Preferences* eingebunden ist.

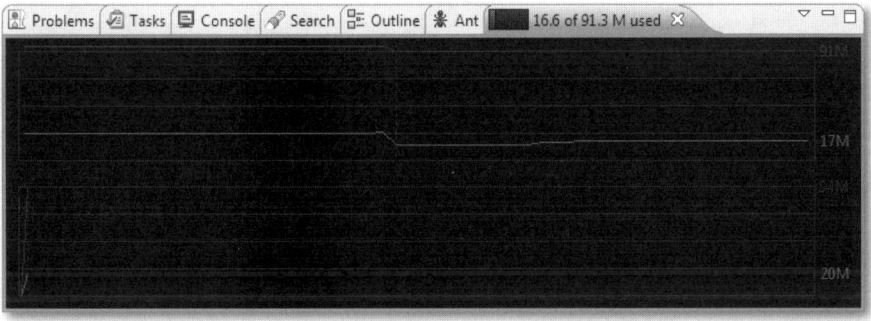

Abbildung 4.7 Die Sicht FreeMem

Der *Update Manager* kann also alle Schritte, die für das manuelle Installieren von Plug-ins nötig sind, automatisieren. Voraussetzung ist allerdings, dass der Ersteller eine entsprechende Site zur Verfügung gestellt hat. Übrigens müssen Sie von Hand heruntergeladene Module keineswegs zwingend im Eclipse-Installationsverzeichnis ablegen. Haben Sie, wie weiter oben beschrieben, einen zusätzlichen Ort angelegt, können Sie Plug-ins auch dorthin kopieren.

Im folgenden Abschnitt beschäftige ich mich mit der Plug-in-Verwaltung von Eclipse. Sie lernen unter anderem, nicht benötigte Plug-ins zu deaktivieren und vollständig zu entfernen.

4.1.3 Plug-ins verwalten

Öffnen Sie bitte das in Abbildung 4.8 gezeigte Fenster *Product Configuration*, indem Sie HELP • SOFTWARE UPDATES • MANAGE CONFIGURATION aufrufen. Es ist in zwei Hauptbereiche unterteilt. Der baumartige Navigationsbereich im linken Teil des Fensters enthält die Wurzel *Eclipse Platform*. Klappen Sie diesen Eintrag auf, so sehen Sie alle Installationsorte, die Sie oder das System angelegt haben. Das Eclipse-Basisverzeichnis ist standardmäßig vorhanden.

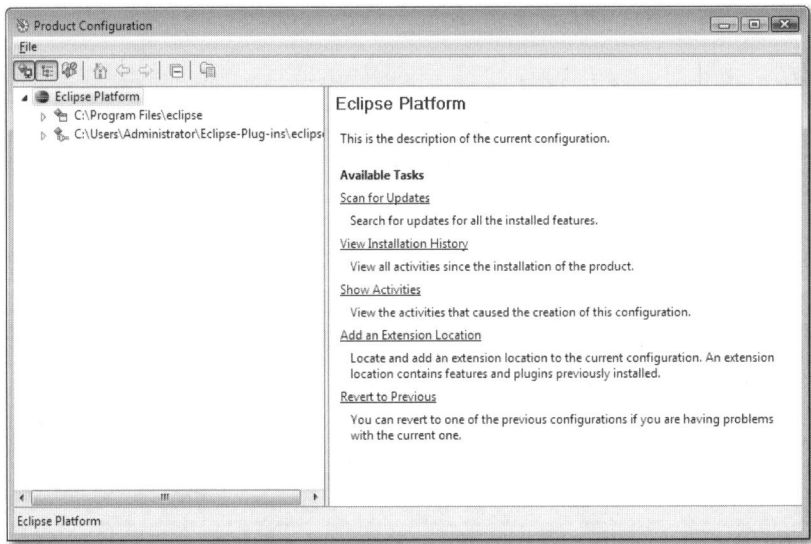

Abbildung 4.8 Fenster zum Verwalten von Produkt-Konfigurationen

Wenn Sie im vorigen Abschnitt einen neuen Ort angegeben haben, erscheint er ebenfalls in dieser Liste. Klicken Sie nun bitte einen der angezeigten Einträge an. Der rechte Fensterbereich zeigt daraufhin eine Übersicht der verfügbaren Aufgaben.

Die gleichen Funktionen stehen über ein Kontextmenü zur Verfügung, das Sie durch Anklicken eines Eintrags im Navigationsbereich mit der rechten Maustaste aufrufen.

Deaktivieren und Entfernen von Plug-ins

Wenn Sie ein Plug-in für längere Zeit nicht benötigen, bietet es sich an, es zu deaktivieren. Bitte markieren Sie hierzu den entsprechenden Eintrag und klicken Sie dann in der Liste verfügbaren Aufgaben auf *Disable*. Um es später zu reaktivieren, klicken Sie bitte auf *Enable*.

Sind Sie sicher, ein Plug-in nicht weiter zu verwenden, können Sie es stattdessen auch komplett entfernen. Auch hierzu markieren Sie bitte den betreffenden Eintrag und wählen dann *Uninstall*.

Weitere Installationsorte hinzufügen

Das Wurzelelement des Navigationsbereichs bietet einige zusätzliche Funktionen. Beispielsweise können Sie durch Anklicken von *Add • Extension Location* Ihrer Eclipse-Konfiguration einen bestehenden Installationsort hinzufügen. Dies ist sehr praktisch, falls Sie Plug-ins in verschiedenen Eclipse-Installationen einsetzen möchten.

Statt sie jedes Mal neu zu installieren, fügen Sie einfach den korrespondierenden Installationsort hinzu. Bitte beachten Sie aber, dass sie auf diese Weise keine neuen Installationsorte anlegen, sondern nur bereits bestehende übernehmen können.

Installations-Historie anzeigen

Eine weitere äußerst nützliche Funktion verbirgt sich hinter *Installation History*. Mit ihr können Sie sehr genau verfolgen, wann ein Plug-in installiert oder entfernt wurde.

Wie Sie in Abbildung 4.9 sehen, enthält die Installations-Historie neben dem Datum und der Uhrzeit der Aktion den Namen des betroffenen Plug-in, die Art der ausgeführten Aktion sowie deren Status.

Hat es bei der Installation eines Plug-ins Komplikationen gegeben, ist es vielleicht nötig, zu einer früheren Version Ihrer Eclipse-Konfiguration zurück zu kehren. Auch hierbei unterstützt Sie die IDE.

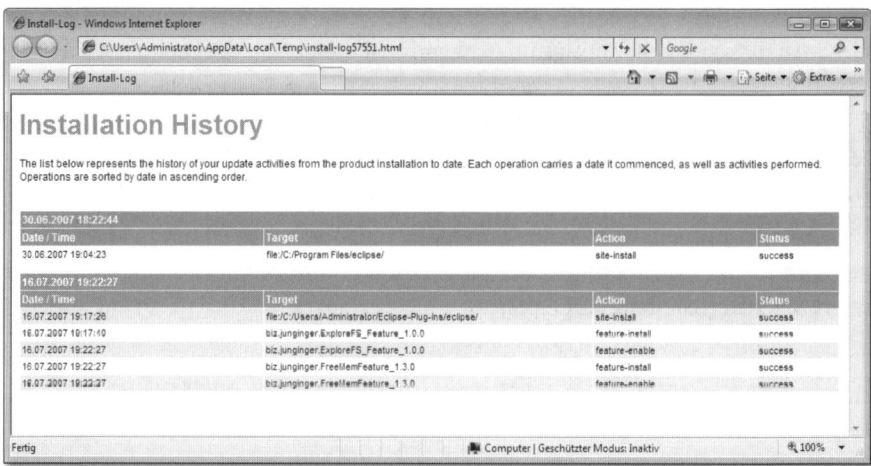

Abbildung 4.9 Installations-Historie

Konfigurationen wiederherstellen

Ähnlich der Ihnen bereits bekannten Local History gibt es eine Art Konfigurations-Backup. Wählen Sie bitte *Revert*, um einen Blick auf den entsprechenden Dialog zu werfen.

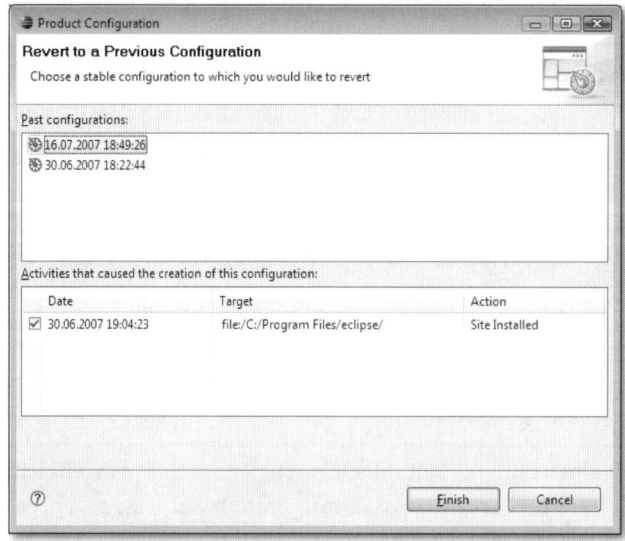

Abbildung 4.10 Dialog zum Wiederherstellen von Konfigurationen

Wie Sie in Abbildung 4.10 sehen, enthält der Dialog *Revert to a previous configuration* im oberen Bereich eine Liste der gespeicherten Konfigurationen. Falls Sie eine Konfiguration wiederherstellen müssen, können Sie sich an der Liste der Aktivitäten, die zu dieser Konfiguration geführt haben, orientieren. Hierzu ein Beispiel: Hat die Installation eines bestimmten Plug-ins zu Instabilitäten geführt, sollten Sie zunächst diejenige Konfiguration ermitteln, die durch die Installation entstanden ist. Anschließend stellen Sie deren Vorgängerin wieder her. Da Ihr Eclipse hoffentlich problemlos funktioniert, brechen Sie den Dialog bitte ab, indem Sie auf *Cancel* klicken.

Sie haben in diesem Abschnitt die Installation von Plug-in-sowie deren Verwaltung kennengelernt. Im Folgenden möchte ich ausführlicher auf die allen Plug-ins zugrunde liegende Infrastruktur eingehen und einige wichtige Begriffe näher beleuchten.

4.2 Die technische Infrastruktur

Zu Beginn dieses Kapitels habe ich bereits angedeutet, dass Plug-ins aus der Sicht von Eclipse weit mehr als ein schmückendes Beiwerk eines monolithischen Anwendungskerns sind. Vielmehr handelt es sich hierbei um die Bausteine, aus denen ein *Produkt* (beispielsweise das *Eclipse SDK*) zusammengesetzt wird. Auch eigene Programme lassen sich auf der Basis von Eclipse-Plug-ins entwickeln. Wie dies funktioniert, zeige ich Ihnen in Abschnitt 4.4, *Eclipse RCP-Anwendungen*.

4.2.1 Die Eclipse-Plattform

Der Name *Eclipse Plattform* bezeichnet eine Sammlung von *Basis-Frameworks* und Diensten, auf deren Grundlage Plug-ins entwickelt werden. Sie stellt unter anderem eine Ablaufumgebung für diese Erweiterungen zur Verfügung. Die Plattform wird in die großen Bereiche *Core* und *UI* unterteilt. Der auch *Eclipse Platform Core* genannte Teil beschäftigt sich unter anderem mit dem Arbeitsbereichs- und Ressourcen-Management und stellt Mechanismen zur Versionierung zur Verfügung.

Workbench wiederum ist ein anderer Name für *Eclipse Platform UI*, die zweite wichtige Säule der Plattform. Hierbei handelt es sich um ein High-Level-Framework, das auf zahlreiche Basisbibliotheken bzw. –dienste wie *JFace*, *SWT*, aber auch die bereits angesprochene Platform Core zugreift.

Struktur der Plattform

Die Plattform besteht, wie in Abbildung Abbildung 4.11 zu sehen ist, aus zahlreichen Einheiten, die technisch durch ein oder mehrere Plug-ins realisiert werden. Alle Subsysteme setzen auf einer kleinen Ablaufumgebung, der sogenannten

Platform Runtime, auf. Die Kommunikation zwischen den einzelnen Schichten, und damit zwischen Plug-ins, basiert auf einem zentralen Mechanismus, den sogenannten *Extension Points*. Hierbei handelt es sich um Einsprungpunkte, mit denen Plug-ins ihre Funktionen zur Verfügung stellen. Die Definition dieser Extension Points ist, wie Sie später noch sehen werden, eine wichtige Aufgabe bei der Entwicklung eines Plug-ins.

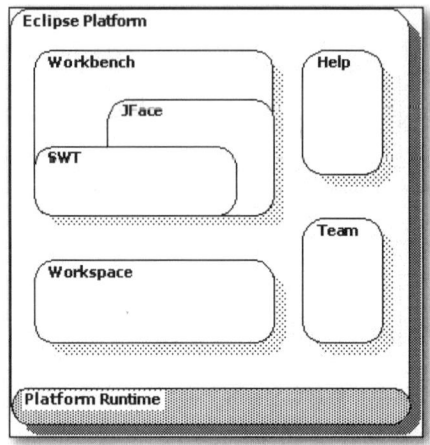

Abbildung 4.11 Schematischer Aufbau der Eclipse Platform

Die *Platform Runtime* übernimmt die Verwaltung der Plug-ins und deren Extension Points. Entsprechende Informationen werden in einer eigenen Registrierungsdatenbank abgelegt. Ferner ist die Runtime für das dynamische Finden, Laden und Entladen von Plug-ins zuständig.

Das Subsystem *Workspace* stellt Schnittstellen für die Arbeit mit Ressourcen zur Verfügung. Es basiert auf den Ihnen durch Ihre Arbeit mit der IDE bereits bekannten Konzepten *Projekt*, *Datei* und *Ordner*, die logisch im Arbeitsbereich abgelegt, physikalisch natürlich auf Dateisystemebene repräsentiert werden.

Auch die Konzepte der *Workbench* kennen Sie bereits. Dieses Subsystem stellt unter anderem Extension Points für Darstellungsbereiche, Sichten und Menüaktionen zur Verfügung und erlaubt somit aus technischer Sicht die Implementierung der Benutzeroberfläche einer Anwendung. Sie können hierfür auf die Bibliotheken *JFace* und *SWT* zurückgreifen. Das *Standard Widget Toolkit* enthält Basiskomponenten wie Schaltflächen, Textfelder und Menüelemente. Anders als Swing, ein Teil der Java-Standardklassenbibliothek, zeichnet SWT seine Komponenten nicht grundsätzlich selbst, sondern versucht, möglichst direkt native Komponenten des jeweiligen Wirtsystems einzusetzen. Über die Vor- und Nachteile der beiden Komponentenbibliotheken sind viele, zumeist hitzige Debatten geführt wurden. Sehr wahrscheinlich sind alle Argumente mindestens einmal genannt worden. Ich werde in diesem Buch daher keine Wertung der Techniken vornehmen. Tatsache ist aber, dass SWT anders funktioniert als Swing, eine gewisse Einarbeitungszeit also unerlässlich ist. *JFace* kombiniert die Basiskomponenten des SWT zu komplexen Oberflächenelementen.

Eclipse SDK

Eclipse SDK ist das Produkt, das Sie im ersten Kapitel installiert und eingerichtet haben. Es besteht aus der eben vorgestellten Eclipse Platform, den *Java Development Tools* (JDT) sowie der *Plug-in Development Environment* (PDE). Diese Unterprojekte des Eclipse-Hauptprojekts machen Eclipse zu einer Java-IDE, aber auch zu einem Entwicklungswerkzeug für Plug-ins. Diesen Aspekt beleuchte ich in Abschnitt 4.3, *Eigene Plug-ins entwickeln*, dieses Kapitels.

JDT und PDE greifen über Extension Points auf die Plattform zu, stellen selbst aber auch Extension Points zur Verfügung, können durch entsprechende Plug-ins also selbst erweitert werden.

4.2.2 Features, Plug-ins und Fragmente

Da Sie nun die technischen Grundlagen der Eclipse-Plattform kennen, möchte ich Ihnen im Folgenden eine etwas präzisere Beschreibung des Begriffs Plug-in sowie der mit ihm verwandten Konzepte vorstellen.

Produkte und Features

Ein Eclipse-basiertes *Produkt* ist eine Anwendung, die auf Basis der Eclipse Plattform (bzw. Teilen davon) entwickelt wurde. Ein solches Produkt besteht dabei aus einem oder mehreren *Features*. Hierbei handelt es sich um Gruppen von Plug-ins, die vom Update Manager als Einheit betrachtet werden. Bestimmte Features müssen vorhanden sein, um ein Produkt starten zu können. Zusätzlich kann der Entwickler aber auch optionale Features definieren, die der Anwender installieren kann, aber nicht muss. Ein in Features unterteiltes Produkt kann mithilfe des Update Managers installiert und aktualisiert werden.

Die Form der Verteilung eines Produkts wird durch die Eclipse-Plattform nicht vorgegeben. Dies kann, wie beim Eclipse SDK, beispielsweise als *.zip*-Archiv erfolgen. Natürlich ist prinzipiell auch die Verwendung betriebssystemspezifischer Installationspakete möglich. Auch eine Verteilung mittels Java Web Start ist, zumindest mit gewissen Einschränkungen, möglich.

Features enthalten selbst keinen Code. Sie beschreiben vielmehr eine Menge von Plug-ins, die die Funktionen des Features bereitstellen, und enthalten Informationen darüber, wie sie aktualisiert werden. Sie werden in Feature-Archiven zusammengefasst und mithilfe eines Feature Manifests (*feature.xml*) beschrieben.

Es gibt grundsätzlich zwei Möglichkeiten, ein Eclipse-basiertes Produkt aus technischer Sicht zu definieren. Die bevorzugte Vorgehensweise ist die Verwendung sogenannter *Products Extension Points*. Sie gestatten Ihnen die Definition Ihrer Anwendung sowie deren Branding durch Splash Screens und Icons. Es gibt noch einen älteren Mechanismus, der mehr auf das Konzept der Features setzt. Konkret wird das Produkt durch ein sogenanntes primäres Feature beschrieben. Um die Abwärtskompatibilität zu gewährleisten, können aktuelle Eclipse-Versionen diesen Mechanismus simulieren. Ausführliche Informationen zum Erstellen von Eclipse basierten Anwendungen finden Sie in Abschnitt 4.4, *Eclipse RCP-Anwendungen*.

Plug-ins und Fragmente

Während Features der Strukturierung von Produkten sowie deren leichteren Verteil- und Wartbarkeit dienen, geben Plug-ins dem Entwickler Unterstützung bei der Implementierung. Sie bilden nämlich die Basiseinheiten für die spätere Paketierung. Ein komplexes Projekt wird überschaubarer, wenn es in sinnvoll wartbare Einheiten zerlegt wird. Plug-ins werden in Plug-in-Archiven zusammengefasst und durch ein Plug-in-Manifest (*plugin.xml*) beschrieben.

Fragmente sind separat paketierte Dateien, deren Inhalt so behandelt wird, als befände er sich im ursprünglichen Plug-in-Archiv. Fragmente erweitern nämlich Plug-ins. Sie sind äußerst nützlich, wenn es darum geht, nachträglich zusätzliche Funktionalitäten hinzuzufügen. Das, wenn Sie so wollen, Paradebeispiel für Fragmente sind Sprachanpassungen, die sehr häufig nach dem eigentlichen Plug-in fertiggestellt werden. Die Inhalte eines Fragments werden einem Plug-in hinzugefügt, ohne es neu paketieren oder installieren zu müssen.

Fragmente werden durch ein Fragment-Manifest beschrieben. Dies ist vergleichbar mit dem Manifest eines Plug-ins. Plug-in-Archive können Plug-ins oder Fragmente enthalten.

Vielleicht fragen Sie sich nach diesen Erklärungen, wie aufwendig es sein mag, ein erstes eigenes Plug-in zu entwickeln. Im folgenden Abschnitt zeige ich Ihnen anhand eines kleinen Beispiels, dass Eclipse dem Entwickler hierzu eine ganze Reihe von Hilfsmitteln an die Hand gibt, die das Erstellen eigener Erweiterungen äußerst komfortabel machen.

4.3 Eigene Plug-ins entwickeln

Die *Plug-in Development Environment* bildet die Grundlage für das Entwickeln von Plug-ins. Sie ist Bestandteil des Eclipse SDK, steht Ihnen also ohne weitere Downloads oder Installationen zur Verfügung.

4.3.1 Das Hello World-Plug-in

Um Ihnen einen allerersten Eindruck der Möglichkeiten, die Ihnen die PDE bietet, zu geben, zeige ich Ihnen, wie Sie mithilfe eines Assistenten ein Plug-in erstellen, das den Text *Hello, Eclipse world* in einem Fenster ausgibt.

Anlegen des Projekts

Öffnen Sie bitte mittels File • New • Project den Dialog zum Anlegen neuer Projekte und wählen unter *Plug-in Development* den Eintrag *Plug-in Project*. Auf der zweiten Seite des Assistenten, die Sie in Abbildung 4.12 sehen, vergeben Sie bitte einen Namen für das Projekt, beispielsweise *HelloWorld*. Alle übrigen Einstellungen können Sie unverändert übernehmen. Achten Sie aber bitte darauf, dass unter *This plug-in is targeted to run with* der Eintrag *Eclipse version* markiert und als Version *3.3* eingetragen ist.

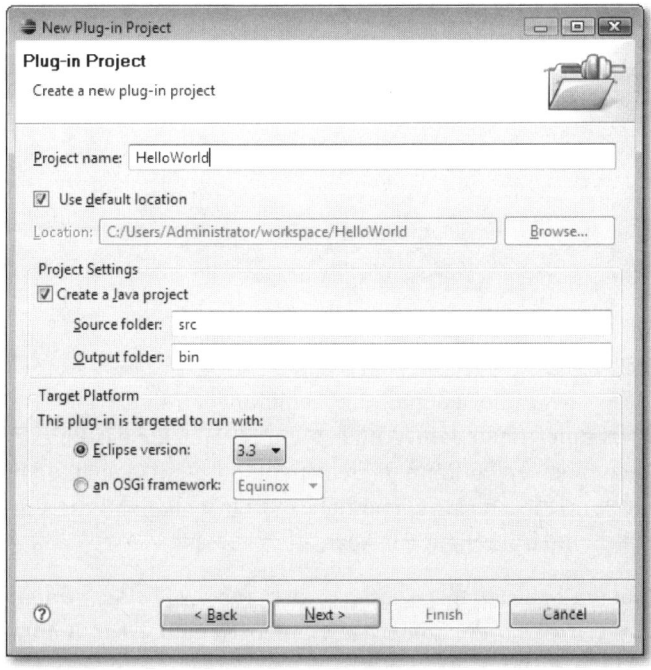

Abbildung 4.12 Die zweite Seite des Assistenten zum Anlegen eines Plug-ins

Durch Klicken auf *Next* gelangen Sie auf die in Abbildung 4.13 gezeigte dritte Seite. Sie ist in drei Bereiche unterteilt. Unter *Plug-in Properties* vergeben Sie unter anderem eine Plug-in-ID, tragen die Versionsnummer des Plug-ins sowie dessen Namen und den Hersteller ein. Die voreingestellten Werte können Sie fürs Erste übernehmen. Unter *Plug-in Options* sollte sowohl das Erzeugen der Klasse, die den Lebenszyklus des Plug-ins kontrolliert, als auch *This plug-in will make contributions to the UI* aktiviert bleiben. Unter *Rich Client Application* hingegen selektieren Sie bitte *No*.

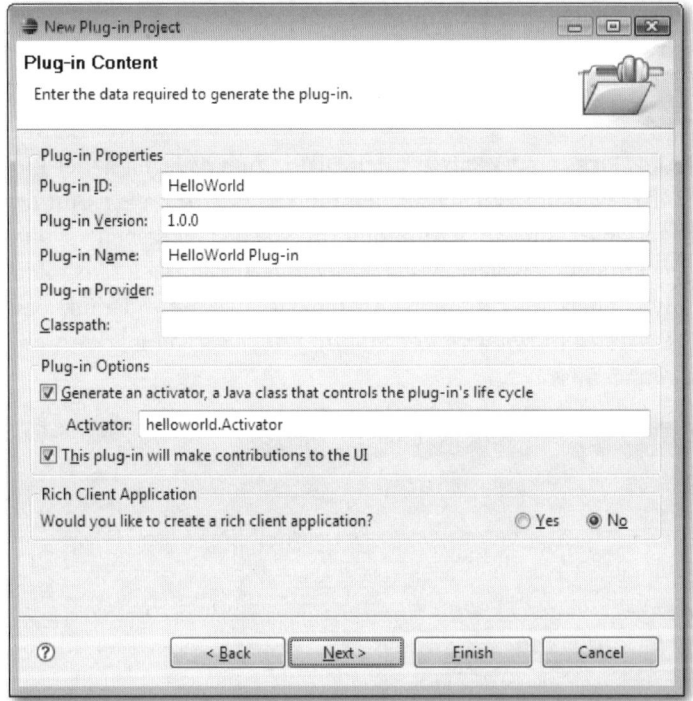

Abbildung 4.13 Die dritte Seite des Assistenten zum Anlegen eines Plug-ins

Klicken Sie bitte erneut auf *Next*. Sie sehen die in Abbildung 4.14 gezeigte Seite *Templates*, auf der Sie aus einer Reihe von Vorlagen ein Muster für das Plug-in, das Sie erstellen möchten, auswählen können. Setzen Sie bitte ein Häkchen vor *Create a plug-in using one of these templates*, markieren Sie anschließend die Vorlage *Hello, World* und klicken dann erneut auf *Next*.

Sie befinden sich nun auf der Seite *Sample Action Set*. In deren drei Felder können Sie einen Nachrichtentext, einen Paketnamen sowie den Namen einer Action-Klasse eintragen. Für einen ersten Test sollten Sie die Vorgaben unverändert übernehmen. Schließen Sie bitte den Dialog, indem Sie auf *Finish* klicken.

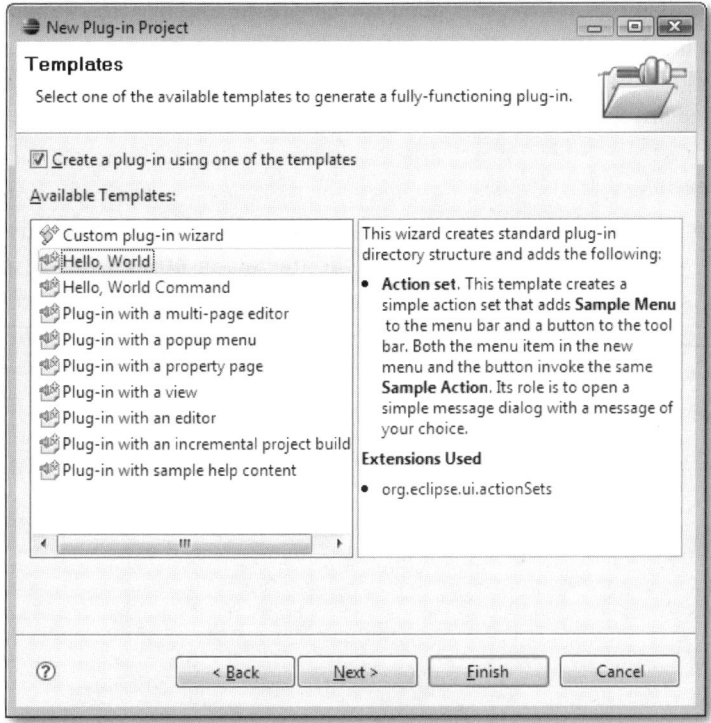

Abbildung 4.14   Auswahl einer Vorlage als Basis für das neue Plug-in

Eclipse wird Sie mit der in Abbildung 4.15 gezeigten Meldung darauf hinweisen, dass es eine spezielle Perspektive für die Entwicklung von Plug-ins gibt, die Sie durch Anklicken der Schaltfläche *Yes* öffnen können. Wenn Sie dies nach jedem Anlegen eines Plug-in-Projekts tun möchten (wozu ich Ihnen auf jeden Fall rate), setzen Sie bitte ein Häkchen vor *Remember my decision*. Klicken Sie nun auf *Yes*.

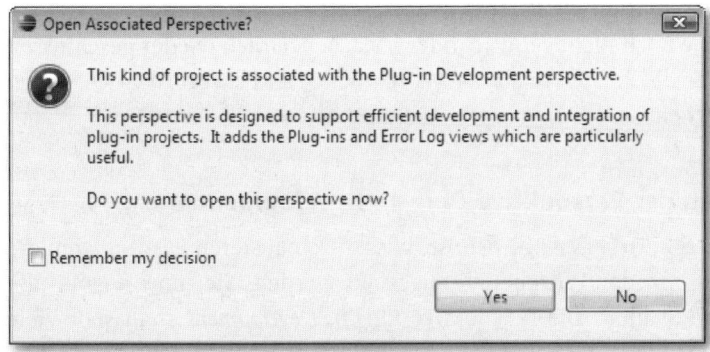

Abbildung 4.15   Nachfrage vor dem Öffnen einer neuen Perspektive

Der Assistent erstellt auf Basis Ihrer Eingaben alle Quelltexte und Konfigurations-dateien, die für ein ohne weitere Vorkehrungen ablauffähiges Plug-in erforder-lich sind. Nachdem Eclipse das Projekt *HelloWorld* angelegt hat, können Sie sich dessen Bestandteile im *Package Explorer* ansehen.

Aufrufen des Plug-ins

Um das Plug-in zu testen, klicken Sie im *Package Explorer* mit der rechten Maus-taste bitte auf die Projektwurzel und wählen im Kontextmenü RUN AS • ECLIPSE APPLICATION. Sie sehen daraufhin den Eclipse-Startbildschirm. Nach dem Lade-vorgang öffnet sich ein Workbench-Fenster mit der Eclipse-typischen Willkom-mensseite. Auf den ersten Blick scheint es sich um eine zusätzliche Instanz der IDE zu handeln.

Abbildung 4.16 Das Fenster des Hello World-Plug-ins

Haben Sie zwischen den beiden Menüs PROJECT und RUN das neue Menü SAMPLE MENU entdeckt? Es enthält nur einen Eintrag: SAMPLE ACTION. Bitte klicken Sie ihn an. Sie sehen daraufhin das in Abbildung 4.16 gezeigte Fenster *HelloWorld Plug-in*, das den Meldungstext ausgibt, den Sie auf einer Seite des Plug-in-Assis-tenten eingetragen hatten.

Nachdem Sie Ihr erstes Plug-in in Aktion gesehen haben, möchte ich Ihnen in den folgenden Abschnitten die Perspektive *Plug-in Development* etwas näher vor-stellen. Falls Sie sie noch nicht geöffnet oder zwischenzeitlich wieder geschlossen haben, können Sie die Perspektive über WINDOW • OPEN PERSPECTIVE • OTHER je-derzeit erneut öffnen.

4.3.2 Editoren der Perspektive Plug-in Development

Wie Sie aus Kapitel 2, *Arbeiten mit Eclipse*, wissen, kanalisieren Perspektiven die Informationen, die in der Workbench angezeigt werden. Sie tun dies mithilfe von Editoren und Sichten. Die Perspektive *Plug-in Development* stellt sehr viele Aspekte eines Plug-ins in vier mehrseitigen Editoren dar. Abbildung 4.17 bei-spielsweise zeigt den *Plug-in Manifest Editor*. Um ihn zu öffnen, klicken Sie im

Package Explorer mit der rechten Maustaste auf die Datei *plugin.xml* und wählen OPEN WITH • PLUG-IN MANIFEST EDITOR.

Der Plug-in Manifest Editor

Mittels dieses formularbasierten Editors können Sie auf äußerst bequeme Weise die Dateien *MANIFEST.MF*, *plugin.xml*, *fragment.xml* sowie *build.properties* bearbeiten. Sie müssen hierzu nicht wissen, welche Informationen in einer bestimmten Datei abgelegt werden, sondern tragen alle Daten auf den Registerkarten des Editors ein. Eclipse (bzw. PDE) kümmert sich um das Befüllen der »richtigen« Datei.

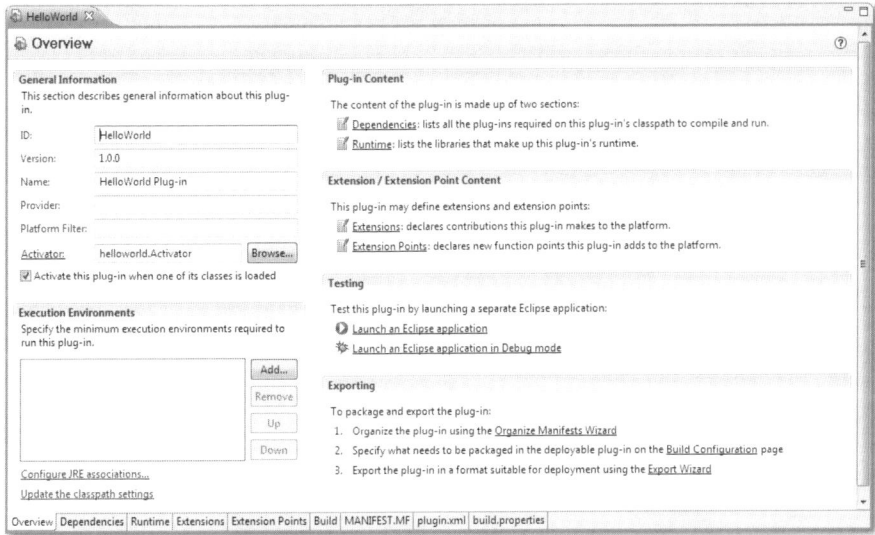

Abbildung 4.17 Mehrseitiger Editor zum Bearbeiten von Plug-ins

Auf der Registerkarte *Overview* finden Sie einige der Daten wieder, die Sie während des Anlegens des Projekts eingeben mussten, beispielsweise dessen Namen und die Versionsnummer. Auf dieser Seite finden Sie auch einen Link zum *Export Wizard*, mit dem Sie ein Plug-in für die Weitergabe an Dritte paketieren können. Wie Sie hierzu vorgehen, zeige ich Ihnen in Abschnitt 4.4, *Eclipse RCP-Anwendungen*.

Auf der Registerkarte *plugin.xml* sehen Sie das von mir bereits kurz angesprochene Plug-in-Manifest, in dem unter anderem definiert wird, wie das Plug-in in die Menüstruktur einer Anwendung eingebunden wird. Bitte wechseln Sie auf diese Registerkarte und werfen einen Blick auf das Tag `<action>`.

Alle übrigen Registerkarten betreffen fortgeschrittene Aspekte der Plug-in-Entwicklung, die ich an dieser Stelle nicht ausführlicher besprechen möchte. Falls Sie tiefer in die Plug-in-Programmierung einsteigen wollen, finden Sie am Ende dieses Kapitels einige Buchempfehlungen.

Der Feature Manifest Editor

Mit *Features* lassen sich Produkte in logische Teile zerlegen, die einzeln installiert werden können. Der *Feature Manifest Editor* gestattet das Bearbeiten der Datei *feature.xml*, die entsprechende Informationen enthält. Sie können diese aber nicht einfach einem bestehenden Projekt hinzufügen, sondern müssen mithilfe des Ihnen bereits gut vertrauten Projekt-Assistenten ein *Feature Project* anlegen. Tragen Sie dazu auf der Seite *Feature Properties* des Projekt-Assistenten, die Sie in Abbildung 4.18 sehen, bitte einen Projektnamen (beispielsweise *HelloWorld Feature*) ein und lassen die übrigen Felder unverändert. Klicken Sie anschließend auf *Next*.

Abbildung 4.18   Die Seite Feature Properties des Projekt-Assistenten

Auf der folgenden Seite *Referenced Plug-ins and Fragments* wählen Sie diejenigen Plug-ins und Fragmente aus, die Sie dem neu zu erstellenden *Feature* zuordnen möchten. Setzen Sie also, wie in Abbildung 4.19 zu sehen ist, ein Häkchen vor *HelloWorld* und schließen danach den Assistenten mit *Finish*.

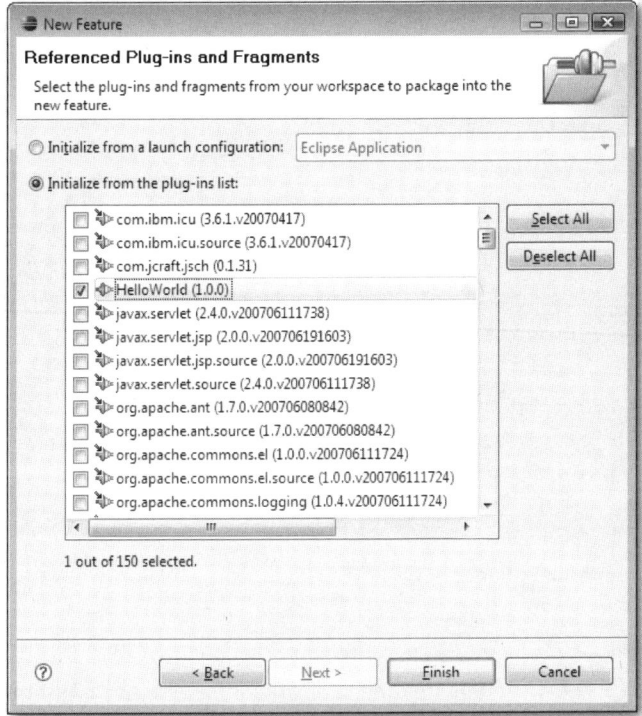

Abbildung 4.19 Liste der referenzierten Plug-ins und Fragmente

Nachdem Eclipse das neue Projekt angelegt hat, sehen Sie im *Package Explorer* unterhalb seiner Wurzel zwei zugeordnete Dateien, *build.properties* und *feature.xml*. Um den *Feature Manifest Editor* zu öffnen, klicken Sie bitte mit der rechten Maustaste auf *feature.xml* und wählen OPEN WITH • FEATURE MANIFEST EDITOR.

Auch dieser Editor besteht, wie Sie in Abbildung 4.20 sehen, aus zahlreichen Registerkarten. *Overview* beispielsweise enthält neben einigen allgemeinen Informationen wie Versionsnummer, Name und Hersteller auch Bereiche, die auf andere Registerkarten des Editors verlinken.

Auf der Karte *Information* können Sie eine Beschreibung des Features, Copyright-Hinweise und Lizenzbestimmungen hinterlegen. Diese Daten werden durch den Update Manager ausgewertet bzw. angezeigt.

Die Unterteilung eines Produktes in Features gehört ohne Zweifel zu den fortgeschrittenen Techniken der Eclipse-Plug-in-Entwicklung. Wenn Sie sich intensiver mit diesem Thema beschäftigen möchten, sollten Sie einen Blick auf meine Literaturempfehlungen am Ende dieses Kapitels werfen.

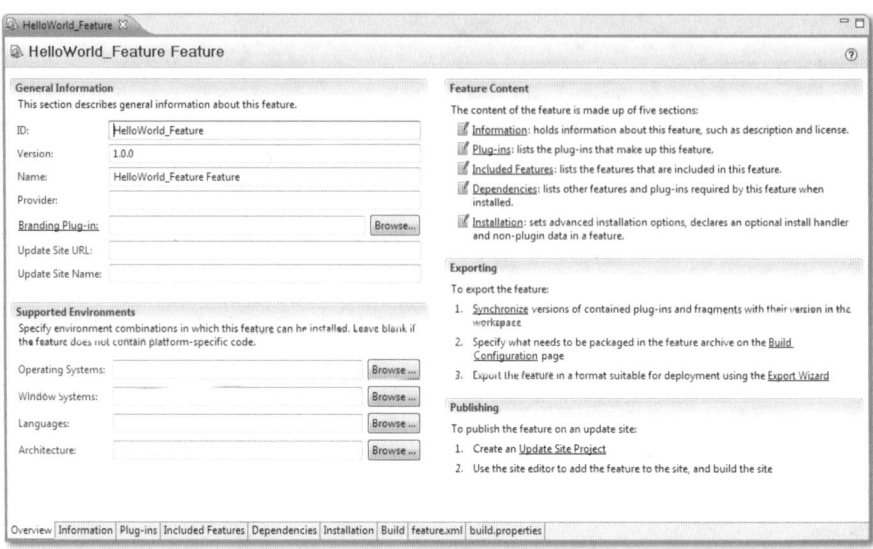

Abbildung 4.20 Der Feature Manifest Editor

Der Site Manifest Editor

Mit dem *Site Manifest Editor* bearbeiten Sie die Datei *site.xml*. Sie wird in Zusammenhang mit *Update Sites* verwendet, also Webseiten, von denen der *Update Manager* Plug-ins oder Features herunterladen kann. Auch *site.xml* können Sie nicht im Kontext eines bestehenden Projekts anlegen, sondern müssen mithilfe des Projekt-Assistenten ein *Update Site Project* anlegen.

Wie Sie in Abbildung 4.21 sehen, müssen Sie auf der Seite *Update Site Project* wie üblich einen Projektnamen (beispielsweise *HelloWorld Update Site*) sowie den Ort angeben, an dem das Projekt abgelegt werden soll. Am besten Sie belassen das Häkchen vor *Use default location*. Außerdem kann Eclipse eine Webseite erzeugen, die alle verfügbaren Features der zu erstellenden *Update Site* enthält. Setzen Sie hierzu bitte ein Häkchen vor *Generate a web page listing all available features within the site* und geben Sie einen Namen für das Verzeichnis, das die Seiten enthalten soll, an. Beenden Sie anschließend den Assistenten mit *Finish*.

Nach dem Anlegen des Projekts zeigt der *Package Explorer* die beiden Dateien *site.xml* und *index.html* sowie das Verzeichnis *web* (bzw. den Namen, den Sie im Projekt-Assistenten angegeben haben) mit den beiden Dateien *site.css* und *site.xsl*. Um den *Site Manifest Editor* zu öffnen, klicken Sie mit der rechten Maustaste auf *site.xml* und wählen Sie Open With • Site Manifest Editor.

Auf der Registerkarte *Site Map*, die Sie in Abbildung 4.22 sehen, werden alle *Features* eingetragen, die durch die *Update Site* zur Verfügung gestellt werden sollen.

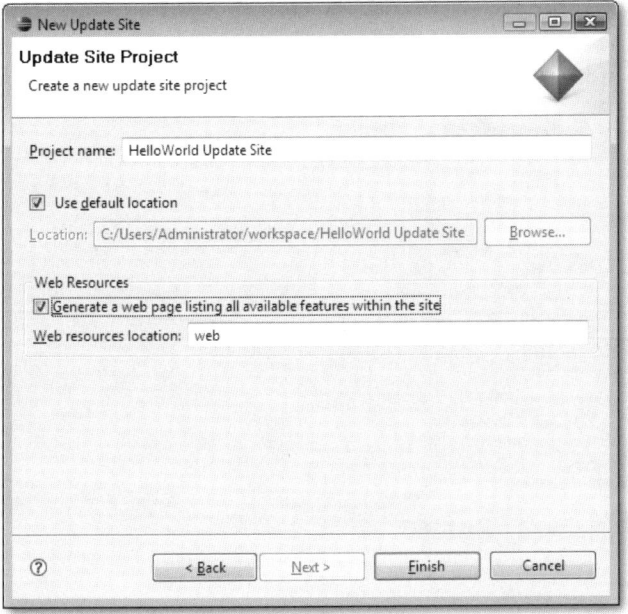

Abbildung 4.21 Dialog zum Anlegen eines neuen Update Site-Projekts

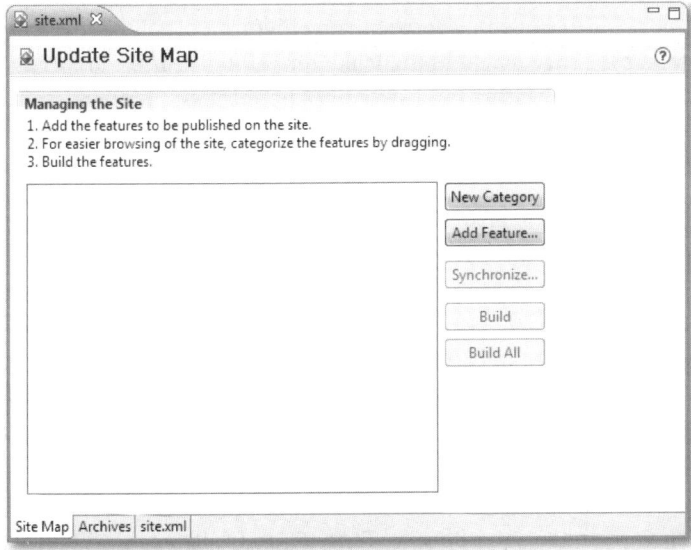

Abbildung 4.22 Der Site Manifest Editor

Um ein Feature hinzuzufügen, klicken Sie bitte auf *Add Feature*. Im anschließend erscheinenden Dialog *Feature Selection*, den Abbildung 4.23 zeigt, wählen Sie die gewünschten Features aus, beispielsweise das im vorigen Abschnitt angelegte *HelloWorld_Feature*. Eine Mehrfachauswahl ist übrigens möglich, indem Sie die Elemente der Liste mit gedrückter Strg -Taste anklicken.

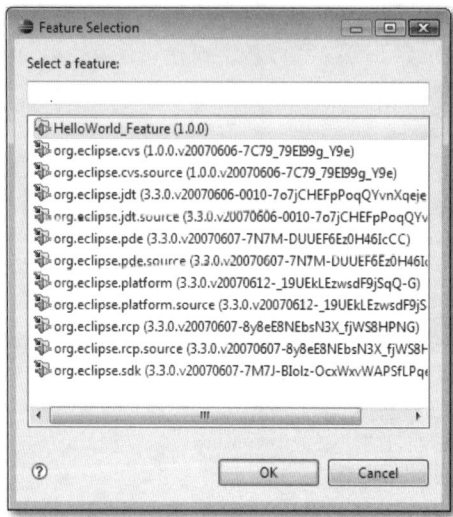

Abbildung 4.23 Dialog zum Auswählen eines Features

Nachdem Sie der *Update Site Map* ein Feature hinzugefügt haben, zeigt der rechte Bereich der Registerkarte einige Einstellmöglichkeiten. Unter *Feature Properties* können Sie festlegen, dass das Feature ein Patch eines bereits bestehenden ist. Im Bereich *Feature Environments* legen Sie fest, auf welchen Plattformen (Betriebssystemen, Architekturen) ein Feature installiert werden kann.

Wenn eine *Update Site* zahlreiche Features zur Verfügung stellt, kann es für den Anwender sehr schnell unübersichtlich werden. Eclipse sieht deshalb vor, ein Feature einer oder mehreren Kategorien zuzuordnen. Diese werden im Update Manager als Hierarchien dargestellt. Um das Anlegen einer Kategorie auszuprobieren, klicken Sie bitte auf *New Category*. Im rechten Bereich der *Update Site Map* finden Sie unter der Überschrift *Category Properties* drei Eingabefelder. *Name* identifiziert die Kategorie eindeutig. Bitte geben Sie hier keinen Freitext ein, sondern orientieren sich an Variablennamen, beispielsweise *test_kategorie_1*. Das Feld *Label* hingegen enthält den später angezeigten Text. Sie können also problemlos Leerzeichen verwenden, zum Beispiel *Testkategorie 1*. Beides sind Pflichtfelder. Bei *Description* können Sie einen beliebigen Text eintragen, der die Kategorie näher beschreibt. Dieses Feld kann aber auch leer bleiben.

Um ein Feature einer Kategorie zuzuordnen, schieben Sie dessen Eintrag in der Liste im linken Bereich der *Update Site Map* bei gedrückter linker Maustaste auf die gewünschte Kategorie. Möchten Sie ein Feature einer weiteren Kategorie hinzufügen, klicken Sie es mit der rechten Maustaste an und wählen COPY. Anschließend öffnen Sie das Kontextmenü der gewünschten Kategorie und klicken auf *Paste*.

Sie können nun einen Blick auf die Datei *site.xml* werfen. Bitte stellen Sie sicher, dass Sie Ihre Änderungen gespeichert haben und klicken Sie dann auf die Registerkarte *site.xml*.

Auf der Registerkarte *Site Information* werden die URL, unter der die Update Site erreichbar ist, sowie eine Beschreibung der Site eingetragen.

Product Configuration Editor

Mit dem *Product Configuration Editor* bearbeiten Sie die Datei *.product*. Sie enthält alle Merkmale, die ein Eclipse-basiertes Produkt beschreiben, beispielsweise die benötigten Plug-ins, Konfigurationsdateien sowie Icons und Splash Screens. Um eine solche Produktkonfiguration zu erstellen, wählen Sie bitte FILE • NEW • OTHER. In der Filterzeile des Dialogs *New* tippen Sie nun *product*, woraufhin alle Einträge außer dem Knoten *Plug-in Development* ausgeblendet werden. Wählen Sie dessen Eintrag *Product Configuration* und klicken Sie dann auf *Next*.

Abbildung 4.24 Der Dialog New Product Configuration

Auf der in Abbildung 4.24 gezeigten Seite *Product Configuration* wählen Sie als Basisverzeichnis bitte *HelloWorld* und tragen als Dateinamen (*File name*) ebenfalls *HelloWorld* ein. Prüfen Sie bitte, ob *Create a configuration file with basic settings* ausgewählt ist, und schließen Sie dann den Dialog mit *Finish*.

Im *Package Explorer* sehen Sie im Projekt *HelloWorld* nun die neu angelegte Datei *HelloWorld.product*. Ein Doppelklick öffnet den *Product Configuration Editor*.

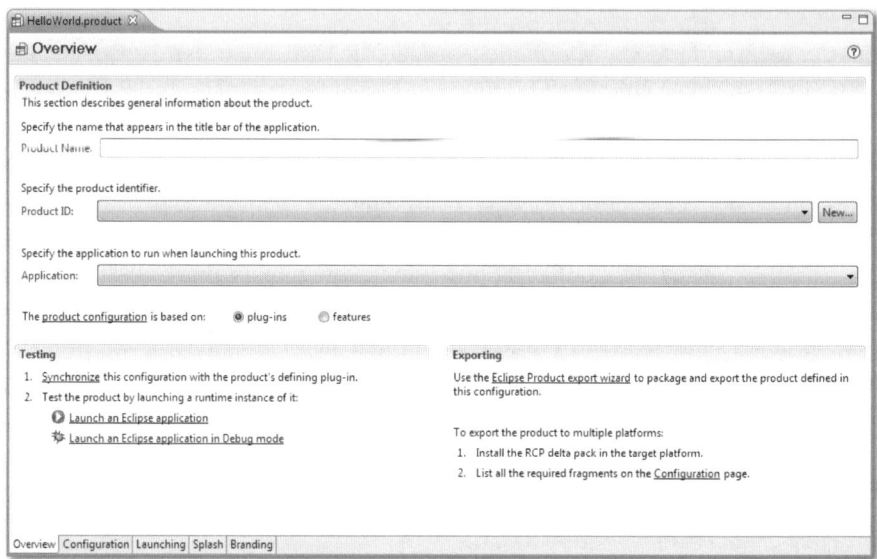

Abbildung 4.25   Der Product Configuration Editor

Wie Sie in Abbildung 4.25 sehen, besteht auch er aus zahlreichen Registerkarten. Auf diesen legen Sie die Plug-ins oder Features fest, aus denen das Produkt bestehen soll. Ferner können Sie der Anwendung durch Icons und Startbildschirme ein individuelles Aussehen verleihen und sie schließlich mit einem Exportassistenten als Verzeichnisstruktur oder Archiv exportieren. Weitere Informationen zum Erstellen von Eclipse-basierten Anwendungen finden Sie in Abschnitt 4.4, *Eclipse RCP-Anwendungen*, dieses Kapitels.

4.3.3   Sichten der Perspektive Plug-in Development

Die Perspektive *Plug-in Development* stellt nicht nur vier neue Editoren und zahlreiche Projekt-Assistenten zur Verfügung, sondern auch drei Sichten. Diese möchte ich Ihnen im Folgenden vorstellen.

Die Sicht Plug-in Registry

Diese in Abbildung 4.26 gezeigte Sicht stellt den Status aller Plug-ins der momentan laufenden Eclipse-Instanz dar. Um sie zu öffnen, wählen Sie bitte WINDOW • SHOW VIEW • OTHER und klappen anschließend den Knoten PDE RUNTIME auf.

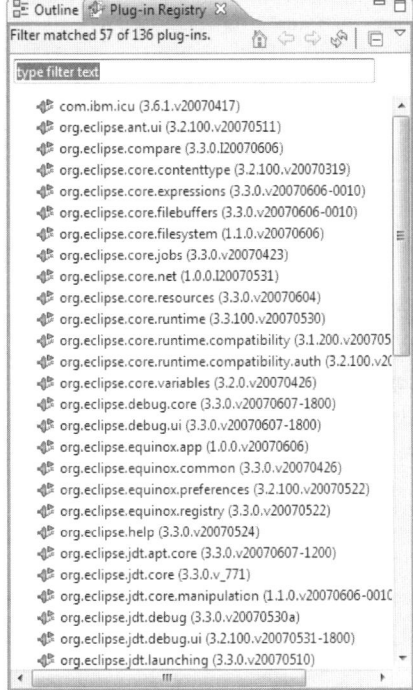

Abbildung 4.26 Die Sicht Plug-in Registry

Mithilfe der Filterfunktion *Show Active Plug-ins Only*, die Sie über das Klappmenü der Sicht erreichen, können Sie die Menge der angezeigten Plug-ins reduzieren. Neben der Plug-in-ID und Version zeigt die Sicht unter anderem das Verzeichnis, die benötigten Laufzeitbibliotheken sowie Abhängigkeiten zu anderen Plug-ins. Wenn Sie häufiger mit dieser Sicht arbeiten möchten, können Sie wie in Kapitel 2, *Arbeiten mit Eclipse*, beschrieben die Änderungen an der Perspektive *Plug-in Development* abspeichern.

Plug-in Dependencies

Die in Abbildung 4.27 gezeigte Sicht visualisiert Beziehungen zwischen aufrufenden und aufgerufenen Plug-ins. Um sie zu öffnen, wählen Sie zunächst bitte wie gewohnt WINDOW • SHOW VIEW • OTHER. Sie finden die Sicht unterhalb des Knotens PDE.

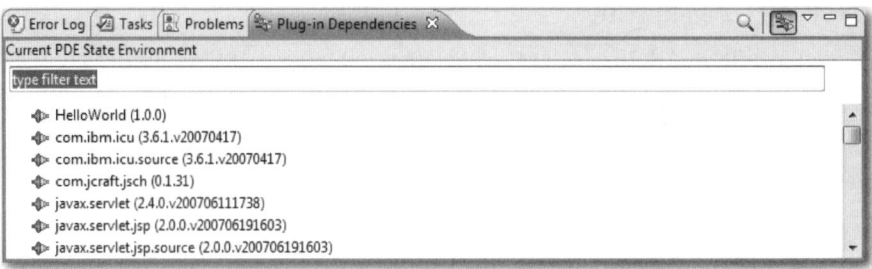

Abbildung 4.27   Die Sicht Plug-in Dependencies

Um ein Plug-in auszuwählen, klicken Sie mit der rechten Maustaste bitte auf eine beliebige freie Stelle innerhalb der Sicht und wählen im Kontextmenü Focus On. Achten Sie darauf, dass das Symbol *Show State Status* nicht selektiert ist. Im anschließend erscheinenden Dialog *Plug-in Selection* markieren Sie das näher zu betrachtende Plug-in, beispielsweise *HelloWorld*. Nun können Sie in der Sicht zwischen den beiden Modi *Show Callers* und *Show Callees* umschalten, indem Sie das entsprechende Symbol anklicken. Während *Show Callers* alle Plug-ins zeigt, die *HelloWorld* verwenden, sehen Sie bei *Show Callees* alle Plug-is, die von *HelloWorld* aufgerufen (also verwendet) werden.

Ein Doppelklick auf den Eintrag eines Plug-in öffnet es im Ihnen bereits bekannten *Plug-in Manifest Editor*.

Plug-ins

Die Sicht *Plug-ins*, die Sie in Abbildung 4.28 sehen, ähnelt auf dem ersten Blick der Ihnen bereits bekannten *Plug-in Registry*. Auch sie zeigt eine Liste von Plug-ins. Allerdings stellt *Plug-ins* keine Status dar, sondern möchte Ihnen eine einheitliche Sicht auf die von Ihnen entwickelten sowie die zur Zielplattform gehörenden Plug-ins bieten. Um sie zu öffnen, wählen Sie zunächst bitte wie üblich Window • Show View • Other und navigieren dann zum Knoten PDE.

Welche Plug-ins angezeigt werden, können Sie über das Klappmenü der Sicht einstellen. Zu *Workspace Plug*-ins gehören die Plug-ins aller geöffneten Projekte des Arbeitsbereichs. Wenn Sie beispielsweise das Projekt *HelloWorld* geöffnet haben, sehen Sie einen entsprechenden Eintrag *HelloWorld (1.0.0)*. Ein Doppelklick öffnet den Plug-in Manifest Editor. Klicken Sie hingegen mit der rechten Maustaste auf den Eintrag, sehen Sie ein Kontextmenü, mit dem Sie beispielsweise die Manifest-Datei im *Package Explorer* oder *Navigator* anzeigen oder nach Referenzen auf das Plug-in suchen können.

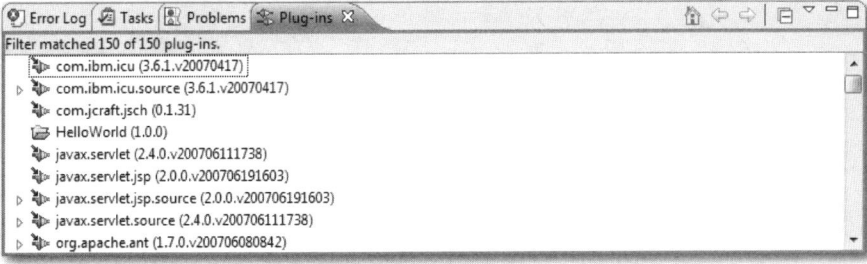

Abbildung 4.28 Die Sicht Plug-ins

Externe, nicht im Arbeitsbereich entwickelte Plug-ins können ebenfalls mit dem *Plug-in Manifest Editor* geöffnet oder aber (mithilfe des Kontextmenüs) als Projekt importiert werden.

4.4 Eclipse RCP-Anwendungen

Sie haben in den vorangehenden Abschnitten die Architektur, die Eclipse zugrunde liegt, kennengelernt und mithilfe des Projekt-Assistenten ein Plug-in erzeugt. Plug-ins sind die Bausteine, aus denen die IDE zusammengesetzt ist. Letztlich ist Eclipse jedoch »nur« eine Beispielimplementierung eines ebenso einfachen wie genialen Konzepts.

4.4.1 Ein kleines Beispiel

Die Module oder Teile, die Sie zwingend benötigen, um auf Basis der Eclipse-Architektur eine beliebige Anwendung mit grafischer Benutzeroberfläche zu implementieren, bilden die *Eclipse Rich Client Platform (Eclipse RCP)*, eine Untermenge der *Eclipse Platform*, die Sie aus Abschnitt 4.2.1, *Die Eclipse-Plattform*, kennen. Im Folgenden zeige ich, wie leicht Sie ein kleines Beispielprogramm auf Basis der Eclipse RCP realisieren.

Das Projekt anlegen

Legen Sie mit dem Projekt-Assistenten bitte ein neues *Plug-in Project* an. Geben Sie ihm den Namen *HelloWorld RCP*. Bei allen übrigen Einstellungen auf der ersten Seite des Dialogs orientieren Sie sich bitte an meinem Beispiel *HelloWorld*. Auch die zweite Seite, *Plug-in Content*, können Sie in weiten Teilen übernehmen.

Eine wichtige Ausnahme betrifft den Bereich *Rich Client Application*. Beantworten Sie die Frage *Would you like to create a rich client application?* diesmal bitte mit *Yes*. Mit *Next* gelangen Sie auf die Seite *Templates*.

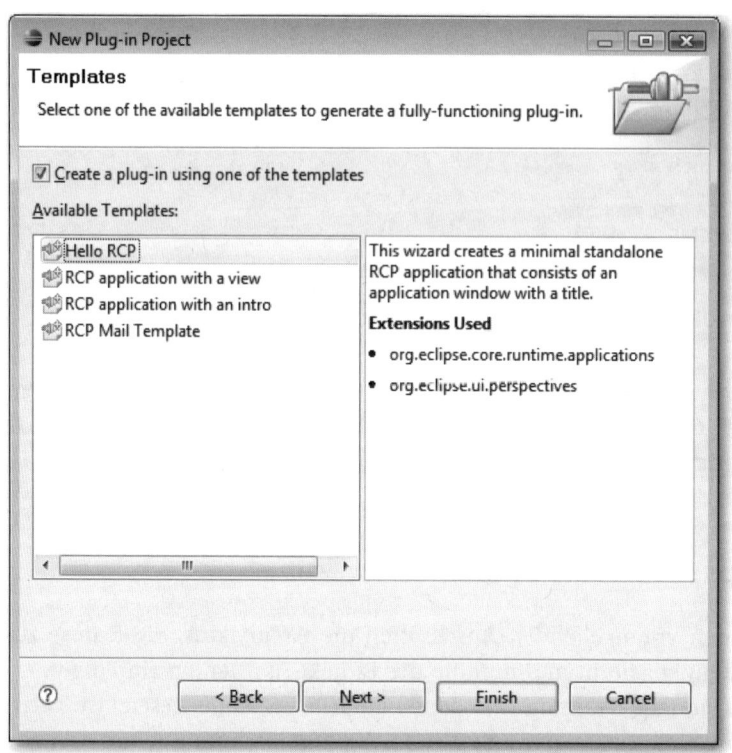

Abbildung 4.29   Die Seite Templates des Projekt-Assistenten

Wie Sie in Abbildung 4.29 sehen, sollten Sie als Vorlage bitte *Hello RCP* wählen. Klicken Sie anschließend auf *Next*.

Auf der in Abbildung 4.30 gezeigten letzten Seite des Assistenten, *Basic RCP application*, legen Sie die Fenstertitelzeile sowie den Klassen- und Paketnamen der Anwendung fest. Sie können die Vorschläge übernehmen oder eigene Werte eintragen. Bevor Sie den Assistenten mit *Finish* schließen, stellen Sie bitte sicher, dass ein Häkchen vor *Add branding* gesetzt ist.

Nachdem Eclipse das Projekt angelegt hat, wird der *Plug-in Manifest Editor* geöffnet. Auf dessen Registerkarte *Overview* finden Sie in der Rubrik *Testing* den Link *Launch an Eclipse application*. Klicken Sie ihn bitte an, um das eben angelegte Plug-in zu testen.

Beim Start der Mini-Anwendung fällt sofort der individuelle *Splash Screen* auf. Im Gegensatz hierzu wurde beim Start des Plug-ins aus Abschnitt 4.3.1, Das Hello World-Plug-in, ja der Eclipse-eigene angezeigt. Auch das Icon des Hauptfensters, das Sie in Abbildung 4.31 sehen, zeigt nicht das typische Logo.

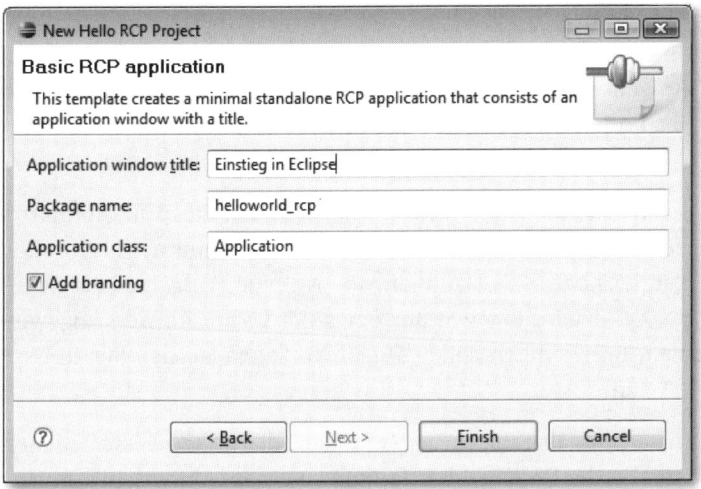

Abbildung 4.30 Die Seite Basic RCP application des Projekt-Assistenten

Dies sind erste Hinweise auf das sogenannte *Branding*. Hinter diesem Begriff verbirgt sich die Möglichkeit, eine Anwendung zu individualisieren, sie somit als ein eigenständiges Produkt erscheinen zu lassen. Weitere Informationen hierzu finden Sie in Abschnitt 4.4.2, *Branding und Verteilung*.

Vorher möchte ich aber einen kurzen Blick auf den Quelltext des Plug-ins werfen, um Ihnen Einstiegspunkte zu liefern, falls Sie sich ausführlicher mit der *Eclipse Rich Client Platform* beschäftigen möchten.

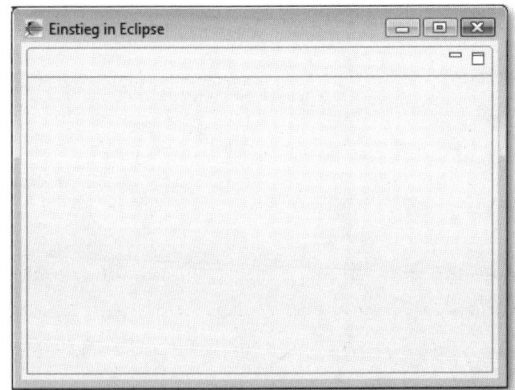

Abbildung 4.31 Das Hauptfenster einer Eclipse RCP-Anwendung

In diesem Fall lohnt auch ein Blick auf meine Literaturempfehlungen am Ende dieses Kapitels.

Ein Blick hinter die Kulissen

Um einen ersten Eindruck zu gewinnen, welche Klassen erforderlich sind, um eine Eclipse RCP-Anwendung zu realisieren, werfen Sie bitte einen Blick in den *Package Explorer*. Ihr Projekt *HelloWorld RCP* sollte in etwa Abbildung 4.32 entsprechen.

Die Klasse `Application` ist eine Art *Controller*. Sie stellt den Einsprungspunkt in Ihre Anwendung zur Verfügung, ist also im weitesten Sinne mit der klassischen `main()`-Methode vergleichbar. Ihre Hauptaufgabe ist, eine *Workbench* zu erzeugen und zu starten. Dieser wird eine Instanz eines *Workbench Advisors* zugewiesen. All dies geschieht mit wenigen Zeilen Quelltext. Sehen Sie sich hierzu bitte die Methode `start()` an.

Der *Workbench Advisor* enthält zahlreiche Methoden, die in den verschiedenen Stadien des Lebenszyklus der *Workbench* aufgerufen werden. Außerdem ermittelt die Workbench beispielsweise die Standardperspektive. Wenn Sie sich die Implementierung in `ApplicationWorkbenchAdvisor` ansehen, fällt auf, dass offenbar nur sehr wenige Methoden implementiert werden müssen.

In `createWorkbenchWindowAdvisor()` wird die Klasse `ApplicationWorkbenchWindowAdvisor` instantiiert, die sich unter anderem um die Größe des Workbench-Fensters kümmert. Außerdem wird ein weiterer *Advisor* erzeugt, nämlich der *ActionBar Advisor*.

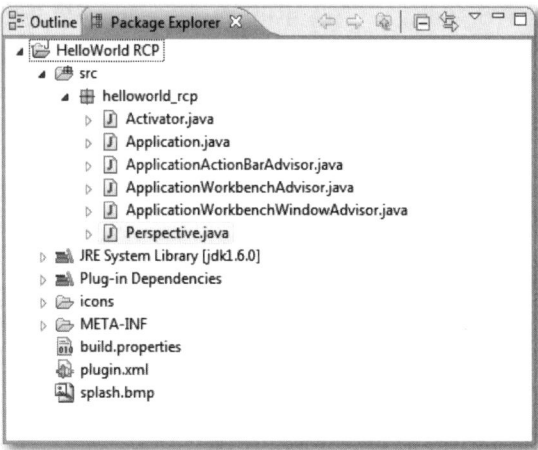

Abbildung 4.32 Das Projekt HelloWorld RCP im Package Explorer

Der *Workbench Window Advisor* kontrolliert neben dem Workbench-Fenster auch die Statuszeile sowie die Toolbar und stellt Einsprungpunkte für zahlreiche Ereignisse rund um das Workbench-Fenster zur Verfügung.

Damit möchte ich meine kurze Stippvisite der Klassen von *HelloWorld RCP* beenden. Falls Sie neugierig geworden sind, wie Sie dieses Gerüst zu einer vollständigen Anwendung ausbauen können, finden Sie am Ende dieses Kapitels einige Literaturempfehlungen hierzu.

4.4.2 Branding und Verteilung

Wie Sie bereits wissen, versteht man unter *Branding* das Individualisieren einer Eclipse RCP-Anwendung. Dazu gehört aber natürlich nicht nur ein eigener Splash Screen.

Branding einer Eclipse RCP-Anwendung

In Abschnitt 4.3.2, *Editoren der Perspektive Plug-in Development*, haben Sie den *Product Configuration Editor* bereits kennengelernt. Ein *Produkt* definiert alle Elemente einer Anwendung, beispielsweise die benötigten Plug-ins, Grafiken für das Branding sowie den *native launcher*.

Abbildung 4.33 Der Dialog New Product Configuration

Produkte sind außerhalb der IDE lauffähig. Um dies auszuprobieren, erstellen Sie mithilfe des Projekt-Assistenten bitte eine *Produkt-Konfigurationsdatei*. Klicken Sie hierzu mit der rechten Maustaste auf die Projektwurzel und wählen Sie New • Product Configuration.

Wie Sie in Abbildung 4.33 sehen, müssen Sie nur einen Dateinamen (*File name*) vergeben sowie unter *Initialize the file content* den Punkt *Use an existing product* markieren und *HelloWorld_RCP.product* auswählen.

Nachdem Eclipse den *Product Configuration Editor* geöffnet hat, sollte dessen Registerkarte *Overview* in etwa Abbildung 4.34 entsprechen.

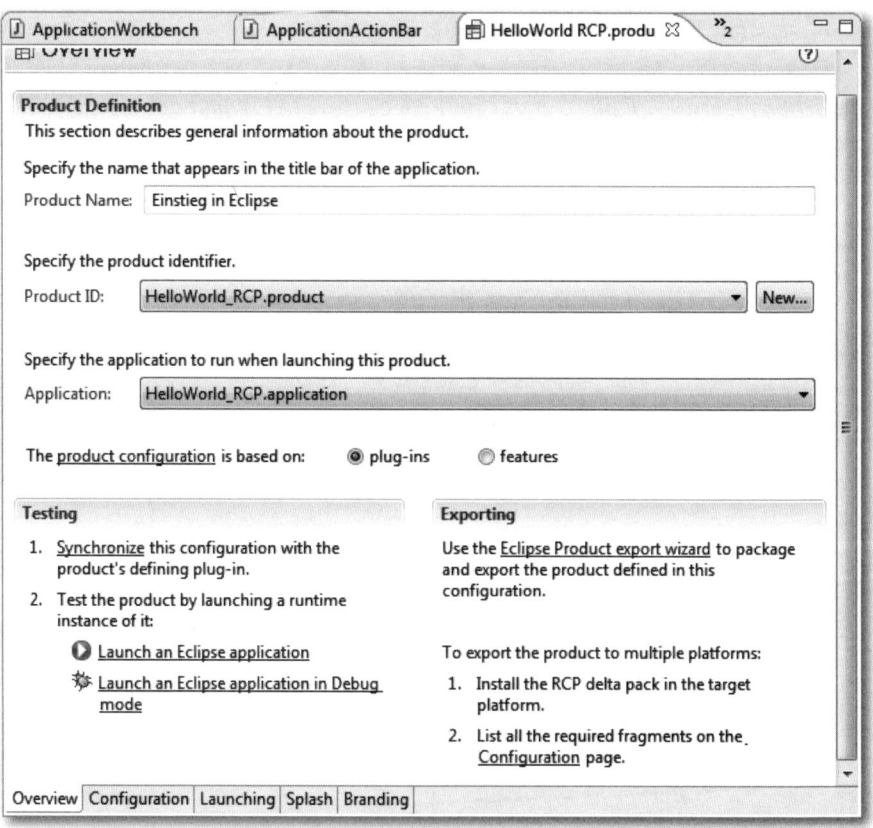

Abbildung 4.34 Die Registerkarte Overview des Product Configuration Editors

Auf der Registerkarte *Branding* in Abbildung 4.35 können Sie die Fenster-Icons auswählen sowie einen Programminfo-Dialog Ihren Wünschen entsprechend anpassen. Damit dieser überhaupt angezeigt wird, müssen Sie die Klasse `ApplicationActionBarAdvisor` entsprechend erweitern.

```
package helloworld_rcp;

import org.eclipse.jface.action.IMenuManager;
import org.eclipse.jface.action.MenuManager;
import org.eclipse.ui.IWorkbenchWindow;
import org.eclipse.ui.actions.ActionFactory;
import org.eclipse.ui.actions.ActionFactory.IWorkbenchAction;
import org.eclipse.ui.application.ActionBarAdvisor;
import org.eclipse.ui.application.IActionBarConfigurer;

public class ApplicationActionBarAdvisor extends ActionBarAdvisor {

  private IWorkbenchAction aboutAction;

  public ApplicationActionBarAdvisor(IActionBarConfigurer configurer
) {
    super(configurer);
  }

  protected void makeActions(IWorkbenchWindow window) {
    aboutAction = ActionFactory.ABOUT.create(window);
    register(aboutAction);
  }

  protected void fillMenuBar(IMenuManager menuBar) {
    MenuManager helpMenu = new MenuManager("&Hilfe");
    menuBar.add(helpMenu);
    helpMenu.add(aboutAction);
  }
}
```

Listing 4.1 ApplicationActionBarAdvisor.java

Wenn Sie die Beispielanwendung nun erneut aufrufen, enthält deren Hauptfenster eine Menüleiste. Über das HILFE-Menü können Sie den in Abbildung 4.36 gezeigten Programminfo-Dialog aufrufen.

Falls Sie weiter mit den Möglichkeiten des *Product Configuration Editors* experimentieren möchten, können Sie dem Dialog noch eine Grafik hinzufügen und das Ergebnis testen. Denken Sie daran, dass Sie das Programm am besten durch Anklicken des Links *Launch an Eclipse application* auf der Registerkarte *Overview* starten.

Der letzte Schritt zur eigenen Eclipse RCP-Anwendung ist, alle Bestandteile zu exportieren, sodass das Programm auch außerhalb der IDE gestartet werden kann.

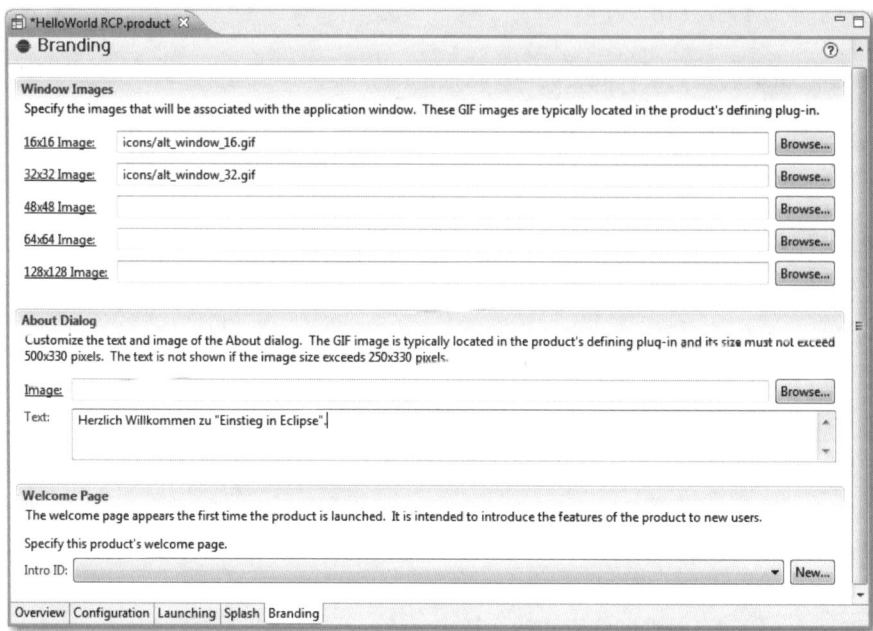

Abbildung 4.35 Die Registerkarte Branding des Product Configuration Editors

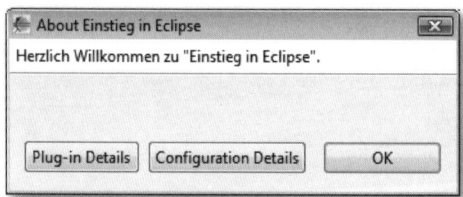

Abbildung 4.36 Der Programminfo-Dialog der Beispielanwendung

Anwendungen exportieren

Eclipse RCP-Anwendungen werden mithilfe des *Product export wizard* paketiert und exportiert. Um diesen Assistenten zu starten, klicken Sie bitte den entsprechenden Link auf der Registerkarte *Overview* des *Product Configuration Editors* an. Bevor Sie dies tun, müssen Sie auf der Registerkarte *Launching* allerdings einige Einstellungen vornehmen.

Beispielsweise sollten Sie, wie Sie in Abbildung 4.37 sehen, eine Java-Laufzeitumgebung auswählen und den Namen für den *native launcher* vergeben. Speichern Sie bitte Ihre Einstellungen und starten Sie anschließend den *Eclipse product export wizard*.

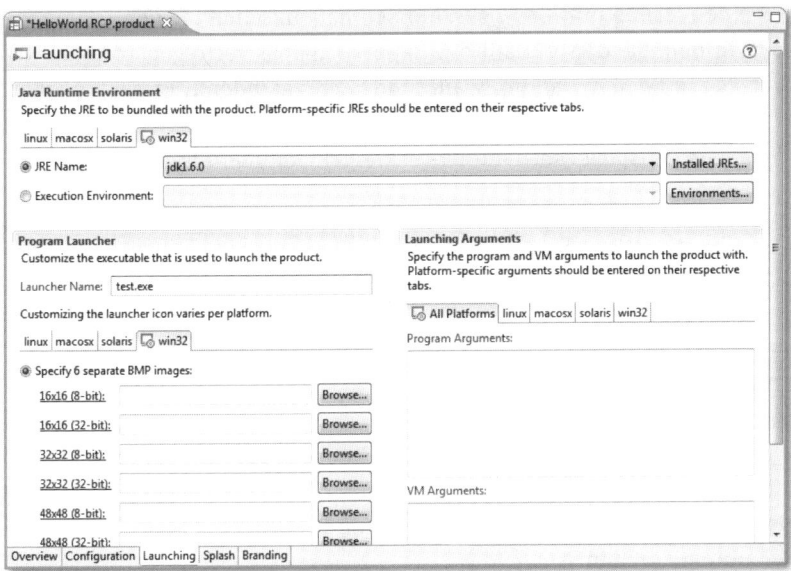

Abbildung 4.37   Die Registerkarte Launching

Der in Abbildung 4.38 gezeigte Dialog *Export* bietet Ihnen die Möglichkeit, das Produkt als Verzeichnisstruktur oder als Archiv zu exportieren. Klicken Sie bitte auf *Directory* und wählen Sie anschließend mit *Browse* den gewünschten Ordner aus. Ich habe im Projektverzeichnis einen neuen Ordner *export* angelegt. Alle übrigen Einstellungen sollten Sie unverändert übernehmen.

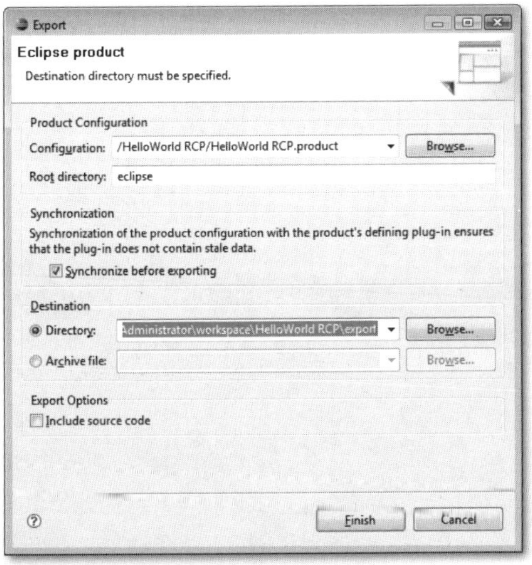

Abbildung 4.38   Der Dialog Export

Nachdem Sie den Dialog mit *Finish* geschlossen haben, sehen Sie den Dialog *Export Product*, in dem Sie den Verlauf des Exportvorgangs verfolgen können. Klicken Sie auf *Run in Background*, um währenddessen an anderen Projekten zu arbeiten. Nachdem Eclipse das Produkt exportiert hat, können Sie sich das Verzeichnis *export* beispielsweise mit dem *Explorer* oder dem *Finder* ansehen.

Der Einstieg in das Erstellen von Eclipse RCP-Anwendungen fällt dank hervorragender Tool-Unterstützung sehr leicht. Dennoch warten unzählige neue Konzepte und Technologien darauf, ausprobiert und verinnerlicht zu werden.

4.5 Zusammenfassung

Sie haben in diesem Kapitel das Eclipse-Plug-in-Konzept aus der Sicht des Anwenders und des Entwicklers kennengelernt. Plug-ins sind nicht nur die Bausteine von Eclipse selbst, sondern können auch das Fundament für eigene, anspruchsvolle Anwendungen bilden.

Eine ausgezeichnete, allerdings englische Einführung in die Programmierung von Eclipse RCP-Anwendungen bietet *Eclipse Rich Client Platform. Designing, Coding, and Packaging Java Applications* von Jeff McAffer und Jean-Michel Lemieux. Falls Sie ein deutschsprachiges Buch suchen, sollten Sie einen Blick auf *Rich-Client-Entwicklung mit Eclipse 3.2. Anwendungen entwickeln mit der Rich Client Platform* von Berthold Daum werfen. Die ausführlichen bibliographischen Angaben entnehmen Sie bitte der Literaturliste im Anhang.

Der Debugger ist nach dem Editor das vielleicht wichtigste Hilfsmittel des Entwicklers. Eine fundierte Kenntnis des eingesetzten Werkzeugs ist dabei ebenso unerlässlich wie das Wissen um die richtige Vorgehensweise bei der Fehlersuche. Beide Aspekte behandle ich in diesem Kapitel.

5 Fehlersuche und Test

In diesem Kapitel geht es um das Finden von Fehlern. Auch wenn niemand gerne eingesteht, dass seine Programme sie enthalten, so ist es doch eine unumstößliche Tatsache, dass jede nicht triviale Software fehlerbehaftet ist. Deshalb gehört die Fehlersuche zu den grundlegenden Tätigkeiten eines Entwicklers. Entsprechend gut sollte das eingesetzte Werkzeug ihn hierbei unterstützen.

Mit dem Begriff *Debuggen* verbinden viele instinktiv die Fehlersuche auf Quelltextebene. Gerade bei Compilersprachen ist dies aber ein keineswegs selbstverständlicher Luxus. Denn bei der Übersetzung in Maschinensprache müssen Strukturen und Befehle auf eine viel niedrigere Abstraktionsebene gebracht werden. Zudem kann aus Sequenzen von Maschinenbefehlen keineswegs immer auf korrespondierende hochsprachliche Elemente geschlossen werden. Vereinfacht ausgedrückt muss dem Debugger der Quelltext des zu untersuchenden Programms vorliegen, damit er den aktuellen Zustand während der Programmausführung auf diesen abbilden kann. So war die Ausgabe von Variableninhalten oder Positionsangaben mittels `print()`-Funktionen oder Methoden lange Zeit das wichtigste Hilfsmittel bei der Fehlersuche. Und sie wird selbst heutzutage noch gerne eingesetzt.

Im Folgenden möchte ich Ihnen zeigen, wie Ihnen Eclipse beim Aufspüren von Programmfehlern hilft. In Abschnitt 5.1, *Visuelles Debuggen,* lernen Sie die Perspektive *Debug* mit ihren zahlreichen Sichten kennen. Der Abschnitt 5.2, *Konzepte und Techniken* zeigt Ihnen unter anderem, wie Sie während des Programmablaufs Variableninhalte einsehen und Breakpoints setzen. Im dritten Abschnitt, *Fortgeschrittene Debug-Techniken,* lernen Sie fortgeschrittene Aspekte der Fehlersuche kennen, beispielsweise bedingte Breakpoints sowie ausgefeilte Techniken zur Einzelschrittsteuerung. Getreu dem Motto »Am leichtesten lassen sich nicht gemachte Fehler ausbügeln« stelle ich Ihnen schließlich in Abschnitt 5.4, *Unit-Tests,* Konzepte vor, mit denen Sie potenzielle Probleme schon während der Programmierung entdecken können.

5.1   Visuelles Debuggen

Visuelles oder *interaktives* Debuggen ist, wenn Sie so möchten, die Königsdiszi-
plin der Fehlersuche. Der Entwickler sieht während der Programmausführung
seinen Quelltext und kann praktisch jederzeit die Abarbeitung anhalten, Variablen einsehen und verändern. Sogar Modifikationen am Programm sind möglich. Allerdings geht mit dieser Flexibilität eine gewisse Einarbeitungszeit einher.
Oder positiver formuliert: Es gibt viel zu entdecken und auszuprobieren.

5.1.1   Ein erstes Beispiel

Eclipse bettet die Fehlersuche in eine eigene Perspektive ein. Um diese kennen-
zulernen, stelle ich Ihnen ein kleines Programm vor, das die Fakultät einer beliebigen natürlichen Zahl berechnet.

Fakultätsberechnung

Die Fakultät ist eine mathematische Funktion, die einer natürlichen Zahl das Produkt aller natürlichen Zahlen kleiner oder gleich dieser Zahl zuordnet. Sie wird
durch ein Ausrufezeichen, das dieser Zahl nachgestellt ist, abgekürzt. Als natürliche Zahlen bezeichnet man alle positiven ganzen Zahlen. Die Null wird üblicherweise nicht als natürliche Zahl betrachtet. Es gilt also beispielsweise *5! = 5 ***
*4 * 3 * 2 * 1*. Fakultäten für negative oder für nicht ganze Zahlen sind nicht definiert. Außerdem ist gemäß Definition *0! = 1*.

Aus diesen Vorgaben lässt sich sehr leicht ein kurzes Programm ableiten. Es berechnet die Fakultät einer Zahl aus dem Produkt der Fakultät ihres Vorgängers
und der Zahl selbst.

```java
public class Fakultaet {
  public static int fakultaet(int zahl) {
    int ergebnis = 1;
    if (zahl > 1)
      ergebnis = zahl * fakultaet(zahl - 1);
    return ergebnis;
  }

  public static void main(String[] args) {
    int zahl = Integer.parseInt(args[0]);
    int ergebnis = fakultaet(zahl);
    System.out.print(zahl + "! = " + ergebnis);
  }
}
```

Listing 5.1   Fakultaet.java

Die Methode `fakultaet()` ruft sich so lange selbst auf, bis die übergebene Zahl kleiner als 2 ist. Dann nämlich ist das Ergebnis ohne weitere Rekursion ermittelbar. Denn es gilt *0! = 1! = 1*. Falls Sie Zweifel haben, dass diese geschachtelten Aufrufe tatsächlich nötig sind, haben Sie natürlich Recht. Die Multiplikationen könnten Sie viel leichter und effizienter in Form einer Schleife realisieren. Allerdings lassen sich mit rekursiven Methodenaufrufen sehr schön grundlegende Techniken der Fehlersuche demonstrieren. In diesem Abschnitt habe ich Ihnen die wichtigsten Werkzeuge vorgestellt, die Eclipse für die Fehlersuche anbietet. Dabei habe ich bewusst einige Einstellmöglichkeiten und Funktionen außen vor gelassen, um Ihnen zunächst ein Gesamtbild zu vermitteln. Im nächsten Abschnitt wende ich mich fortgeschrittenen Techniken der Fehlersuche zu.

Starten des Debug-Vorgangs

In Kapitel 2, *Arbeiten mit Eclipse*, habe ich Ihnen gezeigt, wie Sie Programme starten. Der Aufruf des Debuggers geschieht auf sehr ähnliche Weise. Beispielsweise können Sie eine Fehlersuche beginnen, indem Sie RUN • DEBUG AS • JAVA APPLICATION auswählen. Klicken Sie stattdessen aber bitte auf RUN • OPEN DEBUG DIALOG. Sie sehen den Ihnen bereits bekannten Dialog zum Anlegen, Bearbeiten und Löschen von Konfigurationen. Um eine neue Debug-Konfiguration anzulegen, klicken Sie mit der rechten Maustaste auf *Java Application* und wählen dann NEW. Auf der Registerkarte *Main* wählen Sie bitte das Projekt aus, in dem Sie die Klasse `Fakultaet` angelegt haben und geben `Fakultaet` als *Main class* an. Setzen Sie außerdem ein Häkchen vor *Stop in main*.

Wechseln Sie nun bitte auf die Registerkarte *Arguments* und klicken unter *Program arguments* auf *Variables*. Sie sehen daraufhin den in Abbildung 5.1 gezeigten Dialog *Select Variable*. Er enthält eine Liste mit Variablen, die Sie Programmen beim Start übergeben können. Mithilfe der Eingabezeile *Argument* steuern Sie, wie der Wert einer Variablen ermittelt wird.

Beispielsweise erwartet *system_property* den Namen einer System Property wie *user.home*. Die Variable *string_prompt* sorgt dafür, dass Eclipse beim Start eines Programms einen kleinen Eingabedialog öffnet. Diesen können Sie in sehr begrenztem Umfang konfigurieren. Der erste Wert bei *Argument* enthält einen Hinweistext. Der zweite wird als Vorbelegung der Eingabezeile genutzt. Ein Doppelpunkt trennt die beiden Parameter.

Nachdem Sie *string_prompt* ausgewählt haben, schließen Sie bitte den Dialog *Select Variable* mit OK. Änderungen an Ihrer Debug-Konfiguration übernehmen Sie mit *Apply*. Nun können Sie den Debug-Vorgang starten. Klicken Sie hierzu auf *Debug*. Sie sehen den in Abbildung 5.2 gezeigten Dialog *Variable input*, in den Sie die zu berechnende Fakultät eintragen. Nachdem Sie die Eingabe mit OK beendet haben, informiert Sie Eclipse darüber, dass die IDE automatisch die Perspektive *Debug* öffnen kann. Sie sollten dem zustimmen und diese Einstellung speichern. Setzen Sie hierzu ein Häkchen vor *Remember my decision* und klicken anschließend auf *Yes*.

Eclipse wechselt daraufhin zur Perspektive *Debug*, die Sie in Abbildung 5.3 sehen. Ein Element des Darstellungsbereichs ist der Java-Editor, der den Quelltext der Klasse `Fakultaet` enthält. Eine Zeile ist grün hinterlegt und zeigt im Randbereich durch einen kleinen blauen Pfeil die nächste auszuführende Anweisung an. Da Sie Eclipse angewiesen hatten, in `main()` anzuhalten, ist dies die erste Zeile dieser Methode.

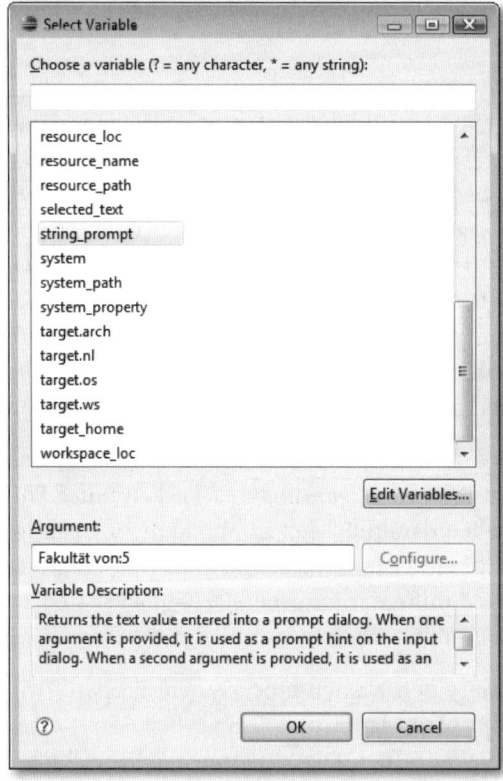

Abbildung 5.1 Der Dialog Select Variable

Das Menü RUN enthält in der Perspektive *Debug* zahlreiche Befehle, die die Abarbeitung eines Programms während einer Debug-Sitzung steuern. Beispielsweise können Sie mit RESUME ein angehaltenes Programm weiterlaufen lassen. TERMINATE beendet es. Die Funktion STEP OVER führt die Anweisungen in der aktuellen Zeile aus. Die Abarbeitung wird vor dem ersten Befehl der Folgezeile wieder gestoppt. Bitte probieren Sie dies aus, indem Sie einmal die Taste F6 drücken. Erwartungsgemäß wird die nächste Zeile markiert. Sie enthält einen Aufruf der Methode `fakultaet()`. Drücken Sie bitte erneut F6 oder Sie wählen RUN • STEP OVER. Die Abarbeitung stoppt vor der letzten Programmzeile, der Ausgabe des Ergebnisses mittels `print()`. Führen Sie diese nun aus, indem Sie RUN • RESUME anklicken. Das Ergebnis der Berechnung wird in der Sicht *Console* ausgegeben.

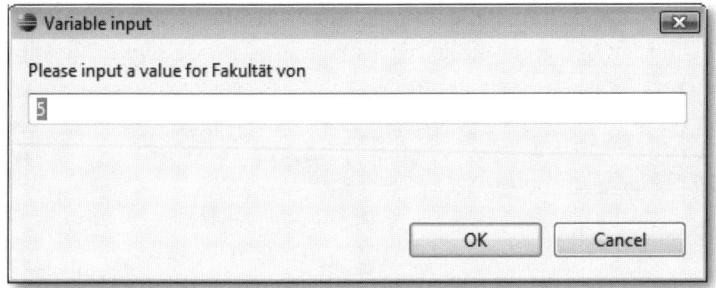

Abbildung 5.2   Der Dialog Variable input

Der Befehl STEP OVER erlaubt also die zeilenweise Ausführung eines Programms. Um die Berechnung der Fakultät verfolgen zu können, ist allerdings ein anderes Vorgehen nötig. Denn bei Methodenaufrufen findet keine Einzelschrittverarbeitung statt. STEP OVER behandelt Methoden, als wären sie einzelne Anweisungen.

Verfolgen von Methodenaufrufen

Starten Sie den Debug-Vorgang erneut, indem Sie RUN • DEBUG aufrufen oder die Taste F11 drücken. Geben Sie im Dialog *Variable input* bitte den Wert 2 ein. Führen Sie nun die erste Programmzeile, die Zuweisung der in eine Zahl gewandelten Eingabe, mit STEP OVER aus. Für das Verfolgen eines Methodenaufrufs steht der Befehl RUN • STEP INTO zur Verfügung. Sie erreichen ihn auch über das Tastenkürzel F5. Bitte drücken Sie nun diese Taste.

Eclipse wird daraufhin die erste Zeile der Methode `fakultaet()` grün hinterlegen. Drücken Sie nun zweimal die Taste F6. Da Sie die Fakultät von 2 berechnen möchten, ist die Bedingung (`zahl > 1`) erfüllt. Der Wert von `ergebnis` ist deshalb das Produkt aus 2 und dem Rückgabewert des Methodenaufrufs `fakultaet(1)`. Um zu erfahren, wie sich `fakultaet()` bei 1 verhält, wählen Sie bitte RUN • STEP INTO. Ab jetzt können Sie den weiteren Programmverlauf solange durch Drücken von F6 verfolgen, bis Sie das Ende von `main()` erreichen. Rufen Sie dann RESUME auf.

STEP INTO löst also wie STEP OVER eine Einzelschrittverarbeitung aus, betrachtet Methodenaufrufe aber nicht als black box, sondern stoppt die Verarbeitung vor der ersten Zeile des Methodenrumpfes.

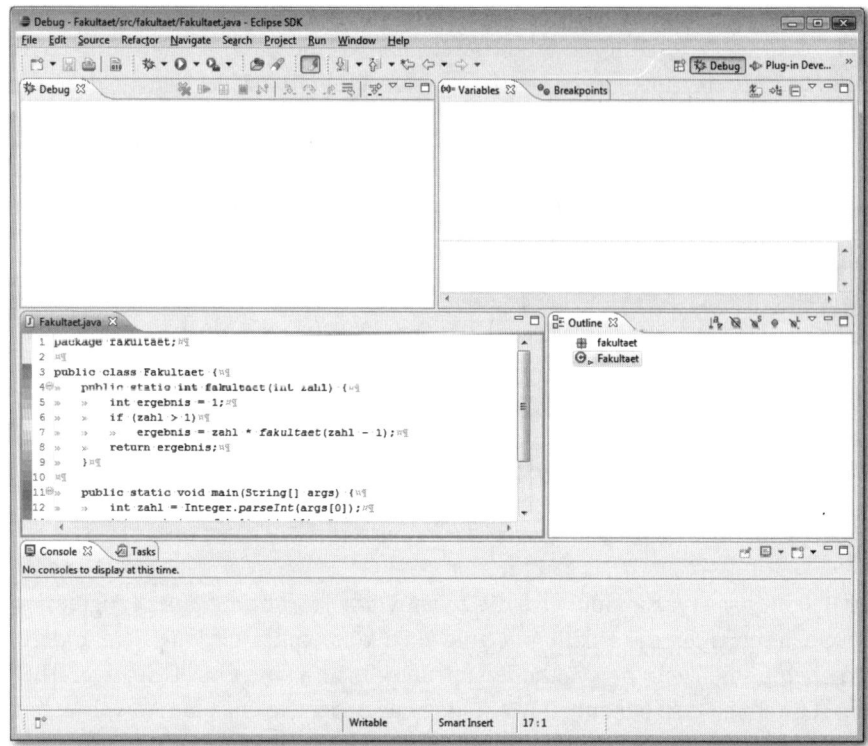

Abbildung 5.3 Die Perspektive Debug

Das Menü RUN enthält einige weitere Befehle, mit denen Sie die Programmausführung während einer Debug-Sitzung steuern können. Informationen hierzu finden Sie in Abschnitt 5.2, *Konzepte und Techniken*.

5.1.2 Die Sichten der Perspektive Debug

Die Kontrolle des Programmflusses ist natürlich nur ein Aspekt bei der Fehlersuche. Um den Zustand eines Programms, beispielsweise Variableninhalte oder Aufrufabfolgen, zu visualisieren, stellt die Perspektive *Debug* zahlreiche Sichten zur Verfügung. Soweit diese nicht automatisch geöffnet werden, erreichen Sie die Sichten über WINDOW • SHOW VIEW • OTHER unterhalb des Knotens *Debug*.

Die Sicht Debug

Die in Abbildung 5.4 gezeigte Sicht fungiert als Steuerzentrale während einer Debug-Sitzung. Sie ordnet die Threads einer Anwendung in einer baumartigen Struktur an. Deren Wurzel repräsentiert die Debug-Konfiguration, die der aktuellen Sitzung zugrunde liegt. Weitere Elemente symbolisieren den Client- und

Serverteil des Debuggers. Was es hiermit auf sich hat, erkläre ich in Abschnitt 5.2.1, *Architektur des Eclipse Debuggers*.

Ein Rechtsklick auf Elemente des Baums öffnet ein Kontextmenü, das neben den bereits bekannten Befehlen zur Programmsteuerung beispielsweise das Kopieren des Stacks auf das Systemklemmbrett oder das Bearbeiten der Debug-Konfiguration gestattet. Klicks mit der linken Maustaste auf die Elemente eines Thread-Knotens zeigen die korrespondierende Stelle im Quelltext an.

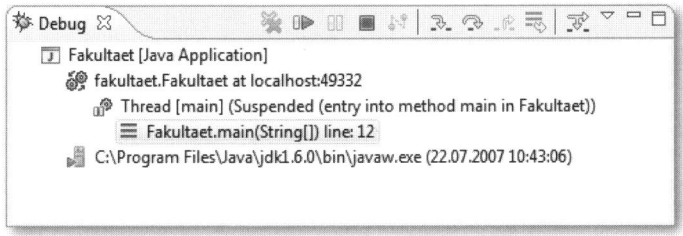

Abbildung 5.4   Die Sicht Debug

Abbildung 5.5   Klappmenü der Sicht Debug

Die Symbolleiste der Sicht enthält einige Befehle zur Ablaufsteuerung, die Sie schon vom Menü Run her kennen, beispielsweise Resume, Terminate, Step Into und Step Over. Meine Empfehlung ist allerdings, solche gängigen Aktionen durch ihre entsprechenden Tastenkürzel auszulösen. Mit dem in Abbildung 5.5 gezeigten Klappmenü beeinflussen Sie die Anzeige der Sicht. Beispielsweise können Sie bei Bedarf System-Threads einblenden sowie Thread-Gruppen anzeigen. Show Qualified Names schaltet die Anzeige von Paketnamen (beispielsweise bei den Parametern von Methoden) ein oder aus.

Die Sicht Display

Mit der in Abbildung 5.6 gezeigten Sicht *Display* können Sie beliebige Ausdrücke auswerten. Die Sicht funktioniert wie das *Scrapbook*, das ich Ihnen in Kapitel 2, *Arbeiten mit Eclipse*, vorgestellt habe. Sie geben also zunächst den auszuwertenden Ausdruck ein und markieren ihn anschließend. Nun können Sie die gewünschte Funktion über die Symbolleiste oder das Kontextmenü der Sicht auslösen.

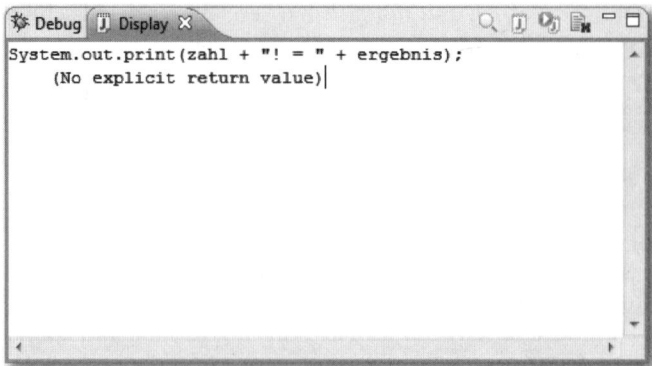

Abbildung 5.6 Die Sicht Display

EXECUTE beispielsweise führt die Anweisungen aus, ohne das Ergebnis anzuzeigen. Dies ist praktisch, wenn Sie ohnehin Ausgaben in die *Console* machen, beispielsweise mit `System.out.println()`. DISPLAY hingegen zeigt das Ergebnis innerhalb der Sicht an. Wie beim *Scrapbook* kann dies dazu führen, dass der Text der Sicht keinen gültigen Java-Ausdruck mehr ergibt. Vor einer erneuten Auswertung müssen Sie ihn also gegebenenfalls editieren.

Um dies zu verhindern, können Sie stattdessen die Funktion INSPECT nutzen. Sie öffnet das in Abbildung 5.7 gezeigte Popup-Fenster. Es enthält das Ergebnis des ausgewerteten Ausdrucks. Mit dem Tastenkürzel `Ctrl`+`⇧`+`I` lässt sich der Ausdruck übrigens in die Sicht *Expressions*, die ich Ihnen im folgenden Abschnitt vorstelle, übernehmen.

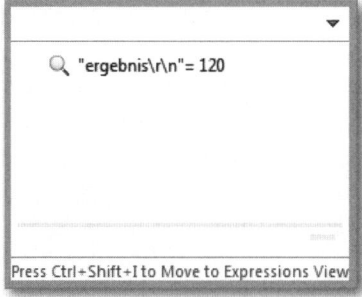

Abbildung 5.7 Popup mit dem Ergebnis eines ausgewerteten Ausdrucks

Um einen Ausdruck auszuwerten, müssen Sie ihn übrigens nicht erst in die Sicht *Display* übernehmen. Sie können ihn stattdessen direkt im Java-Editor markieren. Rufen Sie dann das Kontextmenü des Editors auf und wählen Sie DISPLAY. Das Ergebnis wird in einem Popup-Fenster angezeigt. Falls Sie den Ausdruck und

sein Ergebnis in die Sicht *Display* kopieren möchten, drücken Sie bitte
$\boxed{\texttt{Ctrl}}$+$\boxed{\Uparrow}$+$\boxed{\texttt{D}}$, während das Ergebnis-Popup-Fenster geöffnet ist.

Die Sicht Expressions

Auch die in Abbildung 5.8 gezeigte Sicht *Expressions* stellt Ergebnisse von ausgewerteten Ausdrücken dar. Im Gegensatz zur Sicht *Display* beinhaltet sie aber
keinen Scrapbook-ähnlichen Editor. Sie geben also die Ausdrücke nicht unmittelbar über die Sicht ein, sondern übernehmen sie beispielsweise aus der Sicht *Display* oder dem Java-Editor über die Funktion INSPECT.

Der Vorteil der Sicht liegt in einer sehr detaillierten Darstellung der ausgewerteten Ausdrücke. Außerdem können Sie mit sogenannten *Watch Expressions* gezielt
auf Datenkonstellationen während einer Debug-Sitzung reagieren.

Die Sicht Variables

Diese in Abbildung 5.9 gezeigte Sicht liefert eine übersichtliche (auf Wunsch ta-
bellarische) Darstellung aller aktuell gültigen Variablen sowie deren Inhalte.
Über ein Kontextmenü lassen sich Variablen in die Sicht *Expressions* übernehmen
oder auf das Systemklemmbrett kopieren, sogenannte *Watch Expressions* erzeugen und Werte ändern. Sie können die Darstellung der Sicht über das Klappmenü
in weiten Grenzen beeinflussen. Beispielsweise lassen sich Spaltenüberschriften
sowie bestimmte Variablentypen ein- und ausblenden.

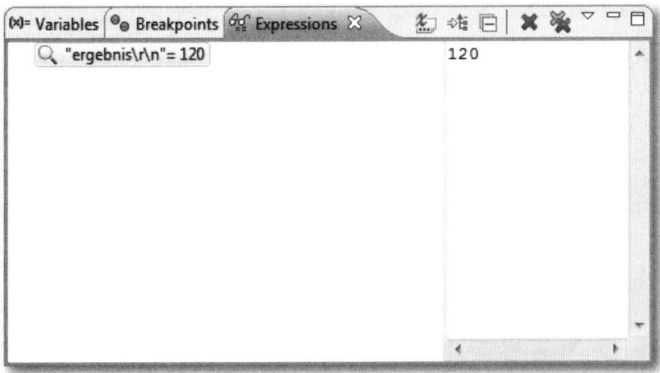

Abbildung 5.8   Die Sicht Expressions

Die Sicht gestattet einen umfassenden Einblick in den Zustand eines Programms.
Besonders interessant ist es, Werte ändern zu können. Dies ist für das Nachstellen von Fehlersituationen sehr wichtig. Wie Sie hierzu vorgehen, zeige ich Ihnen
in Abschnitt 5.3.3, *Änderungen vornehmen*. Im Gegensatz zur Sicht *Expressions*
kann *Variables* aber keine komplexen Ausdrücke visualisieren.

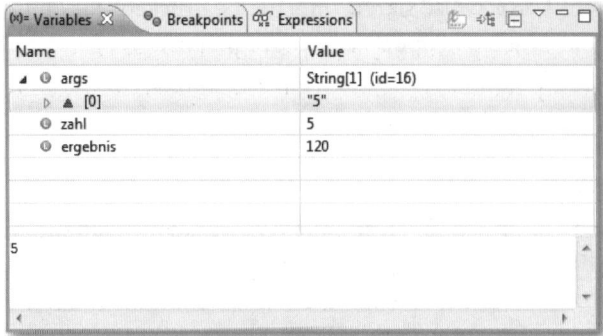

Abbildung 5.9   Die Sicht Variables

Die Sicht Breakpoints

Die Sicht *Breakpoints*, die Sie in Abbildung 5.10 sehen, fasst alle *Breakpoints* der Projekte des aktuellen Arbeitsbereichs zusammen.

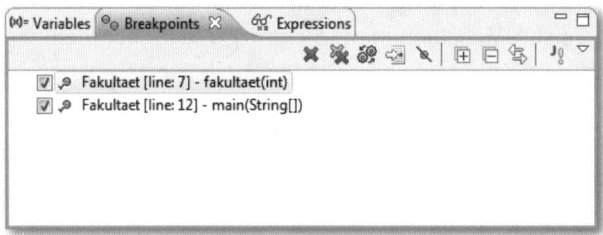

Abbildung 5.10   Die Sicht Breakpoints

Vereinfacht ausgedrückt sind Breakpoints Positionen innerhalb des Quelltextes, an denen der Debugger den Programmablauf stoppt oder stoppen kann. Eclipse kennt zahlreiche Arten von Breakpoints oder Haltepunkten, die ich Ihnen ausführlich in Abschnitt 5.2.2, *Breakpoints*, vorstellen werde. Da die Sicht *Breakpoints* arbeitsbereichsbezogen arbeitet, greift sie das Ihnen bereits bekannte Konzept der *Working Sets* auf. Sie können durch Auswahl eines Working Sets also beispielsweise festlegen, welche Breakpoints die Sicht anzeigt.

5.2   Konzepte und Techniken

In vorigen Abschnitt haben Sie die Sichten der Perspektive *Debug* kennengelernt. Um sie effizient nutzen zu können, ist ein fundiertes Verständnis der Konzepte und Techniken zur Fehlersuche nötig. Die Grundlagen hierfür möchte ich Ihnen im Folgenden vermitteln.

5.2.1 Architektur des Eclipse Debuggers

Das *Java Development Toolkit* (*JDT*) beinhaltet einen remote-fähigen Debugger. Dies bedeutet, dass das zu analysierende Programm auf einer anderen Maschine als auf Ihrem Entwickler-PC ausgeführt werden kann.

Client-Server-Design

Um dies zu ermöglichen, wurde der Debugger als Client-Server-System konzipiert. Der Debug-Client läuft innerhalb der Workbench, also der Eclipse-Instanz auf Ihrer lokalen Entwickler-Maschine. Der Server-Teil des Debuggers hingegen wird auf demjenigen Rechner gestartet, auf dem auch die Anwendung, die Sie untersuchen möchten, ablaufen wird. Dies kann ebenfalls Ihr lokaler PC sein, aber eben auch ein entfernter, über das Netzwerk erreichbarer Rechner.

Man unterscheidet also zwischen *lokaler* und *entfernter Fehlersuche*. Erstere ist die einfachste und gleichzeitig häufigste Form des Debuggens. Sie haben sie in Abschnitt 5.1.1, *Ein erstes Beispiel*, bereits ausprobiert. Nachdem Sie die Programmierarbeiten abgeschlossen haben, starten Sie den Debug-Vorgang, indem Sie einen der entsprechenden Befehle im Menü RUN aufrufen. Eclipse stellt automatisch eine Verbindung zwischen dem Debug-Client und Ihrer Anwendung her, die Sie nun durch das Setzen von Breakpoints, Untersuchen von Variablen und Auswerten von Ausdrücken analysieren können.

Remote Debugging bedeutet also, nach Fehlern in entfernt ablaufenden Programmen zu suchen. Dies ist natürlich besonders für JEE-Anwendungen interessant, die auf spezielle Applikationsserver verteilt werden. Diese Art der Fehlersuche wird aber auch eingesetzt, wenn auf den Zielsystemen kein Eclipse SDK installiert werden kann oder keine Ein-/Ausgabegeräte angeschlossen sind.

Um eine Anwendung remote debuggen zu können, muss sie in einem speziellen Modus gestartet worden sein, damit sie auf eine Verbindung mit dem Debug-Client wartet. Außerdem muss die entfernte virtuelle Maschine diesen Mechanismus unterstützen.

Vorbereitungen für eine Remote Debugging-Sitzung

Um Fehler in einer entfernten Anwendung zu suchen, sind grundsätzlich die folgenden Schritte nötig:

1. Stellen Sie sicher, dass die erzeugten Klassendateien Debug-Informationen enthalten. Die entsprechenden Einstellungen nehmen Sie auf der Seite *Compiler* des Dialogs *Preferences* im Abschnitt *Classfile Generation* vor.
2. Übertragen Sie Ihre fertige Anwendung auf das Zielsystem.

3. Legen Sie eine Remote Launch Configuration an.

4. Starten Sie das Programm im Debug-Modus und geben Sie die Port-Nummer aus der Launch Configuration für die Kommunikation mit dem Client an.

5. Starten Sie den Debug-Vorgang.

Sie legen eine *Remote Launch Configuration* an, indem Sie mit RUN • OPEN DEBUG DIALOG den Ihnen bereits bekannten Dialog zum Anlegen und Bearbeiten von Konfigurationen öffnen. Er ist in Abbildung 5.11 zu sehen. Klicken Sie mit der rechten Maustaste bitte auf *Remote Java Application* und wählen dann *New*. Geben Sie der Konfiguration einen Namen, beispielsweise *Debug-Test* und setzen Sie den *Connection Type* auf *Standard (Socket Attach)*. Unter *Connection Properties* tragen Sie den Namen oder die IP-Adresse derjenigen Maschine ein, auf dem die zu debuggende Anwendung ausgeführt wird. Als *Port* verwenden Sie *1044*. Klicken Sie nun bitte auf *Apply* und schließen dann den Dialog mit *Close*.

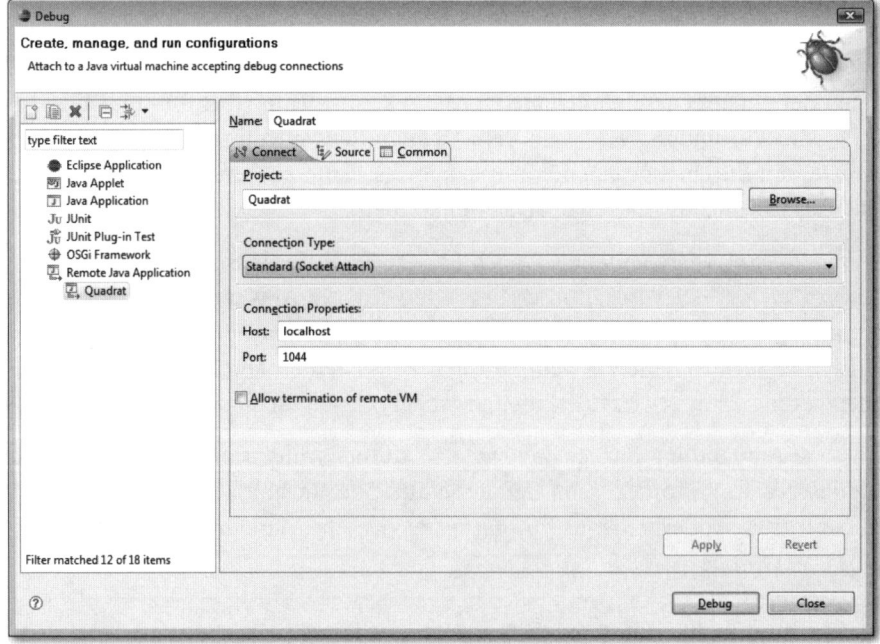

Abbildung 5.11 Anlegen einer neuen Remote Launch Configuration

Auch wenn Ihnen kein zweiter physikalischer Rechner zur Verfügung steht, können Sie das Remote Debugging ausprobieren. Wie dies funktioniert, zeige ich Ihnen im folgenden Abschnitt.

Ein Beispiel für Remote Debugging

Ich möchte Ihnen das *Remote Debugging* am Beispiel der Klasse Quadrat demonstrieren. Sie liest eine Zahl ein und gibt deren Quadrat aus. Dies geschieht solange, bis Sie anstelle einer Zahl ⌧q⌧ eingeben.

```java
import java.io.Console;

public class Quadrat {
  public static void main(String[] args) {
    Console c = System.console();
    if (c != null) {
      while (true) {
        c.printf("Bitte geben Sie eine Zahl ein. " +
                "q beendet das Programm: ");
        String eingabe = c.readLine();
        if (eingabe.equalsIgnoreCase("q")) {
          break;
        }
        int zahl = Integer.parseInt(eingabe);
        c.printf("Das Quadrat von %d ist %d\n",
                zahl, zahl * zahl);
      }
    }
  }
}
```

Listing 5.2 Quadrat.java

Falls Sie das Programm in Eclipse starten, beendet es sich wieder, ohne eine Eingabe entgegenzunehmen und deren Quadrat zu berechnen. Dies liegt daran, dass innerhalb der Workbench keine Java 6-konforme Konsole zur Verfügung steht. Die entsprechende if-Abfrage liefert in diesem Fall null.

Öffnen Sie nun bitte den Kommandozeileninterpreter Ihres Betriebssystems, also die *Eingabeaufforderung* unter Windows oder die *bash* unter Linux und Mac OS X. Wenn Sie Java so eingerichtet haben, wie ich es in Kapitel 1, *Hands on Eclipse*, beschrieben habe, können Sie das Programm ausführen, indem Sie zunächst in das Verzeichnis *bin* unterhalb des Projektverzeichnisses wechseln und anschließend *java Quadrat* eintippen. Ist der normale Programmstart erfolgreich verlaufen, können Sie nun den Debug-Modus starten. Geben Sie hierzu bitte die folgende Anweisung ein:

```
java -Xdebug -Xrunjdwp:transport=dt_
socket,server=y,suspend=n,address=1044 Quadrat
```

Sie startet das Programm und setzt die zu Ihrer Launch Configuration passenden Einstellungen, beispielsweise Port 1044 sowie eine Verbindung über Sockets. Eine englische Beschreibung der übergebenen Argumente finden Sie unter der Adresse *java.sun.com/javase/6/docs/technotes/tools/windows/jdb.html*. Es wird nun eine Meldung ausgegeben, über welchen Port die Kommunikation mit dem Debug-Client stattfinden wird. – Die Programmabarbeitung beginnt.

Wechseln Sie bitte in Eclipse und starten Sie dort den Debug-Vorgang, indem Sie RUN • OPEN DEBUG DIALOG aufrufen. Nach einem Doppelklick auf die von Ihnen angelegte Remote Debug Configuration wechselt die IDE in die Perspektive *Debug*. Allerdings müssen Sie vorher einen Breakpoint angelegt haben. Sie können den Zustand des Programms *Quadrat* in der Sicht *Debug* beobachten. Sofern Sie die Anzeige von *System Threads* über das Klappmenü der Sicht nicht eingeschaltet haben, sehen Sie nur einen laufenden Thread. Sie können ihn anhalten, indem Sie auf das Symbol *Suspend* klicken oder durch Klick mit der rechten Maustaste auf den Thread ein Kontextmenü öffnen und dessen gleichnamigen Befehl auswählen.

Eine andere Möglichkeit ist, einen sogenannten Breakpoint anzulegen. Klicken Sie hierzu im linken Randbereich des Java-Editors mit der rechten Maustaste in diejenige Zeile, die den Breakpoint enthalten soll, und wählen dann TOGGLE BREAKPOINT. Wie eine Zeile nach dem Anlegen eines Haltepunktes aussieht, sehen Sie in Abbildung 5.12. In meinem Beispiel wird die Programmausführung vor dem Einlesen der Eingabe unterbrochen.

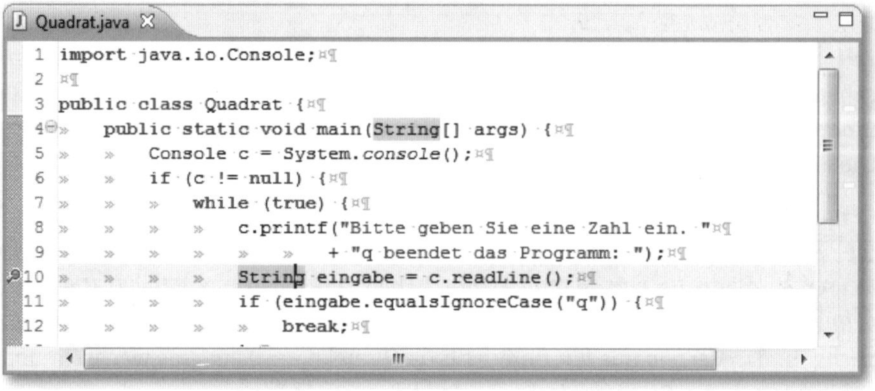

```
 1  import java.io.Console;
 2
 3  public class Quadrat {
 4      public static void main(String[] args) {
 5          Console c = System.console();
 6          if (c != null) {
 7              while (true) {
 8                  c.printf("Bitte geben Sie eine Zahl ein. "
 9                          + "q beendet das Programm: ");
10                  String eingabe = c.readLine();
11                  if (eingabe.equalsIgnoreCase("q")) {
12                      break;
```

Abbildung 5.12 Java-Editor mit einem gesetzten Breakpoint

Da Sie den Breakpoint nach dem Start des Programms angelegt haben, wartet die Klasse schon auf eine Eingabe. Wechseln Sie also bitte in das Konsolenfenster und geben eine Zahl ein. Nachdem Sie ⏎ gedrückt haben, ändert sich der in der Sicht *Debug* angezeigte Status auf *Suspended*. Um eine Eingabe entgegenzunehmen, rufen Sie bitte den Befehl Step Over auf. Eclipse hält nach der Eingabe das Programm erneut an. Sie können nun in die Sicht *Variables* wechseln und sich dort den Inhalt der Variable `eingabe` ansehen.

Sie beenden den Debug-Vorgang, indem Sie in der Sicht *Debug* auf das Symbol Disconnect klicken. Falls Sie über einen zweiten Rechner verfügen, können Sie mit diesem das Remote Debugging erneut üben. Kopieren Sie die Datei *Quadrat.class* bitte auf diesen Rechner und tragen Sie in der Launch Configuration seine IP-Adresse anstelle von *localhost* ein. Alle übrigen Schritte sind identisch.

Das in diesem Abschnitt beschriebene Remote Debugging ist auf das Senden und Empfangen von Daten über das Netzwerk angewiesen. Wenn der Client keine Verbindung mit dem Debug-Server aufbauen kann, sollten Sie prüfen, ob die von Ihnen eingesetzte Firewall unter Umständen den Datenverkehr blockiert. In diesem Fall müssen Sie den Port 1044 öffnen.

5.2.2   Breakpoints

Sie haben im vorherigen Abschnitt Haltepunkte (engl. *Breakpoints*)als Stellen im Quelltext kennengelernt, an denen der Debugger die Programmausführung unterbricht. Eclipse kennzeichnet aktive Breakpoints im linken Randbereich des Java-Editors mit einem blauen, inaktive mit einem weißen Kreis. Außerdem werden sie in der gleichnamigen Sicht angezeigt.

Line und Method Breakpoints

Breakpoints können auf verschiedene Weise angelegt werden. Sehr bequem ist, im linken Randbereich der gewünschten Zeile einen Doppelklick auszulösen. War an dieser Stelle schon ein Breakpoint vorhanden, wird er gelöscht. Das gleiche Resultat erreichen Sie, indem Sie die Kontextmenüfunktion Toggle Breakpoint (eventuell erneut) aufrufen. Möchten Sie verhindern, dass Eclipse an einem Breakpoint anhält, ohne ihn deswegen gleich zu löschen, wählen Sie stattdessen Disable Breakpoint. Enable Breakpoint aktiviert ihn wieder. Auch das Menü Run enthält Befehle, mit denen Sie Breakpoints anlegen und löschen können.

Anders als im Kontextmenü des Java-Editors wird hier allerdings zwischen Line Breakpoint und Method Breakpoint unterschieden. Erstere haben Sie bereits kennengelernt. Sie können in Zeilen mit ausführbaren Java-Anweisungen gesetzt werden. Die Programmabarbeitung wird vor dem Erreichen der betreffenden Zeile gestoppt. *Method Breakpoints* hingegen beziehen sich auf das Betreten oder Verlassen von Methoden.

Um das Verhalten dieses Breakpoint-Typs auszuprobieren, entfernen Sie zuerst bitte alle Breakpoints der Klasse `Fakultaet`. Wählen Sie hierzu RUN • REMOVE ALL BREAKPOINTS. Setzen Sie anschließend den Cursor im Java-Editor an eine beliebige Stelle innerhalb der Methode `fakultaet()` und klicken Sie dann auf RUN • TOGGLE METHOD BREAKPOINT. Wie Sie in Abbildung 5.13 sehen, erscheint im Randbereich das Symbol eines aktivierten Breakpoints.

Starten Sie nun bitte den Debug-Vorgang. Wenn Sie die Konfiguration aus dem ersten Abschnitt verwenden, hält Eclipse in der `main()`-Methode an, also vor dem neuen Breakpoint. Setzen Sie deshalb die Ausführung mit RESUME fort. Der Method Breakpoint sorgt dafür, dass das Programm vor dem Ausführen der ersten Zeile der Methode `fakultaet()` crncut gcstoppt wird. Wechseln Sie nun bitte in die Sicht *Breakpoints* und wählen Sie im Kontextmenü des Method Breakpoints BREAKPOINT PROPERTIES.

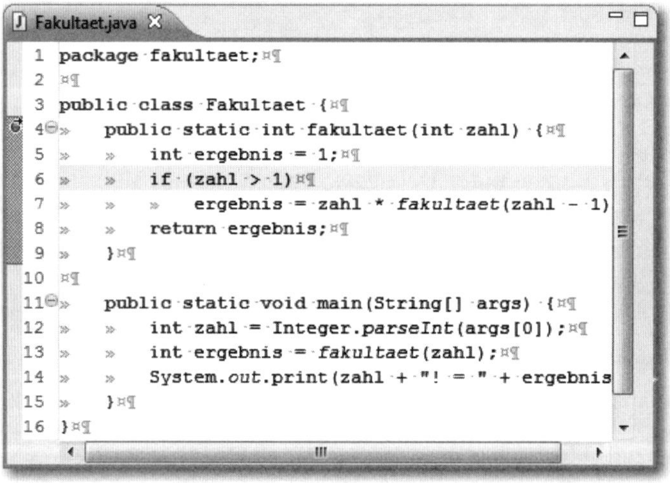

```
 1  package fakultaet;
 2
 3  public class Fakultaet {
 4      public static int fakultaet(int zahl) {
 5          int ergebnis = 1;
 6          if (zahl > 1)
 7              ergebnis = zahl * fakultaet(zahl - 1)
 8          return ergebnis;
 9      }
10
11      public static void main(String[] args) {
12          int zahl = Integer.parseInt(args[0]);
13          int ergebnis = fakultaet(zahl);
14          System.out.print(zahl + "! = " + ergebnis
15      }
16  }
```

Abbildung 5.13 Methode mit aktivem Method-Breakpoint

Sie sehen den in Abbildung 5.14 gezeigten Eigenschaften-Dialog, mit dem Sie das Verhalten des Breakpoints beeinflussen können. Was es mit *Hit Count* und *Enable Condition* auf sich hat, verrate ich Ihnen in Abschnitt 5.3.1, *Bedingte Programmunterbrechungen*.

Im Augenblick möchte ich Ihnen nur den Bereich *Suspend on* vorstellen. Hier geben Sie an, wann der Programmablauf angehalten werden soll. Die Verhaltensweise bei *Method Entry* haben Sie eben gesehen: Eclipse stoppt vor dem Abarbeiten der ersten Programmzeile. *Method Exit* hingegen wirkt nach der letzten ausgeführten Zeile der Methode, also unmittelbar vor der Rückkehr in den aufrufenden Programmteil. Um auch dieses Verhalten auszuprobieren, setzen Sie bitte ein Häkchen vor *Method Exit*, entfernen es vor *Method Entry*, schließen den Dialog mit *OK* und führen das Programm mit *Resume* weiter aus.

Die Positionen, an denen Eclipse die Ausführung des Programms anhalten soll, lassen sich übrigens auch direkt über die Befehle EXIT und ENTRY des Kontextmenüs eines Method Breakpoints festlegen.

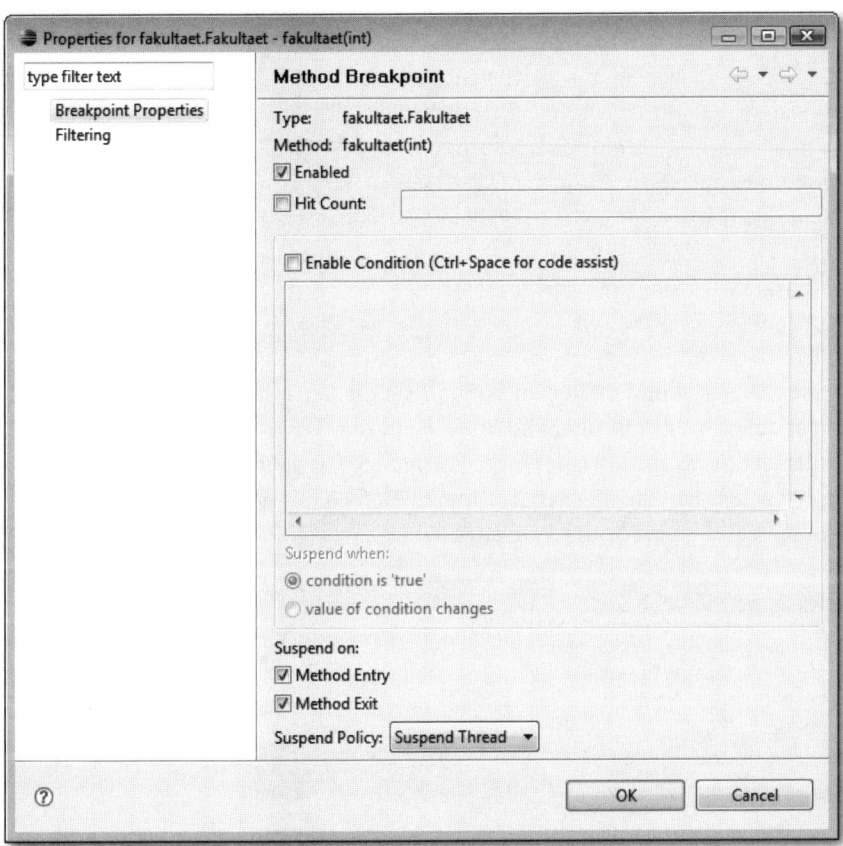

Abbildung 5.14 Eigenschaften eines Method Breakpoints

Die beiden bisher vorgestellten Breakpoint-Typen wirken vereinfacht ausgedrückt auf Zeilen oder Bereiche eines Programms. Sogenannte *Watch Points* beziehen sich hingegen auf Variablen. Genauer gesagt können deren Statusänderungen zur Unterbrechung der Programmausführung führen.

Watch Points

Ich möchte Ihnen die Funktionsweise von Watchpoints anhand der Klasse WatchPointTest vorstellen. Sie können das kurze Programm entweder direkt aus dem Buch übernehmen oder von der Begleit-DVD kopieren. Den Quelltext finden Sie im Verzeichnis *Quelltexte\Fehlersuche und Test\WatchPointTest*.

```java
public class WatchPointTest {
  private static int test1;
  private int test2;

  public WatchPointTest() {
    test1 = 1;
    test2 = test1;
  }

  public static void main(String []args) {
    new WatchPointTest();
  }
}
```

Listing 5.3   WatchPointTest.java

Um einen Watchpoint anzulegen, können Sie die betreffende Variable im Quelltext markieren und anschließend RUN • TOGGLE WATCHPOINT aufrufen. Noch schneller geht dies mithilfe der Sicht *Outline*. Sie erreichen sie über WINDOW • SHOW VIEW. Klicken Sie die Variable hierzu einfach mit der rechten Maustaste an und wählen Sie dann TOGGLE WATCHPOINT.

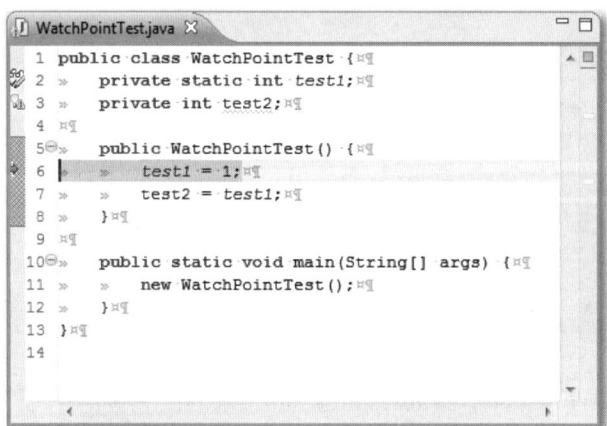

Abbildung 5.15   Watchpoint auf die Variable test1

Legen Sie auf diese Weise bitte einen Watchpoint für test1 an. Die Zeile wird im linken Randbereich mit einem entsprechenden Symbol versehen, das Sie in Abbildung 5.15 sehen.

Starten Sie nun den Debug-Vorgang. Sie müssen hierzu übrigens keine eigene Debug Configuration anlegen. Öffnen Sie einfach das Kontextmenü des Java-Editors und wählen Sie DEBUG AS • JAVA APPLICATION.

Die Programmausführung wird vor der Zuweisung des Wertes 1 an `test1` angehalten. Lassen Sie das Programm bitte mit RESUME weiterlaufen. Sie werden feststellen, dass es schon in der nächsten Zeile erneut gestoppt wird. Dies mag auf den ersten Blick verwirrend sein, denn auf die Variable `test2` haben Sie keinen Watchpoint gesetzt.

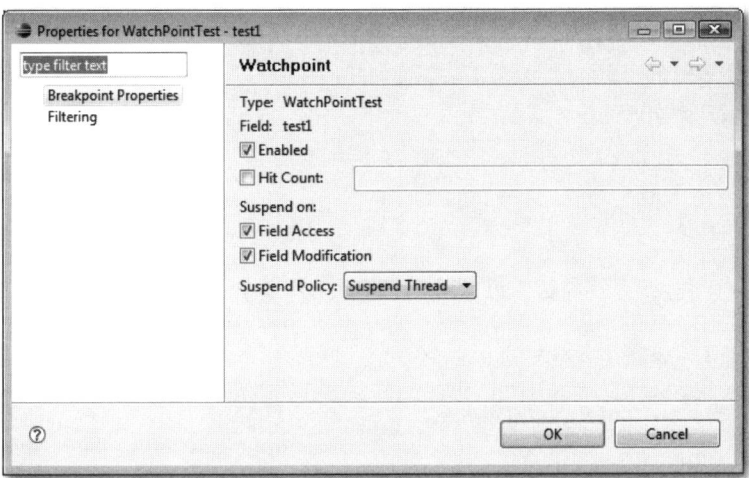

Abbildung 5.16 Eigenschaften von Watchpoints

Die Erklärung liegt in den Eigenschaften des Watchpoints für `test1`. Fahren Sie bitte in den Randbereich der Zeile, die die Deklaration der Variablen `test1` enthält. Wie Sie dem Text des dann erscheinenden Tooltips entnehmen können, greifen Watchpoints standardmäßig sowohl bei lesenden als auch bei schreibenden Zugriffen. Das Programm wurde also ein zweites Mal gestoppt, weil für die Zuweisung an die nicht beobachtete Variable `test2` der aktuelle Wert von `test1` ermittelt werden musste.

Öffnen Sie bitte das Kontextmenü des Watchpoints und wählen *Breakpoint Properties*. Entfernen Sie in dem in Abbildung 5.16 gezeigten Eigenschaften-Dialog unter *Suspend on* das Häkchen vor *Field Access* und schließen Sie den Dialog mit *OK*. Um die geänderten Einstellungen zu testen, wechseln Sie bitte in die Sicht *Debug* und wählen in deren Kontextmenü TERMINATE AND RELAUNCH.

Wie beim ersten Versuch hält das Programm vor der Zuweisung des Wertes 1 an. Nach einem RESUME wird es aber ohne weitere Unterbrechung ausgeführt.

Watchpoints sind also ideal, wenn Sie feststellen möchten, welche Programmteile auf Variablen zugreifen. Beachten Sie aber, dass Sie sie nur bei Klassen- und Instanzvariablen einsetzen können, nicht aber bei lokalen Variablen.

Im folgenden Abschnitt stelle ich Ihnen einen auf den ersten Blick ungewöhnlichen, aber sehr interessanten Breakpoint-Typ vor. Indem Sie *Exception Breakpoints* setzen, können Sie nämlich die Programmausführung beim Auftreten von Exceptions unterbrechen.

Exception Breakpoints

Viele Programme enthalten in `catch {}`-Blöcken zu Debug-Zwecken Aufrufe der Methode `printStackTrace()`. Wie dies aussehen kann, zeigt das Listing *ExceptionBreakpointTest.java*.

```java
public class ExceptionBreakpointTest {
  public static void main(String[] args) {
    try {
    for (int i = 10; i >= 0; i--) {
      System.out.println(i + " / " + i + " = " + i / i);
    }
    } catch (Throwable thr) {
      thr.printStackTrace();
    }
  }
}
```

Listing 5.4 ExceptionBreakpointTest.java

Wenn Sie das Programm starten, werden Sie feststellen, dass es nach der Ausgabe einiger Berechnungen eine `ArithmeticException` wirft. Die Methode `printStackTrace()` nennt zusätzlich den Grund der Ausnahme (eine Division durch 0) sowie die Nummer der Zeile, in der diese aufgetreten ist. Um einen Blick auf die beteiligten Variablen werfen zu können, scheint es nahe zu liegen, in der Zeile `thr.printStackTrace()` einen Line Breakpoint zu setzen.

Allerdings ist diese Vorgehensweise nur bei erwarteten Ausnahmen sinnvoll einsetzbar. Klassische Beispiele hierfür sind die Dateioperationen der Klassenbibliothek, die `IOExceptions` werfen. Programmteile wie Berechnungen, in denen Sie keine Ausnahmen erwarten, werden Sie hingegen nicht mit `try {} catch {}`-Blöcken klammern, zumal die richtige Vorgehensweise hier das Prüfen der Formelparameter wäre.

Wie aber können Sie dann den Grund der Ausnahme herausfinden? *Exception Breakpoints* unterbrechen die Programmausführung, sobald eine überwachte

Ausnahme geworfen wurde. Um einen solchen Haltepunkt anzulegen, wählen Sie bitte RUN • ADD JAVA EXCEPTION BREAKPOINT.

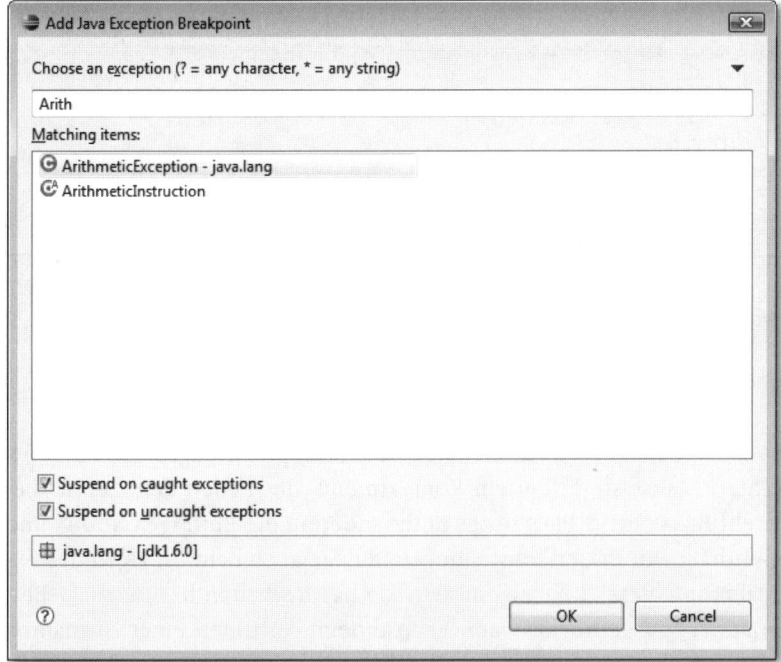

Abbildung 5.17   Der Dialog Add Java Exception Breakpoint

In dem in Abbildung 5.17 gezeigten Dialog *Add Java Exception Breakpoint* wählen Sie diejenige Ausnahme aus, die Sie überwachen möchten. Mit der Filterzeile am oberen Rand können Sie die Liste der angezeigten Ausnahmen einschränken. Suchen Sie bitte nach *ArithmeticException* und klicken Sie sie an. Bevor Sie den Dialog mit *OK* schließen, prüfen Sie bitte, ob vor den beiden Schaltern *Suspend on caught exceptions* und *Suspend on uncought exceptions* jeweils ein Häkchen gesetzt ist.

Starten Sie nun den Debug-Vorgang. Klicken Sie hierzu am besten mit der rechten Maustaste an eine beliebige Stelle innerhalb des Java-Editors und wählen dann DEBUG AS • JAVA APPLICATION. Eclipse hält das Programm in der Zeile `System.out.println(i + " / " + i + " = " + i / i);` an. Um den Grund für die Ausnahme herauszufinden, sehen Sie sich den Inhalt der beteiligten Variablen an. Bewegen Sie den Mauszeiger einfach über die gewünschte Variable. Wie Sie in Abbildung 5.18 sehen, zeigt Eclipse daraufhin einen kleinen Tooltip an. Der Wert von `i` ist 0 (zugegeben nicht besonders überraschend), was zu der bekannten *Division durch 0* führt.

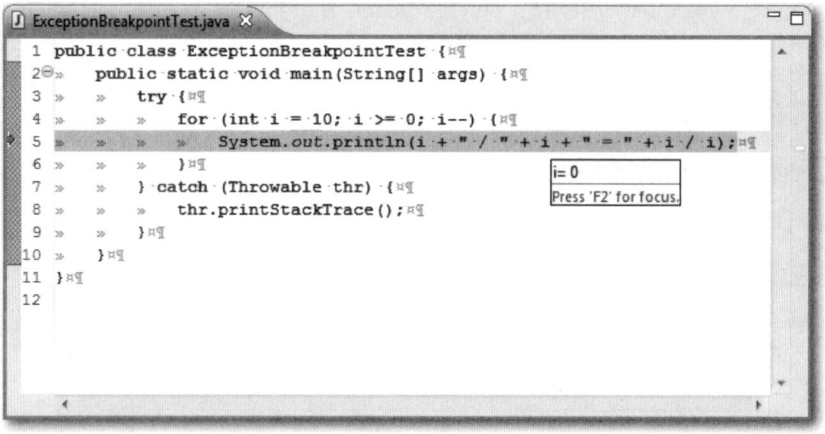

Abbildung 5.18 Inhalt einer Variable anzeigen

Auch Exception Breakpoints werden in der Sicht *Breakpoints* angezeigt. Ein Klick mit der rechten Maustaste öffnet ein Kontextmenü, das neben dem bereits bekannten Befehl BREAKPOINT PROPERTIES unter anderem die Einträge CAUGHT und UNCAUGHT enthält. Mit diesen Einstellungen, die Sie auch beim Anlegen des Exception Breakpoints gesetzt haben, steuern Sie das Verhalten bei catch {}-Blöcken, oder, anders ausgedrückt, wann Eclipse beim Auftreten einer Ausnahme die Programmausführung unterbricht. Das Programm *ExceptionBreakpointTest* fängt ArithmeticExceptions. Entfernen Sie das Häkchen vor CAUGHT, so hält die IDE beim Erreichen der Division durch 0 nicht mehr an.

Der Halt bei nicht gefangenen Ausnahmen bietet sich an, wenn Sie das Auftreten einer Ausnahme zunächst nicht näher eingrenzen können. In diesem Fall legen Sie einen entsprechenden Exception Breakpoint an und setzen nur ein Häkchen vor UNCAUGHT. Die betreffende Stelle im Quelltext können Sie sehr schön im Stack Trace der Sicht *Debug* erkennen.

Der Schalter *Uncaught* lässt sich übrigens gut mit *Suspend on Subclass of this Exception* kombinieren. Sie finden ihn im Eigenschaften-Dialog von Exception Breakpoints. Wenn Sie einfach nur bei allen Ausnahmen den Programmablauf unterbrechen möchten, bietet es sich nämlich an, einen Exception Breakpoint für Throwable anzulegen und die beiden genannten Schalter zu setzen. Sie können dies sehr schön mit dem folgenden Programm *ExceptionBreakpointTest2.java* ausprobieren.

```
public class ExceptionBreakpointTest2 {
    private static int [] werte = {1, 2, 3};
    public static void main(String[] args) {
```

```
    for (int i = 0; i <= werte.length; i++) {
      System.out.println(werte[i]);
    }
  }
}
```

Listing 5.5 ExceptionBreakpointTest2.java

Nachdem Sie den Breakpoint angelegt haben, starten Sie bitte den Debug-Vorgang. Eclipse wird das Programm in der Zeile System.out.println(werte[i]); anhalten. Um den Grund für die Ausnahme zu ermitteln, bewegen Sie den Mauszeiger bitte zunächst auf die Variable werte. Hierbei handelt es sich um ein Feld der Länge 3. Die Variable i hat den Wert 3, liegt also außerhalb des gültigen Bereichs für den Zugriff auf werte.

Mithilfe von Exception Breakpoints können Sie also sehr schön analysieren, warum eine Ausnahme aufgetreten ist. Neben dem Stack Trace der Sicht *Debug* helfen Ihnen dabei unter anderem die Sichten *Variables*, *Display* und *Expressions*.

Class Load-Breakpoints

Class Load-Breakpoints greifen beim erstmaligen Zugriff auf Klassen. Wie Sie sie einsetzen können, möchte ich Ihnen anhand des folgenden Programms *ClassLoadBreakpointTest.java* demonstrieren.

```
public class ClassLoadBreakpointTest {
  public static void main(String[] args) {
    InnereKlasse i = new InnercKlasse();
    System.out.println(i);
  }
}

final class InnereKlasse {

  static {
    int i = 42;
    System.out.println(i);
  }

  protected InnereKlasse() {
    System.out.println("InnereKlasse()");
  }
}
```

Listing 5.6 ClassLoadBreakpointTest.java

Legen Sie bitte einen Class Load-Breakpoint an, indem Sie RUN • ADD CLASS LOAD BREAKPOINT anklicken. Sie sehen daraufhin den in Abbildung 5.19 gezeigten Dialog *Add Class Load Breakpoint*. Mit ihm wählen Sie diejenige Klasse aus, deren »Ladevorgang« die Programmausführung später unterbrechen soll. Geben Sie in der Filterzeile am oberen Rand des Dialogs bitte *InnereKl* ein, um die Liste der darunter angezeigten Klassen einzuschränken. Markieren Sie bitte den einzigen verbleibenden Eintrag *InnereKlasse* und schließen Sie den Dialog mit *OK*.

Wenn Sie den Debug-Vorgang starten, hält Eclipse die Programmausführung in der Zeile `InnereKlasse i = new InnereKlasse();` an. Zu diesem Zeitpunkt ist die Klasse noch nicht geladen oder initialisiert worden. Mit dem Befehl STEP INTO können Sie nun alle folgenden Aktionen verfolgen, beispielsweise die Zuweisung `int i = 42;` sowie die sich anschließende Ausgabe.

Class Load-Breakpoints bieten sich an, wenn Sie eine Klasse debuggen möchten, die aus verschiedenen Bereichen des Programms heraus aufgerufen wird. Anstatt mühsam nach allen Stellen im Quelltext zu suchen, an denen die Klasse instantiiert wird, müssen Sie nur einen einzigen Breakpoint setzen.

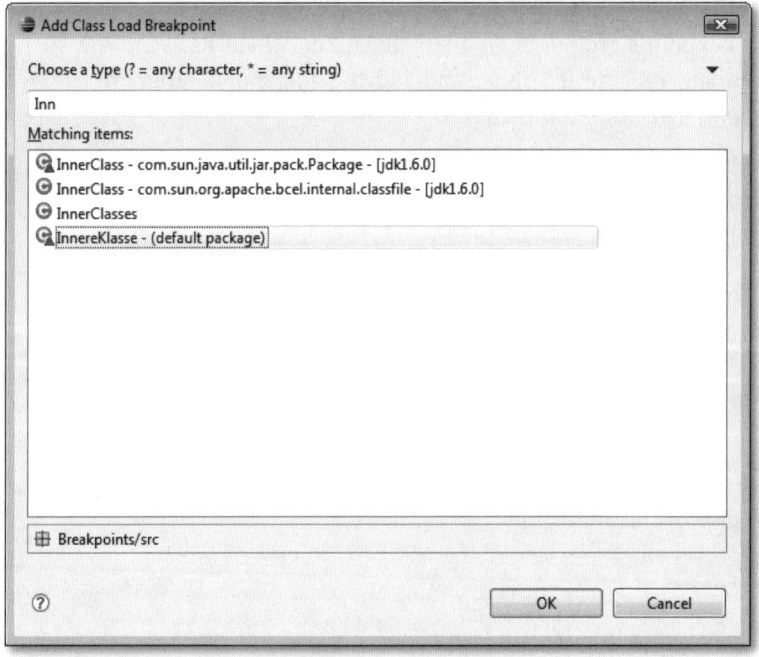

Abbildung 5.19 Der Dialog Add Class Load Breakpoint

In diesem Abschnitt habe ich Ihnen die wichtigsten Werkzeuge vorgestellt, die Eclipse für die Fehlersuche anbietet. Dabei habe ich bewusst einige Einstellmöglichkeiten und Funktionen außen vor gelassen, um Ihnen zunächst ein Gesamtbild zu vermitteln. Im nächsten Abschnitt wende ich mich fortgeschrittenen Techniken der Fehlersuche zu.

5.3 Fortgeschrittene Debug-Techniken

Sehr häufig besteht die Fehlersuche im schrittweisen Verfolgen des Programmflusses und im Beobachten von Variableninhalten. Manchmal ist es aber wünschenswert, den Programmablauf nur dann zu unterbrechen, wenn eine bestimmte Situation eintritt oder eine Bedingung erfüllt ist.

5.3.1 Bedingte Programmunterbrechungen

Bisher haben Sie Breakpoints so eingesetzt, dass Eclipse den Programmablauf immer anhält, wenn der Haltepunkt erreicht wird. Sie können den Halt aber auch vom Eintreten bestimmter Bedingungen abhängig machen.

Hit Counts

Hit Counts sorgen dafür, dass ein Programm beim Erreichen eines Breakpoints nur dann angehalten wird, wenn die Stelle im Quelltext zum wiederholten Male passiert wurde. Hierzu ein Beispiel.

```java
public class HitCountTest {
  public static void main(String[] args) {
    for (int i = 0; i <= 2000; i++) {
      System.out.println(i);
    }
  }
}
```

Listing 5.7 HitCountTest.java

Legen Sie in der Zeile System.out.println(i); bitte einen Line Breakpoint an und öffnen anschließend dessen Eigenschaften-Dialog. Setzen Sie nun, wie in Abbildung 5.20 zu sehen ist, ein Häkchen vor *Hit Count* und tragen als Wert *500* ein. Schließen Sie den Dialog mit *OK* und starten Sie dann den Debug-Vorgang.

Eclipse hält die Programmausführung an, bevor die Zahl 499 ausgegeben wird. Zu diesem Zeitpunkt wurde der Breakpoint zum 500. Mal passiert.

Bevor Sie das Programm mit RESUME weiter ausführen, wechseln Sie bitte in die Sicht *Breakpoints*. Wie Sie in Abbildung 5.21 sehen, wurde der Breakpoint deaktiviert. Eclipse hält also nicht, wie Sie vielleicht erwarten würden, vor der Ausgabe von 999 an. Standardmäßig führen mit Hit Counts versehene Breakpoints nämlich höchstens einmal zu einem Programmstop.

Wenn Hit Counts mehrfach wirken sollen, müssen Sie daran denken, den betreffenden Breakpoint vor dem RESUME erneut zu aktivieren. Dies können Sie sehr einfach in der Sicht *Breakpoints* erledigen. Setzen Sie hierzu einfach ein Häkchen vor dem betreffenden Breakpoint oder öffnen Sie sein Kontextmenü und wählen dort ENABLE.

Hit Counts sind praktisch, wenn Sie gelegentlich »nach dem Rechten« sehen möchten, wie sich also beispielsweise eine Variable innerhalb einer langen Schleife verändert. Sie lassen sich auch dann sehr schön nutzen, wenn sich ein Fehler sehr genau vorhersagen lässt, falls Sie also schon wissen, dass er bei jedem n-ten Aufruf oder Durchlauf auftritt. Leider sind solche Konstellationen eher selten. Meistens hängen Fehlfunktionen von verschiedenen Faktoren ab, beispielsweise dem Inhalt von Instanzvariablen oder dem Ergebnis von Methodenaufrufen.

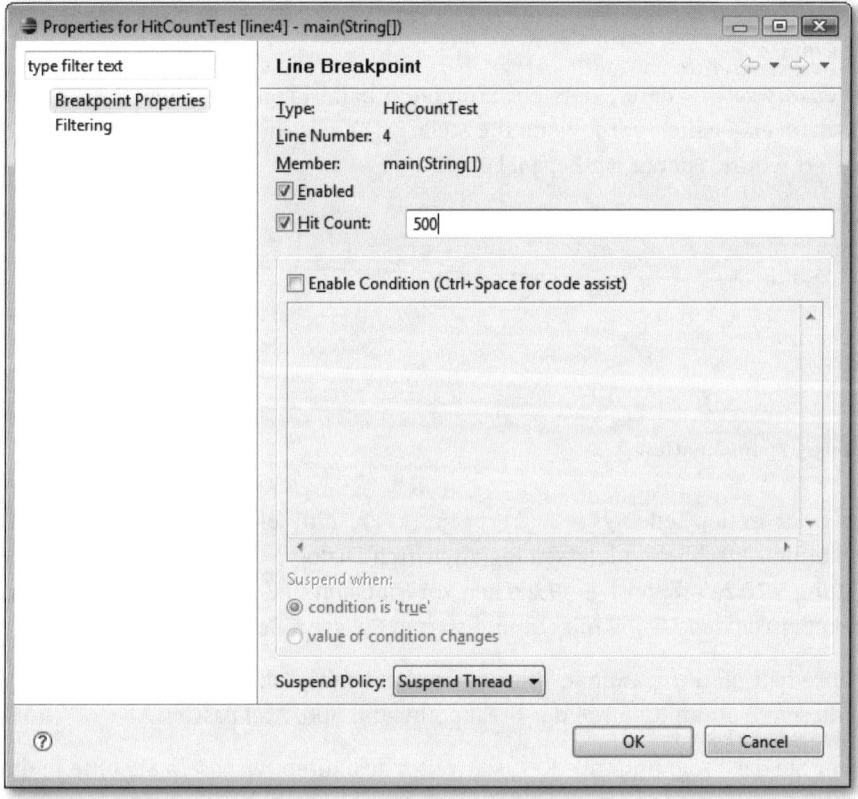

Abbildung 5.20   Festlegen eines Hit Counts

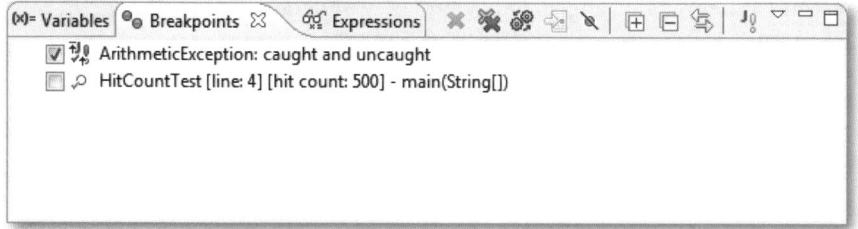

Abbildung 5.21 Breakpoint mit Hit Count nach dem ersten Halt

Deshalb können Sie Breakpoints an Bedingungen knüpfen. Solche Bedingungen kontrollieren, wann ein Breakpoint den Programmablauf anhält. Hit Points sind, wenn Sie so möchten, eingebaute Bedingungen. Letztlich steckt hinter ihnen nämlich der Java-Ausdruck `hitPoint == zahl`, der entweder `true` oder `false` ergibt.

Bedingte Breakpoints

Ich möchte Ihnen auch den Einsatz von bedingten Breakpoints wieder an einem kleinen Programm verdeutlichen. Es berechnet zehn Zufallszahlen und zählt, wie oft diese Zahlen kleiner oder größer als 0,5 sind.

```java
public class ConditionTest {
  public static void main(String[] args) {
    int z1 = 0;
    int z2 = 0;
    int i;
    for (i = 0; i < 10; i++) {
      double zufall = Math.random();
      if (zufall < 0.5) {
        z1++;
      } else {
        z2++;
      }
    }
    System.out.print("Von " + i + " Zufallszahlen" +
        " sind " + z1 + " kleiner als 0.5" +
        " und " + z2 + " größer");
  }
}
```

Listing 5.8 ConditionTest.java

Angenommen, Sie möchten überprüfen, ob das Programm richtig zählt. Außerdem würden Sie alle Zahlen kleiner als 0,5 interessieren. In diesem Fall sollte das

Programm immer dann angehalten werden, wenn der Aufruf von `Math.random()` ein Ergebnis kleiner als 0,5 geliefert hat.

Erzeugen Sie hierzu in der Zeile `if (zufall < 0.5) {` bitte einen Line Breakpoint. Bevor Sie dessen Eigenschaften-Dialog öffnen, markieren Sie im Java-Editor den Text `zufall < 0.5` und legen ihn mit EDIT • COPY auf dem Systemklemmbrett ab. Wie Sie in Abbildung 5.22 sehen, müssen Sie im Eigenschaften-Dialog des Breakpoints nur ein Häkchen vor *Enable Condition* setzen und den auf dem Systemklemmbrett abgelegten Text in den Eingabebereich darunter einfügen. Achten Sie bitte darauf, dass *Suspend when condition is 'true'* markiert ist.

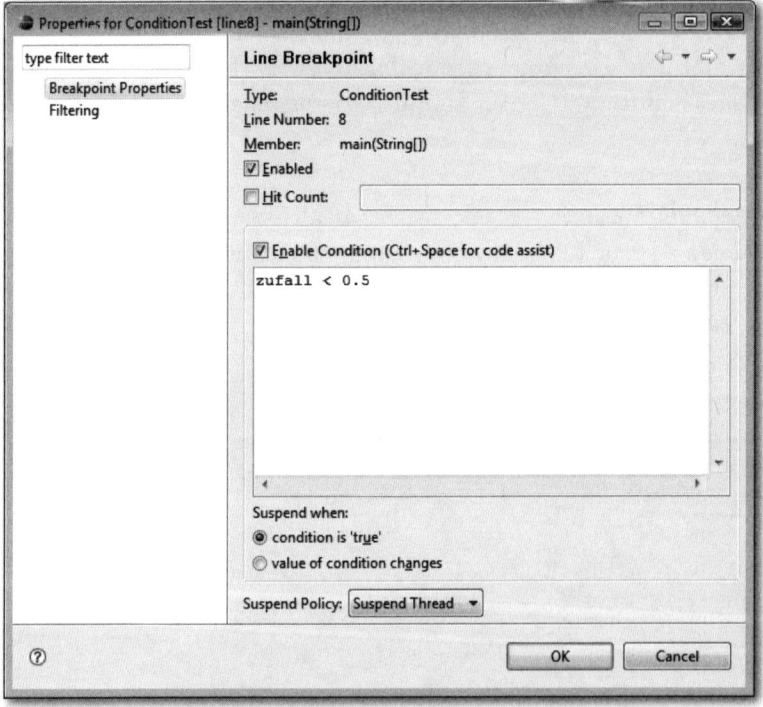

Abbildung 5.22 Eigenschaften eines bedingten Breakpoints

Sie können nun den Debug-Vorgang starten. Eclipse wird das Programm das erste Mal anhalten, wenn die durch die Klasse `Math` erzeugte Zufallszahl kleiner als 0,5 ist. Jetzt können Sie auf die bereits bekannte Weise den Inhalt von `zufall` und `z1` (diese Variable zählt alle Ergebnisse kleiner als 0,5) untersuchen. Mit RE-SUME führen Sie *ConditionTest* weiter aus. Da `z1` beim ersten Halt mit 0 richtig vorbelegt war und nur dann um 1 hochgezählt wird, wenn die `if`-Bedingung erfüllt ist, zählt das Programm also richtig. Übrigens könnten Sie dies auch überprüfen, indem Sie zählen, wie oft Sie RESUME aufrufen.

Sie können also den Programmhalt an die Bedingung knüpfen, dass das Ergebnis eines (übrigens nahezu beliebigen) Ausdrucks `true` ergibt. Eclipse sieht aber auch vor, Breakpoints auf der Basis von Statusänderungen auszulösen. Dies funktioniert wie folgt: Wird ein solcher bedingter Breakpoint erreicht, wertet die IDE den ihm zugewiesenen Ausdruck aus. Weicht das Ergebnis vom vorangehenden Durchlauf ab, wird der Programmablauf angehalten.

Sie können eine solche Bedingung beispielsweise nutzen, um herauszufinden, wie gleichmäßig verteilt die durch `Math.random()` gelieferten Zufallszahlen sind. Wenn nämlich zwei aufeinander folgende Zahlen größer (oder kleiner) als 0,5 sind, wird der Ausdruck `zufall < 0.5` in beiden Fällen dasselbe Ergebnis liefern, also keine Programmunterbrechung nach sich ziehen. Indem Sie Stopps zählen, zählen Sie auch entsprechende Übergänge.

Generell sind bedingte Haltepunkte also wichtig, um unnötige Programmunterbrechungen zu vermeiden. Aus Effizienzgründen sollten Sie nämlich versuchen, nur diejenigen Programmteile in Einzelschritten zu verfolgen, die Ihnen beim Finden eines Fehlers weiterhelfen. Anders ausgedrückt: Das monotone Ablaufen der Anweisungen eines Schleifenrumpfes ist nur dann sinnvoll, falls Sie an dieser Stelle Probleme vermuten.

Aber auch die Einzelschrittverarbeitung selbst lässt sich mit den Werkzeugen des Eclipse-Debuggers noch angenehmer gestalten. Wie, zeige ich Ihnen im folgenden Abschnitt.

5.3.2 Kontrollierte Einzelschrittverarbeitung

Die beiden Befehle STEP OVER und STEP INTO sind wahrscheinlich die am häufigsten verwendeten Funktionen während der Fehlersuche. Viele Entwickler verwenden sie aus reiner Gewohnheit auch dann, wenn andere Techniken schneller zum Ziel führen würden.

Weitere Step-Befehle

Einige davon möchte ich Ihnen mit dem folgenden Programm nahebringen. Es erzeugt eine Instanz von sich selbst und gibt sowohl vorher als auch nachher die Systemzeit in Millisekunden aus; also eine fast schon triviale Angelegenheit. Es geht hier jedoch nicht darum, Fehler aufzudecken, sondern ausschließlich um das Üben der Einzelschritt-Kommandos.

```
public class StepTest {
  public StepTest() {
    try {
      Thread.sleep(1000);
```

```
    } catch (InterruptedException e) {
    }
  }

  public static void main(String[] args) {
    System.out.println(System.currentTimeMillis());
    new StepTest();
    System.out.println(System.currentTimeMillis());
  }
}
```

Listing 5.9 StepTest.java

Legen Sie zunächst bitte in der ersten Zeile der `main()`-Methode einen Line Breakpoint an und starten dann den Debug-Vorgang. Nachdem Eclipse die Ausführung unterbrochen hat, klicken Sie im Java-Editor mit der linken Maustaste an eine beliebige Stelle der letzten Zeile des Methodenrumpfes (`System.out.println(System.currentTimeMillis());`), woraufhin der Textcursor an diese Position gesetzt wird. Rufen Sie nun RUN • RUN TO LINE auf. Eclipse führt das Programm weiter aus und hält in der eben genannten Zeile wieder an.

Mit RUN TO LINE können Sie also ein unterbrochenes Programm fortsetzen, bis eine bestimmte Zeile erreicht wird. Das Besondere dabei ist, dass Sie hierzu nicht erst einen Breakpoint setzen müssen. Dies ist alleine schon deshalb sehr praktisch, weil sich erfahrungsgemäß recht schnell zahlreiche Breakpoints in der Sicht *Breakpoints* ansammeln.

Um den nächsten Befehl auszuprobieren, müssen Sie den Debug-Vorgang neu starten. Klicken Sie hierzu im Kontextmenü der Sicht *Debug* bitte auf TERMINATE AND RELAUNCH und rufen dann bitte jeweils einmal STEP OVER und STEP INTO auf. Sie befinden sich nun in der ersten Zeile des Konstruktors `StepTest()`. Mit dem Befehl STEP RETURN, den Sie im Menü RUN sowie im Kontextmenü der Sicht *Debug* finden, können Sie die Einzelschrittverarbeitung bis zum Erreichen einer `return`-Anweisung oder dem Ende einer Methode oder eines Konstruktors aussetzen. Dies ist praktisch, wenn zwar die aktuelle Methode nicht weiter beobachtet werden soll, Sie nach dem Rücksprung aus ihr aber weiter in Einzelschritten arbeiten möchten.

Den umgekehrten Weg, nämlich das Aussetzen der Einzelschrittverarbeitung bis zum Erreichen eines Methoden- oder Konstruktorrumpfes, ermöglicht *Step Into Selection*. Um diese Funktion zu nutzen, markieren Sie im Java-Editor einen Methoden- oder Konstruktoraufruf (bitte nur den Namen, nicht die sich anschließenden Klammern) und wählen dann *Step Into Selection* des Kontextmenüs. Damit das funktioniert, muss das Programm gestartet und anschließend unterbrochen worden sein. Sie können es auf diese Weise also nicht aufrufen und bis zu einer bestimmten Stelle ausführen.

Der letzte Befehl, den ich Ihnen hier vorstellen möchte, führt genau genommen gar keine Anweisungen aus, sondern sorgt für das kontrollierte Verlassen einer Methode. Deren Rückgabewert können Sie selbst bestimmen. Dies möchte ich Ihnen am folgenden Programm demonstrieren.

```java
import java.util.GregorianCalendar;

public class ForceReturnTest {
  public static void main(String[] args) {
    int i = test();
    System.out.println(i);
  }

  private static int test() {
    GregorianCalendar cal = new GregorianCalendar();
    int tag = cal.get(GregorianCalendar.DAY_OF_MONTH);
    return tag;
  }
}
```

Listing 5.10 ForceReturnTest.java

Legen Sie bitte einen Breakpoint in der Zeile `return tag;` an und starten Sie dann den Debug-Vorgang. Nachdem Eclipse das Programm angehalten hat, können Sie sich den Inhalt der Variablen `tag` ansehen: der aktuelle Tag des Monats. Wechseln Sie nun bitte in die Sicht *Display* und geben Sie dort `cal.get(GregorianCalendar.MONTH) + 1` ein. Markieren Sie den eingegebenen Text und wählen dann INSPECT. Der Ausdruck liefert den aktuellen Monat als Zahl. Öffnen Sie nun das Kontextmenü und rufen dort FORCE RETURN auf.

Im Java-Editor sehen Sie, dass sich die Markierung für den nächsten auszuführenden Befehl jetzt vor der Zeile `int i = test();` befindet. Führen Sie das Programm mit RESUME bitte weiter aus. Ohne dass Sie an ihm Veränderungen vorgenommen haben, gibt es anstelle des Tages den aktuellen Monat aus.

FORCE RETURN ist also äußerst nützlich, falls Sie während der Fehlersuche Befehle von der Ausführung ausnehmen wollen oder müssen. Ein Grund kann sein, dass Sie eine Methode als fehlerhaft erkannt haben. In diesem Fall können Sie dem Programm den richtigen Rückgabewert »unterschieben«. FORCE RETURN ist aber auch praktisch, falls eine Methode auf Ressourcen zugreifen muss, die im Moment nicht zur Verfügung stehen (denken Sie an eine gestörte Netzwerkverbindung). In diesem Fall könnte sie den Rückgabewert nicht ermitteln. Auch hier können Sie stattdessen einen Wert vorgeben und mit der Fehlersuche fortfahren.

Wie Sie sehen, bietet Eclipse eine ganze Reihe von Befehlen für eine effiziente Einzelschrittverarbeitung. Natürlich werden Sie STEP OVER und STEP INTO am häufigsten einsetzen. Denken Sie aber bitte daran, dass es in bestimmten Situationen unter Umständen besser geeignete Funktionen gibt. Auch der nächste Abschnitt beschäftigt sich mit der Einzelschrittverarbeitung. Ich stelle Ihnen die sogenannten *Step Filter* vor, mit denen Sie Klassen und Pakete »ausblenden« können.

Step Filter

Es gibt einige Gründe, Klassen oder Pakete von der Einzelschrittverarbeitung auszuschließen. Wenn Sie beispielsweise eine Bibliothek einsetzen, deren Quelltext nicht zur Verfügung steht, ist ein STEP INTO ohnehin sinnlos. Aber selbst wenn er vorhanden ist, kann es sehr verwirrend sein, plötzlich mit dem Quelltext von `java.io.PrintStream` konfrontiert zu werden, nur weil Sie in der Zeile `System.out.println(i);` versehentlich STEP INTO anstelle von STEP OVER angeklickt haben.

Um Step Filter ein- oder auszuschalten, wechseln Sie in die Sicht *Debug* und klicken auf das Symbol USE STEP FILTERS oder wählen den gleichnamigen Befehl im Kontextmenü. Welche Klassen und Pakete bei aktiviertem Filter von Einzelschrittbefehlen ausgenommen sind, legen Sie auf der Seite *Step Filtering* des Dialogs *Preferences* fest, die Sie in Abbildung 5.23 sehen. Sie erreichen den Dialog über WINDOW • PREFERENCES oder das Kontextmenü der Sicht *Debug* (EDIT STEP FILTERS).

Die Seite ist in mehrere Bereiche unterteilt. Die Liste der gefilterten Klassen und Pakete lässt sich nur bearbeiten, wenn ein Häkchen vor *Use Step Filters* gesetzt ist. In diesem Fall können Sie mit den entsprechenden Schaltflächen Klassen und Pakete hinzufügen oder löschen. Wie Sie dies in der Praxis einsetzen, zeige ich Ihnen gleich. Bitte beachten Sie, dass sich Filter individuell ein- und ausschalten lassen. Selbst wenn also *Use Step Filters* aktiviert ist, greift ein Filter nur, wenn vor seinem Namen ein Häkchen gesetzt wurde.

Der untere Bereich des Dialogs enthält vier Schalter, die die Funktionsweise der Step Filter beeinflussen. Mit den ersten drei legen Sie fest, welche Teile einer Klasse ausgeblendet werden sollen. *Step through filters* beeinflusst das Verhalten, wenn von gefilterten Klassen in Form eines Callbacks auf nicht gefilterte Bereiche zugegriffen wird.

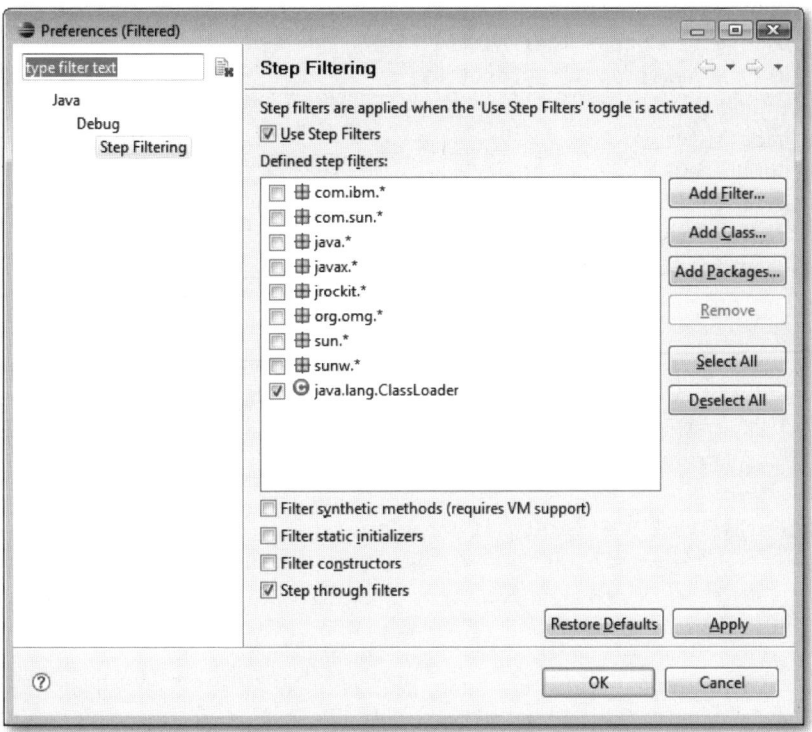

Abbildung 5.23 Die Seite Step Filtering des Dialogs Preferences

Welche Konsequenzen dies hat, möchte ich Ihnen anhand des Programms *Step-FilterTest* demonstrieren. Es erzeugt drei Objekte, die eine Zahl speichern. Da die Klasse das Interface `Comparable` implementiert, können Felder dieses Typs mit `java.util.Arrays.sort()` sortiert werden.

```
import java.util.Arrays;

public class StepFilterTest
            implements Comparable<StepFilterTest>{

  public int wert;

  public StepFilterTest(int zahl) {
    this.wert = zahl;
  }

  public static void main(String[] args) {
    // Feld erzeugen
    StepFilterTest [] feld = new StepFilterTest[3];
```

```
      feld[0] = new StepFilterTest(10);
      feld[1] = new StepFilterTest(5);
      feld[2] = new StepFilterTest(20);
      // ausgeben
      ausgabe(feld);
      // sortieren
      Arrays.sort(feld);
      // erneut ausgeben
      ausgabe(feld);
  }

  public static void ausgabe(StepFilterTest [] feld) {
    for (int i = 0; 1 < feld.length; i++) {
      if (i > 0) {
        System.out.print(",");
      }
      System.out.print(feld[i]);
    }
    System.out.println();
  }

  public String toString() {
    return Integer.toString(wert);
  }

  public int compareTo(StepFilterTest o) {
    if (o.wert < wert) {
      return 1;
    }
    else if (o.wert > wert) {
      return -1;
    }
    return 0;
  }
}
```

Listing 5.11   StepFilterTest.java

Bevor Sie den Debug-Vorgang starten, richten Sie bitte einen Step Filter für die Klasse java.util.Arrays ein. Öffnen Sie hierzu wie weiter oben beschrieben die Seite *Step Filtering* des Dialogs *Preferences* und klicken auf deren Schaltfläche *Add Filter*. Sie sehen nun den in Abbildung 5.24 gezeigten Dialog *Add Step Filter*. Geben Sie bei *Pattern to filter* bitte *java.util.Arrays* ein und schließen Sie den Dialog mit *OK*.

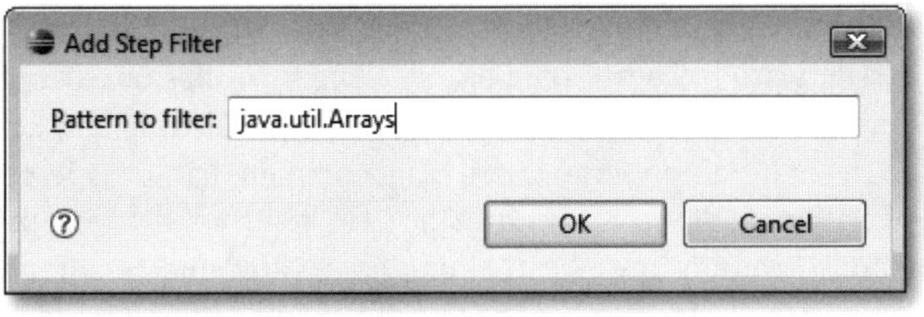

Abbildung 5.24 Der Dialog Add Step Filter

Die Klasse `java.util.Arrays` erscheint unter *Defined step filters* und wurde automatisch mit einem Häkchen versehen. Bevor Sie den Dialog *Preferences* mit *OK* schließen, entfernen Sie bitte die Häkchen vor allen vier Schaltern im unteren Bereich des Dialogs. Legen Sie nun in der Zeile `Arrays.sort(feld);` bitte einen Breakpoint an, prüfen ob TOGGLE STEP FILTERS aktiv ist und starten dann den Debug-Vorgang. Nachdem Eclipse die Ausführung des Programms angehalten hat, klicken Sie auf STEP INTO. Da `Arrays` zur Liste der gefilterten Klassen gehört, wirkt der Befehl wie STEP OVER. Deaktivieren Sie nun bitte das Symbol TOGGLE STEP FILTERS und wählen Sie im Kontextmenü der Sicht *Debug* TERMINATE AND RELAUNCH. Nach einem erneuten STEP INTO wird diesmal die Klasse `Arrays` im Java-Editor angezeigt.

Rufen Sie bitte den Dialog *Preferences* auf, indem Sie im Kontextmenü der Sicht *Debug* die Funktion EDIT STEP FILTERS anklicken. Aktivieren Sie alle vier Schalter im unteren Bereich des Dialogs und schalten Sie die Filterfunktion wieder ein. Starten Sie nun mit TERMINATE AND RELAUNCH den Debug-Vorgang und klicken Sie abermals auf STEP INTO. Die Programmausführung wird in der ersten Zeile der Methode `compareTo()` angehalten.

Step through filters ist also äußerst praktisch, wenn Ihr Programm aus gefilterten Klassen heraus aufgerufen wird. Dies ist immer der Fall, falls Sie Interfaces implementieren und an Klassen der Standardbibliothek übergeben müssen.

Eclipse bietet zahlreiche Möglichkeiten, die Einzelschrittverarbeitung auf diejenigen Bereiche Ihres Programms zu beschränken, die für die aktuelle Fehleranalyse tatsächlich nötig sind. Mein Rat an dieser Stelle ist, diese konsequent zu nutzen. Denn jedes unnötige STEP INTO kostet wertvolle Zeit und lenkt Ihren Blick unter Umständen von den eigentlichen Fehlerursachen ab.

Zu Beginn dieses Kapitels habe ich geschrieben, dass Ihnen Eclipse die Möglichkeit gibt, während einer Debug-Sitzung Änderungen am gerade untersuchten Programm vorzunehmen. Wie dies funktioniert, zeige ich Ihnen im folgenden Abschnitt.

5.3.3 Änderungen vornehmen

Vielleicht fragen Sie sich, warum Sie während eines Debug-Vorgangs überhaupt Änderungen vornehmen sollten. Gründe hierfür gibt es viele. Obwohl die Rechenleistung in den letzten Jahren dramatisch zugenommen hat, existieren immer noch viele Algorithmen, die so aufwendig sind, dass selbst moderne Computer viele Stunden oder Tage mit ihrer Abarbeitung beschäftigt sind. Während der Fehlersuche sollten solche Programme möglichst selten neu gestartet werden müssen. Oder stellen Sie sich vor, das Ergebnis einer aufwendigen Berechnung wird in anderen Programmteilen genutzt. Wenn Sie ausprobieren möchten, wie sich Ihr Programm verhält, wenn ein Aufruf ein anderes Ergebnis liefert, wäre es praktisch, diese Operation nicht jedes Mal aufs Neue durchführen zu müssen.

Variableninhalte ändern

In Abschnitt 5.3.2, *Kontrollierte Einzelschrittverarbeitung*, habe ich Ihnen gezeigt, wie Sie mithilfe der Funktion FORCE RETURN die Ergebnisse von Methodenaufrufen manipulieren können. Allerdings wird in diesem Fall überhaupt kein Befehl mehr abgearbeitet, abgesehen natürlich von der Auswertung Ihrer Ausdrücke. Wie Sie gleich sehen werden, können Sie in der Sicht *Variables* gezielt Daten verändern, die dann von Ihrem Programm weiterverarbeitet werden.

```java
public class Summe {

  public static void main(String[] args) {
    int ergebnis = summe(args);
    System.out.println(ergebnis);
  }

  private static int summe(String [] args) {
    int wert = 0;
    for (int i = 0; i < args.length; i++) {
      int aktuell = Integer.parseInt(args[i]);
      wert += aktuell;
    }
    return wert;
  }
}
```

Listing 5.12 Summe.java

Das Programm *Summe* addiert alle Argumente, die es über die Kommandozeile erhält, und gibt das Ergebnis auf der Konsole aus. Um es zu testen, könnten Sie eine eigene Debug-Konfiguration erstellen und dort einige Zahlen eintragen.

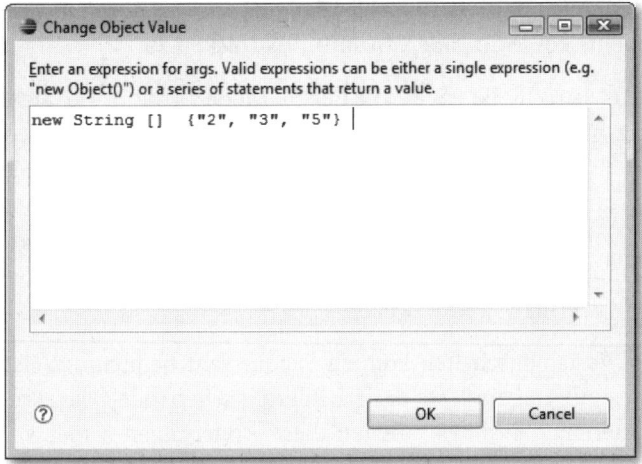

Abbildung 5.25   Eingeben eines Feldes mit Strings

Legen Sie stattdessen bitte in der Zeile `int ergebnis = summe(args);` der `main()`-Methode einen Breakpoint und starten dann den Debug-Vorgang. Wechseln Sie bitte in die Sicht *Variables* und sehen sich `args` an. Da Sie beim Start keine Werte übergeben konnten, ist es ein Feld mit null Elementen. Klicken Sie den Variablennamen an und wählen CHANGE VALUE. Sie sehen den Dialog *Change Object Value*, in dem Sie bitte, wie in Abbildung 5.25 gezeigt wird, den Ausdruck *new String [] {"2", "3", "5"}* eingeben.

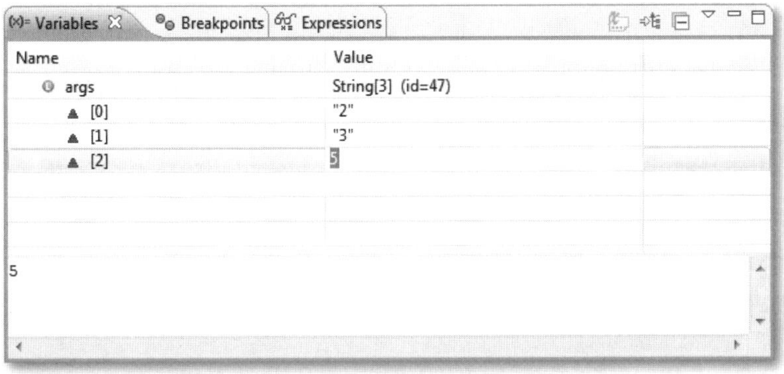

Name	Value
args	String[3] (id=47)
[0]	"2"
[1]	"3"
[2]	5

5

Abbildung 5.26   Die Sicht Variables nach dem Ändern der Variable args

Sie haben auf diese Weise ein Feld der Länge 3 erzeugt und dessen Elemente mit Werten gefüllt. Diese können Sie in der in Abbildung 5.26 gezeigten Sicht *Variables* einsehen und bei Bedarf nochmals modifizieren. Die Darstellung der Sicht lässt sich über ihr Klappmenü in weiten Grenzen konfigurieren. Beispielsweise können Sie den Eingabebereich bei Bedarf ausblenden. Dieser lässt übrigens, wie auch die Zellen der Tabelle, keine Eingabe von Java-Ausdrücken zu.

Springen Sie nun mit STEP INTO in die erste Zeile der Methode summe(). Die Sicht *Variables* zeigt zunächst nur eine Variable an, nämlich das als Parameter übergebene Feld args. Nach einem STEP OVER sehen Sie zusätzlich wert. Wechseln Sie bitte in die Sicht *Display* und geben dort args = new String [] {"42"}; ein. Markieren Sie dann wie gewohnt den Ausdruck und rufen Sie anschließend *Execute the Selected Text* auf. Wenn Sie in die Sicht *Variables* wechseln, sehen Sie, dass Eclipse den Wert von args abermals geändert hat.

Durch das Ändern von Variableninhalten können Sie auf sehr bequeme Weise Datenkonstellationen simulieren und so nach Fehlern suchen oder das Programmverhalten analysieren. Allerdings mussten diese Änderungen bisher vor dem Durchlaufen des zu untersuchenden Programmfragments erfolgen. Im nächsten Abschnitt zeige ich Ihnen, wie Sie ohne Neustart des Debug-Vorgangs Codebereiche wiederholt ausführen können.

Codebereiche erneut ausführen

Das Programm *Summe*, das ich Ihnen im vorigen Abschnitt vorgestellt habe, ist nicht sehr fehlertolerant programmiert. Wenn sich eines der übergebenen Argumente nicht in eine Zahl umwandeln lässt, bricht es mit einer Ausnahme ab. Um dies auszuprobieren, löschen Sie zuerst bitte alle Breakpoints außer dem in der Zeile int ergebnis = summe(args); und starten dann erneut den Debug-Vorgang. Nachdem Eclipse die Ausführung angehalten hat, ändern Sie die Variable args mit dem Ausdruck args = new String [] {"a"} in ein Feld mit einem Element "a". Führen Sie das Programm anschließend mit RESUME weiter aus.

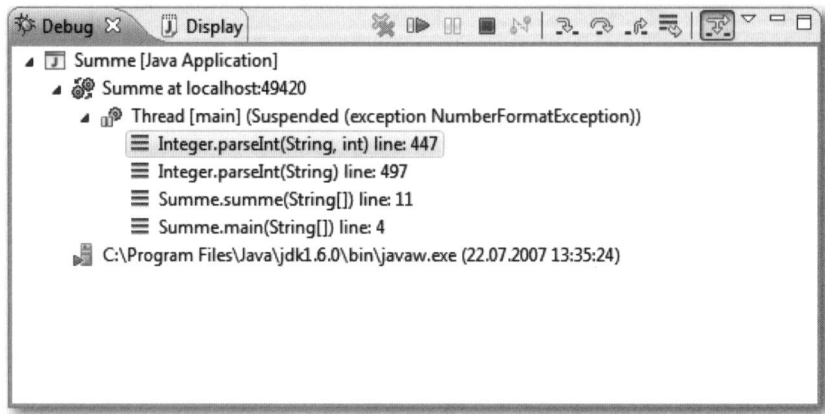

Abbildung 5.27 Stack nach der Ausnahme NumberFormatException

Erwartungsgemäß führt "a" zu der Ausnahme `NumberFormatException`. In Abbildung 5.27 sehen Sie den in der Sicht *Debug* angezeigten Stack Trace. Ändern Sie nun bitte `args`, sodass seine Elemente in gültige Zahlen umgewandelt werden können. Klicken Sie dann die Elemente unterhalb des Knotens *Thread* in der Sicht *Debug* der Reihe nach an. Sie werden bemerken, dass bestimmte Zeilen im Java-Editor hervorgehoben werden. Diese entsprechen dem eben angeklickten Element. Suchen Sie bitte die Zeile `int aktuell = Integer.parseInt(args[i]);`, öffnen dann mit der rechten Maustaste das Kontextmenü und wählen Sie DROP TO FRAME. Wenn Sie jetzt mit RESUME das Programm weiter ausführen, wird keine Ausnahme geworfen.

Die Funktion DROP TO FRAME erlaubt also das »Zurückspulen« zu einem bestimmten Punkt der Programmausführung. Hierbei werden auch die Werte lokaler Variablen in den Zustand versetzt, den sie zum entsprechenden Zeitpunkt hatten. Die Ausführung des Programms wird am Beginn derjenigen Methode fortgesetzt, die zu dem ausgewählten *frame* gehört. Sie können somit ohne Neustart des Debug-Vorgangs Programmteile mit geänderten Datenkonstellationen praktisch beliebig oft aufrufen und so das Verhalten Ihres Programms genau untersuchen.

In den bisherigen Abschnitten dieses Kapitels habe ich Ihnen gezeigt, wie Sie mit dem in Eclipse eingebauten Debugger Ihre Programme zur Laufzeit untersuchen können. Im Folgenden beschreibe ich einen Ansatz, Fehler schon während der Entwicklung zu vermeiden.

5.4 Unit-Tests

Unter *Unit-Tests* versteht man, vereinfacht ausgedrückt, das »häppchenweise« Testen eines Programms. Dazu wird es in seine kleinsten einzeln prüfbaren Einheiten zerlegt. Jede dieser Einheiten muss sogenannte Testfälle fehlerfrei durchlaufen. Trifft dies zu, geht man davon aus, dass die getestete Einheit wie gewünscht funktioniert.

Im Gegensatz zur Fehlersuche im Debugger wird bei Unit-Tests nicht untersucht, was während der Programmausführung passiert. Stattdessen gilt ein Test als erfolgreich absolviert, wenn die Einheit das erwartete, im Testfall spezifizierte, Ergebnis liefert. Unit-Tests können und sollen übrigens sehr oft während der Entwicklung durchgeführt werden. Ein eigener Programmierstil, die sogenannte testgetriebene Entwicklung, hat sich denn auch voll und ganz dem Unit-Test verschrieben.

5.4.1 JUnit im Überblick

Unit-Tests werden in der Regel mit speziellen Testframeworks durchgeführt. Sie helfen, den Testvorgang zu automatisieren. Das sicher bekannteste Test-Framework für Java ist *JUnit*. Es wurde von Kent Beck und Erich Gamma entwickelt. Beck hatte mit *SUnit* bereits ein solches Framework für die Programmiersprache Smalltalk implementiert und später gemeinsam mit Gamma nach Java portiert.

Einen Testfall anlegen

JUnit ist sehr schön in Eclipse eingebunden. Anhand des unten abgedruckten Programms *Schaltjahr.java* möchte ich Ihnen zunächst zeigen, wie Sie innerhalb der IDE einen Testfall anlegen und ausführen.

```java
public class Schaltjahr {
  public static void main(String[] args) {
    int jahr = Integer.parseInt(args[0]);
    boolean schaltjahr = schaltjahrPruefen(jahr);
    System.out.println(jahr + " ist " +
                    ((schaltjahr == false) ? "k" : "")
                    + "ein Schaltjahr");
  }

  public static boolean schaltjahrPruefen(int jahr) {
    boolean schaltjahr = false;
    if ((jahr % 4) == 0) {
      schaltjahr = true;
      if ((jahr % 400) != 0) {
        if ((jahr % 100) == 0) {
          // schaltjahr = false;
        }
      }
    }
    return schaltjahr;
  }
}
```

Listing 5.13 Schaltjahr.java

Nachdem Sie das Programm abgetippt oder von der Begleit-DVD übernommen haben (Sie finden den Quelltext im Verzeichnis *Quelltexte\Fehlersuche und Test\Schaltjahr*), können Sie es auf die Ihnen bereits bekannte Weise starten und mit ein paar Jahreszahlen »spielen«.

Wie Sie sicher festgestellt haben, beachtet der Algorithmus nicht alle Ausnahmen richtig. Mehr dazu etwas später. Legen Sie nun einen sogenannten *Testfall* an.

Markieren Sie hierzu bitte die Klasse Schaltjahr im *Package Explorer* und klicken Sie dann auf FILE • NEW • JUNIT TEST CASE. Sie sehen daraufhin den in Abbildung 5.28 gezeigten Dialog *New JUnit Test Case*.

Im oberen Bereich können Sie festlegen, für welche Version von JUnit Sie den Testfall anlegen möchten. Das Testframework hat in der Version 4 eine Reihe von Vereinfachungen und Verbesserungen erfahren, die aber nur mit neueren Java-Versionen funktionieren. Wenn Sie sich intensiver in JUnit eingearbeitet haben und davon profitieren möchten, wählen Sie *New JUnit 4 Test*. Für dieses kleine Beispiel verwenden Sie bitte *New JUnit 3 Test*. Die übrigen Einstellungen, beispielsweise den Namen des Testfalls und die zu erzeugenden Methoden, können Sie unverändert übernehmen.

Abbildung 5.28 Assistent zum Anlegen eines neuen Testfalls

Da Sie für das aktuelle Projekt noch keinen Testfall erstellt haben, weist Sie Eclipse darauf hin, dass die Bibliothek noch nicht Teil des Build Paths ist. Klicken Sie deshalb auf den Link *Click here* im unteren Bereich des Dialogs, um dieses Problem zu beheben. Daraufhin öffnet sich die Seite *Java Build Path* des Projekteigenschaften-Dialogs. Auf der Registerkarte *Libraries* sehen Sie den neuen Eintrag *JUnit 3*. Das Testframework wurde also erfolgreich hinzugefügt. Schließen Sie diesen Dialog bitte mit *OK*. Mit *Next* gelangen Sie auf die in Abbildung 5.29 gezeigte zweite Seite *Test Methods* des Assistenten zum Anlegen von Testfällen.

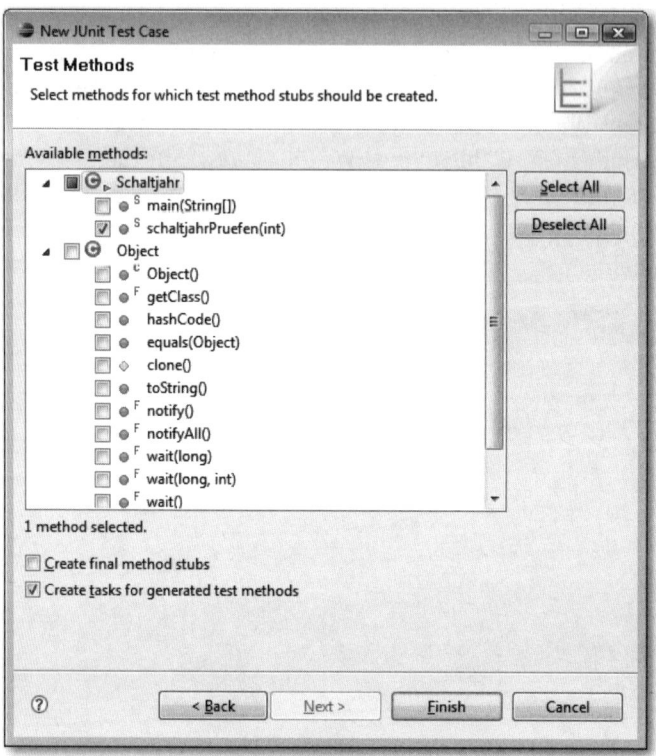

Abbildung 5.29 Zweite Seite des Assistenten zum Anlegen von Testfällen

Hier können Sie diejenigen Methoden der zu testenden Klasse auswählen, für die Eclipse entsprechende Testmethoden generieren soll. Schaltjahr besteht nur aus zwei Methoden, wobei main() den Eingabeparameter entgegennimmt, die eigentliche Methode zum Ermitteln des Schaltjahres aufruft und eine Ausgabe auf die Konsole liefert.

Setzen Sie also nur ein Häkchen vor schaltjahrPruefen(). Stellen Sie bitte auch sicher, dass *Create tasks for generated test methods* im unteren Bereich des Dialogs ebenfalls markiert ist. Auf diese Weise können Sie in der Sicht *Tasks* nämlich sehr leicht feststellen, welche Testmethoden Sie noch implementieren müssen. Schließen Sie mit *Finish* den Assistenten.

Die generierte Klasse SchaltjahrTest wird im *Package Explorer* angezeigt und im Java-Editor geöffnet. Die Prüfmethode testSchaltjahrPruefen() enthält im

Moment nur eine Anweisung, nämlich den Aufruf der Methode `fail()`. Sie muss also noch für den eigentlichen Test vorbereitet werden.

Eine Testmethode implementieren

In Testmethoden werden Annahmen formuliert und mit den Ergebnissen von Methodenaufrufen (der zu testenden Klasse) verglichen. Um zu prüfen, ob `schaltjahrPruefen()` richtig funktioniert, könnten Sie folgende Hypothese aufstellen: Sie ist korrekt implementiert, falls sie sowohl bei Schaltjahren als auch bei allen übrigen Jahreszahlen das richtige Ergebnis liefert.

In JUnit werden solche Annahmen mithilfe der Methoden `assert…()` formuliert. Wenn Sie beispielsweise `assertFalse()` aufrufen, nehmen Sie an, dass eine Bedingung nicht erfüllt ist. 1901 war kein Schaltjahr. Also müsste `schaltjahrPruefen()` den Wert `false` liefern. Hieraus ergibt sich in Java-Syntax folgende Annahme: `assertFalse(schaltjahrPruefen(1901));`

Um einen ersten Testlauf zu starten, übernehmen Sie bitte folgendes Programmfragment anstelle der ursprünglichen Implementierung der Methode `testSchaltjahrPruefen()`.

```
public void testSchaltjahrPruefen() {
  int jahr;
  boolean ergebnis;
  // auf "ist kein Schaltjahr" prüfen
  jahr = 1903;
  ergebnis = Schaltjahr.schaltjahrPruefen(jahr);
  assertFalse(jahr + " ist kein Schaltjahr", ergebnis);
  // auf "ist ein Schaltjahr" prüfen
  jahr = 1904;
  ergebnis = Schaltjahr.schaltjahrPruefen(jahr);
  assertTrue(jahr + " ist ein Schaltjahr", ergebnis);
}
```

Listing 5.14 Auszug aus SchaltjahrTest.java

Die Testmethode formuliert zwei Annahmen, nämlich dass 1904 ein Schaltjahr war, 1903 hingegen nicht.

Der erste Testlauf

Starten Sie nun bitte mit *Run • Run As • JUnit Test* einen Testlauf. Die Ergebnisse von JUnit-Läufen werden in der Sicht *JUnit* angezeigt, die Sie in Abbildung 5.30 sehen. Falls Eclipse sie nicht automatisch geöffnet hat, können Sie dies jederzeit mit WINDOW • SHOW VIEW • OTHER nachholen. Sie finden die Sicht unterhalb des Knotens *Java*.

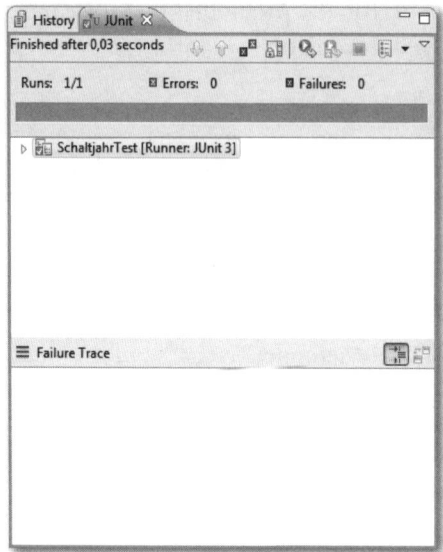

Abbildung 5.30 Die Sicht JUnit

Auffallend ist der charakteristische Balken im oberen Bereich der Sicht, der das Ergebnis eines Testlaufs anzeigt. Die Farbe Grün signalisiert, dass die Methode `schaltjahrPruefen()` für die beiden Annahmen des Testfalls die richtigen Werte geliefert hat. Allerdings wäre es unredlich, nur aufgrund zweier richtiger Annahmen auf die Korrektheit der Implementierung zu schließen.

Im gregorianischen Kalender werden Schaltjahre nach folgenden drei Regeln ermittelt:

▶ Alle ohne Rest durch 4 teilbaren Jahre sind Schaltjahre.

▶ Alle ohne Rest durch 100 teilbaren Jahre sind keine Schaltjahre.

▶ Alle ohne Rest durch 400 teilbaren Jahre sind Schaltjahre.

Die erste Regel wird im Testfall geprüft. Um auch das Einhalten der beiden anderen Bedingungen zu verifizieren, ändern Sie die Annahmen bitte wie folgt ab:

```
assertFalse(schaltjahrPruefen(1900));
assertTrue(schaltjahrPruefen(2000));
```

Das Jahr 1900 war nämlich aufgrund der 100er-Regel kein Schaltjahr, 2000 wegen seiner Teilbarkeit durch 400 hingegen schon, auch wenn hier ebenfalls die 100er-Regel greifen würde.

Bitte starten Sie anschließend den Testlauf erneut. Die Sicht *JUnit* zeigt daraufhin einen roten Balken. Außerdem können Sie unter *Failure Trace* nachsehen, welcher Fehler aufgetreten ist. Die Annahme, dass 1900 kein Schaltjahr ist, wurde nicht erfüllt. Die Methode `schaltjahrPruefen()` hat hier also fälschlicherweise `true` geliefert.

Die Erklärung für dieses Verhalten ist natürlich einfach. Die Anweisung, die die Variable `schaltjahr` auf `false` setzen würde, war auskommentiert. Wenn Sie möchten, können Sie den entsprechenden Kommentar in *Schaltjahr.java* entfernen und anschließend den Testlauf erneut starten. Klicken Sie hierzu einfach auf das Symbol *Rerun Test* der Sicht *JUnit*.

5.4.2 Weitere JUnit-Funktionen

Gerade bei umfangreichen Projekten werden sehr viele Testfälle benötigt. Ohne Frage wäre es sehr mühselig, jeden Test einzeln starten zu müssen. JUnit sieht deswegen sogenannte Testsuiten vor, in denen Testfälle zusammengefasst und gemeinsam gestartet werden können.

Testsuiten anlegen und starten

Um eine Testsuite anzulegen, wählen Sie FILE • NEW • OTHER. Tippen Sie in der Filterzeile des Dialogs *New* bitte *JUnit* und klicken Sie dann auf *JUnit Test Suite* und *Next*. Sie sehen nun den in Abbildung 5.31 gezeigten Dialog *New JUnit Test Suite*, in dem Sie alle Klassen auswählen, die Sie einer Testsuite hinzufügen möchten.

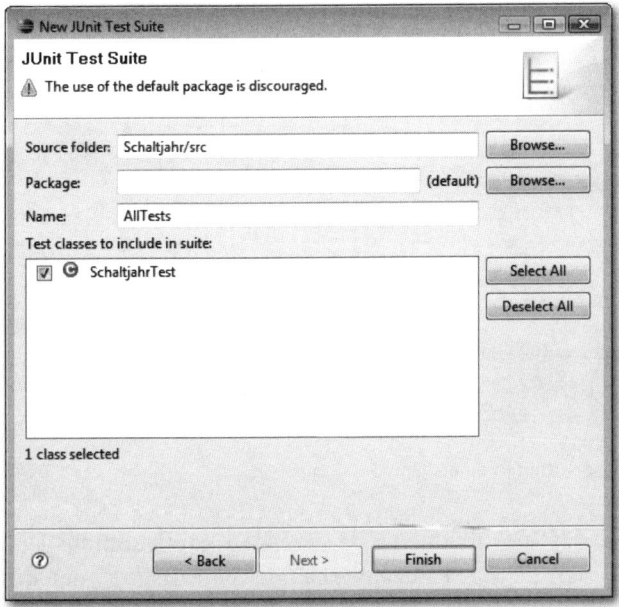

Abbildung 5.31 Der Dialog New JUnit Test Suite

Nachdem Sie der Testsuite einen Namen gegeben und alle Testklassen ausgewählt haben, schließen Sie den Assistenten bitte mit *Finish*.

Eclipse öffnet die neu angelegte Klasse daraufhin im Java-Editor. Außerdem ist sie natürlich im *Package Explorer* zu sehen. Von dort aus können Sie einen Testlauf starten, indem Sie das Kontextmenü des entsprechenden Eintrags öffnen und *Run As • JUnit Test* anklicken.

Konfigurationen

Sie können bei Testfällen und Testsuiten mithilfe von Konfigurationen Einfluss auf das Laufzeitverhalten nehmen, wie Sie es auch vom Starten und Debuggen von normalen Java-Programmen gewohnt sind. Klicken Sie hierzu bitte die gewünschte Datei im *Package Explorer* mit der rechten Maustaste an und wählen Sie PROPERTIES. Auf der Seite *Run/Debug Settings* des Eigenschaften-Dialogs sehen Sie eine Liste der Konfigurationen, die dieser Datei zugeordnet sind. Sie können bestehende JUnit-Konfigurationen bearbeiten sowie neue anlegen.

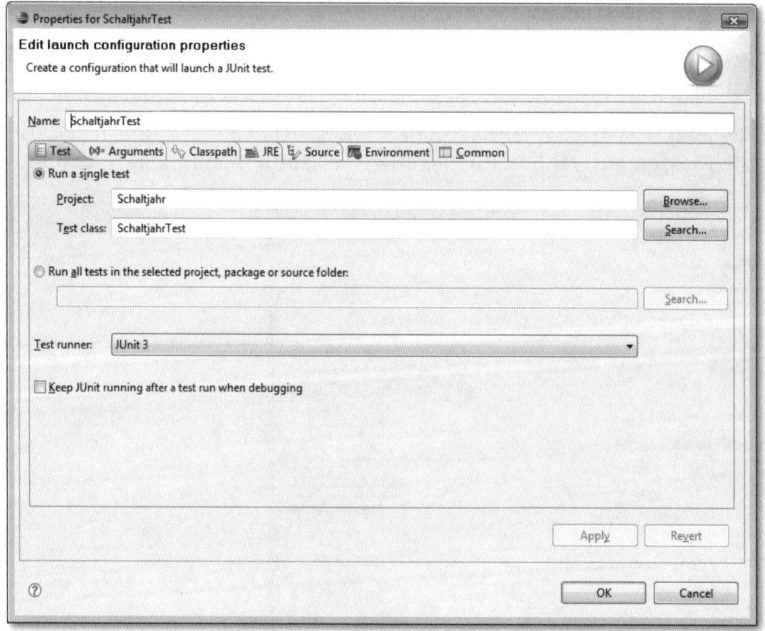

Abbildung 5.32   Anlegen und Bearbeiten einer JUnit-Konfiguration

In beiden Fällen sehen Sie den in Abbildung 5.32 gezeigten Konfigurations-Dialog, auf dessen Registerkarten Sie das Laufzeitverhalten der Testsuite oder des Testfalls beeinflussen. Beispielsweise stellen Sie auf der Karte *Test* die zu verwendende JUnit-Version ein

5.5 Zusammenfassung

JUnit ist ein wichtiges Werkzeug in der Softwareentwicklung, das bei richtiger Anwendung nicht nur beim Aufdecken von offensichtlichen, sondern auch mit herkömmlichen Mitteln praktisch nicht zu findenden Fehlern helfen kann. Wie Sie an meinem kleinen Beispiel gesehen haben, kann das Framework aber nur funktionieren, wenn die Testfälle mögliche Problemfelder auch wirklich aufdecken können. Um ein Gespür für das Schreiben von Tests zu bekommen, rate ich Ihnen deshalb zu entsprechender weiterführender Literatur, beispielsweise *Unit Tests mit Java. Der Test-First-Ansatz* von Johannes Link, Frank Adler und Achim Bangert. Ein äußerst nützlicher, kleiner Helfer ist der englischsprachige *JUnit Pocket Guide. Quick Lockup and Advice* von Kent Beck.

Auch wenn sich Unit-Tests zu einem fundamentalen Bestandteil des Softwareentwicklungsprozesses gemausert haben, können und sollen sie aber das klassische Debuggen nicht ersetzen. Vielmehr erweitern sie das Repertoire des Entwicklers. Unit-Tests werden idealerweise frühzeitig eingesetzt und über den kompletten Entwicklungszeitraum hinweg kontinuierlich wiederholt.

Eclipse unterstützt Sie hierbei nicht nur beim Anlegen von Testfällen, sondern auch bei deren Ausführung. Beispielsweise können Sie Testsuites in Ihren Build-Prozess integrieren. Ausführliche Informationen zu dem Thema *Builder* finden Sie in Kapitel 3, *Arbeitsbereiche und Projekte*.

Die meiste Software entsteht in Teamarbeit. Um die Zugriffe auf alle Bestandteile einer Anwendung zu koordinieren, werden Versionsverwaltungssysteme eingesetzt. In diesem Kapitel zeige ich Ihnen, wie Sie solche Tools unter Eclipse optimal einsetzen.

6 Versionsverwaltung

Versionsverwaltungen werden in der Softwareentwicklung eingesetzt, um den gemeinsamen Zugriff auf Quelltexte zu kontrollieren und die entstehenden Programme zu versionieren. Vereinfacht ausgedrückt erfassen solche Systeme, wer wann welche Änderungen vorgenommen hat. Gleichzeitig werden Dateien Versionsständen zugeordnet, auf die bei Bedarf wieder zugegriffen werden kann. Programmbestandteile können also in einen früheren Zustand zurückversetzt werden.

Traditionell bestehen Versionsverwaltungen aus einer Serverkomponente, die eine Benutzer- und Rechteverwaltung sowie natürlich die eigentliche Datenhaltung übernimmt. Der Zugriff auf sie erfolgt mit eigenständigen Clients, die keineswegs auf derselben Maschine ausgeführt werden müssen. Das Eclipse SDK erlaubt den komfortablen Zugriff auf sogenannte CVS-Repositories, ist also ein Client für das *Concurrent Versions System*, sicher eines der bekanntesten Versionsverwaltungssysteme. Ein vergleichbares Werkzeug, *Subversion*, hat in den letzten Jahren stark an Bedeutung gewonnen. Zwar hat Eclipse noch keine Subversion-Unterstützung eingebaut, jedoch lässt sich diese mit Plug-ins problemlos nachrüsten.

Beginnen möchte ich aber mit der Frage, wie Sie eigene Repositories aufsetzen können. Dazu müssen Sie entsprechende Serverkomponenten auf Ihrem Rechner installieren. Was Sie hierzu benötigen, zeige ich Ihnen in Abschnitt 6.1, *Lokale Repositories aufsetzen*. Der zweite Abschnitt, *CVS-Unterstützung*, beschäftigt sich mit dem in Eclipse fest eingebauten Client für das *Concurrent Versions Systems*. *Subclipse*, ein Plug-in für Subversion, stelle ich Ihnen in Abschnitt 6.3, *Zugriff auf Subversion-Repositories*, vor und zeige Ihnen, wie Sie es installieren und anwenden. In *Arbeiten im Team* schließlich lernen Sie unter anderem, wie Sie Versionskonflikte beheben.

6.1   Lokale Repositories aufsetzen

Wenn Sie an einem bestehenden Projekt mitarbeiten möchten, dessen Quelltexte in einem CVS- oder Subversion-Repository vorgehalten werden, ist es eigentlich nur wichtig, wie Sie mit Eclipse darauf zugreifen. Wie dies funktioniert, zeige ich Ihnen später. In diesem Abschnitt lernen Sie, ein eigenes Repository aufzusetzen und zu betreiben. Was auf den ersten Blick vielleicht übertrieben wirken mag, hat eine Reihe von Vorteilen. Beispielsweise können Sie mit einer Versionsverwaltung eine versehentlich gelöschte Datei problemlos wiederherstellen, was sonst das Einspielen eines (hoffentlich vorhandenen) Backups oder die Verwendung von entsprechenden Systemwerkzeugen bedeuten würde. Außerdem können Sie mit CVS und Subversion sehr einfach Entwicklungszweige einführen, was auf Dateisystem- oder Projektebene ein nicht unerheblicher Aufwand ist. Schließlich bieten die beiden Tools eine schöne Übersicht über den Entwicklungsverlauf Ihrer Programme. Sie können auf einen Blick sehen, was Sie wann geändert haben.

6.1.1   CVS einrichten

In diesem Abschnitt zeige ich Ihnen, wie Sie das *Concurrent Versions System* auf Ihrem Rechner einrichten. Da die hierzu nötigen Schritte für Linux-, Mac OS X- und Windows-Anwender unterschiedlich sind, finden Sie für jedes System einen eigenen Unterabschnitt. Anschließend sollten Sie noch einen Blick auf *Allgemeine Hinweise zu CVS* werfen. In diesem Abschnitt gehe ich auf einige Aspekte ein, die für alle Betriebssysteme gelten.

CVS unter Windows installieren

Die am meisten verbreitete CVS-Implementierung unter Windows ist *CVSNT*. Dieses Produkt steht in einer kommerziellen Variante mit viel zusätzlicher Dokumentation und Support zur Verfügung, kann aber auch als Open Source heruntergeladen und genutzt werden. Ausführliche Informationen hierzu sowie aktuelle Versionen der Software erhalten Sie unter *www.cvsnt.org*.

Nach der Installation finden Sie in der *Systemsteuerung* das neue Modul *CVSNT Server*, mit dem Sie CVSNT einrichten und neue Repositories anlegen können. Seine Registerkarte *About* zeigt nicht nur an, welche Version der Software installiert ist, sondern ermöglicht auch jederzeit das Starten und Beenden der CVS-Dienste.

Wechseln Sie bitte zu *Repository configuration* und klicken Sie auf *Add*. Sie sehen daraufhin den Dialog *Server Settings*. Dessen Feld *Location* nimmt den Speicherort des neu anzulegenden Repositories auf. Klicken Sie auf die Schaltfläche ... und wählen Sie das gewünschte Verzeichnis. In *Name* tragen Sie am besten */cvs* ein. Setzen Sie bitte noch ein Häkchen vor *Public Repository* und *Online* und beenden Sie dann den Dialog mit *OK*.

Nun möchte CVSNT wissen, ob das angegebene Verzeichnis als Repository initialisiert werden soll. Klicken Sie bitte auf *Ja*. Damit haben Sie CVSNT eingerichtet und ein eigenes lokales Repository aufgesetzt. Damit die Kommunikation mit dem Server funktioniert, müssen Sie eventuell Ihre Firewall für ein- und ausgehende Verbindungen über Port 2401 öffnen.

CVS unter Linux installieren

In diesem Abschnitt zeige ich Ihnen, wie Sie CVS auf Ihrem Rechner installieren und ein eigenes Repository aufsetzen. Ich habe die Schritte so gewählt, dass sie (trotz einer gewissen Komplexität) unter den gängigsten Distributionen zum Erfolg führen sollten.

Laden Sie als erstes das Modul *cvs* mit dem Paket-Manager Ihres Systems herunter. Unter *Debian*-artigen Systemen, beispielsweise *Ubuntu*, steht hierfür das Kommando `apt-get` zur Verfügung.

```
sudo apt-get install cvs
```

Damit CVS bei Zugriffen auf ein Repository automatisch gestartet werden kann, muss zusätzlich der sogenannte »Internet Superserver« *inetd* verfügbar sein. Kontrollieren Sie deshalb bitte mithilfe des Paket-Managers, ob dieser Daemon schon auf Ihrem Rechner vorhanden ist. Falls nicht, holen Sie dies bitte nach. Unter *Ubuntu* geht das beispielsweise mit dem Befehl:

```
sudo apt-get install netkit-inetd
```

Jetzt legen Sie ein neues Verzeichnis an und erzeugen darin das Repository. Die Pfade des folgenden Beispiels müssen Sie natürlich an Ihr System anpassen.

```
cd /home/thomas/Entwicklung
mkdir CVS-Repository
cvs -d /home/thomas/Entwicklung/CVS-Repository init
```

Damit CVS beim Zugriff auf ein Repository mithilfe des *inetd* automatisch gestartet wird, müssen Sie die Datei */etc/inetd.conf* um eine Zeile ergänzen. Für diese Arbeiten benötigen Sie Administrator-Rechte.

```
cd /etc
sudo vi inetd.conf
```

Wenn Ihnen der *vi* nicht vertraut ist, können Sie stattdessen natürlich einen beliebigen anderen Editor verwenden. Gehen Sie nun bitte an das Ende der Datei und fügen dort eine neue Zeile mit folgendem Inhalt ein:

```
cvspserver stream tcp nowait root /usr/bin/cvs cvs --allow-root=/
home/thomas/Entwicklung/CVS-Repository pserver
```

Hinter dem Text --allow-root= steht der absolute Pfad des Repositories. Denken Sie bitte daran, ihn an Ihr System anzupassen. Speichern Sie die Datei und beenden Sie dann den Editor. Anschließend sehen Sie nach, ob */etc/services* schon eine Referenz auf den Service cvspserver enthält. Dies geht beispielsweise mit dem Kommando more.

```
more /etc/services
```

Die richtige Zeile sieht folgendermaßen aus:

```
cvspserver 2401/tcp
```

Falls Sie keinen vergleichbaren Eintrag finden, fügen Sie ihn am Ende der Datei bitte an. Auch hierfür benötigen Sie Administrator-Rechte; Sie sollten den Editor deshalb mithilfe von sudo starten. Damit haben Sie alle Änderungen an Ihrem System durchgeführt. Sie müssen nur noch den *inetd* neu starten:

```
sudo /etc/init.d/inetd restart
```

Jetzt können Sie mit Eclipse auf Ihr Repository zugreifen.

CVS unter Mac OS X installieren

Als Mac OS X-Anwender haben Sie mehrere Möglichkeiten, CVS zu installieren. Der vielleicht aufwendigste, unter Unix-artigen Systemen allerdings keineswegs unübliche Weg ist das Übersetzen aus den frei zugänglichen Quelltexten. Diese finden Sie auf der Projekt-Homepage unter *www.nongnu.org/cvs/*. Die zweite Variante besteht darin, ebenfalls *CVSNT* zu verwenden. Dieses unter Windows weitverbreitete Produkt ist nämlich auch in einer Version für Apple-Rechner verfügbar. Ausführliche Informationen hierzu finden Sie auf der Seite *www.cvsnt.org*. Die dritte Möglichkeit ist, die *Xcode Developer Tools* zu installieren. Apple legt manchen Rechnern eine solche DVD bei. Sie beinhaltet (neben vielen anderen Dingen) auch das Concurrent Versions System. Ein (allerdings sehr großes) Archiv kann nach einer kostenlosen Registrierung aber auch von der Seite *developer.apple.com* heruntergeladen werden.

Ich rate Ihnen, trotz seiner beachtlichen Größe *Xcode* zu installieren. Sie erhalten nämlich nicht nur eine schier unüberschaubare Menge an Informationen zur Softwareentwicklung in Java und Objective-C, sondern neben CVS auch unzählige weitere nützliche Werkzeuge.

Nachdem Sie die *Xcode Developer Tools* auf Ihrem Rechner eingerichtet haben, können Sie ein lokales CVS-Repository aufsetzen. Legen Sie hierzu an einem beliebigen Ort ein neues Verzeichnis an. Starten Sie bitte die Anwendung *Terminal* und geben dort Folgendes ein (wobei Sie den Pfad an Ihr System anpassen müssen):

```
cd /Users/thomas/Entwicklung/
mkdir CVS-Repository
```

Jetzt können Sie mit `cvs -d /Users/thomas/Entwicklung/CVS-Repository init` das Repository anlegen. Anschließend sorgen Sie dafür, dass CVS automatisch gestartet wird, wenn Sie auf es zugreifen möchten. Hierzu legen Sie im Verzeichnis */etc/xinetd.d* die Datei *cvspserver* an. Damit dies funktioniert, müssen Sie kurzzeitig mit Administrator-Rechten arbeiten.

```
cd /etc/xinetd.d
sudo vi cvspserver
```

Wenn Sie mit dem *vi* nicht vertraut sind, können Sie natürlich auch einen anderen Editor verwenden.

```
service cvspserver
{
        disable = yes
        socket_type     = stream
        wait            = no
        user            = root
        server          = /usr/bin/cvs
        server_args     = -f --allow-root=/Users/thomas/Entwicklung/
CVS-Repository pserver
        groups          = yes
        flags           = REUSE
}
```

Listing 6.1 cvspserver

Der Text nach `-allow-root=` muss dem absoluten Pfad Ihres Repositories entsprechen. Bitte speichern Sie die Datei und starten Sie dann den neu angelegten Dienst. Dies geschieht mit dem Befehl `sudo /sbin/service cvspserver start`.

Sie haben es gleich geschafft. Damit trotz eingeschalteter Firewall die Kommunikation mit dem Server funktioniert, müssen Sie in deren Einstellungen den TCP-Port 2401 für ein- und ausgehende Verbindungen freigeben. Außerdem legen Sie fest, welche Benutzer auf Ihr Repository zugreifen dürfen. Wechseln Sie hierzu in dessen Basisverzeichnis (beispielsweise */Users/thomas/Entwicklung/CVS-Repo-*

sitory). Sie finden dort den Ordner *CVSROOT*. In ihm erzeugen Sie die Datei *passwd*. Sie besteht aus folgender Zeile:

```
anonymous:msFNaNtb.ndZE:thomas
```

Anstelle von `thomas` tragen Sie Ihren Benutzernamen (den Sie mit dem Befehl *whoami* herausfinden können) ein und speichern dann die Datei. Die Zeile legt fest, dass CVS einen Benutzer *anonymous* kennt, der kein Passwort eingeben muss, auch wenn die kryptischen Zeichen etwas anderes vermuten lassen. Um entsprechende Einträge zu erzeugen, verwenden Sie bitte den Befehl `openssl passwd`.

Damit haben Sie Ihren eigenen lokalen CVS-Server eingerichtet und ein Repository aufgesetzt, auf das Sie nun mit Eclipse (oder natürlich jedem anderen beliebigen CVS-Client) zugreifen können.

Allgemeine Hinweise zu CVS

Das Installieren von CVS und das Aufsetzen eines eigenen Repositories lässt sich mit nicht allzu vielen Handgriffen erledigen. Trotzdem handelt es sich es hierbei um ein äußerst mächtiges und flexibles Werkzeug. Sie sollten deshalb stets entsprechende Literatur griffbereit haben, die die Bedienung der einzelnen Komponenten erklärt. Hinweise hierzu finden Sie in Abschnitt 6.5, *Zusammenfassung*, am Ende des Kapitels.

Denken Sie bitte auch daran, dass jedes System, das Zugriffe »von außen« ermöglicht, ein potenzielles Sicherheitsrisiko sein kann, wenn es nicht richtig konfiguriert wurde. Beispielsweise sollten Sie erwägen, Ihr Repository durch Anlegen von Benutzern und der Vergabe von Rechten entsprechend abzusichern. Auch hierzu finden Sie wichtige Hinweise und Tipps in der angegebenen Literatur.

6.1.2 Subversion einrichten

In diesem Abschnitt zeige ich Ihnen, wie Sie Subversion auf Ihrem Rechner einrichten. Sie können die neueste Version im Bereich *Downloads* der Projekt-Homepage unter *subversion.tigris.org* herunterladen. Die zum Zeitpunkt der Drucklegung aktuellen Versionen finden Sie auch im Verzeichnis *Software\Subversion* der Begleit-DVD. Da die zum Installieren nötigen Schritte für Linux-, Mac OS X- und Windows-Anwender unterschiedlich sind, gibt es für jedes System einen eigenen Unterabschnitt. Nachdem Sie Subversion eingerichtet haben, sollten Sie aber in jedem Fall noch einen Blick auf den Abschnitt *Allgemeine Hinweise* werfen, in dem ich einige wichtige Aspekte anspreche, die für alle Systeme gelten.

Subversion unter Windows installieren

Sie können Subversion als einfaches *.zip*-Archiv oder als komfortableres Installationsprogramm herunterladen. Letzteres hat den Vorteil, dass Sie sich nicht um das Setzen der Umgebungsvariablen kümmern müssen. Außerdem beinhaltet es eine Version des Buches *Version Control with Subversion*, auf das ich weiter unten noch eingehe. Nachdem der Download beendet ist bzw. nachdem Sie das Installationsprogramm von der DVD kopiert haben, starten Sie das Setup und folgen den Anweisungen am Bildschirm.

Im Anschluss an die Installation öffnen Sie bitte die *Eingabeaufforderung*. Prüfen Sie zunächst, ob das *bin*-Verzeichnis korrekt in die Umgebungsvariable PATH eingebunden wurde. Geben Sie hierzu *svnadmin* ein und drücken Sie ⏎. Falls Windows den eingetippten Befehl nicht findet, sollten Sie sich mit *set* anzeigen lassen, welche Verzeichnisse aktuell in PATH eingetragen sind. Anschließend fügen Sie ihr bitte das Unterverzeichnis *bin* des Subversion-Installationsverzeichnisses hinzu. Hinweise hierzu finden Sie in Kapitel 1, *Hands on Eclipse*.

Nun legen Sie ein eigenes Repository an. Erzeugen Sie hierzu in einem beliebigen Verzeichnis einen neuen Ordner, beispielsweise *Subversion-Repository*. Geben Sie dann in der *Eingabeaufforderung* folgenden Befehl ein:

```
svnadmin create --fs-type fsfs «C:\Users\Thomas\Entwicklung\
Subversion-Repository»
```

Damit dies funktioniert, müssen Sie den Benutzernamen gegen Ihren austauschen und eventuell nicht vorhandene Verzeichnisse anlegen. Denken Sie bitte daran, den vollständigen Pfad in Anführungszeichen zu setzen, wenn Ordnernamen Leerzeichen enthalten.

Subversion bietet zwei Strategien zur Datenspeicherung: Neben dem Ablegen der Repositories in einer Berkeley-Datenbank ist es seit der Version 1.1 mit der Option --fs-type fsfs auch möglich, sie im Dateisystem zu speichern. Beide Varianten haben spezifische Vor- und Nachteile, die sehr ausführlich im oben genannten Buch beschrieben sind. Sie finden es im Unterordner *doc* des Installationsverzeichnisses.

Damit ist das Einrichten des Repositories abgeschlossen. Wie aber gehen Sie vor, wenn Sie darauf zugreifen möchten? Da sie nicht auf dem lokalen Rechner abgelegt werden müssen, verwendet Subversion URLs, um den Speicherort von Repositories zu spezifizieren. Neben der eigentlichen Adresse wird hierbei das Protokoll angegeben, das für die Kommunikation verwendet werden soll. Auch hier sieht Subversion mehrere Varianten vor. Äußerst komfortabel ist es, das System in einen *Apache*-Web-Server integrieren zu können.

Ich verwende stattdessen den speziellen Subversion-Server *svnserve*, der recht einfach in Betrieb genommen werden kann. Bevor Sie dies tun, müssen Sie aber noch festlegen, welche Benutzer auf Ihr Repository zugreifen dürfen. Im Unterverzeichnis *conf* des Repositories finden Sie die Datei *svnserve.conf*. Fügen Sie ihr unterhalb der Zeile [general] Folgendes hinzu:

```
anon-access = write
```

Damit legen Sie fest, dass jeder Benutzer Ihr Repository lesen und in ihm schreiben darf. Geben Sie nun in der *Eingabeaufforderung* den folgenden Befehl ein, um den Server zu starten:

```
svnserve -d -r C:\Users\Thomas\Entwicklung\Subversion-Repository
```

Auf diese Weise starten Sie den Server und machen das eben angelegte Repository allgemein verfügbar. Bitte bedenken Sie aber, dass Zugriffe nur solange möglich sind, wie der Server-Prozess läuft. Anders ausgedrückt: Sobald Sie die *Eingabeaufforderung* beenden, fahren Sie auch den Subversion-Server herunter.

Subversion unter Linux installieren

In diesem Abschnitt zeige ich Ihnen, wie Sie Subversion unter Linux installieren und ein eigenes lokales Repository aufsetzen. Die Schritte sind so gehalten, dass sie unter den meisten Distributionen zum Erfolg führen sollten.

Prüfen Sie zunächst, ob Subversion bereits installiert wurde. Geben Sie hierzu in einer *Shell* folgenden Befehl ein:

```
which svnadmin
```

Wenn *which* kein Verzeichnis findet, wurde Subversion noch nicht eingerichtet. Laden Sie in diesem Fall das Paket *subversion* herunter und installieren Sie es mithilfe des Paket-Managers Ihres Systems. Unter Debian-artigen Distributionen, beispielsweise *Ubuntu*, geht dies sehr einfach mit *apt-get*.

```
sudo apt-get install subversion
```

Legen Sie nun ein neues Verzeichnis an und initialisieren Sie das Repository. Die Pfade müssen Sie gegebenenfalls an Ihr System anpassen.

```
cd /home/thomas/Entwicklung
mkdir Subversion-Repository
svnadmin create /home/thomas/Entwicklung/Subversion-Repository
```

Sie haben es schon fast geschafft. Wechseln Sie bitte in das neu angelegte Verzeichnis. Dort befindet sich das Unterverzeichnis *conf*, das die Datei *svnserve.conf* enthält. In diese tragen Sie ein, welche Benutzer Zugriff auf Ihr Repository haben sollen. Zu Übungszwecken geben Sie jedem Benutzer Lese- und Schreibrechte. Öffnen Sie hierzu die Datei *svnserve.conf* in einem Editor. Sie enthält unter anderem die Zeile [general]. Unterhalb dieser Zeile fügen Sie bitte Folgendes ein:

```
anon-access = write
```

Speichern Sie Ihre Änderungen und beenden Sie dann den Editor. Nun starten Sie den Subversion-Server:

```
svnserve -d -r /home/thomas/Entwicklung/Subversion-Repository
```

Auf diese Weise starten Sie den Server und machen das eben angelegte Repository allgemein verfügbar. Bitte bedenken Sie aber, dass Zugriffe nur solange möglich sind, wie der Server-Prozess läuft.

Subversion unter Mac OS X installieren

Auf der Subversion-Homepage stehen aktuelle Versionen für Mac OS X zur Verfügung. Dennoch rate ich Ihnen, nicht diese, sondern die sehr leicht einzurichtenden Pakete zu verwenden, die *Markus Ott* auf der Seite *www.codingmonkeys.de/mbo* zur Verfügung stellt. Die zum Zeitpunkt der Drucklegung aktuellen Versionen finden Sie auch im Verzeichnis *Software\Subversion* der Begleit-DVD. Das Apple-typische Installationsprogramm führt Sie durch die wenigen Schritte, bis Subversion auf Ihrem Rechner eingerichtet ist. Alle ausführbaren Dateien liegen unter */usr/local/bin*.

Legen Sie nun ein eigenes Repository an. Erzeugen Sie hierzu in einem beliebigen Verzeichnis ein Unterverzeichnis, beispielsweise *Subversion-Repository*. Sie könnten dies im *Finder* erledigen. Da Sie aber ohnehin die Anwendung *Terminal* benötigen, rate ich Ihnen, das Verzeichnis dort anzulegen.

Starten Sie das Terminal und wechseln Sie in das Verzeichnis, das das Unterverzeichnis enthalten soll. Dies könnte folgendermaßen aussehen:

```
cd /Users/thomas/Entwicklung
mkdir Subversion-Repository
```

Geben Sie anschließend folgenden Befehl in einer Zeile ein:

```
/usr/local/bin/svnadmin create --fs-type fsfs /Users/thomas/
Entwicklung/Subversion-Repository
```

Damit dies funktioniert, müssen Sie die Pfade eventuell an Ihre lokalen Gegebenheiten anpassen.

Subversion bietet zwei Strategien zur Datenspeicherung an. Neben dem Ablegen der Repositories in einer Berkeley-Datenbank ist es seit der Version 1.1 mit der

Option `--fs-type fsfs` auch möglich, sie im Dateisystem zu speichern. Beide Varianten haben spezifische Vor- und Nachteile, die sehr ausführlich in dem Buch *Version Control with Subversion*, auf das ich im Abschnitt *Allgemeine Hinweise* eingehe, besprochen werden.

Damit ist das Einrichten des Repositories abgeschlossen. Wie aber gehen Sie vor, wenn Sie darauf zugreifen möchten? Da sie nicht auf dem lokalen Rechner abgelegt werden müssen, verwendet Subversion URLs, um den Speicherort von Repositories zu spezifizieren. Neben der eigentlichen Adresse wird hierbei das Protokoll angegeben, das für die Kommunikation verwendet werden soll. Auch hier sieht Subversion mehrere Varianten vor. Äußerst komfortabel ist es, das System in einen Apache-Web-Server integrieren zu können.

Ich verwende stattdessen den speziellen Subversion-Server *svnserve*, der recht einfach in Betrieb genommen werden kann. Bevor Sie dies tun, müssen Sie aber noch festlegen, welche Benutzer auf Ihr Repository zugreifen dürfen. Im Unterverzeichnis *conf* des Repositories finden Sie die Datei *svnserve.conf*. Fügen Sie ihr unterhalb der Zeile `[general]` Folgendes hinzu:

```
anon-access = write
```

Damit legen Sie fest, dass jeder Benutzer Ihr Repository lesen und in ihm schreiben darf. Um den Server zu starten, geben Sie bitte folgenden Befehl in einer Zeile ein:

```
/usr/local/bin/svnserve -d -r /Users/thomas/Entwicklung/Subversion-
Repository
```

Auf diese Weise starten Sie den Server und machen das eben angelegte Repository allgemein verfügbar. Bitte bedenken Sie aber, dass Zugriffe nur solange möglich sind, wie der Server-Prozess läuft.

Allgemeine Hinweise

Sie haben in den vorangehenden Abschnitten gesehen, dass das Installieren von Subversion und das Aufsetzen eines eigenen Repositories mit wenigen Handgriffen zu erledigen ist. Trotzdem handelt es sich es hierbei um ein äußerst mächtiges und flexibles Werkzeug. Sie sollten deshalb stets Literatur griffbereit haben, die die Bedienung der einzelnen Komponenten beschreibt. Die Seite *svnbook.redbean.com* stellt die Online-Version des englischsprachigen Buches *Version Control with Subversion* kostenlos zur Verfügung. Es bietet viele Tipps und Vorschläge, um Subversion optimal einzusetzen.

Beispielsweise kann es auf die Dauer lästig werden, den Server jedes Mal von Hand zu starten. Windows-Anwender können ihn deshalb als Dienst konfigurieren. Unter Unix-artigen Betriebssystemen ist selbstverständlich ebenfalls ein Daemon-Betrieb möglich. Das Buch zeigt ausführlich, welche Einstellungen Sie hierzu vornehmen müssen.

Nicht unerwähnt lassen möchte ich auch, dass jedes System, das Zugriffe »von außen« ermöglicht, ein potenzielles Sicherheitsrisiko sein kann, wenn es nicht richtig konfiguriert wurde. Beispielsweise sollten Sie erwägen, Ihr Repository durch Anlegen von Benutzern und der Vergabe von Rechten abzusichern. Auch hierzu liefert das englischsprachige Werk viele Anregungen. Hinweise auf weitere Literatur finden Sie in Abschnitt 6.5, *Zusammenfassung*, am Ende des Kapitels.

6.2 CVS-Unterstützung

In diesem Abschnitt möchte ich Ihnen den in Eclipse eingebauten CVS-Client vorstellen. Anders als bei Subversion müssen Sie nämlich keine zusätzlichen Plug-ins herunterladen und installieren, um auf CVS-Repositories zuzugreifen.

6.2.1 Mit Repositories arbeiten

Eclipse stellt die Perspektive *CVS Repository Exploring* zur Verfügung, deren Sichten den Zugriff auf die Module eines Repositories sowie deren Verwaltung ermöglichen. Um sie zu öffnen, klicken Sie bitte auf WINDOW • OPEN PERSPECTIVE • OTHER und wählen dann *CVS Repository Exploring*.

Repositories verwalten

Die Sicht *CVS Repositories* zeigt alle Repositories, die Sie in Ihren Arbeitsbereich eingebunden haben. Sie ist zunächst noch leer. Um ihr einen Eintrag hinzuzufügen, öffnen Sie bitte das Kontextmenü der Sicht und wählen NEW • REPOSITORY LOCATION.

Sie sehen nun den in Abbildung 6.1 gezeigten Dialog *Add CVS Repository*, in dem Sie unter anderem den Speicherort des Repositories sowie die Art des Zugriffs eintragen. Das Feld *Host* enthält den Namen des Rechners, auf dem der CVS-Server läuft. Sie können hier auch eine IP-Adresse angeben. Um beispielsweise auf ein lokales Repository zuzugreifen, tragen Sie *localhost* ein. In diesem Fall müssen Sie den Server vor dem ersten Zugriff starten. Wie Sie hierzu vorgehen, ist in Abschnitt 6.1.1, *CVS einrichten*, beschrieben.

Der *Repository Path* ist bei entfernten Repositories häufig */cvs*. Falls Sie Ihren eigenen CVS-Server nutzen möchten, geben Sie hier den absoluten Pfad des Verzeichnisses an, das Ihr Repository enthält. Auch hierzu finden Sie ausführliche

Informationen in Abschnitt 6.1.1, *CVS einrichten*. Dies gilt auch für die beiden Felder *User* und *Password*.

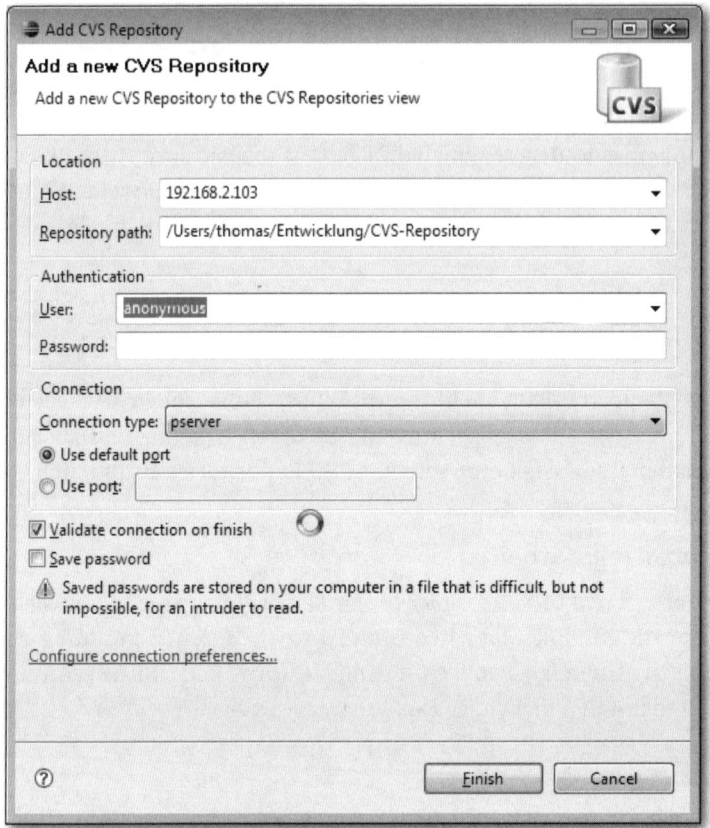

Abbildung 6.1 Hinzufügen eines Repositories

Die Verbindungsparameter stellen Sie bitte wie folgt ein: *Connection type* ist *pserver*. Die Kommunikation läuft über den Standard-Port 2401. Wählen Sie deshalb bitte *Use default port*. Denken Sie daran, den hier eingestellten Port in Ihrer Firewall für ein- und ausgehenden Datenverkehr zu öffnen.

Setzen Sie bitte ein Häkchen vor *Validate connection on Finish* und klicken Sie dann auf *Finish*. Eclipse versucht nun, eine Verbindung mit dem CVS-Server herzustellen. Gelingt dies nicht, fragt die IDE nach, ob Sie die Einstellungen dennoch übernehmen möchten. Klicken Sie in diesem Fall bitte auf *No* und korrigieren dann die fehlerhaften Eingaben.

Das Repository wird nun als neuer Ort in der Sicht *CVS Repositories* angezeigt. Klicken Sie den Eintrag bitte mit der rechten Maustaste an und wählen Sie *Pro-*

perties. Der nun erscheinende Eigenschaften-Dialog zeigt nicht nur die Verbindungsparameter an, sondern erlaubt Ihnen auch, den Namen zu ändern, unter dem der Speicherort in der Sicht angezeigt wird. Klicken Sie hierzu auf *Use a custom label* und tragen Sie im Eingabefeld rechts daneben einen beliebigen Text ein, beispielsweise *lokales CVS-Repository*. Schließen Sie den Dialog bitte mit *OK*, um Ihre Änderungen zu übernehmen.

Wenn Sie auf einen Speicherort nicht weiter zugreifen möchten, können Sie ihn aus der Sicht *CVS Repositories* entfernen. Öffnen Sie hierzu sein Kontextmenü und wählen Sie *Discard Location*.

Projekte und Dateien hinzufügen

Noch enthält Ihr Repository keine Module. In diesem Abschnitt zeige ich Ihnen daher, wie Sie Projekte einchecken, also in das Repository übernehmen. Legen Sie hierzu bitte ein neues, leeres Projekt an. Öffnen Sie den Projekt-Assistenten und wählen Sie GENERAL • PROJECT. Geben Sie dem Projekt einen Namen, beispielsweise *CVS-Testprojekt*, und schließen Sie dann den Dialog.

Bitte wechseln Sie nun in die Sicht *Package Explorer* und öffnen Sie das Kontextmenü des neuen Projekts. Mit dem Befehl TEAM • SHARE PROJECT rufen Sie den Dialog *Share Project* auf, den Sie in Abbildung 6.2 sehen. Klicken Sie zunächst auf *CVS* und wechseln Sie dann mit *Next* auf die zweite Seite des Assistenten.

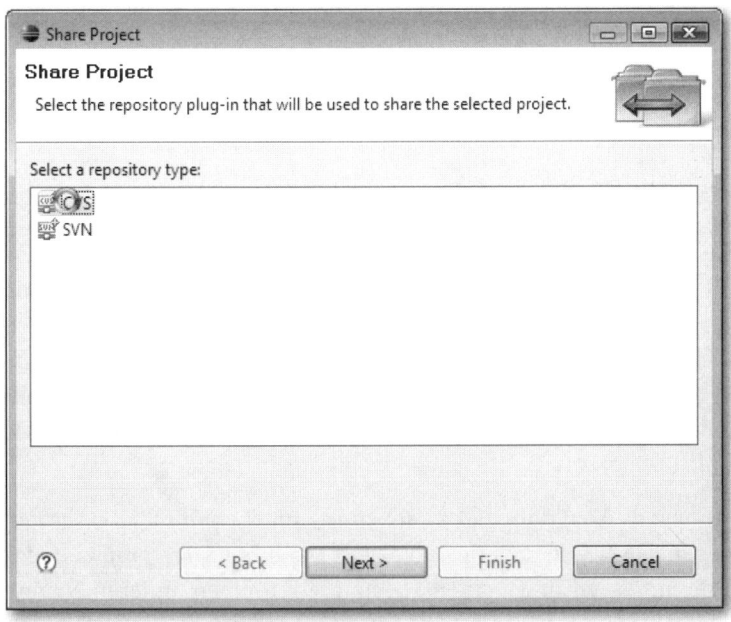

Abbildung 6.2   Der Dialog Share Project

Auf der Seite *Share Project with CVS Repository* wählen Sie aus, welchem Repository Sie das neue Projekt hinzufügen möchten. Markieren Sie bitte, wie in Abbildung 6.3 zu sehen ist, das gewünschte Repository und klicken Sie erneut auf *Next*.

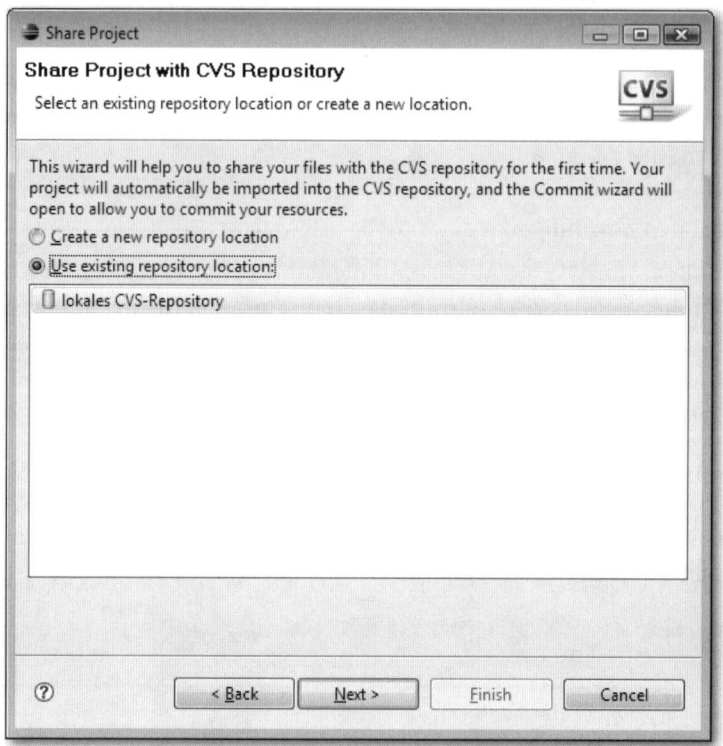

Abbildung 6.3 Auswählen des Repositories

Jetzt müssen Sie einen Modulnamen auswählen. CVS-Repositories bestehen aus einer prinzipiell beliebigen Anzahl von sogenannten *Modulen*. Solche Module können Eclipse-Projekten entsprechen, müssen es aber natürlich nicht. Letztlich fassen sie nämlich »nur« Dateien und Verzeichnisse zusammen, die eine logische Einheit bilden. Sie könnten beispielsweise auch den Verzeichnisbaum einer Website als Modul ablegen (und so die Änderungen an den HTML-Dateien versionieren).

Klicken Sie bitte, wie in Abbildung 6.4 zu sehen ist, auf *Use project name as module name*. Sie legen damit fest, dass Ihr Projekt als Modul *CVS-Testprojekt* in das Repository übernommen wird. Möchten Sie stattdessen einen anderen Namen verwenden, wählen Sie *Use specified module name* und geben im Eingabefeld den gewünschten Text ein.

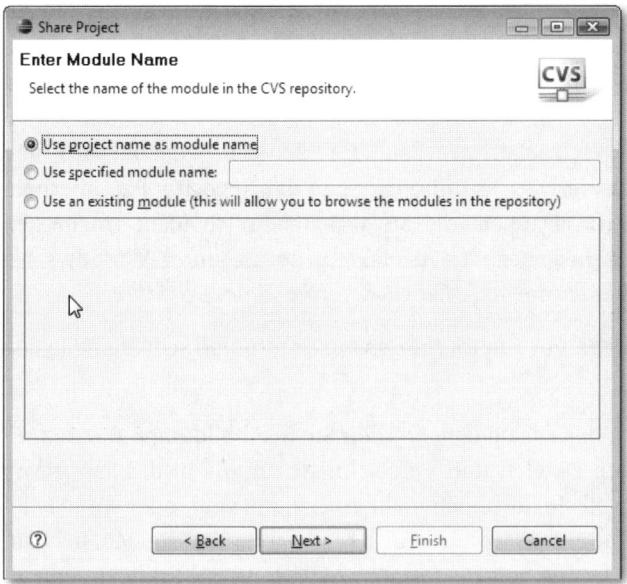

Abbildung 6.4 Festlegen eines Modulnamens

Mit *Next* gelangen Sie auf die in Abbildung 6.5 gezeigte letzte Seite des Assistenten, *Share Project Resources*. Sie enthält eine Übersicht der Dateien und Verzeichnisse, die in das Repository übernommen werden.

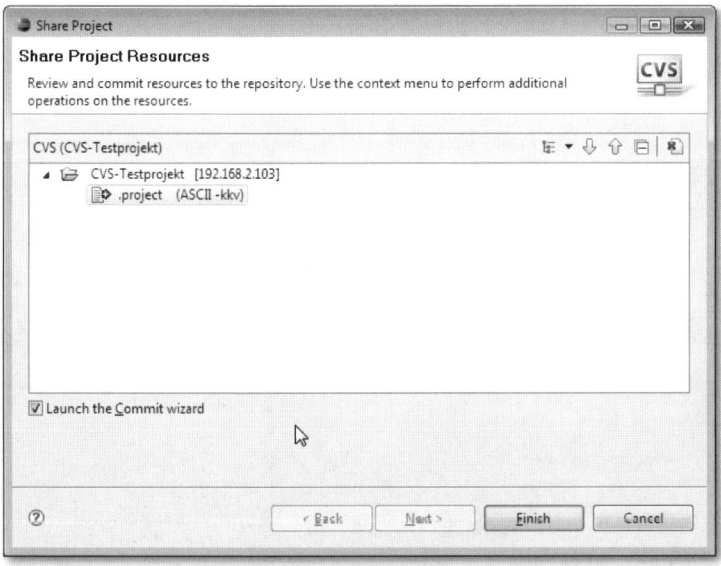

Abbildung 6.5 Übersicht der einzucheckenden Dateien und Verzeichnisse

Sie können die Einträge dieser Liste mit der rechten Maustaste anklicken, um ein Kontextmenü zu öffnen. Es enthält unter anderem den Befehl ADD TO .CVSIGNORE. Er dient dazu, Dateien oder Verzeichnisse dauerhaft vom Einchecken auszuschließen. Dies ist beispielsweise sehr praktisch, wenn .class-Dateien in ein eigenes bin-Verzeichnis geschrieben werden. Da sie sich jederzeit aus den Quelltexten erzeugen lassen, wäre es unnötig, sie in das Repository zu übernehmen. Weitere Beispiele für Dateien, die Sie wahrscheinlich nicht einchecken möchten, sind vom System generierte Artefakte, wie die unter Windows bekannte Datei *Thumbs.db* oder die von Mac OS X verwendete *.DS_Store*.

Setzen Sie bitte ein Häkchen vor *Launch the Commit wizard* und schließen Sie den Assistenten mit *Finish*.

Anschließend öffnet sich der Dialog *Commit*, den Sie in Abbildung 6.6 sehen. Er zeigt nochmals diejenigen Dateien und Verzeichnisse an, die in das Repository übernommen werden, weil sie dort noch nicht vorhanden sind, oder weil Sie lokale Änderungen vorgenommen haben. Auch hier haben Sie die Möglichkeit, durch Anklicken eines Eintrags mit der rechten Maustaste ein Kontextmenü zu öffnen und Dateien vom Einchecken auszuschließen.

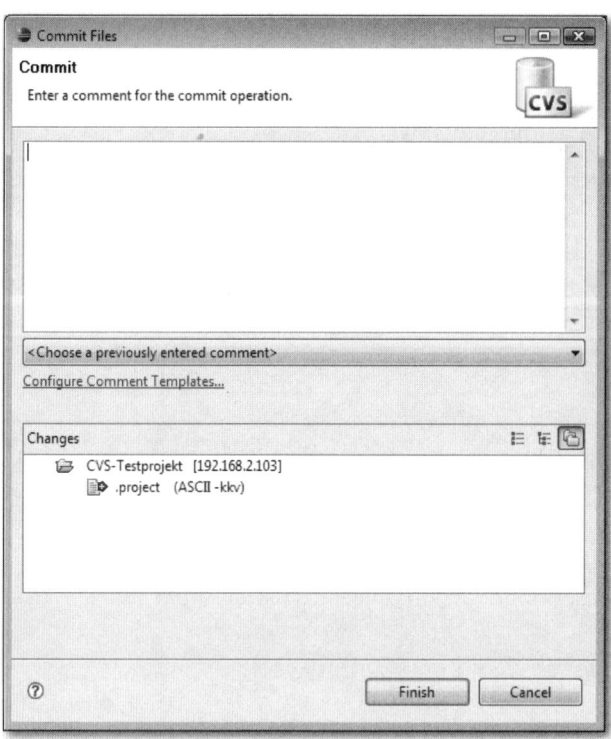

Abbildung 6.6 Der Dialog Commit

Das Textfeld im oberen Bereich des Dialogs ist für eine Beschreibung der Änderungen vorgesehen, die Sie in das Repository übernehmen möchten. Sie können beispielsweise in möglichst knappen Worten korrigierte Fehler nennen oder auf neue Funktionen hinweisen. Die Klappliste unterhalb des Eingabebereichs ist eine Art Historie, mit der Sie die zuletzt eingegebenen Beschreibungen erneut in das Textfeld eintragen können.

Klicken Sie nun bitte auf *Finish*, um den Commit-Vorgang zu starten. Sie haben damit Ihrem lokalen Repository ein neues Projekt hinzugefügt. Allerdings ist es noch leer. Legen Sie deshalb bitte mit FILE • NEW • FILE eine Datei an und nennen Sie diese *Testdatei_1.txt*. Geben Sie dann ein paar Zeilen beliebigen Text ein und speichern Sie anschließend Ihre Änderungen.

Fügen Sie bitte die Datei Ihrem Repository hinzu, indem Sie sie im *Package Explorer* mit der rechten Maustaste anklicken und TEAM • COMMIT wählen. Sie sehen daraufhin den Ihnen bereits bekannten Dialog *Commit*. Geben Sie hier eine kurze Beschreibung ein und klicken Sie dann auf *Finish*. Nachdem Eclipse die Datei eingecheckt hat, werfen Sie bitte einen Blick auf ihren Eintrag im *Package Explorer*.

Ist Ihnen aufgefallen, dass die schließende spitze Klammer vor dem Dateinamen verschwunden ist? Auf diese Weise kennzeichnet die IDE nämlich neue oder geänderte Dateien, also Änderungen, die noch nicht in das Repository übernommen wurden.

Im nächsten Abschnitt zeige ich Ihnen, wie Sie Projekte aus dem Repository auschecken. Wie Sie gleich sehen werden, können Sie den Namen, unter dem das Projekt im Arbeitsbereich angelegt wird, frei wählen. Aus Gründen der Übersichtlichkeit sollten Sie dennoch das Projekt *CVS-Testprojekt* vorher löschen.

Auschecken von Projekten

Öffnen Sie bitte das Kontextmenü des *Package Explorers* und wählen Sie IMPORT. Sie sehen daraufhin den in Abbildung 6.7 gezeigten Dialog.

Klicken Sie nun auf CVS • PROJECTS FROM CVS und wechseln Sie mit *Next* zur zweiten Seite des Assistenten. Wie Sie in Abbildung 6.8 sehen, müssen Sie hier das Repository auswählen, aus dem Sie ein Projekt auschecken möchten. Falls es nicht in der Liste der bekannten Repositories aufgeführt ist, können Sie *Create a new repository location* anklicken und anschließend einen Speicherort hinzufügen. Um das eben eingecheckte Projekt zu importieren, belassen Sie bitte die Standardeinstellung *Use existing repository location*. Markieren Sie Ihr lokales Repository und klicken Sie dann erneut auf *Next*.

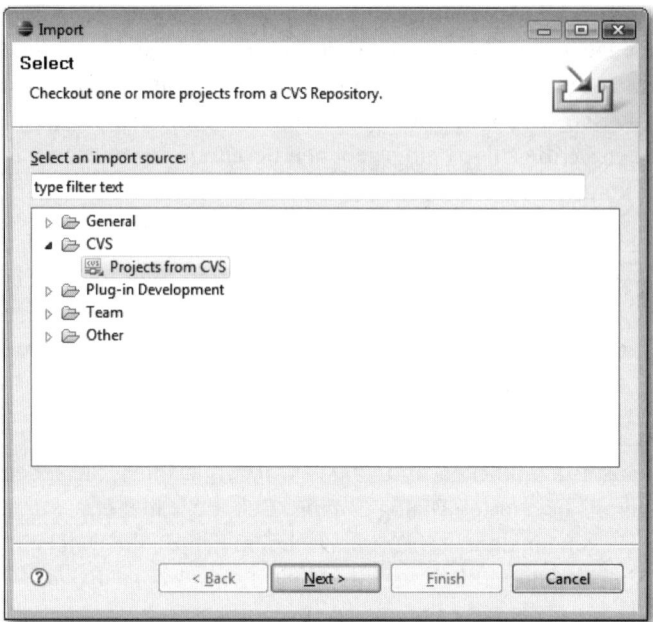

Abbildung 6.7 Assistent zum Importieren von Projekten

Abbildung 6.8 Auswählen des Repositories

Auf der Seite *Select Module*, die Sie in Abbildung 6.9 sehen, wählen Sie dasjenige Modul aus, das Sie als neues Projekt in den Arbeitsbereich übernehmen möchten. Klicken Sie auf *CVS-Testprojet* (bzw. den Namen, den Sie beim Anlegen des Projekts vergeben haben) und wechseln Sie anschließend mit *Next* auf die nächste Seite des Assistenten.

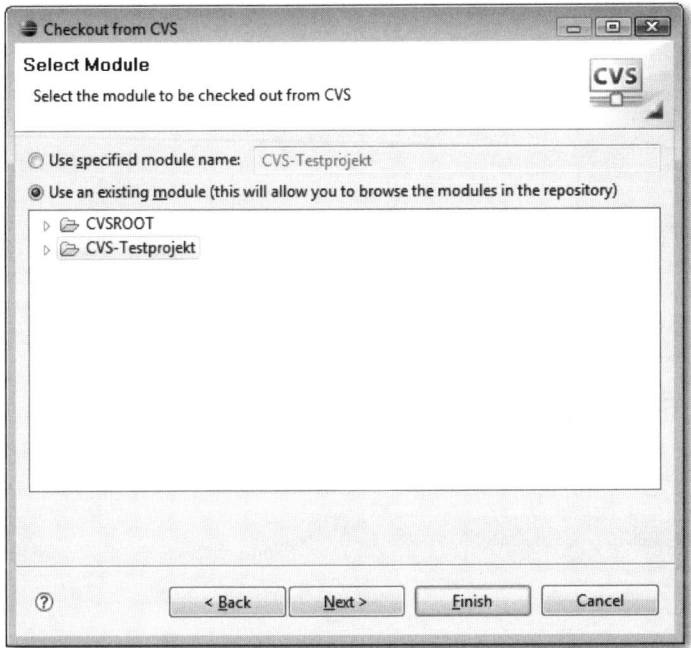

Abbildung 6.9 Auswählen des auszucheckenden Moduls

Auf der in Abbildung 6.10 gezeigten Seite *Check Out As* legen Sie fest, ob Sie das Modul in ein bestehendes Projekt einfügen möchten, oder ob Eclipse ein neues Projekt im Arbeitsbereich anlegen soll. Klicken Sie bitte auf *Check out as a project in the workspace* und geben Sie einen Projektnamen an (der Modulname ist hier voreingestellt). Stellen Sie bitte sicher, dass *Checkout subfolders* mit einem Häkchen versehen ist und klicken Sie dann auf *Next*.

Auf der nun angezeigten Seite des Assistenten, die Sie in Abbildung 6.11 sehen, möchte die IDE wissen, in welches Verzeichnis das Modul importiert werden soll. Behalten Sie bitte die Voreinstellung (*Use default workspace location*) bei und klicken Sie abermals auf *Next*.

Sie sehen nun die abschließende Seite des Assistenten. Auf dieser wählen Sie aus, welche Version des Moduls Sie auschecken möchten.

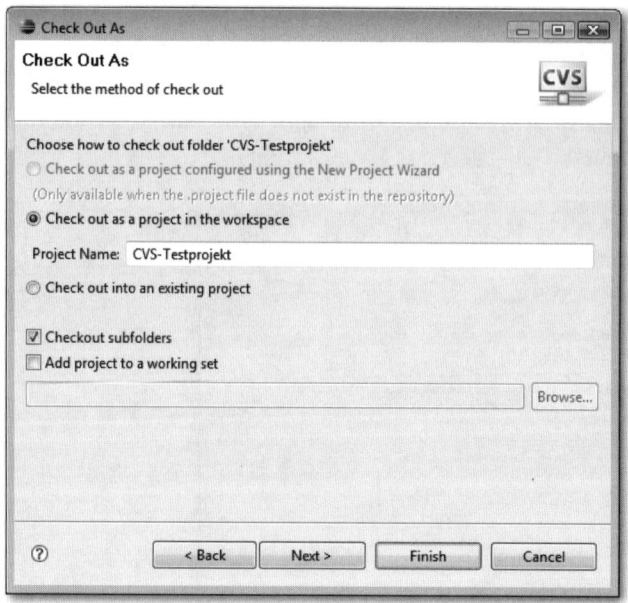

Abbildung 6.10   Festlegen des Projektnamens

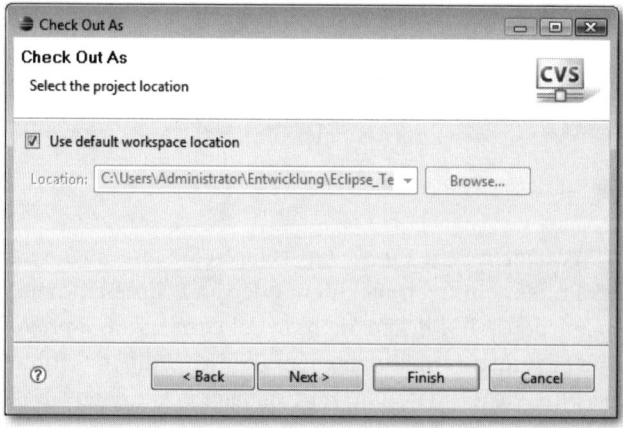

Abbildung 6.11   Festlegen des Arbeitsbereichs

Traditionell wird die aktuellste Version eines Moduls in CVS-Repositories *HEAD* genannt. Klicken Sie deshalb bitte, wie in Abbildung 6.12 zu sehen ist, auf diesen Listeneintrag und beenden Sie anschließend mit *Finish* den Assistenten. Ausführliche Informationen zu Versionsständen und Entwicklungszweigen finden Sie in weiterführender Literatur zu CVS, auf die ich am Ende dieses Kapitels kurz zu sprechen komme.

Abbildung 6.12   Auswählen der Version

Durch das Auschecken entstehen auf Ihrem Rechner lokale Kopien der Dateien eines Moduls. Während Ihrer Arbeit an einem Projekt nehmen Sie Änderungen an diesen Arbeitsständen vor. Nachdem Sie alle gewünschten Anpassungen erledigt haben, werden diese normalerweise als neue Versionen in das Repository übernommen.

6.2.2   Mit lokalen Kopien arbeiten

Beim erstmaligen Auschecken eines Projekts werden normalerweise alle Dateien eines Moduls auf Ihren Rechner kopiert, beim späteren Abgleichen mit dem Repository hingegen nur die geänderten. Hierbei handelt es sich um Modifikationen, die nicht Sie selbst, sondern Teammitglieder vorgenommen haben.

Lokale Änderungen widerrufen

Normalerweise möchten Sie Modifikationen an ausgecheckten Dateien irgendwann in das Repository übernehmen. Es kann aber auch vorkommen, dass Sie Ihre lokalen Änderungen verwerfen möchten. Mögliche Gründe hierfür gibt es viele. Beispielsweise könnte Ihre Version zu Inkompatibilitäten mit anderen Modulen führen. Oder aber (kein Programmierer wird dies gerne zugeben, aber es ist jedem schon einmal passiert) Sie haben einen Fehler eingebaut, der sich einfach nicht aufspüren lässt. In solchen Fällen müssen Sie die lokale Version der betroffenen Datei gegen eine Kopie aus dem Repository austauschen.

Um dieses Szenario nachzustellen, nehmen Sie bitte beliebige Änderungen an der Datei *Testdatei_1.txt* vor. Nachdem Sie diese gespeichert haben, zeigt Ihnen Eclipse im *Package Explorer* mit dem bereits bekannten spitzen Pfeil vor dem Dateinamen an, dass diese Version eingecheckt werden kann. Klicken Sie den Eintrag mit der rechten Maustaste an und wählen Sie REPLACE WITH • LATEST FROM HEAD. Bestätigen Sie den Dialog *Overwrite Uncommitted Changes* mit *OK*. Die Datei liegt nun wieder in ihrer ursprünglichen Fassung vor.

Änderungen anzeigen

Um sich vor dem Einchecken ein Bild von den Unterschieden zwischen Ihrer lokalen Kopie und einer Version im Repository zu machen, können Sie beispielsweise die Funktion COMPARE WITH • LATEST FROM HEAD aufrufen, die Sie über das Kontextmenü der Datei im *Package Explorer* erreichen.

Im Editor *Compare*, den Sie in Abbildung 6.13 sehen, werden die beiden Versionen einander gegenüber gestellt, wobei Unterschiede grafisch gekennzeichnet werden. Mit seinen Symbolen können Sie sich durch alle Änderungen bewegen und solche, die keine Konflikte verursachen, automatisch in die lokale Kopie übertragen. Vielleicht fragen Sie sich nun, was es mit *Konflikten* auf sich hat.

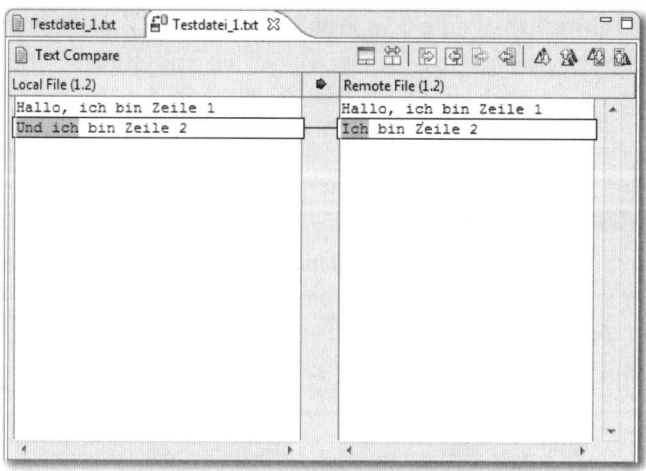

Abbildung 6.13   Editor zum Vergleichen von Versionen

Konflikte

Bitte vergegenwärtigen Sie sich hierzu, wie Versionsverwaltungen eingesetzt werden. Wenn mehrere Teammitglieder die gleiche Datei auschecken und bearbeiten, muss das System aus der Summe aller Änderungen eine neue Version zusammenstellen. Dies klappt dann hervorragend, wenn Modifikationen stets in verschiedenen Bereichen der Datei stattgefunden haben. Wenn aber mehrere Personen beispielsweise die gleiche Methode verändert haben, kann die Versionsverwaltung nicht immer ohne Hilfe von außen entscheiden, welche Änderung übernommen wird. In solchen Fällen spricht man von einem Konflikt. Das System verweigert das Einchecken der betroffenen Datei so lange, bis ein Entwickler ihn aufgelöst hat.

Auch wenn Sie alleine auf das Repository zugreifen, können Sie Konflikte nachstellen. Ändern Sie die Datei *Testdatei_1.txt* hierzu bitte so ab, dass sie den folgenden Inhalt hat:

```
12345 Zeile 1 12345
12345 Zeile 2 12345
```
Listing 6.2 Testdatei_1.txt

Übernehmen Sie diese Version in das Repository, indem Sie im *Package Explorer* ihr Kontextmenü öffnen und TEAM • COMMIT auswählen. Sie sehen daraufhin den Ihnen bereits bekannten Dialog *Commit*, in dem Sie eine kurze Beschreibung der Änderungen eintragen können. Um die Datei einzuchecken, klicken Sie bitte auf *Finish*.

Starten Sie nun eine zweite Instanz von Eclipse. Sie erhalten die Meldung, dass der Arbeitsbereich nicht geöffnet werden kann, weil er gerade verwendet wird. Um dieses Problem zu umgehen, legen Sie kurzerhand einen neuen an und importieren in diesen das Projekt *CVS-Testprojekt* aus Ihrem lokalen CVS-Repository. Denken Sie bitte daran, dass Sie hierzu in der Sicht *CVS Repositories* einen neuen Speicherort anlegen müssen.

Wechseln Sie nun bitte zurück in die erste Eclipse-Instanz und ändern Sie dort die Datei *Testdatei_1.txt* auf folgende Weise ab:

```
12345 Zeile 1 12345
12345 Zeile 2 12345
Zeile 3
```
Listing 6.3 Testdatei_1.txt

Checken Sie diese Änderung in das Repository ein und wechseln Sie anschließend zurück in die zweite, neu geöffnete Instanz der IDE. Dort modifizieren Sie ebenfalls die Datei *Testdatei_1.txt*, diesmal aber folgendermaßen:

```
12345 Zeile 1 12345
12345 Zeile 2 12345
Ein Test
```

Listing 6.4   Testdatei_1.txt

Nachdem Sie die Datei gespeichert haben, versuchen Sie bitte, sie einzuchecken. Dies schlägt fehl, weil die Version, die Sie in das Repository übernehmen möchten, veraltet ist. Die entsprechende Fehlermeldung sehen Sie in Abbildung 6.14. Wie aber ist dieser Fehler zu erklären?

Nach dem Auschecken des Projekts in der zweiten Instanz haben Sie die Datei in der anderen (ersten) Eclipse-Instanz verändert und in das Repository übernommen. Dort befindet sich also eine neuere Version als Ihre lokale Kopie in der zweiten Instanz.

Bevor Sie diese einchecken können, müssen Sie die beiden Versionen verschmelzen. Hierzu werden die Inhalte der beiden Dateien einander gegenüber gestellt, damit Sie sich ein Bild von den Unterschieden machen können. In einem weiteren Schritt führen Sie dann die gewünschten Änderungen zusammen.

Für solche Aufgaben steht eine eigene Perspektive *Team Synchronizing* zur Verfügung. Sie wird beim Beheben von Konflikten in CVS- und Subversion-Repositories eingesetzt. Aus diesem Grund beschreibe ich ihre Verwendung in einem eigenen Abschnitt, *Arbeiten im Team*.

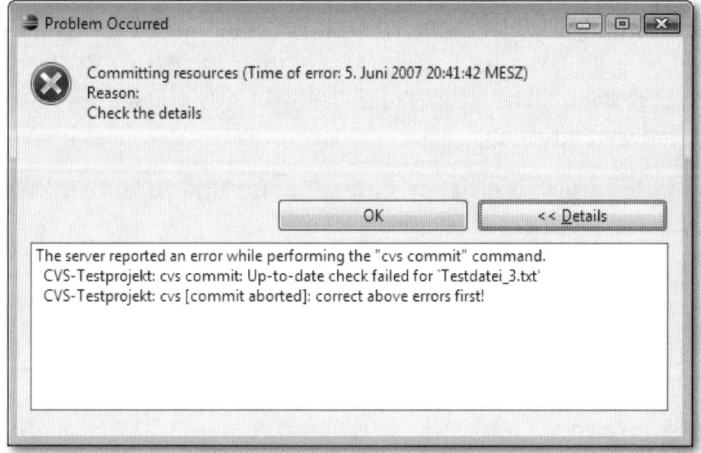

Abbildung 6.14   Fehlermeldung beim Versuch, Testdatei_1.txt einzuchecken

Sie haben in diesem Abschnitt gesehen, wie komfortabel Sie mit dem in Eclipse fest eingebauten CVS-Client auf Repositories zugreifen und mit diesen arbeiten können. Der folgende, große Abschnitt beschäftigt sich mit Subversion, einer Alternative zum Concurrent Versions System, die in den vergangenen Jahren stark an Bedeutung gewonnen hat.

6.3 Zugriff auf Subversion-Repositories

In diesem Abschnitt möchte ich Ihnen das Plug-in *Subclipse* vorstellen. Es ermöglicht Ihnen den komfortablen Zugriff auf Subversion-Repositories innerhalb der Workbench.

6.3.1 Subclipse installieren und einrichten

Subclipse wird (wie auch Subversion) durch die Open-Source-Community *tigris.org* zur Verfügung gestellt. Diese Gemeinschaft hat sich ganz der Implementierung von Werkzeugen zur Softwareentwicklung verschrieben.

Installation

Um Subclipse auf Ihrem Rechner zu installieren, verwenden Sie den Ihnen bereits bekannten Update Manager. Sie erreichen ihn über HELP • SOFTWARE UP-DATES • FIND AND INSTALL. Bitte legen Sie zunächst eine neue Remote Site an. Ausführliche Informationen hierzu finden Sie in Kapitel 1, *Hands on Eclipse*. In das Feld *Name* tragen Sie, wie in Abbildung 6.15 zu sehen ist, den Text *Subclipse 1.2.x (Eclipse 3.2+)* ein. Als *URL* verwenden Sie bitte *http://subclipse.tigris.org/update_1.2.x*.

Falls Sie das Plug-in nicht aus dem Internet herunterladen möchten, finden Sie die zum Zeitpunkt der Drucklegung aktuelle Version von *Subclipse* im Verzeichnis *Software\Eclipse Plug-ins* der Begleit-DVD. Bitte entpacken Sie das Archiv *site-1.2.3.zip* an einen beliebigen Ort und öffnen Sie dann den *Update Manager*. Anstelle einer *Remote Site* legen Sie aber bitte eine neue *Local Site* an. Eclipse fragt nun nach dem Ordner, der die entpackten Daten der Update Site enthält. Die weitere Vorgehensweise ist die gleiche wie beim Herunterladen des Plug-ins. Der in Abbildung 6.15 gezeigte Dialog wird automatisch mit den passenden Werten vorbelegt, sodass Sie ihn ohne Änderungen mit *OK* schließen können.

Eclipse sucht nun nach neuen, noch nicht installierten Features. Diese werden auf der in Abbildung 6.16 gezeigten Seite *Search Results* des Dialogs *Update* angezeigt. Sie können entweder das komplette Feature anklicken oder gezielt die benötigten Elemente auswählen. Die *Mylar Integration* ist beispielsweise nicht erforderlich. Klicken Sie nun bitte auf *Next* und stimmen den Lizenzvereinbarungen zu. Subclipse wird als Open-Source-Software unter der *Eclipse Public Licence v1.0* zur Verfügung gestellt.

Klicken Sie abermals auf *Next* und wählen Sie dann den Installationsort aus. Wie Sie bereits wissen, können Sie diesen mit *Change Location* gegebenenfalls ändern. *Finish* startet den Download.

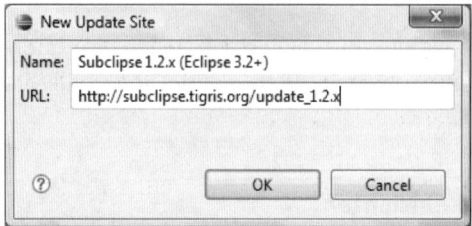

Abbildung 6.15   Anlegen einer Subclipse-Remote Site

Vor der eigentlichen Installation weist Sie Eclipse darauf hin, dass Sie im Begriff sind, ein nicht signiertes Feature zu installieren. Falls Sie der Download-Quelle vertrauen, schließen Sie diesen Dialog bitte mit *Install All*.

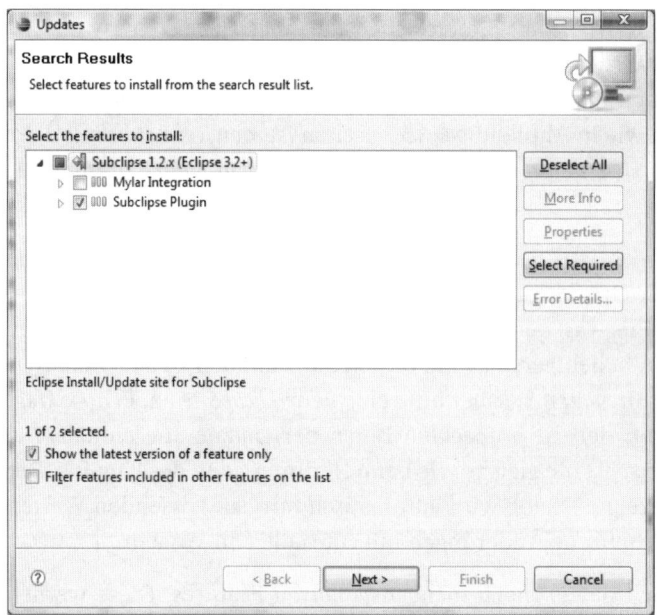

Abbildung 6.16   Auswahl der zu installierenden Features

Im Anschluss an die Installation sollten Sie die IDE neu starten, damit das Plug-in ordnungsgemäß eingebunden werden kann.

Ein Repository hinzufügen

Subclipse stellt die neue Perspektive *SVN Repository Exploring* zur Verfügung. Um sie zu öffnen, wählen Sie bitte WINDOW • OPEN PERSPECTIVE • OTHER und klicken dann auf *SVN Repository Exploring*. Bitte denken Sie daran, dass Sie mit den Schaltflächen im oberen Randbereich der Workbench schnell zwischen geöffneten Perspektiven umschalten können.

Die vielleicht wichtigste Sicht dieser Perspektive ist *SVN Repository*. Sie fasst alle lokalen und entfernten Repositories, die Sie in Ihren Arbeitsbereich eingebunden haben, in einer übersichtlichen, baumartigen Struktur zusammen. Im Augenblick ist sie allerdings noch leer. Öffnen Sie deshalb das Kontextmenü der Sicht, indem Sie mit der rechten Maustaste an eine beliebige freie Stelle klicken, und wählen Sie dann NEW • REPOSITORY LOCATION. Sie sehen daraufhin den in Abbildung 6.17 gezeigten Dialog *Add SVN Repository*, in dem Sie den Speicherort des Repositories angeben, das Sie der Sicht hinzufügen möchten. Stellen Sie bitte sicher, dass Sie, wie in Abschnitt 6.1.2, *Subversion einrichten*, beschrieben, den Subversion-Server gestartet haben, und geben Sie dann *svn://localhost* ein. Anschließend beenden Sie den Dialog mit *Finish*.

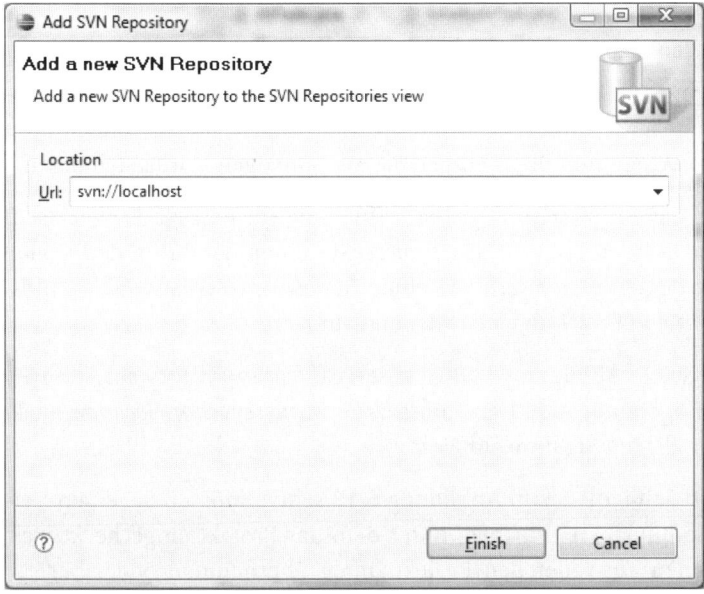

Abbildung 6.17   Hinzufügen eines neuen Repositories

Das Repository erscheint in der Sicht als Eintrag *svn://localhost*. Um den angezeigten Text zu ändern, klicken Sie ihn mit der rechten Maustaste an und wählen PROPERTIES. Selektieren Sie dann *Use a custom label* und geben Sie in der Eingabezeile, die sich unmittelbar daneben befindet, einen beliebigen Repository-Namen ein, beispielsweise *lokales Subversion-Repository*. Anschließend können Sie den Eigenschaften-Dialog mit *OK* schließen.

Ihnen ist sicher aufgefallen, dass das Kontextmenü der Sicht *SVN Repository* nun weitaus mehr Einträge hat als vor dem Hinzufügen des ersten Elements. Beispielsweise könnten Sie den markierten Ort mit *Discard Location* wieder aus der Liste entfernen. CHECKOUT nimmt Dateien oder Projekte des Repositories und speichert sie als lokale Kopien auf Ihrem Rechner. Bevor ich Ihnen zeige, wie dies funktioniert, fügen Sie dem noch leeren Repository im nächsten Abschnitt Dateien hinzu.

6.3.2 Daten einchecken

Normalerweise enthält ein Repository die Daten vieler Projekte. Man spricht in diesem Zusammenhang oft von sogenannten *Modulen*. Dabei kann ein solches Modul einem Eclipse-Projekt entsprechen, muss es aber nicht (weil Subversion von vielen verschiedenen Clients aus angesprochen werden kann). Letztlich sind Module also nichts weiter als beliebige Verzeichnishierarchien.

Projekte einchecken

Um das Arbeiten mit Subversion-Repositories zu üben, legen Sie mithilfe des Projekt-Assistenten zunächst ein leeres Java-Projekt an. Geben Sie als Namen bitte *Subversion-Testprojekt* ein und übernehmen Sie alle sonstigen Voreinstellungen.

Nachdem Eclipse das Projekt angelegt hat, öffnen Sie im *Package Explorer* sein Kontextmenü und wählen *Team • Share Project*. Sie sehen daraufhin den Dialog *Share Project*, auf dessen erster Seite Sie einen Repository-Typ auswählen müssen. Klicken Sie bitte auf *SVN* und anschließend auf *Next*.

Wählen Sie nun, wie in Abbildung 6.18 zu sehen ist, das Repository aus, dem Sie das Projekt hinzufügen möchten. Dazu muss *Use existing repository location* selektiert sein. Danach klicken Sie bitte auf *Next*.

Auf der folgenden Seite, die Sie in Abbildung 6.19 sehen, müssen Sie einen Verzeichnis- oder Modulnamen eingeben, unter dem das Projekt eingecheckt werden soll. Sie können entweder den Projektnamen übernehmen oder aber ein existierendes Verzeichnis des Repositories auswählen. Dies geschieht durch Anklicken der Schaltfläche *Browse*. Da das Repository derzeit noch leer ist, belassen Sie bitte die Voreinstellung *Use project name as folder name*. Ein entsprechendes Verzeichnis wird dann automatisch angelegt.

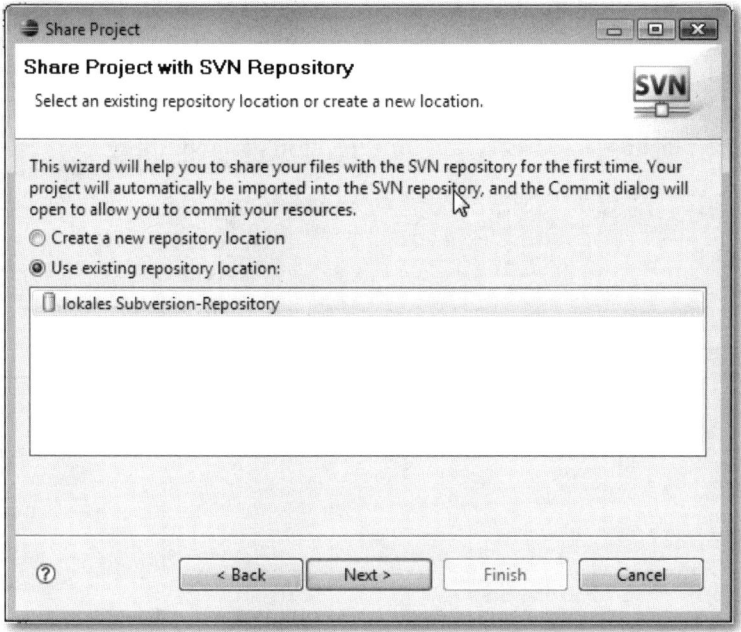

Abbildung 6.18   Dialog zum Einchecken eines Projekts

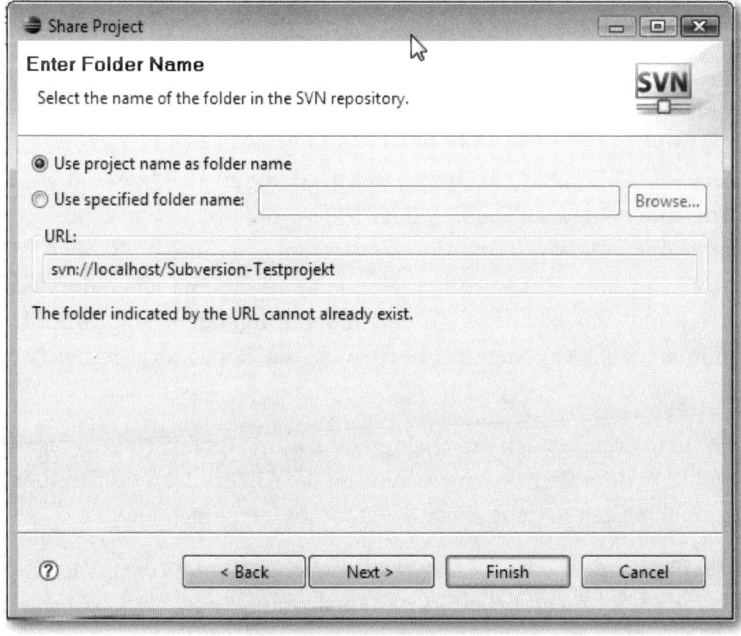

Abbildung 6.19   Festlegen des Verzeichnisnamens

Mit *Next* gelangen Sie zur Seite *Ready to Share Project*. Wie Sie in Abbildung 6.20 sehen, haben Sie hier die Möglichkeit, eine Beschreibung einzugeben, die später mit den eingecheckten Dateien gespeichert wird. Was es damit auf sich hat, erkläre ich Ihnen gleich. Bitte schließen Sie aber zuerst den Assistenten, indem Sie auf *Finish* klicken. Eclipse importiert nun Ihr Projekt in das Repository.

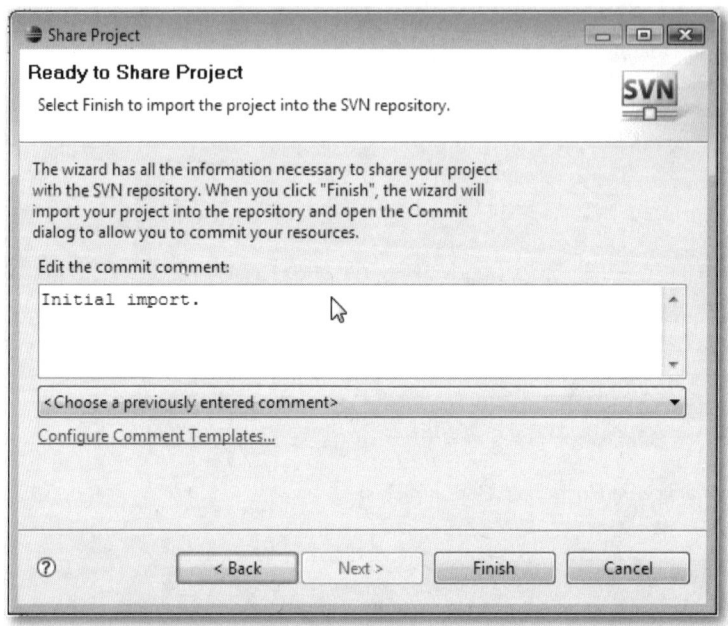

Abbildung 6.20   Eingeben einer Beschreibung

Anschließend erscheint abermals ein Dialog, der in Abbildung 6.21 gezeigt wird. Immer wenn Sie Änderungen an Dateien oder Verzeichnissen in ein Repository übernehmen möchten, werden Sie mit ihm konfrontiert. Im unteren Bereich des Dialogs *Commit* wählen Sie die entsprechenden Elemente aus. Sie sehen dort also nur solche Dateien und Verzeichnisse, an denen Sie in irgendeiner Form Änderungen vorgenommen haben, oder die noch nicht im Repository gespeichert wurden.

Das Eingabefeld im oberen Bereich des Dialogs kann einen (praktisch beliebigen) Freitext enthalten, mit dem Sie in knappen Worten die Änderungen beschreiben, die Sie mit dem Einchecken in das Repository übernehmen möchten.

Nun könnten Sie einwenden, dass Sie das Projekt eben erst importiert haben, es also noch gar keine Änderungen geben kann. Letztlich ist aber auch das Ablegen von neuen Dateien und Verzeichnissen im Repository eine Art Änderung, die Sie kommentieren sollten. Übrigens sehen sie als Textvorschlag denjenigen Text, den Sie auf der letzten Seite des *Share Projects*-Assistenten eingegeben haben. Unterhalb des Eingabefeldes befindet sich eine Klappliste, in der Sie aus den zuletzt eingegebenen Beschreibungen eine auswählen können. Dies ist praktisch, wenn sich mehrere Eincheckvorgänge auf denselben Arbeitsschritt beziehen.

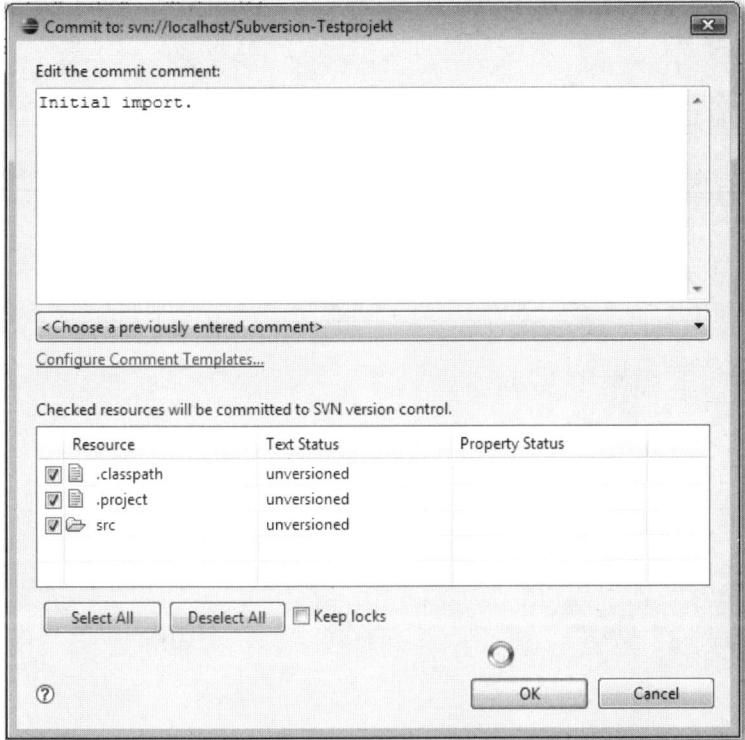

Abbildung 6.21 Festlegen der einzucheckenden Dateien und Verzeichnisse

Die Option *Keep locks* schließlich bezieht sich auf eine spezielle Sperrfunktion von Subversion, mit der Sie eine Art exklusiven Zugriff auf eine Datei realisieren können. Da es sich hierbei aber um ein sehr fortgeschrittenes Thema handelt, möchte ich Sie hier auf weiterführende Literatur zu Subversion verweisen, auf die im am Ende dieses Kapitels noch zu sprechen komme.

Bevor Sie den Dialog mit *OK* schließen, prüfen Sie bitte, ob vor jeder Datei bzw. Ordner das Häkchen gesetzt wurde. Sie haben nun ein Projekt mit allen Elementen in Ihrem lokalen Subversion-Repository gespeichert.

Übrigens protokolliert Eclipse die Kommunikation mit dem Server in der Sicht *Console*. Wenn Sie Probleme vermuten, können Sie dort nach entsprechenden Fehlermeldungen suchen.

Einzelne Dateien einchecken

Da Sie mit dem Projekt-Assistenten ein leeres Java-Projekt angelegt haben, enthält das Modul im Repository derzeit noch keine Quelltexte, sondern »nur« Verwaltungsdateien. Fügen Sie dem Projekt deshalb bitte eine neue Klasse hinzu. Am besten übernehmen Sie hierzu das im Folgenden abgedruckte Listing *HalloEclipse.java*.

```java
import java.awt.Dimension;
import java.awt.Graphics;
import javax.swing.JComponent;
import javax.swing.JFrame;

public class HalloEclipse extends JComponent {
  private int groesse;
  private int pos;

  public HalloEclipse() {
    groesse = 200;
    pos = 0;
    setPreferredSize(new Dimension(groesse, groesse));
    Runnable r = new Runnable() {
      public void run() {
        try {
          while (true) {
            Thread.sleep(100);
            repaint();
          }
        } catch (Throwable thr) {
        }
      }
    };
    new Thread(r).start();
  }

  public void paint(Graphics g) {
    g.clearRect(0, 0, getWidth(), getHeight());
    g.drawString("Hallo Eclipse", pos, pos++);
    if (pos >= groesse) {
      pos = 0;
    }
  }

  public static void main(String[] args) {
    JFrame f = new JFrame();
```

```
    f.getContentPane().add(new HalloEclipse());
    f.pack();
    f.setDefaultCloseOperation(JFrame.EXIT_ON_CLOSE);
    f.setVisible(true);
  }
}
```

Listing 6.5 HalloEclipse.java

Nachdem Sie das kleine Programm abgetippt oder aus dem Verzeichnis *Quelltexte\Versionsverwaltung* der Begleit-DVD kopiert haben, klicken Sie die Klasse im *Package Explorer* mit der rechten Maustaste an und wählen dann *Team • Commit*. Sie sehen daraufhin den Dialog *Commit* zum Einchecken von Dateien und Verzeichnissen, den Sie schon aus Abbildung 6.21 kennen. Geben Sie zunächst eine Beschreibung ein oder wählen Sie einen Eintrag aus der Klappliste darunter aus. Bevor Sie den Dialog mit *OK* schließen, prüfen Sie bitte, ob *HalloEclipse.java* mit einem Häkchen versehen wurde. Falls nicht, holen Sie dies bitte nach.

Nachdem Eclipse den Eincheckvorgang abgeschlossen hat, werfen Sie bitte einen Blick auf den Eintrag im *Package Explorer*. Ist Ihnen aufgefallen, dass sich das Symbol ein wenig verändert hat? Ein Sternchen, das sogenannte *lokale Änderungen* kennzeichnet, ist jetzt verschwunden. Denn Ihre Kopie und die Version im Repository sind absolut identisch. Wenn Sie es sich noch einmal ansehen möchten, könnten Sie einfach ein Leerzeichen eintippen und dann die Datei speichern.

6.3.3   Mit dem Repository arbeiten

Bisher habe ich Ihnen nur gezeigt, wie Sie Daten in einem Repository ablegen. Deshalb lernen Sie in diesem Abschnitt unter anderem, sie wieder abzurufen. Eine weitere wichtige Funktion ist, nach Unterschieden zwischen der lokalen Version und der im Repository gespeicherten zu suchen. Auch diese Funktion möchte ich Ihnen demonstrieren.

Lokale Änderungen widerrufen

Wenn Sie Änderungen an einer ausgecheckten Datei vornehmen, möchten Sie diese normalerweise irgendwann in das Repository übernehmen. Es kann aber auch vorkommen, dass Sie stattdessen auf einen früheren Versionsstand zurückgreifen müssen, beispielsweise weil sich die Modifikationen als problematisch herausgestellt haben. Neben der *Local History*, die Sie bereits kennen, steht Ihnen hierfür das Repository zur Verfügung.

Nehmen Sie an der Datei *HalloEclipse.java* bitte beliebige Änderungen vor und speichern diese. Wie Sie bereits wissen, kennzeichnet der *Package Explorer* solche lokalen Modifikationen mit einem Sternchen. Öffnen Sie bitte das Kontextmenü der Datei und wählen Sie dann REPLACE WITH • LATEST FROM REPOSITORY. Ein Warnhinweis macht Sie nochmals darauf aufmerksam, dass Sie im Begriff sind, lokale Änderungen durch die neueste im Repository gespeicherte Version der Datei zu überschreiben. Ihre Modifikationen können dann nur noch mithilfe der *Local History* wiederhergestellt werden. Bestätigen Sie den Dialog bitte mit *OK*.

Ihnen ist sicher aufgefallen, dass das Untermenü REPLACE WITH eine ganze Reihe von Einträgen enthält, mit deren Hilfe Sie ganz bestimmte Versionen wiederherstellen können. Versionsverwaltungen stellen ausgefeilte Mechanismen zur Verfügung, mit denen Sie Quelltexte in verschiedene Entwicklungszweige oder Versionen unterteilen können. Falls Sie sich ausführlicher mit diesen Konzepten beschäftigen möchten, finden Sie am Ende dieses Kapitels ein paar Literaturvorschläge zu diesem Themenkomplex.

Dateien löschen

Wenn Sie eine Datei nicht länger benötigen, reicht es nicht aus, sie lokal zu löschen. Denn die Module eines Repositories repräsentieren einen gewissen Entwicklungsstand. Jeder, der ein solches Modul auscheckt, sollte also genau die Dateien erhalten, die alle anderen Projektteilnehmer auch verwenden. Anders ausgedrückt: Wenn eine Datei nicht mehr zu einem Projekt gehört, darf sie beim Auschecken auch nicht verteilt werden.

Um auszuprobieren, wie sich Eclipse und Subversion verhalten, löschen Sie im *Package Explorer* bitte die Datei *HalloEclipse.java*. Anschließend übernehmen Sie diese Änderung in das Repository. Rufen Sie hierzu das Kontextmenü des *Package Explorers* auf und wählen Sie dann TEAM • COMMIT. Sie sehen daraufhin den Ihnen bereits bekannten Dialog *Commit*, in dem Sie eine Bemerkung eintragen und die zu übernehmenden Dateien auswählen können. Stellen Sie bitte sicher, dass *HalloEclipse.java* mit einem Häkchen versehen ist und schließen Sie dann den Dialog mit *OK*.

Sie haben auf diese Weise die Datei aus dem Projekt entfernt und die Änderung in das Repository übernommen. Um dies auszuprobieren, können Sie das Modul als neues Projekt auschecken.

Projekte auschecken

Öffnen Sie hierzu bitte das Kontextmenü des *Package Explorers* und wählen Sie den Befehl IMPORT.

Sie sehen daraufhin den in Abbildung 6.22 gezeigten Dialog *Import*. Klicken Sie zunächst auf *Other • Checkout Projects from SVN* und anschließend auf *Next*. Auf der zweiten Seite des Assistenten müssen Sie das Repository angeben, aus dem Sie ein Projekt auschecken möchten. Markieren Sie bitte Ihr lokales Subversion-Repository und klicken Sie dann erneut auf *Next*.

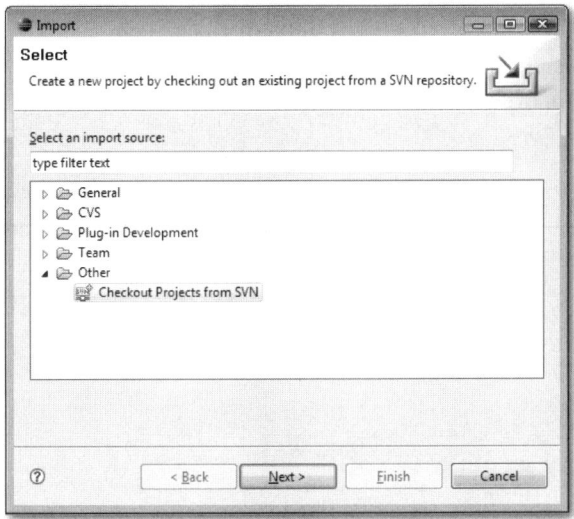

Abbildung 6.22 Importieren eines Subversion-Repositories

Auf der Seite *Select Folder*, die Sie in Abbildung 6.23 sehen, wählen Sie das Modul oder Projekt, das Sie auschecken möchten. Markieren Sie bitte den Eintrag *Subversion-Testprojekt* und klicken Sie abermals auf *Next*.

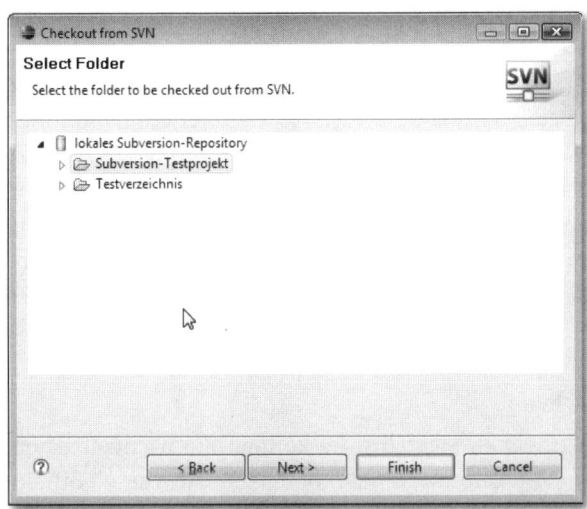

Abbildung 6.23 Auswählen des auszucheckenden Moduls

Auf der nun angezeigten Seite *Checkout As* haben Sie die Möglichkeit, einen Projektnamen (der unter anderem im *Package Explorer* angezeigt wird) zu vergeben und die Version festzulegen, die Sie auschecken möchten. Wie Sie in Abbildung 6.24 sehen, können Sie im Bereich *Revision to check out* zwischen der sogenannten *Head Revision* und einer beliebigen (früheren) Version auswählen. Die *Head Revision* markiert den aktuellsten Versionsstand. Bitte wählen Sie diese aus, vergeben einen neuen, in Ihrem Arbeitsbereich noch nicht vorhandenen Projekt-Namen und klicken dann auf *Finish*.

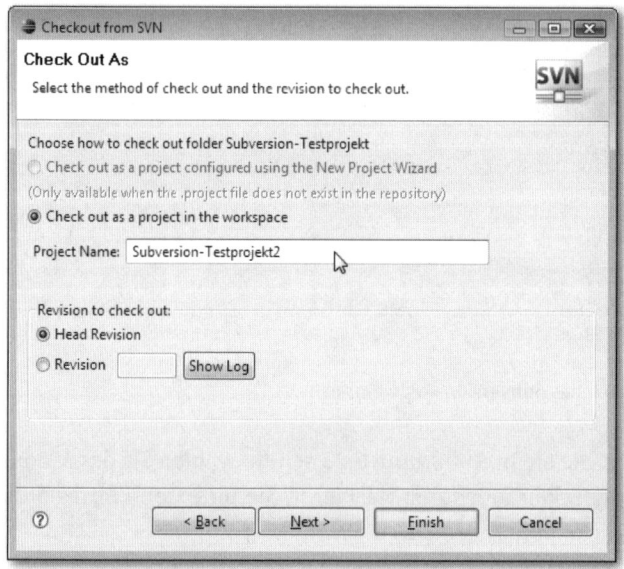

Abbildung 6.24 Festlegen eines Projektnamens sowie des Versionsstands

Nachdem Eclipse das Projekt ausgecheckt hat, erscheint es unter dem von Ihnen angegebenen Namen im *Package Explorer*. Erwartungsgemäß ist die Datei *Hallo-Eclipse.java*, die Sie im vorherigen Abschnitt gelöscht haben, nicht vorhanden. Um sie wiederherzustellen, müssen Sie auf eine frühere Version des Projekts zurückgreifen. Genauer gesagt handelt es sich hierbei um die letzte Version, welche die Datei noch enthalten hat. Wie dies funktioniert, zeige ich Ihnen im folgenden Abschnitt.

Änderungen rückgängig machen

Mit der in Abbildung 6.25 gezeigten Sicht *History* können Sie nachvollziehen, wann welche Änderungen am Repository stattgefunden haben. Um sie zu öffnen, klicken Sie im *Package Explorer* mit der rechten Maustaste bitte auf die Projektwurzel und wählen TEAM • SHOW HISTORY.

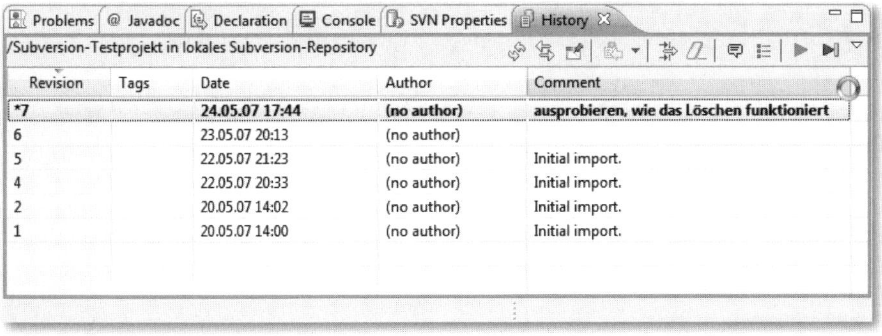
Problems
@ Javadoc
Declaration
Console
SVN Properties
History
/Subversion-Testprojekt in lokales Subversion-Repository
Revision
Tags
Date
Author
Comment
*7
24.05.07 17:44
(no author)
ausprobieren, wie das Löschen funktioniert
6
23.05.07 20:13
(no author)
5
22.05.07 21:23
(no author)
Initial import.
4
22.05.07 20:33
(no author)
Initial import.
2
20.05.07 14:02
(no author)
Initial import.
1
20.05.07 14:00
(no author)
Initial import.

Abbildung 6.25 Die Sicht History

Selbstverständlich ist die Sicht auch wie gewohnt über die Menüleiste erreichbar. Klicken Sie dazu auf Window • Show View • Other und wählen Sie dann Team • History.

Die Darstellung der Sicht lässt sich über ihr Klappmenü auf vielfältige Weise anpassen. Beispielsweise können Sie mit Show Affected Paths eine zusätzliche Liste mit Dateien und Verzeichnissen anzeigen lassen, die in einer Version verändert wurden. Bitte blenden Sie diese nun ein und suchen Sie nach derjenigen Version, in der die Datei *HalloEclipse.java* gelöscht wurde. Sie erkennen den Löschvorgang am Buchstaben *D* in der Spalte *Action*.

Klicken Sie nun, wie in Abbildung 6.26 zu sehen ist, mit der rechten Maustaste auf den Eintrag der eben ermittelten Version und wählen Sie Revert Changes from Revision 6. Mit einem Warnhinweis macht Sie Eclipse darauf aufmerksam, dass Sie im Begriff sind, alle Änderungen einer bestimmten Version rückgängig zu machen. Damit ist Folgendes gemeint: Nehmen Sie an, Sie hätten nicht nur eine Datei gelöscht, sondern anschließend eine neue angelegt. Wenn Sie diese beide Aktionen mit einem gemeinsamen Commit in das Repository übernehmen, können Sie zwar durch das Zurücknehmen der Änderungen eine Datei wiederherstellen, verlieren aber auch die neu angelegte. Denn diese hat zum Zeitpunkt des Löschens noch nicht existiert.

Wie Sie selbst solche komplizierten Änderungen bewältigen, zeige ich Ihnen im folgenden Abschnitt. Bestätigen Sie nun noch den Warnhinweis, um die Datei *HalloEclipse.java* wieder in Ihren Arbeitsbereich zu übernehmen.

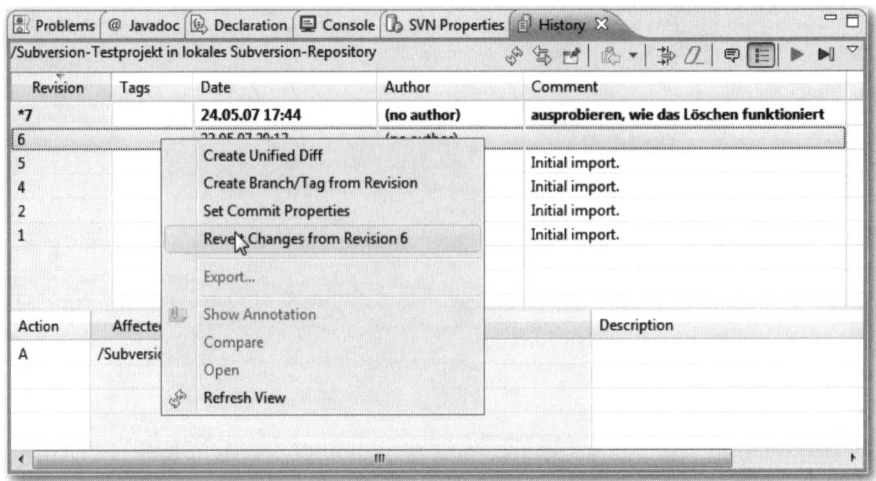

Abbildung 6.26 Rückgängigmachen des Löschvorgangs

6.3.4 Unterschiede analysieren und behandeln

Versionsverwaltungen halten nicht nur verschiedene Entwicklungsstände eines Programms vor, sondern helfen auch bei der Koordination der Arbeit im Team. Denn sie sorgen dafür, dass keine Änderungen verlorengehen, wenn mehrere Personen an gleichen Teilen eines Projekts arbeiten. Warum grundsätzlich *Konflikte* entstehen können, zeige ich Ihnen gleich. Vorher möchte ich Ihnen aber noch eine Lösung für das Problem aufzeigen, gelöschte Dateien wiederherzustellen, ohne neu angelegte zu verlieren.

Versionsstände zusammenführen

Unter dem Begriff *merge* versteht man das Zusammenführen von Änderungen. Dies kann bei der Arbeit im Team notwendig werden, wenn es zu sogenannten Konflikten gekommen ist. Sie können aber auch Versionsstände mischen und auf diese Weise gezielt Änderungen rückgängig machen.

Legen Sie mithilfe des Projekt-Assistenten bitte ein neues, leeres Projekt an und nennen Sie es *Merge-Testprojekt*. Fügen Sie ihm anschließend eine neue Textdatei hinzu, die den Namen *Testdatei_1* haben soll. Noch ist das Projekt nur lokal in Ihrem Arbeitsbereich vorhanden. Checken Sie es deshalb mit TEAM • SHARE PROJECT in Ihr Subversion-Repository ein. Wie Sie hierzu vorgehen, finden Sie in Abschnitt 6.3.2, *Daten einchecken*, beschrieben.

Legen Sie nun bitte eine zweite Datei, *Testdatei_2*, an und löschen anschließend *Testdatei_1*. Wählen Sie im Kontextmenü des Projekts bitte TEAM • COMMIT, um

Ihre Änderungen in das Repository zu übernehmen. Wie Sie in Abbildung 6.27 sehen, wird für jede Datei angezeigt, welche Aktion ausgeführt wird.

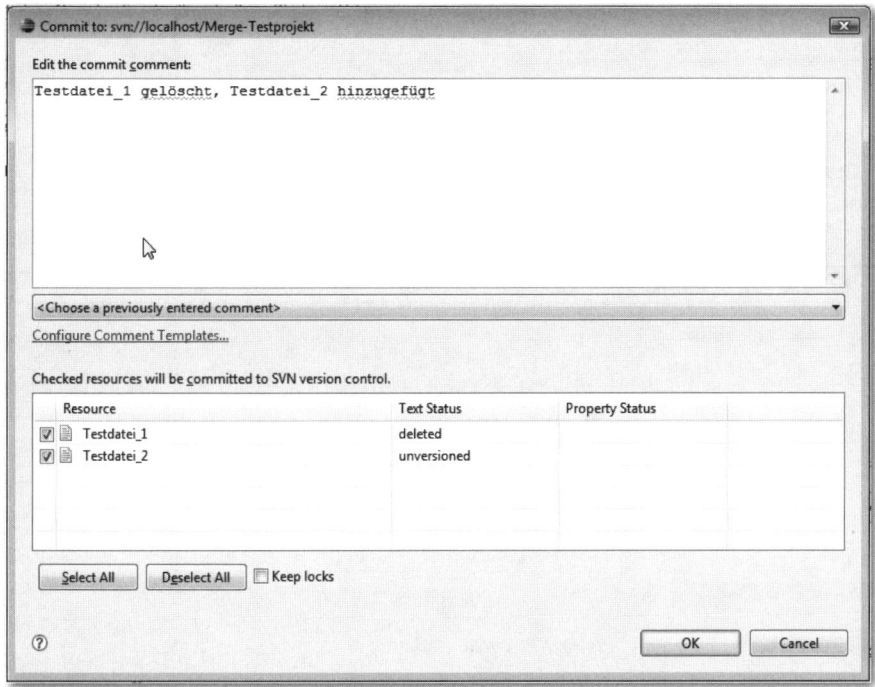

Abbildung 6.27 Übernehmen der neuen Version in das Repository

Klicken Sie bitte auf *OK*, um den Commit-Vorgang abzuschließen. Im Repository ist eine neue Version entstanden, die zwei Änderungen beinhaltet. Sie können sich die Versionshistorie jederzeit mit TEAM • SHOW HISTORY ansehen.

Mit der Methode, die ich Ihnen im vorherigen Abschnitt gezeigt habe, könnten Sie zwar *Testdatei_1* wiederherstellen, würden hierbei aber die neu angelegte Datei verlieren. Um dies zu verhindern, mischen Sie Versionsstände. Öffnen Sie hierzu im *Package Explorer* bitte das Kontextmenü des Projekts *Merge-Testprojekt* und wählen Sie TEAM • MERGE. Sie sehen daraufhin den in Abbildung 6.28 gezeigten Dialog *Merge*. In ihm geben Sie den Versionsbereich an, den Sie verschmelzen möchten.

Vielleicht fragen Sie sich nun, wie Sie diesen Bereich ermitteln. Oder, anders ausgedrückt: Welche Versionen müssen zusammengefasst werden, um die gelöschte Datei *Testdatei_1* zurück zu erhalten? Die Strategie ist, diejenige Version, in der die Datei noch nicht vorhanden war, mit derjenigen zu verschmelzen, die sie in der aktuellsten Fassung beinhaltet.

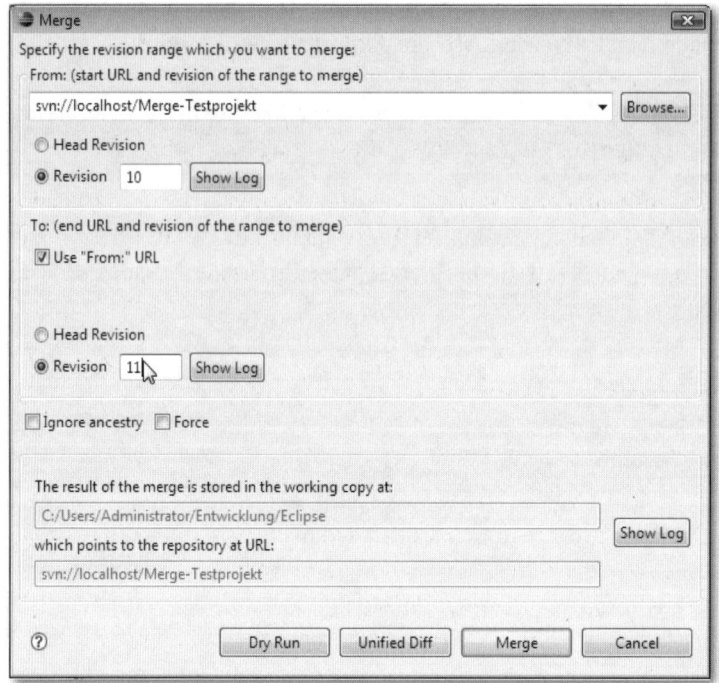

Abbildung 6.28 Zusammenfügen von Versionsständen

Durch Anklicken der Schaltflächen *Show Log* können Sie die entsprechenden Versionen ermitteln und in die beiden Eingabefelder eintragen. Klicken Sie anschließend auf *Merge*, um den Vorgang abzuschließen.

Die Datei *Testdatei_1* ist nun wieder im *Package Explorer* vorhanden. Mit dem Ihnen bereits vertrautem TEAM • COMMIT übernehmen Sie die Datei wieder in das Repository.

Konflikte

Sie haben in den vorherigen Abschnitten sehr häufig mit unterschiedlichen Versionen von Dateien und Projekten gearbeitet. Neue Versionen entstehen, indem eine Datei aus dem Repository ausgecheckt, lokal verändert, und irgendwann wieder in das Repository übernommen wird.

Solange nur eine Person an einer Datei arbeitet, hat die Versionsverwaltung beim Einchecken keine Probleme. Was aber passiert, wenn mehrere Teammitglieder die gleiche Datei auschecken und bearbeiten? Das System muss dann aus der Summe aller Änderungen eine neue Version zusammenstellen. Dies klappt in der Praxis hervorragend, wenn Änderungen stets in verschiedenen Bereichen der

Datei stattgefunden haben. Wenn aber mehrere Personen beispielsweise die gleiche Methode verändert haben, kann die Versionsverwaltung nicht mehr alleine entscheiden, welche Änderung übernommen wird. In solchen Fällen spricht man von einem *Konflikt*. Das System verweigert die Übernahme der betroffenen Datei in das Repository so lange, bis ein Entwickler diesen aufgelöst hat.

Auch in diesem Zusammenhang findet ein Verschmelzen verschiedener Versionen statt, nämlich der lokalen Version des Entwicklers mit der im Repository. Um auszuprobieren, wie dies funktioniert, ändern Sie Ihre Datei *Testdatei_1* bitte so ab, dass sie den folgenden Inhalt hat:

```
Zeile1
Zeile2
Zeile3
```

Listing 6.6 Testdatei_1

Checken Sie die Datei bitte in gewohnter Weise in das Repository ein. Starten Sie nun eine zweite Instanz von Eclipse. Sie erhalten die Meldung, dass der Arbeitsbereich nicht geöffnet werden kann, weil er gerade verwendet wird. Legen Sie deshalb bitte einen neuen an und importieren Sie dann das Projekt *Merge-Testprojekt* aus Ihrem lokalen Subversion-Repository. Sie müssen hierzu in der Sicht *SVN Repository* einen neuen Speicherort anlegen.

Ändern Sie in der ersten Instanz die Datei *Testdatei_1* auf folgende Weise ab:

```
Zeile3
Zeile1
Zeile2 Hallo Eclipse
```

Listing 6.7 Testdatei_1

Bitte checken Sie diese Änderung in das Repository ein und wechseln Sie dann in die zweite, eben erst geöffnete Instanz von Eclipse. Dort ändern Sie *Testdatei_1* ebenfalls ab, aber auf folgende Weise:

```
Zeile1
Zeile2 Hallo Eclipse!
Zeile3
```

Listing 6.8 Testdatei_1

Nachdem Sie die Datei gespeichert haben, versuchen Sie bitte, sie einzuchecken.

Dies schlägt fehl, weil diese Version veraltet ist. Die entsprechende Fehlermeldung ist in Abbildung 6.29 zu sehen. Nach dem Auschecken des Projekts haben Sie die Datei nämlich in der anderen Eclipse-Instanz verändert und in das Repository übernommen. Dort befindet sich also eine neuere Version als Ihre lokale Kopie. Bevor Sie sie einchecken können, müssen Sie die beiden Versionen verschmelzen. Hierzu werden die Inhalte der beiden Dateien einander gegenüber gestellt. Auf diese Weise machen Sie sich ein Bild von den Unterschieden und führen die gewünschten Änderungen zusammen.

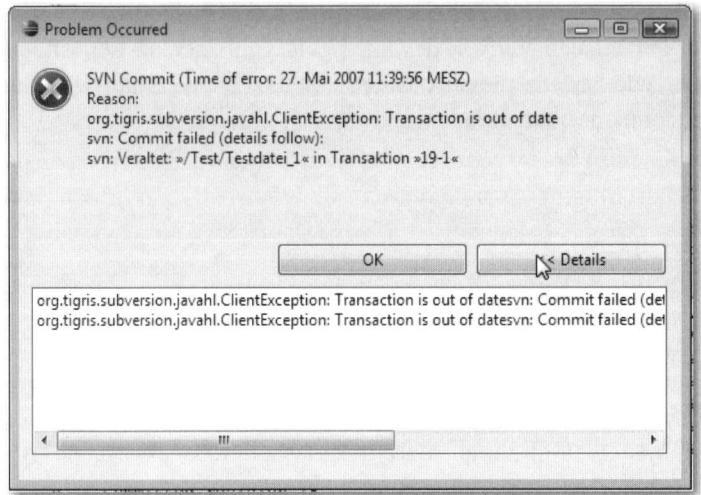

Abbildung 6.29 Fehlermeldung nach dem Versuch, eine Datei einzuchecken

Für solche Aufgaben steht eine eigene Perspektive, *Team Synchronizing*, zur Verfügung, die ich Ihnen im Verlauf des folgenden Abschnitts vorstelle.

6.4   Arbeiten im Team

In den Abschnitten 6.2, *CVS-Unterstützung*, und 6.3, *Zugriff auf Subversion-Repositories*, habe ich Ihnen die Grundlagen der Arbeit mit CVS und Subversion vermittelt. Auch wenn Versionsverwaltungen für den einzelnen Entwickler eine enorme Arbeitserleichterung bedeuten, so spielen sie ihre wahren Stärken erst bei der Arbeit im Team voll aus. Denken Sie beispielsweise an Versionskonflikte, die entstehen können, wenn mehrere Personen an denselben Dateien arbeiten. CVS und Subversion verhindern, dass Arbeit verlorengeht, weil die Änderungen eines Teamkollegen einfach überschrieben werden.

Das Beseitigen solcher Probleme muss allerdings der Entwickler übernehmen. Damit dies gelingt, braucht er unter anderem ein Werkzeug, das die Unterschiede zwischen Dateien visualisieren kann. Eclipse stellt hier zahlreiche Hilfsmittel zur Verfügung, die ich Ihnen in diesem Abschnitt vorstellen werde.

6.4.1 Die Perspektive Team Synchronizing

Damit Sie die Arbeit mit den Sichten der Perspektive üben können, sollten Sie in einem Ihrer Projekte einen Versionskonflikt herbeiführen. Beispiele hierfür finden Sie in den Abschnitten 6.2.2, *Mit lokalen Kopien arbeiten*, und 6.3.4, *Unterschiede analysieren und behandeln*.

Die Sicht Synchronize

Die Sicht *Synchronize*, die Sie in Abbildung 6.30 sehen, bietet unter anderem einen Überblick über alle Konflikte der Projekte in Ihrem Arbeitsbereich. Um sie zu öffnen, wählen Sie im Kontextmenü der betroffenen Datei bitte TEAM • SYNCHRONIZE WITH REPOSITORY. Alternativ können Sie auch die Perspektive *Team Synchronozing* öffnen. Klicken Sie hierzu auf WINDOW • OPEN PERSPECTIVE • OTHER und wählen Sie dann TEAM SYNCHRONIZING.

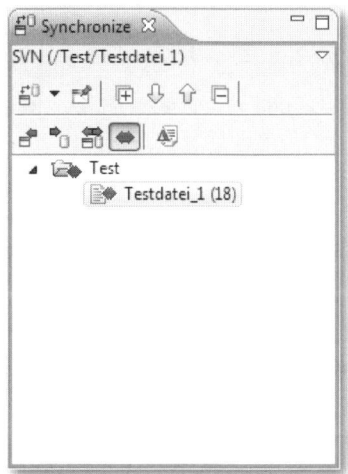

Abbildung 6.30 Die Sicht Synchronize

Falls die Sicht nicht automatisch geöffnet wird, können Sie dies nachholen, indem Sie sie im Dialog *Show View* anklicken. Sie erreichen ihn über WINDOW • SHOW VIEW • OTHER.

Generell zeigt die Sicht Unterschiede zwischen den Dateien eines Moduls im Repository und Ihren lokalen Kopien an. Letztlich sind Konflikte nämlich nur eine spezielle Form solcher Unterschiede. Sie unterscheidet zwischen ein- und ausgehenden Änderungen. Eingehende Änderungen stammen von Teammitgliedern, die ihre Änderungen schon in das Repository eingecheckt haben. Ausgehende Änderungen hingegen haben Sie vorgenommen. Sie werden wirksam, wenn Sie sie mit COMMIT in das Repository übernehmen.

Konflikte beheben

Um einen Konflikt zu beheben, öffnen Sie den in Abbildung 6.31 gezeigten Editor *Compare*. Sie erreichen ihn in der Sicht *Synchronize* über das Kontextmenü der problematischen Datei. Klicken Sie hierzu auf OPEN IN COMPARE EDITOR. Er stellt zwei Versionen einer Datei gegenüber und markiert unterschiedliche Bereiche. Mit den Symbolen *Next Change* und *Previous Change* können Sie zwischen diesen navigieren. Möchten Sie eine Änderung der Version im Repository in Ihre lokale Kopie übernehmen, so klicken Sie auf das Symbol *Copy Current Change from Right to Left*.

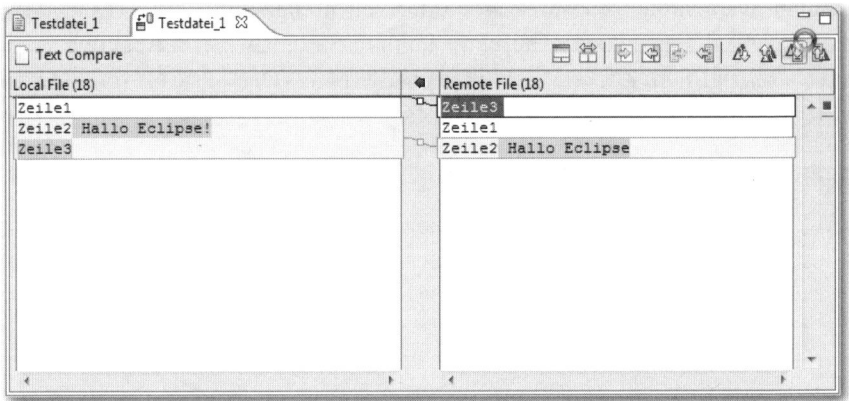

Abbildung 6.31 Der Editor Compare

Anschließend müssen Sie Eclipse mitteilen, dass Sie den Merge-Vorgang abgeschlossen haben. Verwenden Sie hierfür den Befehl MARK AS MERGED im Kontextmenü der Sicht *Synchronize*. Nun können Sie die Datei wieder in das Repository einchecken.

6.4.2 Weitere Team-bezogene Funktionen

Das Kontextmenü von Dateien bietet neben den Funktionen, die ich Ihnen bereits vorgestellt habe, zahlreiche weitere Befehle, die bei der Arbeit im Team nützlich sind.

Lokale Kopien aktualisieren

Beispielsweise wird der Befehl TEAM • UPDATE dazu verwendet, um die lokale Version einer Datei oder eines Projekts auf den aktuellen Stand des Repositories zu bringen. Ihre Änderungen gehen dabei aber nicht verloren, sondern werden mit dem Repository zusammengeführt. Dabei kann es allerdings zu Konflikten kommen, die Sie dann gegebenenfalls von Hand korrigieren müssen.

Vom Repository trennen

Falls Sie Änderungen an Ihrem Projekt nicht länger in ein Repository übernehmen möchten, können Sie die Verbindung dauerhaft trennen. Klicken Sie hierzu im *Package Explorer* die Projektwurzel mit der rechten Maustaste an und wählen Sie TEAM • DISCONNECT.

Mit dem Dialog *Confirm Disconnect*, den Sie in Abbildung 6.32 sehen, fragt Eclipse daraufhin nach, was mit Repository-bezogenen Metainformationen geschehen soll. Damit sind beispielsweise die Ihnen schon bekannten *.cvsignore*-Dateien gemeint. Wenn Sie sicher sind, das Projekt nicht wieder in dasselbe Repository einzuchecken, können Sie solche Dateien problemlos löschen. Andernfalls ist es ratsam, sie zunächst nicht zu entfernen.

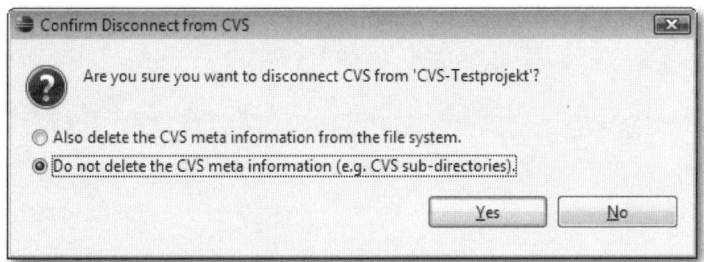

Abbildung 6.32   Ein Projekt aus der Versionsverwaltung herausnehmen

6.5   Zusammenfassung

Sowohl Subversion als auch CVS sind leistungsfähige und verlässliche Werkzeuge. Wenn Sie ein eigenes lokales Repository aufsetzen möchten, stellt sich natürlich die Frage, welches System Sie einsetzen sollten. Wie Sie in diesem Kapitel gesehen haben, ist die Administration der Serverbestandteile in beiden Fällen unkompliziert. Deshalb ist es aus meiner Sicht entscheidender, welche Client-Komponente Ihnen in der Bedienung am meisten zusagt.

Ein anderer Aspekt betrifft den Entwicklungsstand der Software. Im Verlauf seiner langen Verfügbarkeit (CVS entstand in den späten 80er Jahren) sind einige Unzulänglichkeiten oder Probleme des Concurrent Versions Systems zu Tage getreten, die letztlich der Auslöser für die Implementierung von Subversion waren. Als Beispiele werden sehr oft die Behandlung von Binärdateien und Verzeichnissen genannt. Außerdem bietet Subversion einige spannende Neuerungen, beispielsweise die Anbindung an einen Apache-Web-Server. Ob diese Punkte für oder gegen ein System sprechen, muss letztlich jeder Entwickler für sich entscheiden.

Ausführliche Informationen zu beiden Versionsverwaltungen finden Sie unter anderem in den Büchern *Pragmatisch programmieren – Versionsverwaltung mit CVS* von David Thomas und Andrew Hunt sowie *Subversion 1.4* von Frank Budszuhn. Auf das englischsprachige Werk *Version Control with Subversion* von C. Michael Pilato, Ben Collins-Sussman und Brian W. Fitzpatrick habe ich bereits hingewiesen. Einen ähnlichen Stellenwert für CVS hat das oft einfach »the Cederqvist« genannte Buch *Version Management with CVS* von Per Cederqvist, das auf der Seite *ximbiot.com/cvs/manual/* online verfügbar ist. Die genauen bibliographischen Angaben zu allen genannten Büchern entnehmen Sie bitte der Literaturliste im Anhang.

Fenster, Dialoge und Menüs sind aus zeitgemäßen Programmen nicht wegzudenken. In diesem Kapitel zeige ich Ihnen deshalb, wie Sie in Eclipse eine Swing-Anwendung erstellen und als .jar-Archiv verteilen können.

7 Erstellung einer Anwendung mit grafischer Benutzeroberfläche

Die meisten Beispiele in diesem Buch sind klassische Konsolenanwendungen, die über Ein- und Ausgabeströme mit der »Außenwelt« kommunizieren. Deren Vorteil ist, nicht durch unnötige Klassenbibliotheksaufrufe von dem abzulenken, was sie vermitteln sollen. Auf der anderen Seite sind grafische Benutzeroberflächen für jedes ernsthafte Programm ein unabdingbares Muss. Aus diesem Grund sollte ein Buch über Eclipse auch Hilfestellung bei der Frage bieten, wie man mit der IDE solche Anwendungen baut.

In diesem Kapitel zeige ich Ihnen, wie Sie mithilfe des Oberflächendesigners *Jigloo* die kleine Aufgabenverwaltung *Do it!* erstellen. Sie greift auf Swing-Komponenten zurück, verwendet also im Gegensatz zu Eclipse Teile der Java-Standardklassenbibliothek, um die Benutzeroberfläche zu realisieren.

Im ersten Abschnitt gebe ich Ihnen einen kurzen Überblick über GUI-Editoren und deren Einbindung in Eclipse. Außerdem lernen Sie, wie Sie *Jigloo* herunterladen und installieren. Schließlich stelle ich Ihnen die Beispielanwendung *Do it!* kurz vor. Der zweite Abschnitt beschäftigt sich mit dem Hauptfenster des Programms. Sie legen eine Menüleiste an und bereiten den Darstellungsbereich (eine Liste mit Aufgaben) vor. In *Die Dialoge* zeige ich Ihnen, wie Sie mit *Jigloo* die Dialoge von *Do it!* entwerfen. Mit ihnen erfassen Sie unter anderem neue Aufgaben und pflegen Kategorien. Der Abschnitt *Die Teile verbinden* schließlich fügt die bisher erstellten Klassen zu einer ablauffähigen Anwendung zusammen. Außerdem lernen Sie, .jar-Archive zu erzeugen, um Ihre Anwendungen ohne großen Aufwand weitergeben zu können.

7.1 GUI-Editoren

Moderne Systeme (zum Beispiel Mac OS X) beschreiben das Aussehen eines Programms bzw. die Anordnung der von ihm verwendeten Bedienelemente in sogenannten Ressourcedateien. Swing sieht eine solche Abstraktionsebene nicht vor. Vereinfacht ausgedrückt entsteht eine Swing-basierte Benutzeroberfläche, indem die Anwendung die benötigten Elemente, beispielsweise Schaltflächen, Fenster oder Menüs, instantiiert und zu Komponentenbäumen zusammenfasst.

Wenn Sie einen Dialog bauen möchten, bedeutet dies letztendlich, Java-Quelltext zu produzieren. Gerade für Programmierneulinge ist dies ein sehr mühsames Unterfangen, weil es die Kenntnis der Swing-Bibliothek und deren Techniken und Konzepte voraussetzt.

7.1.1 Ein Überblick

Mithilfe von grafischen Editoren entwerfen Sie die Oberfläche Ihrer Anwendung an einer Art virtuellem Reißbrett. Sie können aus verschiedenen Paletten die benötigte Komponente auswählen und an der gewünschten Stelle platzieren. Fundamentale Swing-Konzepte greifen allerdings auch hier. Fast alle Komponenten werden in Containern zusammengefasst. Wie sie dann innerhalb dieses Bereichs positioniert werden, regelt der sogenannte *LayoutManager*, der dem Container zugewiesen wurde. Wie frei Sie bei der Anordnung von Schaltflächen sind, hängt also vom verwendeten LayoutManager ab.

GUI-Designer erleichtern also das Erstellen einer Benutzeroberfläche, weil sich der Programmierer schon während des Designs ein Bild vom späteren Aussehen machen kann. Aber auch sie setzen Wissen um Techniken und Konzepte von Swing voraus. Bevor ich Ihnen einige visuelle Editoren vorstelle, möchte ich Sie auf Unterscheidungsmerkmale hinweisen, die die Wahl eines Werkzeugs beeinflussen können.

Verschiedene technische Ansätze

GUI-Editoren können entweder in eine Entwicklungsumgebung integriert werden oder als allein ablauffähige Anwendung vorliegen. Für die Verwendung eines separaten Produkts spricht nicht nur die Unabhängigkeit von der verwendeten IDE, sondern auch die Möglichkeit, das Werkzeug einem Oberflächenspezialisten zur Verfügung zu stellen. Er kann schon im Vorfeld die Dialoge und Menüs einer Anwendung entwerfen und das Ergebnis dem eigentlichen Programmierer übergeben.

Allerdings steht am Ende jedes Oberflächendesigns Java-Quelltext. Für die Integration in eine Entwicklungsumgebung spricht deshalb, dass die gleichen Werkzeuge zur Verfügung stehen wie für alle übrigen Programmteile. Denken Sie beispielsweise an Refactoring oder an Plug-ins zur Code-Optimierung. Dieser Aspekt gewinnt im Hinblick auf die Frage an Bedeutung, wann der Quelltext generiert wird. Auch hier existieren mehrere Ansätze.

Eine Möglichkeit ist, die Struktur der Oberfläche zunächst nicht in Java zu beschreiben. Es entsteht eine Art Ressourcedatei, die ich zu Beginn dieses Abschnitts kurz angesprochen habe. Erst »auf Knopfdruck« generiert der GUI-Editor den Quelltext.

Ein zweiter Ansatz besteht in der Verwendung sogenannter *geschützter Bereiche*. Der visuelle Editor arbeitet mit Java-Quelltexten, die prinzipiell weiter bearbeitet werden können. Jede Änderung am »Reißbrett« führt unmittelbar zu Modifikationen am Code, die bei einer Integration in die Entwicklungsumgebung sofort sichtbar sind. Geschützte Bereiche sind nun solche Stellen im Quelltext, die der GUI-Designer für sich beansprucht, die also nicht mit anderen Werkzeugen verändert werden dürfen. Bei eigenständigen Anwendungen muss der Entwickler dafür sorgen, dass solche (meist mit speziellen Kommentaren gekennzeichneten) Bereiche nicht »angefasst« werden. Produkte, die sich in die IDE integrieren, lassen Eingaben an solchen Stellen nicht zu.

Der Königsweg ist das sogenannte *Round-Trip-Editing*. Auch hier arbeitet der GUI-Editor auf der Basis von Java-Quelltexten, benötigt aber keine geschützten Bereiche, sondern erkennt idealerweise die Oberflächenstruktur auch nach umfangreichen Anpassungen. Der Entwickler kann also beispielsweise eine Schaltfläche am Reißbrett verschieben oder durch entsprechende Änderungen am Quelltext. Dieser Ansatz ist aus Sicht des Programmierers natürlich der flexibelste.

Es liegt auf der Hand, dass ausgefeilte Analyse-Algorithmen nötig sind, um aus »beliebigen« Quelltexten maschinell eine Oberflächenstruktur abzuleiten. Mein Rat lautet deshalb, vorgegebene Quelltexte weitgehend beizubehalten bzw. Änderungen weitestgehend am Reißbrett vorzunehmen. Sonst kann es nämlich passieren, dass der Editor Ihre Oberfläche nicht mehr korrekt anzeigen und bearbeiten kann.

In den folgenden Abschnitten stelle ich Ihnen einige GUI-Editoren kurz vor. Mein Ziel ist nicht, eine möglichst vollständige Übersicht vorzulegen, sondern ein paar Alternativen zu *Jigloo* aufzuzeigen, mit dem ich mich in Abschnitt 7.1.2, *Jigloo*, beschäftigen werde.

Visual Editor

Das *Visual Editor Project* hat das Ziel, ein Rahmenwerk für die Erstellung von Eclipse-basierten GUI-Editoren zu schaffen. Der *Visual Editor* ist eine Referenzimplementierung dieses Frameworks. Er war Teil von *Callisto*, dem gemeinsamen Release von zehn Projekten auf der Basis von Eclipse 3.2. Da es sich um ein kostenloses Plug-in handelt, das über den zentralen Update-Mechanismus der IDE verfügbar war, ist dieser visuelle Designer recht weit verbreitet. Leider wurde er seitdem kaum weiterentwickelt. Auch ist er in *Europa*, dem aktuellen gemeinsamen Release, nicht enthalten. Es gibt derzeit also keine einsteigerfreundliche Möglichkeit, das Plug-in zu installieren. Aus diesem Grund stelle ich Ihnen den Editor nicht ausführlicher vor.

Sollte es interessante Neuigkeiten zu ihm geben, werde ich sie Ihnen in Form von Buch-Updates verfügbar machen. Sie finden Sie unter *www.galileocomputing.de/ 1152*.

JForm Designer

Der *JFormDesigner* ist ein kommerzielles Werkzeug, das von der deutschen Softwareschmiede FormDev Software GmbH entwickelt und vertrieben wird. Das Produkt steht sowohl als eigenständige Anwendung als auch als Plug-in für diverse Entwicklungsumgebungen zur Verfügung. Eine zeitlich befristete Evaluationslizenz kann auf der Homepage des Herstellers unter *www.jformdesigner.com/* bestellt werden. JFormDesigner beschreibt die Bedienoberfläche mithilfe von XML-Dateien, aus denen bei Bedarf Java-Quelltexte erzeugt werden können. Alternativ können die Beschreibungsdateien mithilfe einer kleinen Bibliothek zur Laufzeit der Anwendung geladen werden.

WindowBuilder Pro

WindowBuilder Pro ist ein äußerst mächtiges kommerzielles Eclipse-Plug-in. Es vereint Editoren für Swing, SWT und GWT. Seine Bestandteile *Swing Designer* und *SWT Designer* sind auch als eigenständige Produkte beim Hersteller Instantiations erhältlich. Demoversionen können von der Seite *www.instantiations.com/ windowbuilderpro/* heruntergeladen werden. Eine Besonderheit von Window Builder Pro bzw. der Teilprodukte ist die Unterstützung des Round-Trip-Editings sowie der Verzicht auf geschützte Bereiche im Quelltext.

Sowohl *WindowBuilder Pro* als auch *JFormDesigner* sind kommerzielle Produkte, die Sie kaufen müssen, wenn Sie dauerhaft mit ihnen arbeiten möchten. Auch das Plug-in *Jigloo*, das ich Ihnen im folgenden Abschnitt vorstellen werde, ist kostenpflichtig, sofern Sie es zu kommerziellen Zwecken einsetzen. Die nichtkommerzielle Verwendung ist hingegen kostenlos möglich.

7.1.2 Jigloo

Das Eclipse-Plug-in *Jigloo* des Herstellers CloudGarden ist ein visueller Editor für Swing und SWT. Es bietet unter anderem Round-Trip-Editing und kann zwischen SWT und Swing konvertieren. Ausführliche Informationen zu dem Produkt finden Sie unter *www.cloudgarden.com/jigloo/*.

Installation

Um *Jigloo* zu installieren, öffnen Sie den *Update Manager* und legen eine neue *Remote Site* an. Als *URL* verwenden Sie *http://cloudgarden1.com/update-site*. Sollten Sie die in Abbildung 7.1 gezeigte Fehlermeldung erhalten, wiederholen Sie bitte den Vorgang, entfernen vorher aber das Häkchen vor *Ignore features not applicable to this environment*.

Diese Meldung weist darauf hin, dass die zum Download angebotene Version des Plug-ins nicht zur gegenwärtig verwendeten Version von Eclipse passt. Streng genommen müssten Sie warten, bis der Hersteller eine aktualisierte Version des Plug-ins zur Verfügung stellt. Ich habe bei der Erstellung dieses Buches mit der Version 3.9.5 von Jigloo gearbeitet und keine Probleme festgestellt. Der Einsatz sollte also unproblematisch sein. Um die Installation abschließen, folgen Sie bitte den Schritten des Assistenten, die Sie schon aus den Kapiteln 1, *Hands on Eclipse*, und 4, *Funktionen mit Plug-ins erweitern*, kennen.

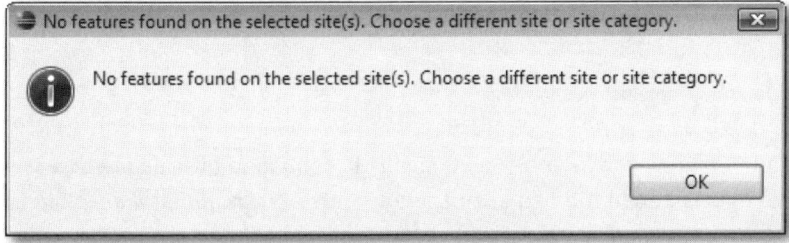

Abbildung 7.1 Es wurde kein passendes Feature gefunden.

Nach dem Neustart der IDE steht Ihnen Jigloo zur Verfügung. Die Dokumentation zu diesem Plug-in finden Sie in JIGLOO GUI BUILDER GUIDE unter HELP • HELP CONTENTS.

Um Ihnen einen Eindruck von den Möglichkeiten dieser Software zu geben, möchte ich Ihnen im folgenden Abschnitt einige ihrer Sichten und Funktionen zeigen.

Ein kurzer Rundgang

Legen Sie bitte ein neues Java-Projekt an und nennen es *Do it!*. Öffnen Sie anschließend das Kontextmenü des *Package Explorers* und klicken Sie auf New • Other. Sie sehen den Ihnen bereits vertrauten Dialog *New*. Öffnen Sie bitte dessen Knoten *GUI Forms*, der die vier Einträge *Swing*, *SWT*, *RCP* und *Examples* enthält. Klicken Sie nun bitte auf Swing • JPanel und wechseln Sie mit *Next* auf die zweite Seite des Assistenten, die Sie in Abbildung 7.2 sehen.

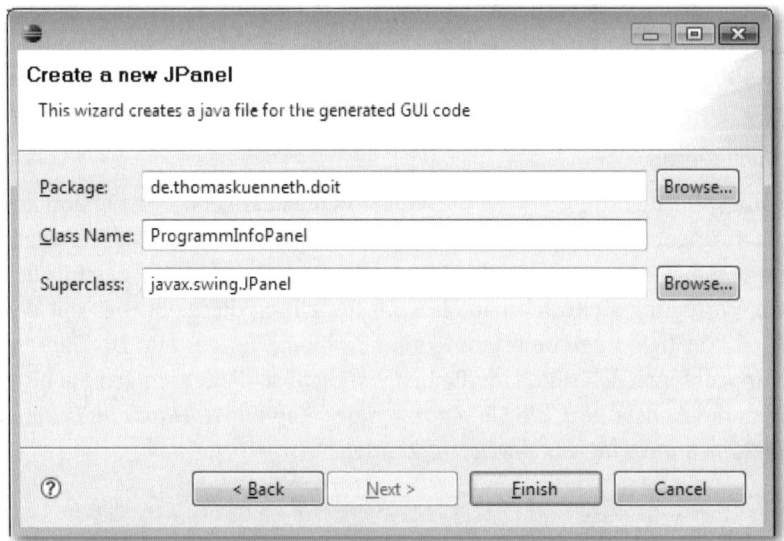

Abbildung 7.2 Anlegen einer neuen Klasse

Auf der Seite *Create a new JPanel* tragen Sie als Paketnamen bitte *de.thomaskuenneth.doit* ein und nennen die neu anzulegende Klasse *ProgrammInfoPanel*. Sie ist von `javax.swing.JPanel` abgeleitet. Klicken Sie anschließend auf *Finish*, um den Assistenten zu schließen und die Klasse anzulegen. Während der Arbeit mit Jigloo kann übrigens ein Hinweis erscheinen, der Sie daran erinnert, dass ohne den Kauf einer Lizenz nur der nicht kommerzielle Einsatz der Software erlaubt ist.

Jigloo stellt einige neue Sichten und Editoren zur Verfügung, die Sie in Abbildung 7.3 sehen. Am auffälligsten ist wahrscheinlich der nun dreigeteilte Java-Editor. An seinem oberen Rand befinden sich mehrere Registerkarten, mit denen Sie zwischen verschiedenen Paletten umschalten können. Der mittlere Bereich stellt die Klasse, die im Editor bearbeitet wird, grafisch dar. Wie Sie bald sehen werden, ziehen Sie Symbole aus den Paletten hierher und bauen auf diese Weise die Oberflächen Ihrer Anwendung. Der untere Teil enthält die gewohnte Textansicht der Klasse.

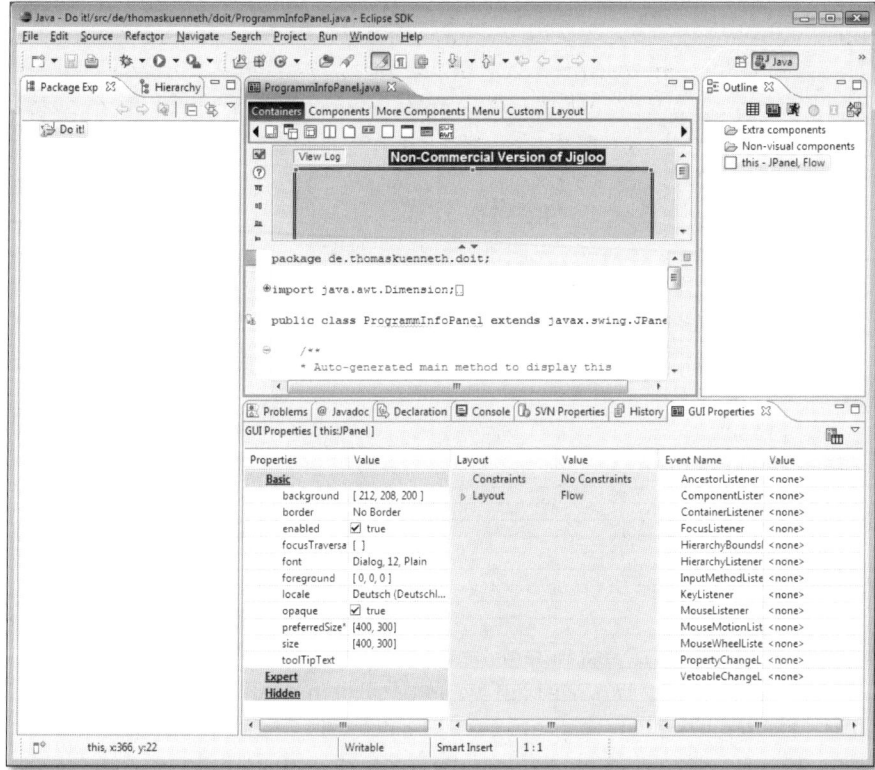

Abbildung 7.3 Jigloo stellt neue Sichten und Editoren zur Verfügung.

Änderungen am Quelltext werden automatisch in die grafische Ansicht übernommen. Sie können dies ausprobieren, indem Sie in der Zeile setPreferred-Size(new Dimension(400, 300)); der Methode initGUI() aus der 4 eine 2 machen. Nach einer kurzen Zeit wird das JPanel auf seine ursprüngliche Breite reduziert.

Wie lange es dauert, bis Jigloo den Quelltext neu parst, können Sie im Dialog *Preferences* unter JIGLOO GUI BUILDER • PARSING einstellen. Die Software ist flexibel an die eigenen Bedürfnisse anpassbar. Dies betrifft nicht nur ihr äußeres Erscheinungsbild sondern auch den wichtigen Aspekt der Code-Erzeugung. Werfen Sie bitte einen Blick auf die übrigen Einstellungsseiten von Jigloo, um einen Eindruck von seinen Möglichkeiten zu erhalten. Auf der Seite *Appearance and Behaviour* können Sie beispielsweise einstellen, ob Jigloo den Quelltext unter oder neben der grafischen Repräsentation anzeigt.

Klicken Sie nun bitte in einen beliebigen Bereich des `JPanels`. Die in Abbildung 7.4 gezeigte Sicht *GUI Properties* stellt daraufhin zahlreiche Eigenschaften dieses Elements dar. Sie können diese ändern, indem Sie in die Spalte *Value* des gewünschten Attributs klicken und einen neuen Wert auswählen.

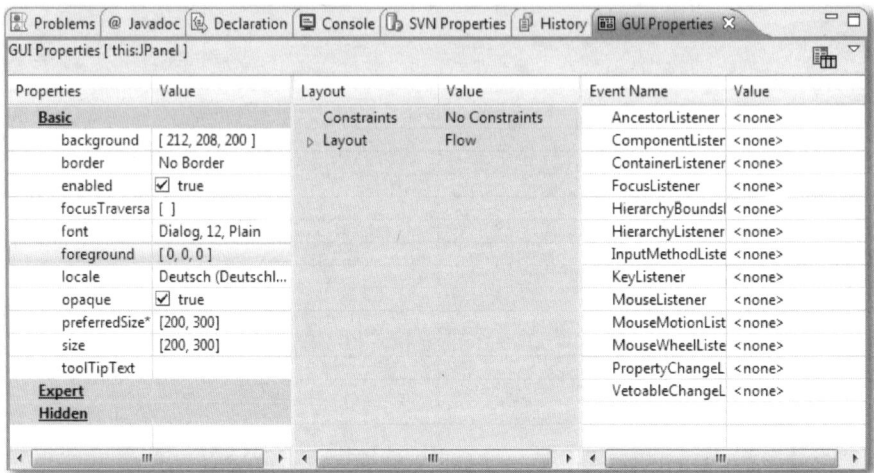

Abbildung 7.4 Die Sicht GUI Properties

Probieren Sie dies bitte aus, indem Sie die Komponente mit einem Rahmen versehen. Die Eigenschaft *border* ist auf *No Border* voreingestellt. Um dies zu ändern, klicken Sie den aktuellen Wert an. Die Zelle der Tabelle ändert sich daraufhin in eine Klappliste, die verschiedene Standardrahmen enthält. Bitte wählen Sie den *BevelBorder*. Der Rahmen wird angezeigt, sobald sich die Auswahlliste geschlossen hat.

Ändern Sie bitte auch die Eigenschaft *toolTipText*. Klicken Sie hierzu den aktuellen Wert an, geben dann einen beliebigen Text ein und drücken Sie anschließend ⏎, um den Vorgang abzuschließen. Sie müssen Ihr »Formular« *testen*, um den Tooltip zu sehen. Dies gelingt mithilfe der Sicht *Outline*, die um zahlreiche Symbole erweitert wurde. Klicken Sie hierzu bitte auf *Pop up a preview of the GUI*. Der Tooltip wird angezeigt, sobald Sie mit der Maus in das Fenster fahren.

Damit möchte ich meinen kurzen Spaziergang durch Jigloo beenden. Im folgenden Abschnitt stelle ich Ihnen die kleine Anwendung *Do it!* vor, die Sie im weiteren Verlauf dieses Kapitels zusammenbauen werden.

7.1.3   Die Aufgabenverwaltung Do it!

Do it! ist eine Swing-Anwendung, die aus einem Hauptfenster mit Menüleiste sowie aus drei Dialogen besteht. Das Programm stellt beliebig viele Aufgaben in einer Listenansicht dar. Diese Ansicht kann nach allen Feldern, die zu einer Aufgabe gehören, sortiert werden.

Aufgaben

Das wichtigste Attribut einer Aufgabe ist der (nahezu) beliebig lange *Betreff*. Er muss vorhanden sein; das Erfassen einer Aufgabe ohne ihn ist also unzulässig. Das *Fälligkeitsdatum* hingegen ist optional. Wird es angegeben, erscheinen laufende Aufgaben mit roter Schrift, wenn es vor dem aktuellen Datum liegt, die Aufgabe also schon erledigt sein müsste.

Der *Status* einer Aufgabe ist dreistufig, er kann die Werte *nicht begonnen, laufend* oder *beendet* annehmen. Die *Priorität* ist entweder *gering, normal* oder *hoch*. Das letzte Attribut, die *Kategorie*, ist immer ein Element einer Liste, die der Anwender allerdings in einem separaten Dialog pflegen kann. In Java-Notation sieht dies folgendermaßen aus:

```
package de.thomaskuenneth.doit;

import java.util.Date;

public class Aufgabe {

  public enum STATUS {
    NICHT_BEGONNEN, LAUFEND, BEENDET
  };

  public enum PRIORITAET {
    GERING, NORMAL, HOCH
  };

  private String betreff;
  private Date faelligkeit;
  private STATUS status;
  private PRIORITAET prioritaet;
  private String kategorie;

  public Aufgabe(String betreff, Date faelligkeit, STATUS status,
      PRIORITAET prioritaet, String kategorie) {
    this.betreff = betreff;
    this.faelligkeit = faelligkeit;
```

```
      this.status = status;
      this.prioritaet = prioritaet;
      this.kategorie = kategorie;
    }
    public String getBetreff() {
      return betreff;
    }

    public void setBetreff(String betreff) {
      this.betreff = betreff;
    }

    public Date getFaelligkeit() {
      return faelligkeit;
    }

    public void setFaelligkeit(Date faelligkeit) {
      this.faelligkeit = faelligkeit;
    }

    public STATUS getStatus() {
      return status;
    }

    public void setStatus(STATUS status) {
      this.status = status;
    }

    public PRIORITAET getPrioritaet() {
      return prioritaet;
    }

    public void setPrioritaet(PRIORITAET prioritaet) {
      this.prioritaet = prioritaet;
    }

    public String getKategorie() {
      return kategorie;
    }

    public void setKategorie(String kategorie) {
      this.kategorie = kategorie;
    }
}
```

Listing 7.1 Aufgabe.java

Eine Aufgabe wird also als Java Bean mit den typischen Gettern und Settern implementiert. Status und Priorität machen Gebrauch von `enum`, einer äußerst nützlichen Erweiterung, die Sun mit Java 5 eingeführt hat.

Die Bedienung des Programms

Das Hauptfenster zeigt alle Aufgaben an. Ihr Status lässt sich direkt in der tabellenartigen Listenansicht ändern. Dies gilt auch für alle übrigen Attribute. Mit der Menüleiste können markierte Aufgaben gelöscht und neue erfasst werden. In diesem Fall öffnet sich ein eigener, modaler Dialog.

Auch die bereits angesprochenen Kategorien werden mit einem speziellen Dialog verwaltet, der das Anlegen von neuen sowie das Löschen nicht benötigter Kategorien zulässt.

Do it! arbeitet nicht dokumentbezogen; der Anwender kann also nicht mehrere Aufgabenlisten verwenden. Die Datendateien werden im Heimatverzeichnis des aktuellen Benutzers abgelegt.

Technische Realisierung

In den folgenden Abschnitten werden Sie mithilfe von Jigloo die Oberflächen von *Do it!* zusammenbauen und mit der Geschäftslogik »verdrahten«. Sie finden die vollständigen Quelltexte sowie eine ablauffähige Version des Programms im Verzeichnis *Quelltexte\Erstellen einer grafischen Anwendung* der Begleit-DVD.

Ich habe die Listings sorgfältig kommentiert, sodass Sie nachvollziehen können, wie die Anwendung funktioniert. Im weiteren Verlauf dieses Kapitels werde ich Kernkonzepte von Swing allerdings nur insoweit erklären, wie es für die Bedienung von Jigloo erforderlich ist. Wenn Sie tiefer in die Geheimnisse dieser Klassenbibliothek eintauchen möchten, finden Sie später noch einige Literaturvorschläge.

7.2 Das Hauptfenster

Das Hauptfenster von *Do it!* besteht aus einer *Menüleiste* sowie dem *Darstellungsbereich*.

7.2.1 Die Menüleiste

In diesem Abschnitt bauen Sie die Menüleiste der Aufgabenverwaltung zusammen. Sie besteht aus den Menüs DATEI, BEARBEITEN und HILFE.

Die Hauptklasse der Anwendung

Fügen Sie Ihrem Projekt *Do it!* bitte eine Klasse *Swing Main Application* hinzu. Öffnen Sie hierzu wie gewohnt den Assistenten zum Anlegen neuer Dateien und klicken Sie auf GUI FORMS • SWING. Mit *Next* gelangen Sie auf die Seite *Create a new SwingApp*. Die neu zu erstellende Klasse sollte von `javax.swing.JFrame` ableiten und zu dem Paket `de.thomaskuenneth.doit` gehören. Bitte geben Sie ihr den Namen *DoIt* und schließen Sie den Dialog mit *Finish*.

Jigloo stellt die neue Klasse in dem Ihnen bereits bekannten Editor dar. Wie Sie in Abbildung 7.5 sehen, wurde bereits eine Menüleiste angelegt, die drei (allerdings englischsprachige) Menüs enthält.

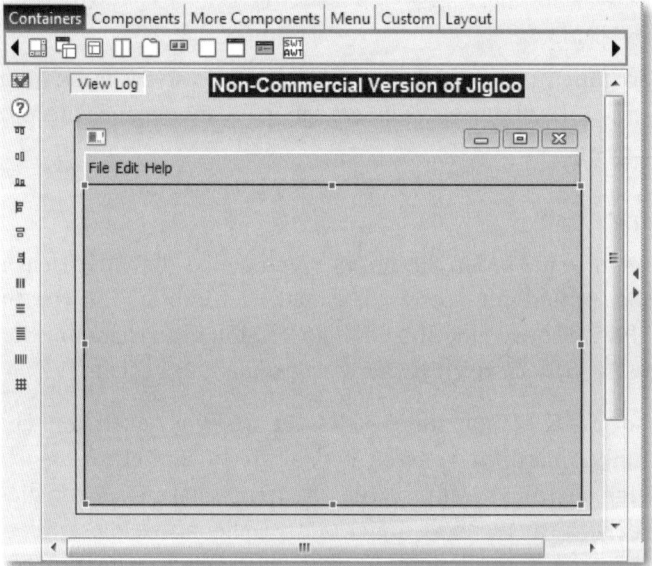

Abbildung 7.5 Die neu angelegte Klasse DoIt

Klicken Sie bitte auf FILE, um das Menü in der Sicht *GUI Properties* zu bearbeiten. Die Eigenschaft *text* legt fest, welcher Menütitel angezeigt wird. Ändern Sie den aktuellen Wert deshalb von FILE auf DATEI. Wiederholen Sie diese Schritte für die Menüs EDIT und HELP. Denken Sie bitte daran, Ihre Arbeiten regelmäßig zu speichern.

Bevor ich Ihnen zeige, wie Sie den Menüs Einträge hinzufügen, nehmen Sie noch ein paar Änderungen an der Hauptklasse der Anwendung vor. Klicken Sie hierzu in der Sicht *Outline* bitte auf *this – JFrame*. Die Sicht *GUI Properties* zeigt nun die Eigenschaften dieser Klasse. Unter *Expert* finden Sie das Attribut *defaultCloseOperation*, das mit *HIDE_ON_CLOSE* vorbelegt ist. Ändern Sie es bitte in *DO_*

NOTHING_ON_CLOSE um. Vereinfacht ausgedrückt legen Sie mit dieser Eigenschaft fest, was beim Anklicken des Schließen-Feldes geschehen soll. *DO_NOTHING_ON_CLOSE* bewirkt, dass das Fenster geöffnet bleibt.

Um das Programm trotzdem beenden zu können, registrieren Sie nun einen *Listener*, der beim Eintreten bestimmter Ereignisse aufgerufen wird. Jigloo führt in der Spalte *Event Name* der Sicht *GUI Properties* zahlreiche Listener-Typen auf. Ändern Sie den Wert von *WindowListener* bitte auf *<anonymous>*. Damit kann die Klasse *DoIt* prinzipiell auf Fensterereignisse reagieren.

Klappen Sie anschließend den Eintrag *WindowListener* auf, indem Sie das zugehörige kleine Dreieck anklicken. Sie sehen die Methoden des ausgewählten Listeners. Ändern Sie den Wert von *windowClosing* bitte auf *handler method* und speichern Sie dann Ihre Änderungen.

Wenn Sie einen Blick auf den erzeugten Code werfen, sehen Sie die neue Methode `rootWindowClosing()`. Sie wird beim Anklicken des Schließknopfes aufgerufen. Tauschen Sie den Inhalt des Methodenrumpfes bitte gegen die folgende Zeile aus:

```
beenden();
```

Anschließend übernehmen Sie den Quelltext dieser Methode in die Klasse *DoIt*.

```
private void beenden() {
  dispose();
  System.exit(0);
}
```

Die Methode wird später auch aufgerufen, wenn der Anwender das Programm über die Menüleiste beendet. Bevor Sie sich darum kümmern, können Sie *Do It!* einmal starten. Klicken Sie hierzu auf das Symbol *Builds and runs the generated code* der Sicht *Outline*. Wenn Sie in der Zwischenzeit eine andere Datei geöffnet oder normalen Java-Quelltext eingegeben haben, sollten Sie in den grafischen Editor von Jigloo klicken, damit die Symbolleisten der Sichten gegebenenfalls aktualisiert werden können.

Menüs bearbeiten

Ihnen ist sicher aufgefallen, dass die Menüs zwar zahlreiche Einträge enthalten, diese aber nicht zur Anwendung passen. Um sie zu löschen, klicken Sie das zu bearbeitende Menü bitte an. Seine Elemente werden daraufhin in der Sicht *Outline* dargestellt. Wie Sie in Abbildung 7.6 sehen, ist eine Menüleiste ein Komponentenbaum mit Menüs als Zweigen. Die Blätter sind diejenigen Elemente, die beim Öffnen des Menüs angezeigt werden.

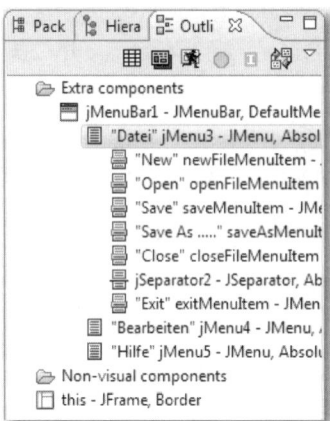

Abbildung 7.6 Die Sicht Outline mit den Elementen eines Menüs

Um einen solchen Menüpunkt zu löschen, klicken Sie ihn bitte mit der rechten Maustaste an und wählen EDIT • DELETE. Entfernen Sie auf diese Weise bitte alle Einträge des Menüs DATEI außer EXIT. Bevor Sie das Kontextmenü öffnen, können Sie übrigens mehrere Objekte mit gedrückter Ctrl-Taste anklicken. Der ausgewählte Befehl wirkt dann auf alle markierten Elemente.

Leeren Sie auf dieselbe Weise bitte auch das Menü BEARBEITEN und speichern Sie dann Ihre Änderungen. Vielleicht ist Ihnen beim ersten Programmstart aufgefallen, dass das Anklicken von Menüelementen keine Wirkung hat. Um dies zu ändern, markieren Sie den Menüpunkt EXIT bitte in der Sicht *Outline*, woraufhin dessen Eigenschaften in der Sicht *GUI Properties* angezeigt werden. Wie Sie bereits wissen, speichert das unter *Basic* aufgeführte Attribut *text* den anzuzeigenden Text. Geben Sie hier bitte *Beenden* ein. Anschließend setzen Sie den Wert des Listener-Typs *ActionListener* auf *<anonymous>*. Listener sind in der Spalte *Event Name* aufgeführt.

`ActionListener` implementieren die Methode `actionPerformed()`. Um sie zu setzen, klicken Sie bitte auf das Dreieck neben *ActionListener* und ändern *not handled* in *handler method* um. Wie schon beim Schließen von Fenstern hat Jigloo auch hier eine neue Methode erzeugt. Ändern Sie den Methodenrumpf von `exitMenuItemActionPerformed()` bitte so um, dass die Methode `beenden()` aufgerufen wird. Nachdem sie Ihre Änderungen gespeichert haben, können sie die neue Version des Programms testen. Klicken Sie hierzu wie gewohnt auf *Builds and runs the generated code*.

Sie haben sicher schon bemerkt, dass die verwendeten Variablennamen oft nicht sehr sprechend sind. Sie erhalten zum Teil Zähler, lassen also keinen Rückschluss auf ihren Inhalt zu. Mithilfe des Kontextmenüs der Sicht *Outline* lassen sich Komponenten umbenennen. Sehr praktisch ist in diesem Zusammenhang, dass die Namen von Handler-Methoden gegebenenfalls automatisch aktualisiert werden. Sie können dies ausprobieren, indem Sie `exitMenuItem` in `beendenMenuItem` umbenennen.

Die Menüleiste ist noch nicht ganz fertig. Sie müssen das Anzeigen eines Programminfo-Dialogs vorbereiten und dem BEARBEITEN-Menü vier Einträge hinzufügen. Die erste Aufgabe ist schnell erledigt. Das Menü HILFE hat nämlich schon einen entsprechenden Menüpunkt, dem Sie nur einen `ActionListener` zuweisen und den Sie eventuell ins Deutsche übersetzen müssen (beispielsweise ÜBER DO IT!...). Die hierzu nötigen Schritte habe ich Ihnen in Zusammenhang mit dem Befehl BEENDEN gezeigt.

Auch das Erzeugen neuer Menüeinträge ist schnell erledigt. Wechseln Sie im grafischen Editor von Jigloo bitte auf die Registerkarte *Menu*. Klicken Sie anschließend auf das Symbol *JMenuItem* und bewegen Sie den Mauszeiger auf das Menü BEARBEITEN. Sobald er sich über dem Menütitel befindet, wird das Menü grün umrandet und der Zeiger signalisiert mit einem kleinen Plus-Zeichen, dass dem Menü ein Eintrag hinzugefügt wird, sobald Sie die linke Maustaste drücken. Tun Sie dies bitte.

Sie sehen daraufhin den in Abbildung 7.7 gezeigten Dialog *Enter/edit basic properties for new component*, in dem Sie einen Variablennamen sowie die Beschriftung für den neuen Menüeintrag eingeben müssen. Tragen Sie bei *Component Name* bitte den Wert *neueAufgabeMenuItem* ein. Der *Text* sollte *Neue Aufgabe...* lauten. Alle übrigen Einstellungen können Sie unverändert übernehmen. Nachdem Sie den Dialog mit *OK* geschlossen haben, wird die neue Komponente in der Sicht *Outline* angezeigt. Legen Sie auf die gleiche Weise bitte die beiden Einträge AUFGABE LÖSCHEN und KATEGORIEN BEARBEITEN... an. Vergeben Sie hierbei als Variablennamen *loescheAufgabeMenuItem* und *kategorienBearbeitenMenuItem*.

Damit beim Anklicken der Menüpunkte später entsprechende Methoden aufgerufen werden können, sollten Sie den drei neu angelegten Komponenten jeweils einen `ActionListener` zuweisen. Markieren Sie die Komponente hierzu in der Sicht *Outline*, setzen *ActionListener* auf *<anonymous>* und ändern Sie den Wert von *actionPerformed* auf *handler method*. Bitte speichern Sie nun Ihre Änderungen und testen Sie das Programm durch Anklicken des Symbols *Builds and runs the generated code*. Damit ist das Anlegen der Menüleiste fast abgeschlossen. Sie müssen dem Menü BEARBEITEN nur noch eine Trennlinie hinzufügen, die KATEGORIEN BEARBEITEN optisch von den Befehlen zum Anlegen bzw. Löschen von Aufgaben trennt.

Enter/edit basic properties for new component		
Component Name:	neueAufgabeMenuItem	
Text:	Neue Aufgabe...	
Image:		Browse...

☐ Add public getter method for component

Layout Parameters

Layout	Value
Constraints	Absolute
Layout	Absolute

☐ Set as default for Absolute constraint
☐ Set as default Layout

OK   Cancel

Abbildung 7.7 Anlegen eines neuen Menüeintrags

Für solche Zwecke gibt es die Swing-Komponente `JSeparator`. Klicken Sie diese bitte in der Registerkarte *Menu* an und fügen Sie sie in gewohnter Weise dem Menü hinzu. Anschließend wechseln Sie in die Sicht *Outline* und sehen sich den Komponentenbaum an. Die Trennlinie wurde an der falschen Stelle einsortiert, nämlich unterhalb von KATEGORIEN BEARBEITEN. Klicken Sie sie bitte mit der linken Maustaste an und schieben Sie sie, während Sie die Maustaste noch gedrückt halten, nach oben. Jigloo kennzeichnet die Position, an die die Komponente beim Loslassen der Maustaste verschoben wird, mit einem schwarzen Balken. Dieser sollte sich zwischen AUFGABE LÖSCHEN und KATEGORIEN BEARBEITEN befinden. Bitte speichern Sie Ihre Änderungen und sehen Sie sich anschließend das Ergebnis an. Das Programmfenster sollte Abbildung 7.8 entsprechen.

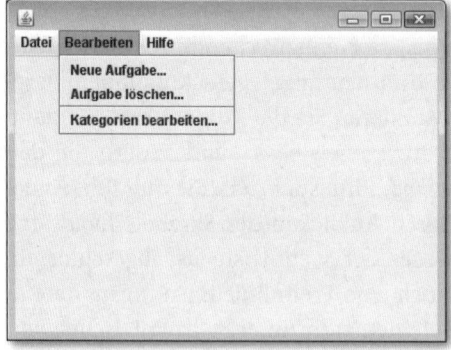

Abbildung 7.8 Das Menü Bearbeiten in seiner endgültigen Version

Damit sind die Arbeiten an der Menüleiste abgeschlossen. Da Sie alle relevanten Einträge schon mit Listenern versehen haben, ist das spätere »Verdrahten« sehr einfach. Hierzu müssen nur entsprechende Aufrufe in die `actionPerformed()`-Methoden eingetragen werden.

Im folgenden Abschnitt bauen Sie den sogenannten Darstellungsbereich von *Do it!* zusammen.

7.2.2 Der Darstellungsbereich

Der Darstellungsbereich besteht aus einer tabellenartigen Liste von Aufgaben. Wenn mehr Aufgaben vorhanden sind, als im Fenster angezeigt werden können, lässt sich der sichtbare Bereich mithilfe von Schiebebalken anpassen.

Vorbereitungen

Das Hauptfenster der Anwendung ist von `javax.swing.JFrame` abgeleitet. Neben der Menüleiste enthalten `JFrame`s unter anderem die sogenannte *content pane*, die dem Darstellungsbereich einer Anwendung entspricht. Hierbei handelt es sich um einen Container, dem unterschiedliche GUI-Komponenten hinzugefügt werden können.

Eine solche Klasse ist `JDesktopPane`. Sie ermöglicht *Multiple Document Interface-(MDI-)*Anwendungen, die aus einem Hauptfenster sowie mehreren Dokumentfenstern bestehen. Die Kinder einer `JDesktopPane` sind Instanzen von `JInternalFrame`, die die eben angesprochenen untergeordneten Fenster realisieren. `JDesktopPane` wiederum wird als content pane des Hauptfensters gesetzt.

Do it! verwendet ein `JPanel` mit dem LayoutManager `BorderLayout` als content pane. Klicken Sie im grafischen Editor von Jigloo mit der rechten Maustaste in den freien Bereich unterhalb der Menüleiste und wählen Sie SET LAYOUT • BORDERLAYOUT. Öffnen Sie bitte das Kontextmenü erneut und klicken Sie auf ADD SWING CONTAINER • JSCROLLPANE. Sie sehen nun den in Abbildung 7.9 gezeigten Dialog *Enter/edit basic properties for new component*.

Geben Sie der Komponente bitte den Namen *darstellungsbereichScrollPane* und setzen Sie den Wert von CONSTRAINTS • DIRECTION auf *Center*. Alle übrigen Einstellungen können Sie unverändert übernehmen. Nachdem Sie den Dialog mit *OK* geschlossen haben, fügen Sie der `JScrollPane` die eigentliche Listenansicht hinzu.

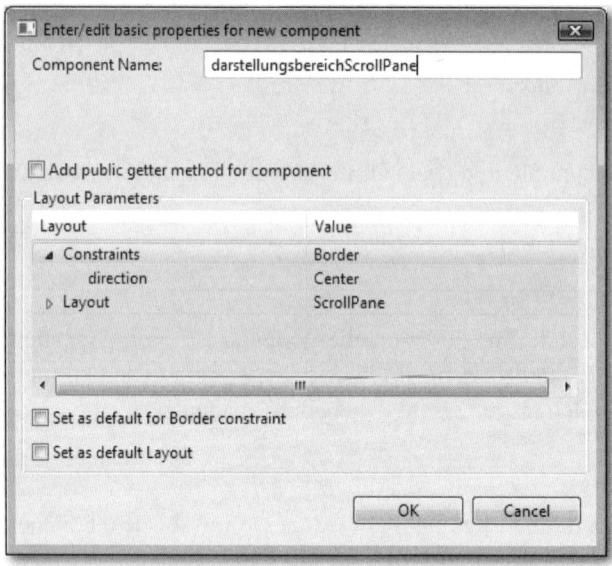

Abbildung 7.9 Hinzufügen einer JScrollPane

Die Listenansicht

Swing stellt für die Darstellung von Listen die Klasse `javax.swing.JList` zur Verfügung. Sie kann mithilfe von `ListCellRenderer`n auch komplexe Informationen grafisch sehr ansprechend darstellen. Das sogenannte *in place editing*, also das Ändern von Attributen innerhalb der Listenansicht, lässt sich aber nur mit großem Aufwand realisieren. Außerdem ist `JList` nicht für tabellenartige, mehrspaltige Informationen gedacht.

Deshalb verwendet *Do it!* die Klasse `javax.swing.JTable`, die im Vergleich zu `JList` zwar aufwendiger zu handhaben ist, aber dafür beispielsweise die spaltenweise Sortierung ermöglicht.

Um der `JScrollPane` ein `JTable`-Objekt hinzuzufügen, klicken Sie sie in der Sicht *Outline* bitte mit der rechten Maustaste an und wählen ADD SWING COMPONENT • JTABLE. Sie sehen daraufhin den in Abbildung 7.10 gezeigten Dialog *Enter/edit basic properties for new component*, in dem Sie einen Namen für die Tabelle angeben müssen.

Tragen Sie bei *Component Name* bitte *aufgabenTable* ein und schließen Sie den Dialog mit *OK*. Jigloo fügt daraufhin die Tabelle dem Hauptfenster zu. Wie Sie an den Spaltenüberschriften in Abbildung 7.11 erkennen können, wurde automatisch ein `TableModel` erzeugt. Sie werden das verwendete `DefaultTableModel` später durch eine eigene Implementierung ersetzen.

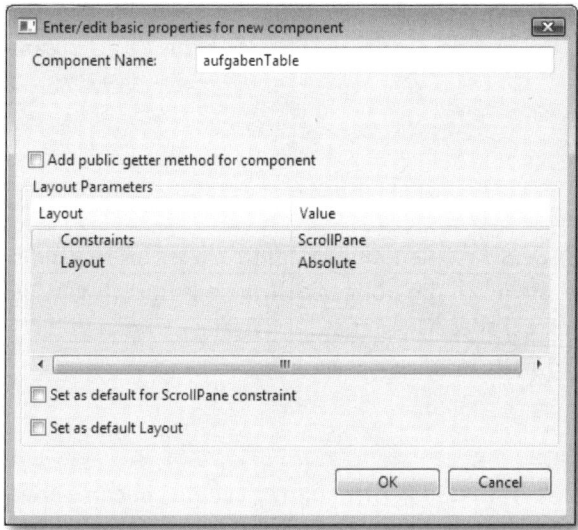

Abbildung 7.10 Hinzufügen einer Tabelle

Damit Aufgaben optisch ansprechend dargestellt werden, sind zahlreiche weitere Ergänzungen nötig. Beispielsweise sorgen spezielle Elemente der Art `TableCell-Editor` für die Anzeige von Klapplisten (um den Status und die Priorität einzustellen.

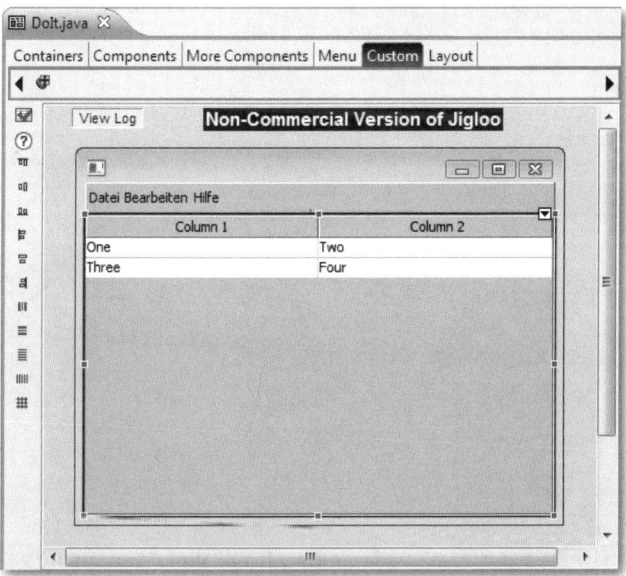

Abbildung 7.11 Der grafische Editor nach dem Hinzufügen der Tabelle

Damit sind die Arbeiten am Darstellungsbereich zunächst abgeschlossen. Im nächsten Abschnitt zeige ich Ihnen, wie Sie die drei Dialoge von *Do it!* zusammenbauen.

7.3   Die Dialoge

Der Bau von Dialogen ähnelt dem Erstellen eines Hauptfensters. Im folgenden Abschnitt, *Aufgaben erfassen*, stelle ich die nötigen Schritte ausführlich vor. Bei den folgenden Dialogen werde ich aber häufiger auf ihn Bezug nehmen und nur neue Aspekte im Detail besprechen.

7.3.1   Aufgaben erfassen

Der sicher wichtigste Dialog der Anwendung dient dazu, neue Aufgaben zu erfassen. Seine Eingabefelder entsprechen den Attributen der Klasse *Aufgabe*.

Eine neue Klasse anlegen

Um einen neuen Dialog anzulegen, wählen Sie bitte FILE • NEW • OTHER und öffnen im Ihnen bereits vertrauten Assistenten zum Anlegen neuer Dateien den Knoten GUI FORMS • SWING. Klicken Sie anschließend auf *JDialog* und wechseln Sie mit *Next* zur zweiten Seite des Dialogs, die Sie in Abbildung 7.12 sehen.

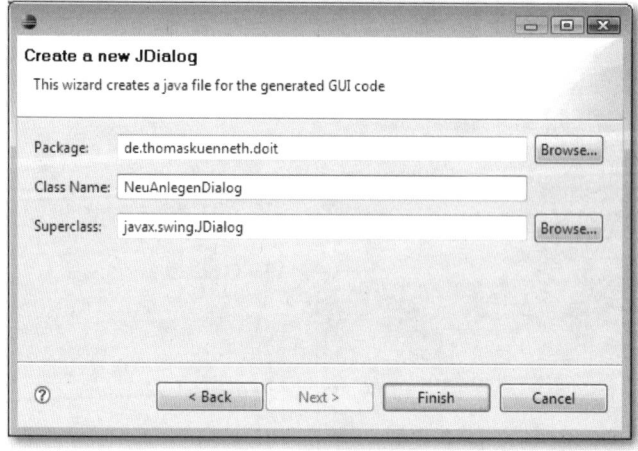

Abbildung 7.12   Anlegen eines neuen JDialogs

Auf ihr tragen Sie die Basisdaten der neuen Klasse ein. Das Paket, zu dem sie gehört, ist wie gewohnt de.thomaskuenneth.doit. Sie leitet von javax.swing. JDialog ab und sollte *NeuAnlegenDialog* heißen.

Klicken Sie bitte auf *Finish*, um den Assistenten zu schließen und den Dialog anzulegen. Er wird daraufhin automatisch im grafischen Editor von Jigloo geöffnet. Wie Sie in Abbildung 7.13 sehen, ähnelt er stark dem `JFrame`, den Sie in Abschnitt 7.2, *Das Hauptfenster*, erzeugt haben. Dementsprechend kommen Ihnen die folgenden Schritte möglicherweise bekannt vor.

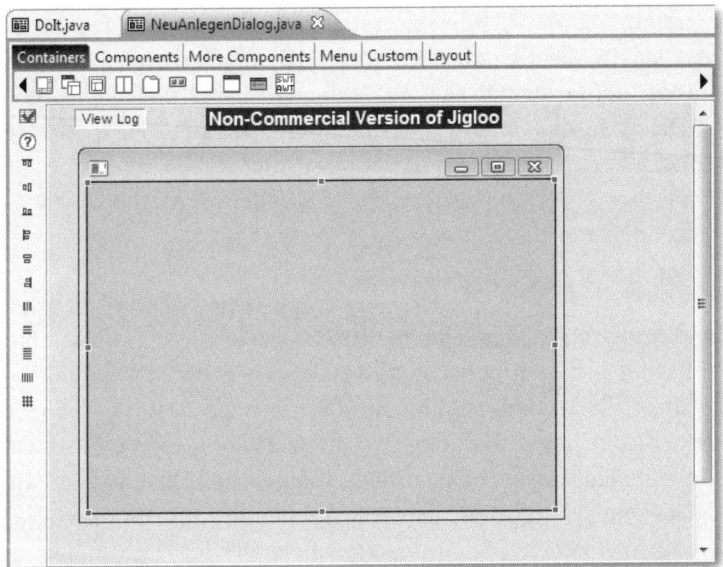

Abbildung 7.13 Der neu angelegte Dialog im grafischen Editor von Jigloo

Klicken Sie bitte an einer beliebigen Stelle innerhalb des Dialograhmens, um seine Eigenschaften in der Sicht *GUI Properties* zu bearbeiten. Setzen Sie der Wert von *title*, den Sie unter *Basic* finden, auf *Eine neue Aufgabe anlegen*. Unter *Expert* finden Sie die Eigenschaft *defaultCloseOperation*. Ändern Sie diese bitte auf *DO_NOTHING_ON_CLOSE*.

Da der Dialog nun beim Anklicken seines Schließfeldes geöffnet bliebe, fügen Sie ihm einen `WindowListener` hinzu und sorgen in dessen `actionPerformed()`-Methode dafür, dass die Methode `schliessen()` aufgerufen wird. Sie werden sie später auch beim Anklicken der Schaltflächen *OK* und *Abbruch* verwenden.

Klappen Sie in der Spalte *Event Name* den Eintrag *WindowListener* auf, indem Sie auf das kleine Dreieck klicken, und ändern Sie anschließend den Wert von *windowClosing* auf *handler method*. Wenn Sie einen Blick auf den Quelltext der Klasse werfen, sehen Sie die Methode `rootWindowClosing()`. Löschen Sie bitte deren `println()`-Ausgabe und fügen Sie ihr stattdessen die folgende Zeile hinzu:

```
schliessen();
```

Damit sich der Quelltext übersetzen lässt, müssen Sie die Methode `schlies-sen()` implementieren. Sie sieht folgendermaßen aus:

```
private void schliessen() {
  dispose();
}
```

Um die Klasse zu testen, klicken Sie bitte wie gewohnt auf das Symbol *Builds and runs the generated code* der Sicht *Outline*. *NeuAnlegenDialog* hat, wie auch *DoIt*, eine `main()`-Methode, die in diesem Fall aufgerufen wird. Vielleicht fragen Sie sich, wie Sie den Dialog in das Hauptfenster integrieren können. Wechseln Sie hierzu in die Quelltext-Ansicht der Klasse `DoIt` und suchen Sie die Methode `neu-eAufgabeMenuItemActionPerformed()`. Tauschen Sie deren Methodenrumpf bitte gegen die folgende Zeile aus:

```
new NeuAnlegenDialog(this).setVisible(true);
```

Nachdem Sie diese Änderungen durchgeführt haben, starten Sie das Programm bitte erneut. Damit dies mit dem bekannten Symbol der Sicht *Outline* funktioniert, müssen Sie vorher in das Editorfenster von *DoIt.java* wechseln. Klicken Sie in der Menüleiste der Aufgabenverwaltung bitte auf BEARBEITEN • NEUE AUFGABE, woraufhin sich der eben angelegte Dialog öffnet. Rufen Sie den Befehl nun bitte noch einmal auf. Dass ein zweites Dialogfenster erscheint, liegt daran, dass *Neu-AnlegenDialog* als nicht modaler Dialog implementiert wurde. Die Menüleiste wird nicht gesperrt und alle Teile der Anwendung lassen sich normal bedienen.

Um dies zu korrigieren, beenden Sie bitte das Programm und wechseln in das Editorfenster von *NeuAnlegenDialog.java*. In der Sicht *GUI Properties* finden Sie unter *Expert* die Eigenschaft *modal*. Setzen Sie diese bitte auf `true`.

Im folgenden Abschnitt fügen Sie dem Dialog *Eine neue Aufgabe anlegen* die eigentlichen Bedienelemente hinzu.

LayoutManager

In Swing werden die meisten Komponenten mithilfe von *LayoutManagern* auf dem Bildschirm angeordnet. Praktisch jeder *Container* hat einen solchen `Layout-Manager`, der die Position und Größe seiner Kinder bestimmt. Swing stellt vergleichsweise wenige LayoutManager-Klassen zur Verfügung, die zudem den Ruf haben, unflexibel zu sein und kaum ansprechende Ergebnisse zu liefern.

Auch wenn ich diesem pauschalen Vorwurf nicht zustimme, so ist es doch richtig, dass Entwickler einen vergleichsweise hohen Aufwand treiben müssen, um *schöne* Dialoge zu entwerfen. Der Grund hierfür ist, dass sie die Funktionsweise der LayoutManager kennen müssen. Außerdem ist es meist nötig, LayoutManager zu verschachteln. Dialoge bestehen oft aus einer Kopfzeile, dem eigentlichen Eingabebereich sowie einer Leiste mit Schaltflächen, die sich am unteren Rand des Dialogs befindet. Eine solche Dreiteilung wird mit einem `BorderLayout` realisiert. Jeder Teilbereich ist wiederum ein Container mit eigenem LayoutManager. Die Schaltflächen werden üblicherweise mittels `FlowLayout` angeordnet. Welche LayoutManager für den Hauptbereich des Dialogs eingesetzt werden, ist von dessen Inhalt abhängig.

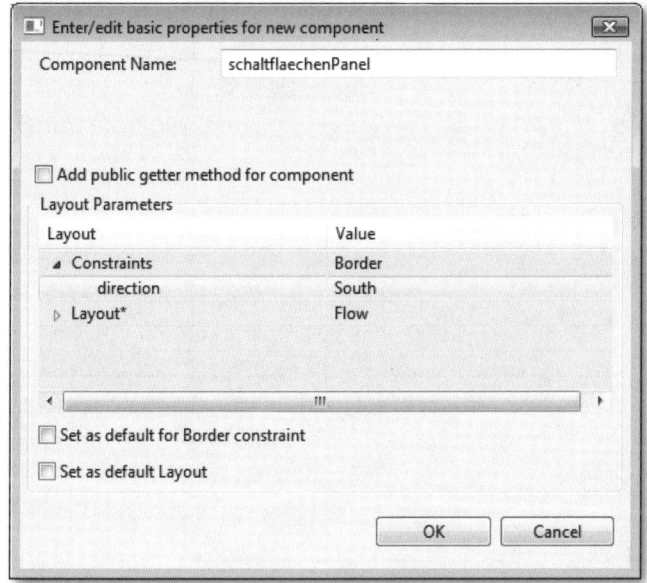

Abbildung 7.14   Anlegen einer Leiste für Schaltflächen

Um den LayoutManager eines Containers festzulegen, klicken Sie die Komponente im grafischen Editor von Jigloo mit der rechten Maustaste an und wählen das gewünschte Layout aus dem Untermenü SET LAYOUT aus. Weisen Sie bitte der *content pane* der Klasse `NeuAnlegenDialog` das BORDERLAYOUT zu.

Fügen Sie ihr anschließend ein neues `JPanel` hinzu, indem Sie erneut das Kontextmenü öffnen und ADD SWING CONTAINER • JPANEL anklicken. Sie sehen daraufhin den in Abbildung 7.14 gezeigten Dialog *Enter/edit basic properties for new component*, in dem Sie festlegen, an welcher Position innerhalb der content pane das neue `JPanel` platziert werden soll. Setzen Sie den Wert von CONSTRAINTS • DIRECTION bitte auf *South* und tragen Sie als *Component Name* bitte *schaltflaechenPanel* ein. Lassen Sie alle übrigen Einstellungen unverändert und schließen Sie den Dialog bitte mit *OK*. Die neue Komponente ist nun als schmaler Streifen am unteren Rand des Dialogs zu sehen.

Öffnen Sie deren Kontextmenü, indem Sie die Komponente mit der rechten Maustaste anklicken, und fügen Sie ihr mit ADD SWING COMPONENT • JBUTTON eine Schaltfläche hinzu. Geben Sie dieser bitte, wie in Abbildung 7.15 zu sehen ist, den Namen *okButton*. Sobald Sie den Dialog mit *OK* schließen, wird das neue Element innerhalb des eben angelegten JPanels angezeigt.

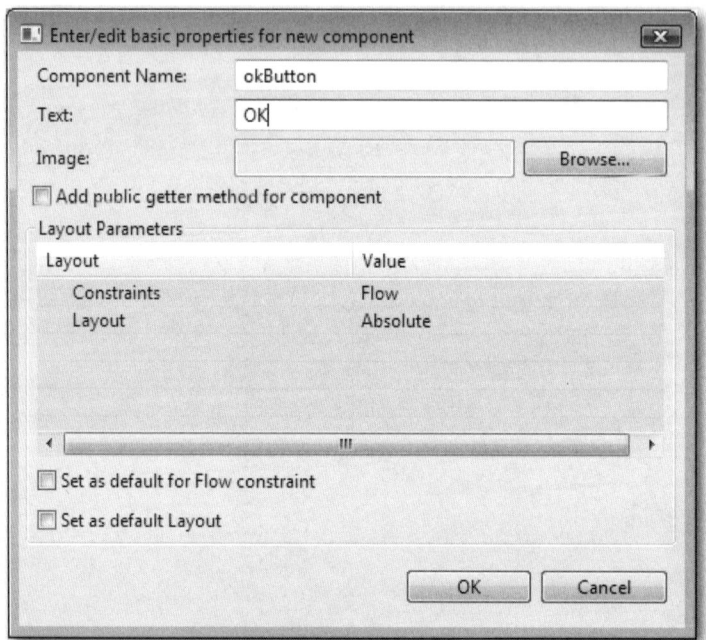

Abbildung 7.15 Die Schaltfläche OK

Fügen Sie dem Dialog bitte auf die gleiche Weise noch eine Schaltfläche *Abbruch* hinzu. Geben Sie ihr bitte den Namen *abbruchButton*. Das im grafischen Editor dargestellte Ergebnis sieht recht hübsch aus, allerdings sind die beiden Schaltflächen zentriert, was nicht der üblichen Anordnung auf Dialogen entspricht. Klicken Sie deshalb das neu angelegte JPanel an, um dessen Eigenschaften in der Sicht *Outline* zu bearbeiten. Ändern Sie nun die Eigenschaft LAYOUT • ALIGNMENT von *CENTER* auf *RIGHT*.

Um den Dialog zu schließen, wenn eine der beiden Schaltflächen angeklickt wird, müssen Sie diesen ActionListener zuweisen und dafür sorgen, dass die Methode schliessen() aufgerufen wird. Markieren Sie hierzu die gewünschte Komponente und setzen Sie in der Sicht *GUI Properties* den Wert ACTIONLISTENER • ACTIONPERFORMED wie gewohnt auf *handler method*. Der Rumpf dieser Methoden enthält den eben genannten Aufruf.

Denken Sie bitte daran, Ihre Änderungen regelmäßig zu speichern. Wenn Sie alle genannten Komponenten angelegt haben, können Sie den aktuellen Stand der Anwendung testen. Wie Sie wissen, müssen Sie hierzu in die Klasse *DoIt* wechseln, sofern Sie das Symbol *Builds and runs the generated code* der Sicht *Outline* verwenden. Selbstverständlich können Sie stattdessen auch eine entsprechende Launch Configuration anlegen.

Komponenten hinzufügen

In diesem Abschnitt zeige ich Ihnen, wie Sie den Eingabebereich des Dialogs bestücken. Sie werden hierzu verschiedene LayoutManager kombinieren. Den Ausgangspunkt bildet ein `JPanel` mit `BorderLayout`, das der *content pane* hinzugefügt wird.

Klicken Sie mit der rechten Maustaste in den großen grauen Bereich oberhalb der Leiste mit den Schaltflächen und wählen Sie ADD SWING CONTAINER • JPANEL. In dem Ihnen bereits vertrauten Dialog *Enter/edit basic properties for new component* geben Sie dem Container einen Namen, zum Beispiel *hauptbereichPanel*, und setzen die Eigenschaft CONSTRAINTS • DIRECTION auf *Center*. Stellen Sie außerdem das *Layout* auf *Border* und beenden Sie den Dialog mit *OK*.

Das eben angelegte `JPanel` enthält die eigentlichen Eingabefelder sowie `JLabel`, die sie beschreiben. Diese Komponenten werden auf zwei Container verteilt. Beide verwenden den LayoutManager `GridLayout` und werden im Bereich `WEST` bzw. `CENTER` angeordnet. Erzeugen Sie bitte auf die Ihnen mittlerweile vertraute Weise erneut ein `JPanel`. Wie Sie in Abbildung 7.16 sehen, trägt es den Namen *beschriftungPanel* und die Eigenschaft CONSTRAINTS • DIRECTION ist auf *West* eingestellt. Durch die Auswahl von *Grid* wird das Layout `GridLayout` festgelegt. Setzen Sie ferner *hgap* und *vgap* auf *8*, *columns* auf *1* und *rows* auf *5*.

Nachdem Sie den Dialog mit *OK* geschlossen haben, sehen Sie den neu angelegten Container als schmalen Streifen am linken Rand des Dialogs. Diesem Bereich müssen Sie nun mehrere Komponenten vom Typ `JLabel` hinzufügen. Sie können das entsprechende Kontextmenü öffnen, indem Sie den Bereich mit der rechten Maustaste anklicken. Alternativ sind die Kontextmenüs auch über die Sicht *Outline* zugänglich.

Mit ADD SWING COMPONENT • JLABEL legen Sie eine erste Beschriftung an. Obwohl sie im Programm nicht weiter verwendet wird, sollten Sie ihr einen aussagekräftigeren Namen geben, beispielsweise *betreffLabel*. Als *Text* tragen Sie bitte *Betreff* ein. Sie können alle übrigen Einstellungen ohne Änderungen übernehmen. Nachdem Sie den Dialog mit *OK* geschlossen haben, wird die Beschriftung im grafischen Editor von Jigloo angezeigt.

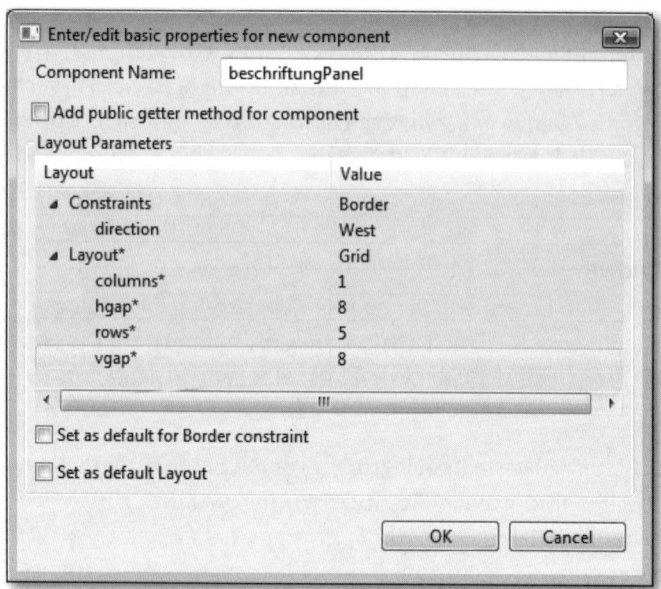

Abbildung 7.16 Anlegen eines JPanels für Beschriftungen

Fügen Sie auf die gleiche Weise bitte noch folgende Beschriftungen hinzu: *Fälligkeit*, *Status*, *Priorität* und *Kategorie*. Geben Sie auch diesen Komponenten aussagekräftige Namen, zum Beispiel *faelligkeitLabel* und *prioritaetLabel*. In Abbildung 7.17 sehen Sie, wie der Dialog in Jigloo angezeigt wird. Zugegebenermaßen ist das Ergebnis noch nicht spektakulär. Sie werden deshalb im weiteren Verlauf dieses Abschnitts noch einige »Tuning«-Maßnahmen durchführen.

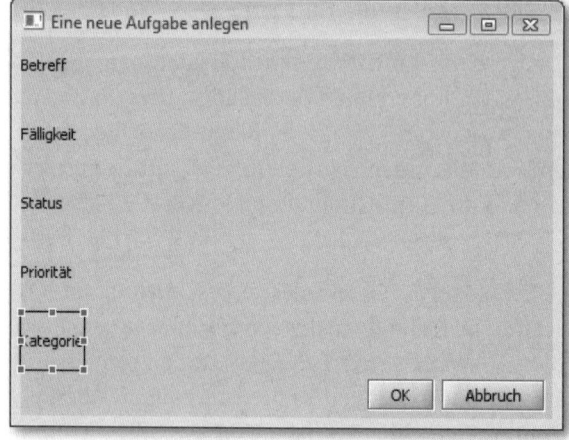

Abbildung 7.17 Der Dialog nach dem Anlegen der Beschriftungen

Der nächste Schritt ist, die eigentlichen Eingabefelder einzubauen. Sie werden, wie die Beschriftungen, einem `JPanel` mit `GridLayout` hinzugefügt. Klicken Sie hierzu mit der rechten Maustaste in den großen grauen Bereich des Dialogs und wählen Sie ADD SWING CONTAINER • JPANEL. Geben Sie als *Component Name* bitte *eingabefelderPanel* ein, setzen Sie die Eigenschaft CONSTRAINTS • DIRECTION auf *Center* und ändern Sie das Layout von *Flow* auf *Grid*. Die übrigen Daten tragen Sie analog zu `beschriftungPanel` ein. Die Felder *hgap* und *vgap* erhalten den Wert *8*, *columns* setzen Sie auf *1* und *rows* auf *5*. Bitte schließen Sie danach den Dialog mit *OK*.

Für die Eingabe des Betreffs der Aufgaben legen Sie bitte eine Komponente des Typs `JTextField` an. Sie finden sie unter ADD SWING TEXT COMPONENT.

Geben Sie ihr bitte, wie in Abbildung 7.18 zu sehen ist, den Namen *betreffText-Field*. Die Eigenschaft *Text* enthält den Text, der beim Anzeigen des Dialogs zu sehen ist. Da der Anwender eine neue Aufgabe anlegen möchte, sollte das Feld leer sein. Bitte löschen Sie deshalb den vorgeschlagenen Inhalt und schließen Sie danach den Dialog mit *OK*. Das Textfeld ist im Augenblick recht groß. Ich zeige Ihnen später, wie Sie dieses Problem beheben.

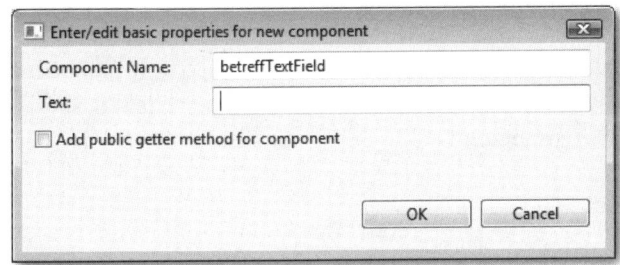

Abbildung 7.18 Hinzufügen eines Textfeldes

Fügen Sie als Nächstes bitte eine Komponente des Typs `JSpinner` hinzu. Mit ihr kann der Benutzer das Datum auswählen, bis zu dem eine Aufgabe abgeschlossen sein muss. Klicken Sie hierzu bitte im Kontextmenü von *eingabefelderPanel* auf *Add custom class or layout*. Sie sehen daraufhin den in Abbildung 7.19 gezeigten Dialog *Select new class*, in dem Sie die Klasse auswählen, welche Sie dem Dialog hinzufügen möchten.

Suchen Sie bitte nach *JSpinn* und markieren Sie die gefundene Klasse `JSpinner`. Nachdem Sie den Dialog mit *OK* geschlossen haben, müssen Sie einen Namen für die neu anzulegende Komponente eingeben, beispielsweise *faelligkeitSpinner*. Bitte beenden Sie auch diesen Dialog mit *OK*. Das (ebenfalls zu große) Element wird nun im grafischen Editor unterhalb des Textfeldes angezeigt.

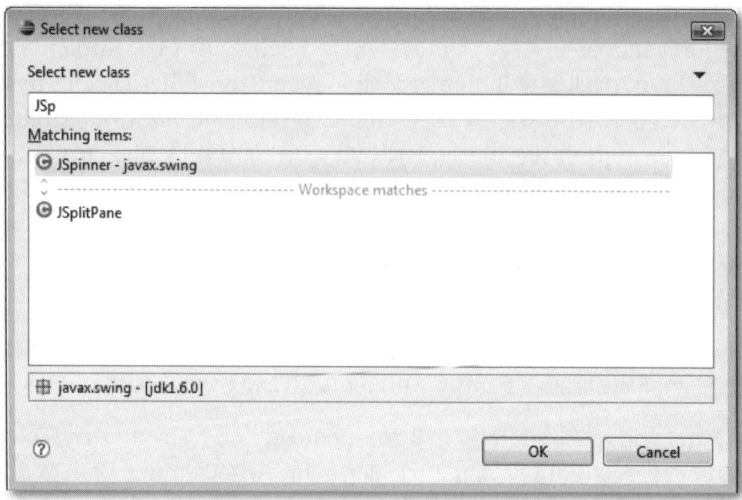

Abbildung 7.19   Hinzufügen einer Klasse oder eines Layouts

Die letzten drei Felder, also *Status*, *Priorität* und *Kategorie* einer Aufgabe werden in Klapplisten angezeigt. Fügen Sie dem Dialog deshalb drei Boxen `JComboBox` hinzu. Klicken Sie hierzu in der Sicht *Outline* das Element *eingabefelderPanel* mit der rechten Maustaste an und wählen Sie ADD SWING COMPONENT • JCOMBOBOX. Geben Sie als *Component Name* bitte *statusComboBox* ein und schließen Sie danach den in Abbildung 7.20 gezeigten Dialog *Enter/edit basic properties for new component*.

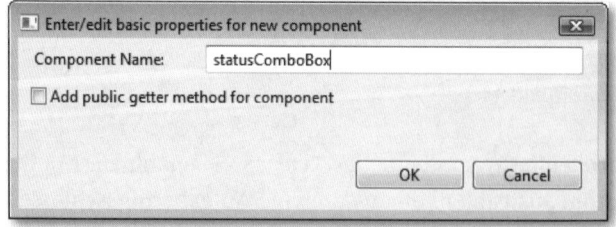

Abbildung 7.20   Anlegen einer Klappliste

Legen Sie auf die gleiche Weise noch Klapplisten für die Priorität und die Kategorie einer Aufgabe an. Geben Sie den Komponenten bitte die Namen *prioritaet-ComboBox* und *kategorieComboBox*. Damit haben Sie dem Dialog alle benötigten Bedienelemente hinzugefügt. Wie Sie in Abbildung 7.21 sehen, ist sein aktueller Zustand allerdings noch unbefriedigend. Die Komponenten sind nämlich zu hoch. Außerdem »kleben« die Beschriftungen an ihnen. Ferner ist unschön, dass sie nicht auf einer Linie mit den Eingabefeldern liegen, sondern zentriert werden.

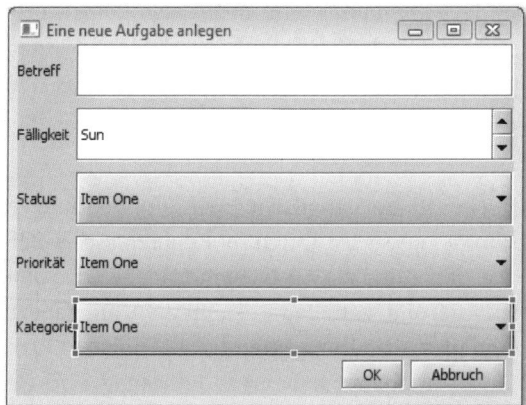

Abbildung 7.21 Der Dialog, nachdem alle Komponenten hinzugefügt wurden

Die Höhe der Komponenten wird letztlich durch die Gesamthöhe des Dialogs vorgegeben. Sie ist auf 300 voreingestellt. Da Swing die geeigneten Ausmaße selbständig berechnen kann, sollten Sie die Zeile setSize(400, 300); im unteren Bereich der Methode initGUI() auskommentieren oder löschen. Fügen Sie stattdessen pack(); ein. Sobald Sie diese Änderung gespeichert haben, wirkt der Dialog wesentlich ansprechender, ist allerdings nun zu schmal. Dies lässt sich beheben, indem Sie die Eigenschaft *columns* von *betreffTextfield* auf *20* setzen.

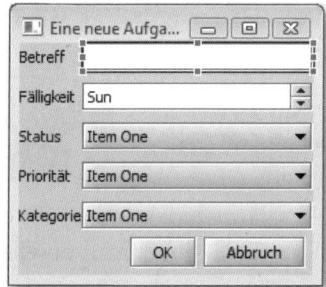

Abbildung 7.22 Der Dialog ist fast fertig.

Wie Sie in Abbildung 7.22 sehen, stören eigentlich nur noch die zu geringen Abstände zwischen dem Fensterrahmen und den Rändern der Komponenten sowie zwischen den Beschriftungen und den Eingabefeldern. Letzterer lässt sich sehr leicht festlegen, indem Sie den Wert *hgap* von *hauptbereichPanel* auf *20* setzen. Der LayoutManager dieser Komponente ist nämlich das BorderLayout.

Um schließlich den Abstand zum Fensterrahmen zu vergrößern, versehen Sie diese Komponente zusätzlich mit einem leeren Rahmen. Ändern Sie hierzu in der

Sicht *Outline* die Eigenschaft *border* in *EmptyBorder* um und setzen dessen drei Werte *left*, *right* und *top* auf *10*. Die Eigenschaft *bottom* können Sie auf einen etwas kleineren Wert setzen, beispielsweise 5. Damit sind auch die kosmetischen Änderungen an diesem Dialog abgeschlossen. Wie Sie in Abbildung 7.23 sehen, ist das Ergebnis durchaus ansprechend.

Natürlich ist das Hauptziel dieses Buches nicht, ästhetische Swing-Anwendungen zu realisieren. Deshalb ist einiges von dem, was ich Ihnen im Rahmen dieses Beispiels zeige, nur der Anfang. So hat Sun mit Java SE 6.0 einen neuen Layout-Manager eingeführt, der die Positionierung von Bedienelementen an nahezu beliebiger Stelle erlaubt und trotzdem plattformübergreifend verwendbare Oberflächen ermöglicht. Auch zahlreiche Drittanbieter haben LayoutManager vorgestellt, die mit den Schwächen der Standardklassen aufräumen möchten.

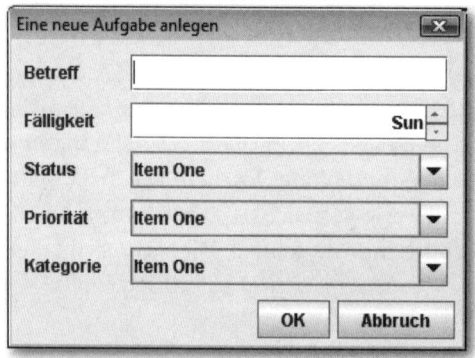

Abbildung 7.23   Dialog zum Anlegen neuer Aufgaben

Im folgenden Abschnitt stelle ich Ihnen die verbleibenden Dialoge von *Do it!* vor. Bei ihrer Implementierung bediene ich mich der Konzepte, die ich Ihnen in diesem Abschnitt gezeigt habe. Insofern fallen einige Erklärungen etwas knapper aus. Lesen Sie sich die Vorgehensweise gegebenenfalls bitte hier nochmals durch.

7.3.2   Die übrigen Dialoge

Auf dem Dialog zum Anlegen neuer Aufgaben befindet sich eine Klappliste, die alle möglichen Kategorien enthält. Für das Pflegen dieser Liste wird ein eigener Dialog verwendet.

Kategorien verwalten

Um diesen Dialog zu bauen, legen Sie einen neuen `JDialog` an. Öffnen Sie hierzu bitte mit FILE • NEW • OTHER den Ihnen bereits vertrauten Assistenten und wählen Sie GUI FORMS • SWING • JDIALOG. Geben Sie der Klasse bitte den Namen *Katego-*

rienBearbeitenDialog und tragen Sie als Paket *de.thomaskuenneth.doit* ein, falls es nicht standardmäßig vorgeschlagen wird.

Nachdem Sie den Dialog mit *OK* geschlossen haben, sehen Sie einen leeren Fensterrahmen mit einer großen grauen Fläche als Darstellungsbereich. Wie schon im vorherigen Abschnitt müssen Sie als Erstes das Layout auf BORDERLAYOUT setzen. Anschließend bauen Sie die Leiste mit den beiden Schaltflächen *OK* und *Abbruch*. Klicken Sie hierzu mit der rechten Maustaste an eine beliebige Stelle innerhalb des Darstellungsbereichs und wählen Sie ADD SWING CONTAINER • JPANEL. Der Name der Komponente ist *schaltflaechenPanel*. Da Sie den Container am unteren Rand des Dialogs anordnen möchten, setzen Sie die Eigenschaft CONSTRAINTS • DIRECTION auf *South*. Das Layout der Leiste ist *Flow*. Stellen Sie die Ausrichtung (*alignment*) auf *RIGHT* und schließen dann den Dialog mit *OK*.

Um sich etwas Arbeit zu sparen, können Sie die Schaltflächen aus der Klasse *NeuAnlegenDialog* kopieren. Klicken Sie den gewünschten JButton mit der rechten Maustaste an und wählen Sie EDIT • COPY. Zurück in *KategorienBearbeiten* öffnen Sie ebenfalls das Kontextmenü, klicken auf EDIT • PASTE und bewegen Sie den Mauszeiger in den grauen Bereich innerhalb des Fensterrahmens.

Abbildung 7.24 Einfügen einer Schaltfläche

Wie Sie in Abbildung 7.24 sehen, erscheinen im grafischen Editor zwei Rechtecke: ein kleines (rotes), das dem Mauszeiger folgt, sowie ein größeres (grünes). Die beiden kennzeichnen die Komponente, die das neue Objekt enthalten wird, sowie das Element, das eingefügt werden soll. Um also den JButton der Schaltflächenleiste hinzuzufügen, müssen Sie den Mauszeiger in die Nähe des unteren Dialograndes bewegen. Drücken Sie auf die linke Maustaste, um den Einfügevorgang zu beenden.

Werfen Sie anschließend einen Blick auf den Quelltext. Wenn der Editor Fehler anzeigt, ist es sehr wahrscheinlich, dass die `actionPerformed()`-Methoden der beiden kopierten Schaltflächen Aufrufe von nicht vorhandenen Methoden enthalten. Dies kann passieren, weil Jigloo zwar die Schaltflächen selbst, nicht aber zusätzliche Methoden überträgt. Ersetzen Sie in diesem Fall einfach die »falschen« Methodenaufrufe durch die Zeile `schliessen();`. Diese Methode müssen Sie nach dem bekannten Muster implementieren.

Sie könnten den Dialog nun auf die Ihnen bereits bekannte Weise testen. Ich rate Ihnen aber, ihn gleich mit dem Hauptfenster zu »verdrahten«. Wie schon beim *NeuAnlegenDialog* müssen Sie in der Klasse *DoIt* in der `actionPerformed()`-Methode des entsprechenden Menüelements folgende Zeile einfügen:

```
new KategorienBearbeitenDialog(this).setVisible(true);
```

Anschließend können Sie das Hauptprogramm starten.

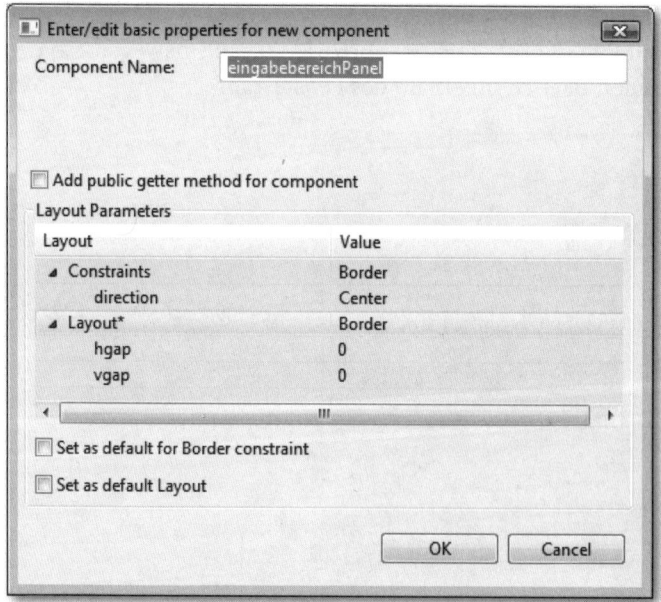

Abbildung 7.25 Anlegen des Eingabebereichs

Der Eingabebereich des Dialogs besteht aus einer Liste mit den bereits vorhandenen Kategorien sowie den beiden Schaltflächen *Neu* und *Entfernen*. Die Komponenten werden einem `JPanel` mit `BorderLayout` hinzugefügt. Um es zu erzeugen, klicken Sie wie gewohnt auf ADD SWING CONTAINER • JPANEL. Tragen Sie die Werte bitte gemäß Abbildung 7.25 ein und schließen Sie den Dialog *Enter/edit basic properties for new component* mit *OK*.

Als Nächstes fügen Sie dem `JPanel` eine `JScrollPane` hinzu (ADD SWING CONTAINER · JSCROLLPANE). Sie wird später die Liste mit Kategorien enthalten. Geben Sie ihr bitte den Namen *kategorienScrollPane* und setzen Sie die Eigenschaft CONSTRAINTS · DIRECTION auf *Center*. Da das neue Objekt im grafischen Editor nicht ohne Weiteres zu entdecken ist, fügen Sie ihm die `JList` hinzu, indem Sie die `JScrollPane` in der Sicht *Outline* mit der rechten Maustaste anklicken und ADD SWING COMPONENT · JLIST wählen. Außer dem Namen (*kategorienList*) müssen Sie im Dialog *Enter/edit basic properties for new component* keine Werte ändern.

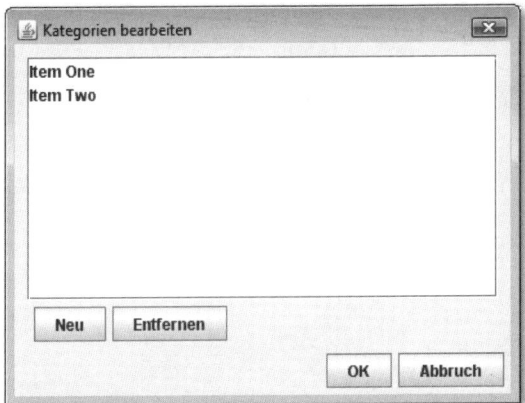

Abbildung 7.26   Der fertige Dialog

Die beiden Schaltflächen *Neu* und *Entfernen* fügen Sie einem `JPanel` mit `FlowLayout` hinzu, das unterhalb der eben angelegten `JScrollPane` erscheint. Klicken Sie hierzu in der Sicht *Outline* die Komponente *eingabebereichPanel* mit der rechten Maustaste an und wählen Sie *Add Swing Container · JPanel*. In gewohnter Weise vergeben Sie nun einen Namen und setzen die Eigenschaft CONSTRAINTS · DIRECTION auf *South*.

Als letzten Schritt fügen Sie diesem `JPanel` zwei Schaltflächen hinzu. Um später Aktionen auslösen zu können, wenn der Benutzer diese anklickt, müssen Sie den `JButtons` jeweils `ActionListener` zuweisen. Wie Sie hierzu vorgehen, habe ich ausführlich im vorherigen Abschnitt beschrieben.

Damit ist das Bauen des Dialogs *Kategorien bearbeiten* im Prinzip abgeschlossen. Wie Sie in Abbildung 7.26 sehen, habe ich noch einige wenige »Tuning«-Maßnahmen durchgeführt. Sie sollten dem Dialog einen Titel geben und den Abstand des Fensterrahmens zum Dialog-Inneren vergrößern, indem Sie der Komponente *eingabebereichPanel* einen leeren Rahmen zuweisen.

Der Copyright-Dialog

Zu jedem Programm gehört ein Dialog, der Angaben zum Hersteller oder Entwickler enthält. In der Regel kann der Benutzer die Versionsnummer der Anwendung sowie etwaiger Plug-ins ablesen und mit dem Standard-Browser die Produkthomepage besuchen. Der Copyright-Dialog von *Do it!* ist bewusst klein gehalten und eigentlich eher der Vollständigkeit halber vorhanden. Sie sollten ihn dennoch bauen, um die Arbeit mit Jigloo zu üben.

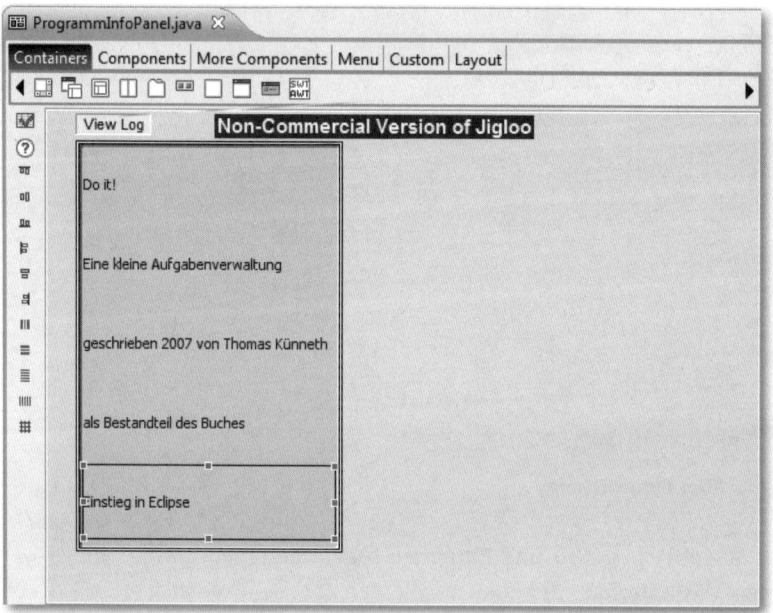

Abbildung 7.27 Das JPanel nach dem Hinzufügen der JLabels

In Abschnitt 7.1.2, *Jigloo*, haben Sie die Klasse `ProgrammInfoPanel` angelegt. Öffnen Sie diese bitte im grafischen Editor, indem Sie sie im *Package Explorer* mit der rechten Maustaste anklicken und OPEN WITH • FORM EDITOR wählen. Falls Sie dem `JPanel` schon Komponenten hinzugefügt haben, entfernen Sie diese bitte. Wie Sie bereits wissen, erreichen Sie diese Funktion im Kontextmenü über EDIT • DELETE.

Um den Dialog anzuzeigen, verwende ich die Klasse `JOptionPane`. Wie Sie später noch sehen werden, stellt diese Schaltflächen wie *OK* oder *Abbruch* zur Verfügung, sodass `ProgrammInfoPanel` nur die reinen »Nutzdaten« enthalten muss.

Stellen Sie als Erstes das Layout auf `GridLayout` (SET LAYOUT). In der Sicht *Outline* tragen Sie zusätzlich die Anzahl der Zeilen und Spalten ein. Da das `JPanel` fünf `JLabel`s beinhalten wird, setzen Sie bitte *columns* auf *1* und *rows* auf *5*. Anschließend fügen Sie dem Dialog, wie in Abbildung 7.27 zu sehen ist, fünf `JLabels` hinzu. Da diese nicht verändert werden, spielen in diesem Falle die Variablennamen keine wichtige Rolle.

Anschließend geht es an die grafische Aufbereitung der Textzeilen. In einem ersten Schritt sorgen Sie dafür, dass sie zentriert ausgegeben werden. Klicken Sie hierzu alle `JLabels` bei gedrückter Ctrl -Taste an und setzen Sie in der Sicht *Outline* die Eigenschaft *horizontalAlignment* auf *CENTER*. Danach ändern Sie die Schriftart der ersten Zeile auf *Tahoma Bold Italic 24*. Sie wird über die Eigenschaft *font* eingestellt. Wie schon beim Dialog zum Bearbeiten von Kategorien stört noch die zu große Höhe. Um sie zu ändern, wechseln Sie in die Quelltextansicht und löschen die Zeile `setPreferredSize(…)`.

Sie können die Klasse `ProgrammInfoPanel` nun testen, indem Sie wie gewohnt in die Sicht *Outline* wechseln und das Symbol *Builds and runs the generated code* anklicken. Denken Sie bitte daran, dass die Jigloo-Symbole nur dann zu sehen sind, wenn der grafische Editor aktiv ist.

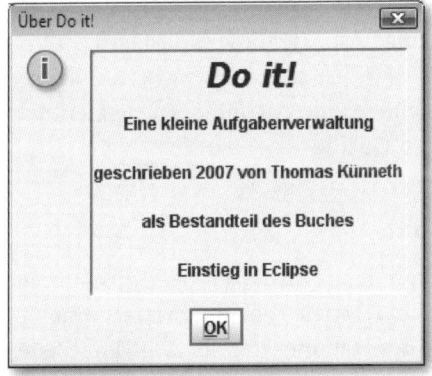

Abbildung 7.28 Der fertige Dialog

Um das `JPanel` in die Anwendung zu integrieren, wechseln Sie bitte in die Klasse `DoIt`. Suchen Sie diejenige `actionPerformed()`-Methode, die Sie dem Menüpunkt ÜBER DO IT! zugewiesen haben. Ihr Methodenrumpf enthält wahrscheinlich nur eine `println()`-Ausgabe. Ersetzen Sie diese bitte durch die folgende Zeile:

```
JOptionPane.showMessageDialog(this, new ProgrammInfoPanel(),
    "Über Do it!", JOptionPane.INFORMATION_MESSAGE);
```

Nachdem Sie Ihre Änderungen gespeichert haben, können Sie diese Klasse starten. Wenn Sie HILFE • ÜBER DO IT! anklicken, sehen Sie den in Abbildung 7.28 gezeigten Dialog.

Damit möchte ich meinen Rundgang durch Jigloo und den Bau von Swing-Ober-flächen beenden. Im folgenden Abschnitt zeige ich Ihnen, wie Sie die Anwendung komplettieren und in ein *.jar*-Archiv packen.

7.4   Die Teile verbinden

Die Quelltexte von *Do it!* finden Sie im Verzeichnis *Quelltexte\Erstellen einer grafischen Anwendung* auf der Begleit-DVD. Ich habe dort zwei Versionen abgelegt. Die erste enthält den Stand nach dem Bauen der Menüleiste sowie der Dialoge, entspricht also weitgehend dem, was Sie in den letzten Abschnitten mithilfe des grafischen Editors implementiert haben sollten. Der Ordner *fertige Version* hingegen beinhaltet eine nach dem Übersetzen ablauffähige Fassung. Sie stellt alle Funktionen zur Verfügung, die ich zu Beginn dieses Kapitels beschrieben habe. Sie können mit ihr also Aufgaben eingeben und löschen sowie Kategorien eingeben und bearbeiten. Auch das Verändern von Aufgaben innerhalb des Hauptfensters ist möglich.

Im folgenden Abschnitt stelle ich Ihnen einige Aspekte dieser vollständigen Version ausführlicher vor. Aus Platzgründen kann ich allerdings nicht alle Klassen der Anwendung beleuchten. Wie die einzelnen Teile zusammenspielen, entnehmen sie deshalb bitte den Kommentaren im Quelltext.

7.4.1   Die Implementierung von Do It!

Aufgaben werden zur Laufzeit der Anwendung als Instanzen des Typs `Aufgabe` vorgehalten. Die Klasse `java.util.ArrayList` wiederum fungiert als eine Art Container für diese Objekte. Die Tabelle des Hauptfensters bezieht ihre Zellen aus einer solchen `ArrayList`. Die Zeilen der Tabelle entsprechen hierbei den Elementen der Liste. Ihre Spalten ergeben sich aus den Attributen der Klasse `Aufgabe`.

Tabellen und Modelle

Swing stellt mit der Klasse `javax.swing.JTable` eine äußerst komfortable Komponente für die Darstellung von Tabellen zur Verfügung. Sie lässt weitaus mehr Gestaltungsspielraum zu, als es die durch Jigloo erzeugte Basisvariante vermuten lässt.

Wenn Sie einen Blick auf den generierten Quelltext werfen, fällt auf, dass der eigentlichen Tabelle ein sogenanntes *Modell* zugewiesen wird. Instanzen der Klasse `JTable` speichern nämlich keine Tabellendaten, sondern greifen für deren

Darstellung auf eben dieses Modell zurück. Dieses Entwurfsmuster zieht sich wie ein roter Faden durch Swing.

Do it! implementiert mit der Klasse `DoItTableModel` ein eigenes Tabellenmodell. Es liefert `JTable` nicht nur eine Beschreibung, wie die Tabelle beschaffen ist, sondern hält auch die Nutzdaten, also die Aufgaben, vor. Beispielsweise werden die Spaltennamen mithilfe der Methode `getColumnName()` ermittelt. Wie viele Spalten vorhanden sind, erfragt `JTable` durch den Aufruf von `getColumnCount()`. Der Zugriff auf die einzelnen Zellen erfolgt mithilfe der Methode `getValueAt()` bzw. `setValueAt()`. Anhand der Spaltennummer ermittelt `DoItTableModel`, welches Feld einer Aufgabe gelesen oder geschrieben werden soll.

```
package de.thomaskuenneth.doit;

import java.util.ArrayList;
import java.util.Date;
import javax.swing.table.AbstractTableModel;

@SuppressWarnings("serial")
public class DoItTableModel extends AbstractTableModel {

  private ArrayList<Aufgabe> liste;

  public DoItTableModel() {
    liste = new ArrayList<Aufgabe>();
  }

  public void aufgabeHinzufuegen(Aufgabe neu) {
    liste.add(neu);
    fireTableDataChanged();
  }

  public boolean isCellEditable(int rowIndex, int columnIndex) {
    return true;
  }

  public Class getColumnClass(int spalte) {
    switch (spalte) {
    case 0:
      return String.class;
    case 1:
      rcturn Date.class;
    default:
      return Object.class;
```

```java
      }
    }

    public String getColumnName(int spalte) {
      switch (spalte) {
      case 0:
        return "Betreff";
      case 1:
        return "fällig";
      case 2:
        return "Status";
      case 3:
        return "Priorität";
      case 4:
        return "Kategorie";
      default:
        return "???";
      }
    }

    public int getColumnCount() {
      return 5;
    }

    public int getRowCount() {
      return liste.size();
    }

    public void setValueAt(Object wert, int zeile, int spalte) {
      Aufgabe aufgabe = liste.get(zeile);
      switch (spalte) {
      case 0:
        aufgabe.setBetreff(wert.toString());
        break;
      case 2:
        aufgabe.setStatus((Aufgabe.STATUS) wert);
        break;
      case 3:
        aufgabe.setPrioritaet((Aufgabe.PRIORITAET) wert);
        break;
      }
      super.setValueAt(wert, zeile, spalte);
      fireTableDataChanged();
    }
```

```
public Object getValueAt(int zeile, int spalte) {
  Aufgabe aufgabe = liste.get(zeile);
  switch (spalte) {
  case 0:
    return aufgabe.getBetreff();
  case 1:
    return aufgabe.getFaelligkeit();
  case 2:
    return aufgabe.getStatus();
  case 3:
    return aufgabe.getPrioritaet();
  case 4:
    return aufgabe.getKategorie();
  default:
    return null;
  }
 }
}
```

Listing 7.2 DoItTableModel.java

Die Verbindung zwischen einer Tabelle und ihrem Modell kann auf sehr einfache Weise durch den Aufruf der Methode setModel() hergestellt werden. Ein mögliches Quelltextfragment sieht folgendermaßen aus:

```
aufgabenTableModel = new DoItTableModel();
aufgabenTable = new JTable();
aufgabenTable.setModel(aufgabenTableModel);
```

Aufrufvarianten entnehmen Sie bitte der API-Dokumentation. Eine andere schöne Eigenschaft von Swing-Tabellen ist die Möglichkeit, Daten innerhalb der Zellen, die sie anzeigen, zu bearbeiten.

Weitere Bestandteile der Implementierung

Swing sieht hierzu vor, spaltenweise sogenannte *Editoren* zu registrieren. Dies setzt natürlich voraus, dass alle Zellen einer Spalte nur Daten desselben Typs enthalten. Wie Sie im folgenden Auszug aus *DoIt.java* sehen, müssen Sie zunächst das Spaltenmodell einer Tabelle ermitteln. Die Instanz eines solchen TableColumnModel gestattet wiederum den Zugriff auf einzelne Spalten, für die Sie schließlich einen Editor setzen können.

```
TableColumnModel model = aufgabenTable.getColumnModel();
JComboBox cb = UIFactory.erzeugeComboBox(Aufgabe.STATUS.class);
model.getColumn(2).setCellEditor(new DefaultCellEditor(cb));
```

Die Hauptarbeit verrichtet hierbei die Klasse `DefaultCellEditor`. Ihr wird die Komponente, die für die Eingabe zuständig ist, übergeben.

Die Klasse `Helper` ist für alle Lese- und Schreiboperationen zuständig. Ihre Methoden erlauben das Laden und Speichern von Aufgaben und Kategorien. Letztere werden zeilenweise in der Datei *kategorien.txt* abgelegt. Sie befindet sich im Ordner *.doit* unterhalb des Heimatverzeichnisses des aktuellen Benutzers. Auch Aufgaben werden dort hinterlegt. Aus Gründen einer möglichst einfachen Implementierung serialisiert *Do it!* allerdings die zur Laufzeit existierenden Objekte. Dies hat mehrere Konsequenzen: Zum einen sind die erzeugten Dateien nicht mit normalen Editoren darstellbar. Zum anderen ist nicht garantiert, dass zukünftige Java-Versionen diese Binärdateien deserialisieren können. Ich würde mich daher freuen, wenn Sie die Lese- und Schreibmethoden für Aufgaben gegen eigene Versionen austauschen.

Der letzte Aspekt, auf den ich Sie gerne hinweisen möchte, ist die Möglichkeit, für die Zellen von Swing-Tabellen eigene Zeichenklassen zu implementieren. *Do it!* verwendet hierzu die im Folgenden abgedruckte Klasse `DateRenderer`.

```java
package de.thomaskuenneth.doit;

import java.text.DateFormat;
import java.text.SimpleDateFormat;
import javax.swing.table.DefaultTableCellRenderer;

public class DateRenderer extends DefaultTableCellRenderer {
  private static final DateFormat formatter =
      new SimpleDateFormat(
          NeuAnlegenDialog.DATUMSFORMAT);

  public DateRenderer() {
    super();
  }

  public void setValue(Object value) {
    String text = "";
    if (value != null) {
      try {
        text = formatter.format(value);
      } catch (IllegalArgumentException e) {
        text = "<Fehler>";
      }
    }
```

```
    setText(text);
  }
}
```

Listing 7.3 DateRenderer.java

Die Methode `setValue()` wertet das ihr übergebene, anzuzeigende Objekt aus und erzeugt einen Text, den es der Methode `setText()` übergibt. Um ein solches »Zeichenobjekt« zu verwenden, gehen Sie folgendermaßen vor:

`aufgabenTable.setDefaultRenderer(Date.class, new DateRenderer());`

Der neue Renderer wird also nur bei Objekten des Typs `Date` verwendet.

Im folgenden Abschnitt zeige ich Ihnen, wie Sie die Bestandteile von *Do it!* zu einem *.jar*-Archiv zusammenfassen, das Sie mit einem Doppelklick starten können.

7.4.2 Die Anwendung paketieren

Wie Sie bereits wissen, werden die Klassendateien durch Eclipse normalerweise automatisch nach Änderungen am Quelltext erzeugt. Dabei fassen *.jar*-Archive diese sowie etwaige Ressourcen (also Textdateien, Grafiken oder Audiodateien) zu einer einzelnen, leicht verteilbaren Einheit zusammen. Praktisch alle Betriebssysteme erlauben den Start eines so verpackten Java-Programms durch Doppelklick.

.jardesc-Dateien anlegen

Der Inhalt von *.jar*-Archiven wird in *.jardesc*-Dateien definiert. Um sie anzulegen, klicken Sie im *Package Explorer* mit der rechten Maustaste auf die Wurzel des Projekts *Do it!* und wählen EXPORT. Auf der Seite *Select* des Export-Assistenten markieren Sie bitte JAVA • JAR FILE und wechseln mit *Next* auf die zweite Seite des Dialogs, die Sie in Abbildung 7.29 sehen.

Auf ihr legen Sie fest, welche Dateien in das Archiv übernommen werden. Klicken Sie hierzu auf ein Verzeichnis im linken Bereich unterhalb von *Select the resources to export* und wählen Sie anschließend rechts davon die entsprechenden Elemente aus. Projektdateien (*.project* oder *.classpath*) müssen Sie beispielsweise nicht exportieren. Wichtig ist, dass vor *Export generated class files and resources* ein Häkchen gesetzt ist. Geben Sie anschließend im Feld *JAR file* einen Namen ein. Klicken Sie hierzu auf die Schaltfläche *Browse*. Wechseln Sie nun mit *Next* auf die dritte Seite des Assistenten.

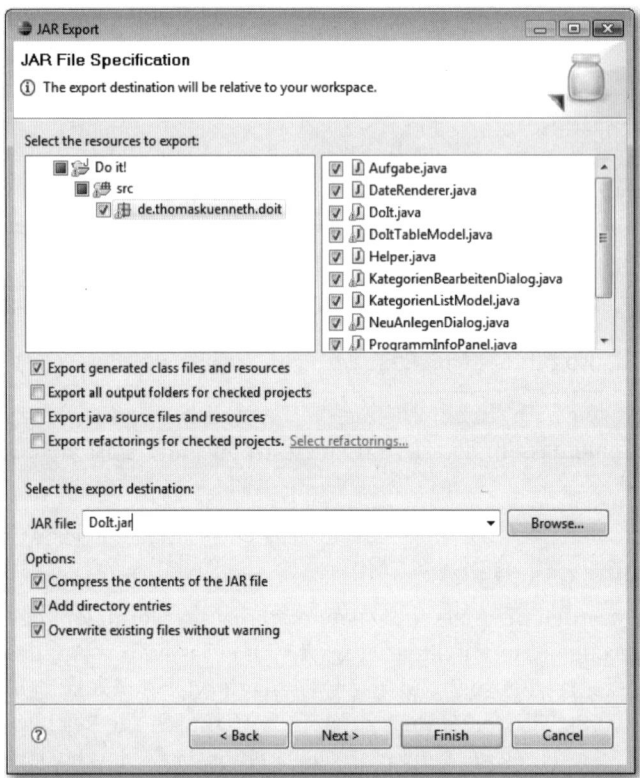

Abbildung 7.29 Den Inhalt der .jar-Datei festlegen

Auf ihr legen Sie unter anderem fest, wie Eclipse verfahren soll, falls während der Übersetzung Fehler oder Warnungen auftreten. Ich rate Ihnen, die Voreinstellungen beizubehalten. Allerdings sollten Sie zusätzlich ein Häkchen vor *Save the description of this JAR in the workspace* setzen. Wie Sie später noch sehen werden, erleichtert es Ihnen nämlich das Erzeugen des *.jar*-Archivs ungemein. Geben Sie bei *Description file* einen Namen an, indem Sie auf *Browse* klicken. Im nun erscheinenden Dialog *Save As* markieren Sie die Projektwurzel und geben unter *File name* bitte *Do it!* ein. Schließen Sie den Dialog und klicken Sie anschließend auf *Next*.

Auf der letzten Seite des Assistenten bearbeiten Sie das sogenannte *Manifest*. Sie können die Voreinstellungen unverändert übernehmen, müssen allerdings noch die Klasse auswählen, welche die `main()`-Methode enthält. Klicken Sie hierzu auf *Browse*.

Sie sehen daraufhin den in Abbildung 7.30 gezeigten Dialog *Select Main Class*. Er enthält mehrere Einträge, weil Jigloo jede durch ihn erzeugte Klasse mit einer `main()`-Methode versieht. Dies ist nötig, um die Klasse mit dem Ihnen vertrauten Symbol der Sicht *Outline* testen zu können. Klicken Sie bitte auf *DoIt* und schließen Sie den Dialog mit *OK*.

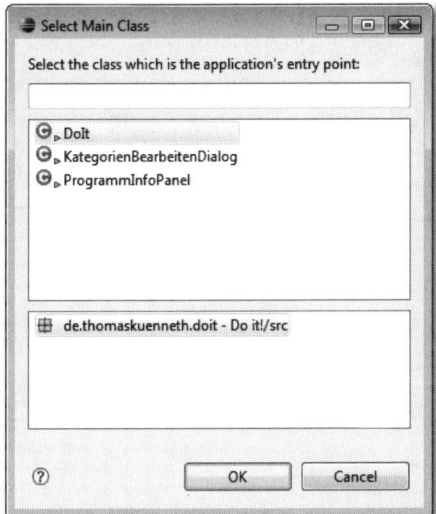

Abbildung 7.30   Auswählen der Klasse, die die main()-Methode enthält

Um das Anlegen der *.jardesc*-Datei abzuschließen, klicken Sie bitte auf die Schaltfläche *Finish*. Eclipse erzeugt daraufhin ein *.jar*-Archiv und legt es, sofern während der Übersetzung keine Fehler aufgetreten sind, in dem von Ihnen vorher festgelegten Verzeichnis ab.

Öffnen Sie dieses Verzeichnis bitte mit dem Dateimanager Ihres Betriebssystems und starten Sie *Do it!* mit einem Doppelklick auf die *.jar*-Datei.

Weitere Aktionen

Das Kontextmenü der *.jardesc*-Datei enthält unter anderem die beiden Befehle *Create JAR* und *Open JAR Packager*. Mit ihnen können Sie jederzeit ein *.jar*-Archiv erzeugen bzw. Änderungen an der Konfigurationsdatei vornehmen.

7.5   Zusammenfassung

In diesem Kapitel haben Sie gesehen, wie leicht sich mit Jigloo Dialoge oder Formulare entwerfen lassen. Dennoch ist für den Bau von Swing-Anwendungen ein Verständnis der inneren Zusammenhänge dieser Klassenbibliothek unabdingbar. Wenn Sie sich ausführlicher mit dieser spannenden Materie auseinander setzen möchten, rate ich Ihnen, entsprechende Spezialliteratur zu Rate zu ziehen. Sehr empfehlenswert ist das englischsprachige Werk *Java Swing* von Marc Loy, Robert Eckstein und Dave Wood. Die genauen bibliographischen Angaben entnehmen Sie bitte der Literaturliste im Anhang.

Nicht unerwähnt lassen möchte ich auch, dass grafische Editoren keineswegs immer optimalen Code erzeugen. Gerade bei komplexen Anwendungen kann es deshalb nötig werden, von Hand nachzubessern. Allerdings kann dies im schlimmsten Fall dazu führen, dass der Editor den Quelltext nicht mehr einlesen kann. Deshalb sollten Sie vor solchen Änderungen auf jeden Fall Sicherungen anfertigen oder den aktuellen Versionsstand in ein Repository einchecken.

Bisher haben Sie mit Eclipse nur Programme geschrieben, die auf Ihrem lokalen Rechner ausgeführt werden. Dass sich die IDE auch hervorragend dazu eignet, Web-Anwendungen zu entwickeln, zeige ich Ihnen in diesem Kapitel.

8   Web- und AJAX-Anwendungen

Unter einer *Web-Anwendung* versteht man normalerweise ein Programm, das auf einem *Web-Server* ausgeführt wird. Die Interaktion mit dem Nutzer erfolgt mithilfe eines Browsers, der die Ausgaben der Anwendung anzeigt und seine Eingaben entgegen nimmt. Web-Anwendungen lassen sich mit vielen Programmiersprachen realisieren. Je nachdem, welche Sprache verwendet wird, müssen dem Webserver entsprechende Module zur Verfügung gestellt werden, die die serverseitige Ablaufumgebung bilden.

Java-basierte Web-Anwendungen benötigen normalerweise (mindestens) einen sogenannten *Servlet-Container*. Das wahrscheinlich berühmteste Beispiel hierfür ist der *Apache Tomcat*. Servlet-Container bilden die eben angesprochene Laufzeitumgebung für *Servlets*. Hierbei handelt es sich um Java-Programme, die einer bestimmten Spezifikation folgen. Wie clientseitige *Applets* leiten sie von einer Basisklasse, nämlich `javax.servlet.Servlet`, ab. Der Lebenszyklus eines Servlets wird vom Servlet-Container kontrolliert.

Zum Entwicklungsprozess einer Java-Web-Anwendung gehört nicht nur das Implementieren des bzw. der Servlets, sondern auch das Erstellen von *.html-* und *.css*-Dateien sowie die Paketierung und gegebenenfalls die Verteilung. Wie Sie Eclipse hierbei unterstützt, zeige ich Ihnen im ersten Abschnitt, *Java-Web-Anwendungen mit Eclipse*, dieses Kapitels. Anschließend stelle ich Ihnen das AJAX-Framework in Abschnitt 8.2, *Google Web Toolkit*, vor und zeige Ihnen, wie Sie es in Eclipse integrieren. In Abschnitt 8.3, *Web- und AJAX-Frameworks*, schließlich lernen Sie einige weitere Eclipse-basierte Lösungen für das Bauen von Web- und AJAX-Anwendungen kennen.

8.1 Java-Web-Anwendungen mit Eclipse

Die *Europa Discovery Site* stellt alle Eclipse-Projekte zur Verfügung, die Ende Juni 2007 gemeinsam unter dem Namen *Europa* veröffentlicht wurden. Eines dieser Projekte ist die *Web Tools Platform*. Sie erweitert die IDE um zahlreiche Werkzeuge für die Entwicklung von Web- und Java EE-Anwendungen.

Wie Sie gleich sehen werden, tritt dieses Projekt derzeit nicht unter seinem Namen in Erscheinung. Dennoch sind die meisten seiner Teilprojekte als separate Features abrufbar. In den folgenden Abschnitten möchte ich Sie Stück für Stück mit ihnen vertraut machen.

8.1.1 Die Web Standard Tools

Die *Web Standard Tools* widmen sich vor allem den Standard-Web-Artefakten, also HTML, Cascading Style Sheets, JavaScript und Web Services.

Installation

Um die *Web Standard Tools* zu installieren, öffnen Sie wie gewohnt den *Update Manager* und klicken auf *Search for new features to install.* Auf der Seite *Update sites to visit* setzen Sie ein Häkchen vor *Europa Discovery Site* und schließen den Dialog mit *Finish.* Nachdem Sie gegebenenfalls einen Mirror ausgewählt haben, sehen Sie die Seite *Search Results* des Dialogs *Updates.* Unterhalb des Knotens *Web and JEE Development* befindet sich unter anderem der Eintrag *Web Standard Tools (WST) Project.* Bitte markieren Sie dieses Feature.

Wie Sie in Abbildung 8.1 sehen, benötigt das Feature ein bestimmtes Plug-in, nämlich *org.eclipse.draw2d* in der Version 3.2.0. Natürlich wäre es äußerst mühsam, es von Hand suchen zu müssen. Glücklicherweise nimmt Ihnen Eclipse diese Arbeit ab. Klicken Sie hierzu auf *Select Required.* Anschließend können Sie mit *Next* auf die Folgeseite des *Update Managers* wechseln. Auf der Ihnen bereits bestens vertrauten Seite *Feature Licence* müssen Sie den Lizenzbedingungen der zu installierenden Plug-ins zustimmen. Folgen Sie danach bitte den weiteren Anweisungen des Assistenten, um den Installationsvorgang abzuschließen. Das Herunterladen des umfangreichen Features kann einige Zeit in Anspruch nehmen.

Nach dem obligatorischen Neustart der IDE machen die *Web Standard Tools* durch einen Eintrag im Hilfesystem auf sich aufmerksam. Unter *Contents* finden Sie das neue Thema *Web Application Development User Guide.* Wenn Sie möchten, können Sie sich hier einen ersten Einblick in die zur Verfügung gestellten Funktionen verschaffen.

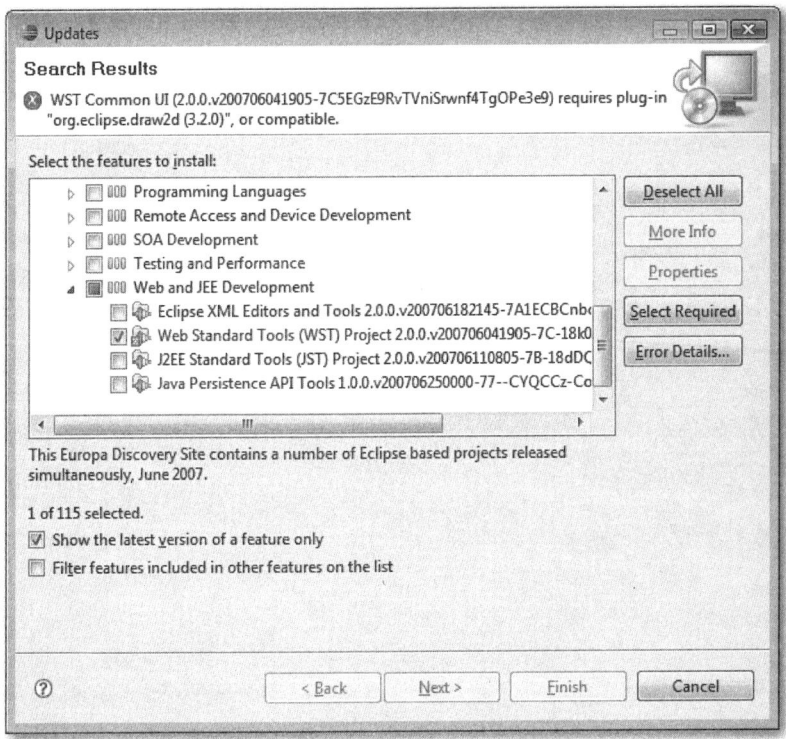

Abbildung 8.1 Die Seite Search Results des Dialogs Update

Statische Web-Projekte

In diesem Abschnitt zeige ich Ihnen, wie Sie statische Web-Projekte erstellen. Sie bestehen aus HTML- und CSS-Artefakten, haben allerdings keine aktiven Inhalte wie Java Server Pages oder Servlets.

Öffnen Sie bitte den Assistenten zum Anlegen von Projekten und wählen Sie *Web • Static Web Project*. Mit *Next* gelangen Sie auf die Seite *Static Web Project*, die Sie in Abbildung 8.2 sehen. Neben dem obligatorischen Projektnamen müssen Sie eine sogenannte *Target Runtime* sowie eine Konfiguration auswählen. Die *Target Runtime* definiert die Ablaufumgebung für das Web-Projekt. Da Sie zunächst nur statische Seiten erstellen, können Sie den voreingestellten Wert *<None>* beibehalten. An der Auswahl *Default Configuration* müssen Sie ebenfalls nichts ändern.

Klicken Sie auf *Next*, um die dritte Seite des Projekt-Assistenten anzuzeigen. Auf ihr legen Sie erweiterte Eigenschaften (sogenannte *Facetten*) fest. Da es sich hier um fortgeschrittene Aspekte handelt, übernehmen Sie bitte alle Voreinstellungen und klicken erneut auf *Next*.

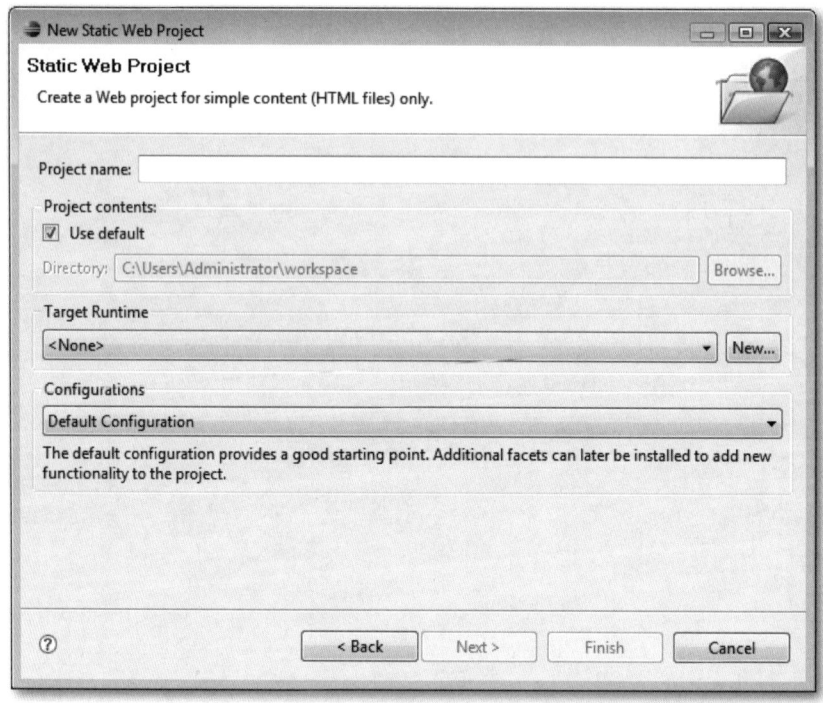

Abbildung 8.2 Der Dialog New Static Web Project

Auf der letzten Seite definieren Sie die Namen für das spätere Wurzelverzeichnis des Projekts auf dem Server (*Context root*) sowie für Web-Inhalte (*Web content folder name*). Beenden Sie anschließend den Dialog mit *Finish*. Sehen Sie sich nun das neu angelegte Projekt im *Package Explorer* an. Das *Verzeichnis* WebContent (sofern Sie unter *Web content folder name* keinen anderen Namen vergeben haben) ist zunächst noch leer. Klicken Sie es bitte mit der rechten Maustaste an und wählen Sie NEW • OTHER.

In der Filterzeile des nun erscheinenden Dialogs *New* geben Sie bitte html ein. Markieren Sie bitte WEB • HTML und wechseln Sie mit *Next* auf die zweite Seite des Assistenten, die Sie in Abbildung 8.3 sehen.

Als *parent folder* sollte *WebContent* ausgewählt sein. Tragen Sie bei *File name* bitte *index.html* ein und klicken Sie auf *Next*. Sie sehen daraufhin die in Abbildung 8.4 gezeigte letzte Seite *Select HTML Template* des Dialogs *New HTML Page*.

Sofern Sie ein Häkchen vor *Use HTML Template* gesetzt haben, können Sie das Grundgerüst für die anzulegende Seite aus einer Liste von Vorlagen auswählen.

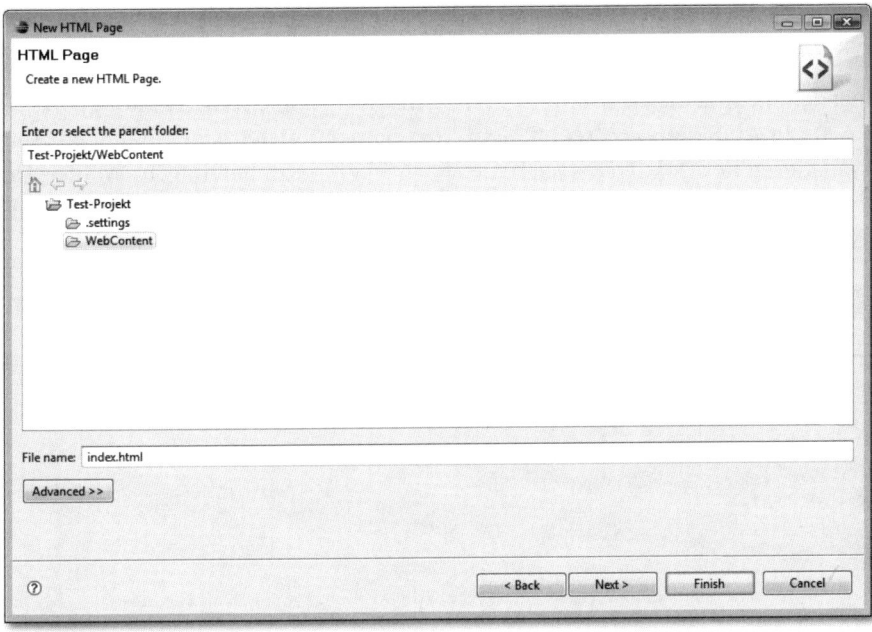

Abbildung 8.3   Der Dialog New HTML Page

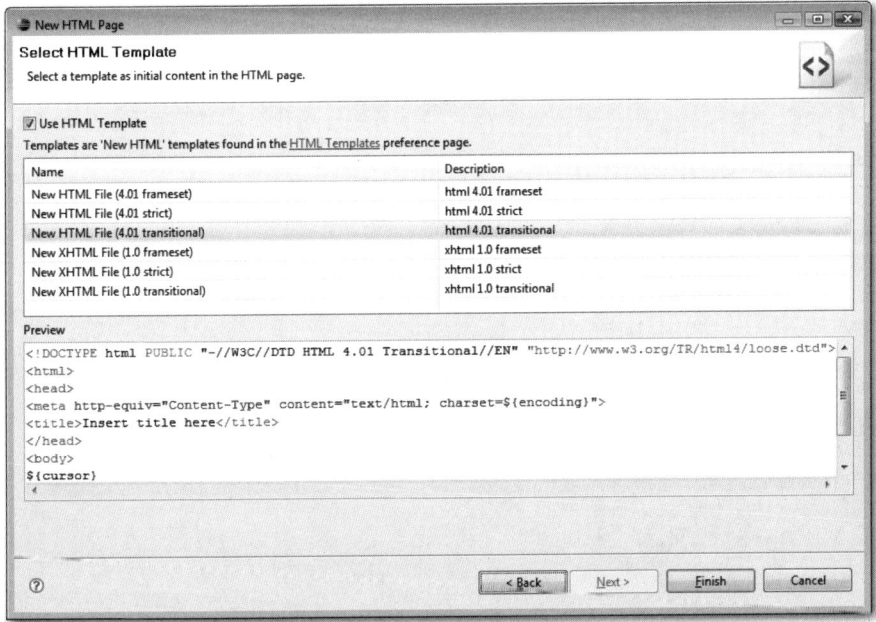

Abbildung 8.4   Die Seite Select HTML Template

Markieren Sie bitte *New HTML File (4.01 frameset)* und schließen Sie danach den Dialog mit *Finish*.

Nachdem Eclipse die Datei angelegt hat, wird sie in einem HTML-Editor geöffnet, den Sie in Abbildung 8.5 sehen. Sein Kontextmenü bietet neben Befehlen zum Formatieren des Dokuments auch die Möglichkeit, es zu bereinigen. Wählen Sie CLEANUP DOCUMENT, um den in Abbildung 8.6 gezeigten Dialog *Cleanup* zu öffnen.

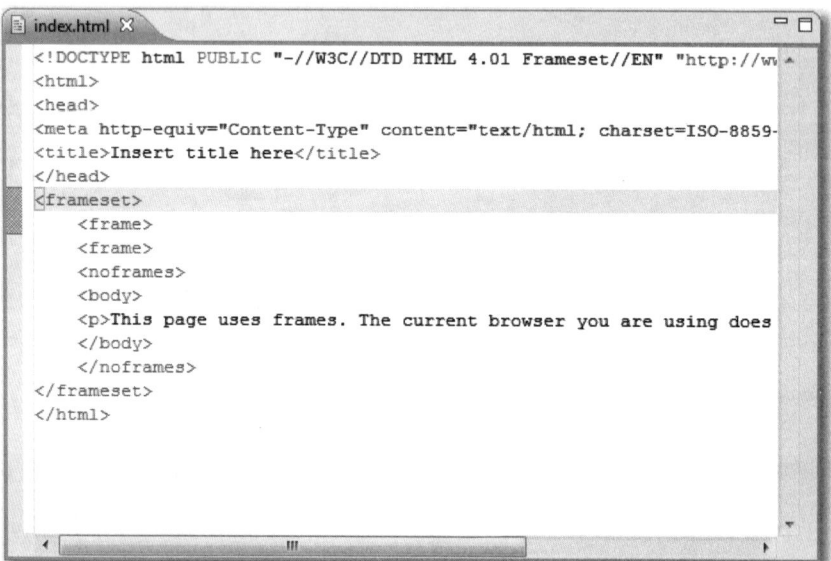

Abbildung 8.5 Der HTML-Editor

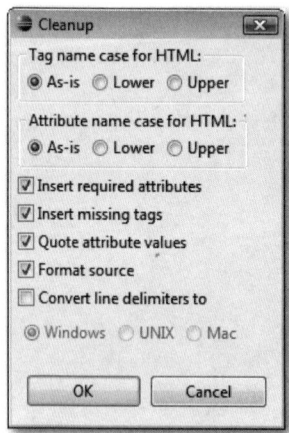

Abbildung 8.6 Der Dialog Cleanup

Machen Sie sich bitte mit seinen Möglichkeiten vertraut, indem Sie alle Tags und Attribute von *index.html* in Großbuchstaben wandeln. Sowohl *Tag name case for HTML* als auch *Attribute name case for HTML* müssen hierzu auf *Upper* gesetzt sein. Klicken Sie anschließend auf *OK*, um mit den Aufräumarbeiten zu beginnen.

Die Datei *index.html* sieht zwei Frames vor, die allerdings noch nicht vorhanden sind. Legen Sie deshalb bitte zwei weitere *.html*-Dateien an. Verwenden Sie hierfür bitte erneut den Assistenten zum Anlegen von HTML-Seiten, den ich Ihnen eben vorgestellt habe. Als Dateinamen vergeben Sie bitte *frame_1* und *frame_2*. Eine gut geeignete Vorlage ist *New HTML File (4.01 strict)*.

Mit HTML-Dateien arbeiten

Um die beiden neu angelegten Dateien mit Inhalten zu füllen, können Sie im HTML-Editor die gewünschten Tags und Attribute eintippen. Hierbei unterstützt Sie der *Content Assist*, den Sie wie gewohnt mit der Tastenkombination `Ctrl`+`Leertaste` aufrufen können. Haben Sie ein Tag ausgewählt, können Sie es in den Quelltext übernehmen, indem Sie die Taste `↵` drücken. Wenn die Spezifikation ein schließendes Tag vorsieht, wird dies ebenfalls automatisch erzeugt und der Cursor zwischen den beiden Tags positioniert. Sie können dies mit einer Überschrift ausprobieren. Tippen Sie bitte <h1 und drücken Sie anschließend `Ctrl`+`Leertaste`. Warten Sie, bis sich der *Content Assist* geöffnet hat und drücken Sie anschließend `↵`.

Die Sicht *Outline*, die Sie in Abbildung 8.7 sehen, bietet übrigens nicht nur eine praktische Übersicht der Dokumentstruktur, sondern erlaubt auch gezielte Manipulationen von Tags und Attributen. Wenn Sie ein Tag mit der rechten Maustaste anklicken, öffnet sich das in Abbildung 8.8 gezeigte Kontextmenü, mit dem Sie ihm beispielsweise zusätzliche Attribute hinzufügen können.

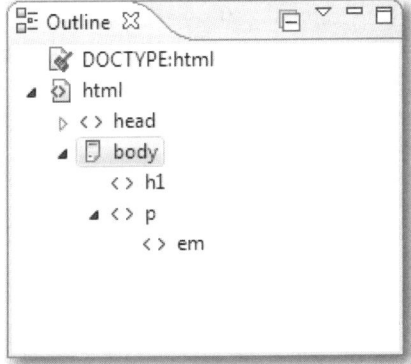

Abbildung 8.7 Die Sicht Outline

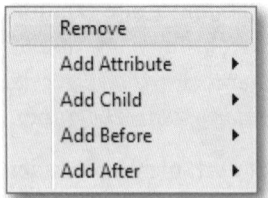

Abbildung 8.8 Kontextmenü zum Bearbeiten von Tags

Eine weitere äußerst angenehme Funktion der Sicht *Outline* ist, die Dokument-struktur mittels *Drag and Drop* verändern zu können. Klicken Sie hierzu ein Tag mit der linken Maustaste an und schieben Sie es bei gedrückter Maustaste an seine neue Position. Ein schwarzer Balken kennzeichnet die Stelle, an der es erscheint, wenn Sie die Maustaste loslassen. Um den Verschiebevorgang abzubrechen, drücken Sie die Taste ⌷Esc⌷.

Das Kontextmenü des HTML-Editors bietet den Befehl VALIDATE an, mit dem Sie die Struktur des Dokuments überprüfen können. Unstimmigkeiten werden in der Sicht *Problems*, die Sie in Abbildung 8.9 sehen, angezeigt.

Description		Resource	Path	Location
▲ ⓘ Warnings (1 item)				
	⚠ No end tag (</em>).	frame_1.html	Test-Projekt/WebContent	line 12

Problems · @ Javadoc · Declaration · 0 errors, 1 warning, 0 infos

Abbildung 8.9 Die Sicht Problems

Mithilfe des HTML-Editors lassen sich also sehr schnell statische Web-Projekte realisieren. Im folgenden Abschnitt zeige ich Ihnen, wie Sie deren Verhalten auf einem Web-Server testen können.

Server

Die *Web Standard Tools* stellen unter anderem die Sicht *Servers* zur Verfügung. Um sie zu öffnen, klicken Sie zunächst auf WINDOW • SHOW VIEW • OTHER und wählen dann SERVER • SERVERS.

Klicken Sie nun mit der rechten Maustaste in einen beliebigen leeren Bereich der Sicht und wählen Sie NEW • SERVER. Sie sehen daraufhin die in Abbildung 8.10 gezeigte erste Seite *Define a New Server* des Dialogs *New Server*. Neben *host name* sollte *localhost* eingetragen sein. Als *server type* verwenden Sie bitte *HTTP Preview*.

Mit *Next* gelangen Sie auf die zweite Seite *Add and Remove Projects*, die Sie in Abbildung 8.11 sehen. Auf ihr legen Sie fest, welche Projekte auf dem Server zur Verfügung stehen sollen. Markieren Sie hierzu das gewünschte Projekt und verschieben Sie es von der Liste *Available projects* nach *Configured projects*, indem Sie die Schaltfläche *Add* anklicken.

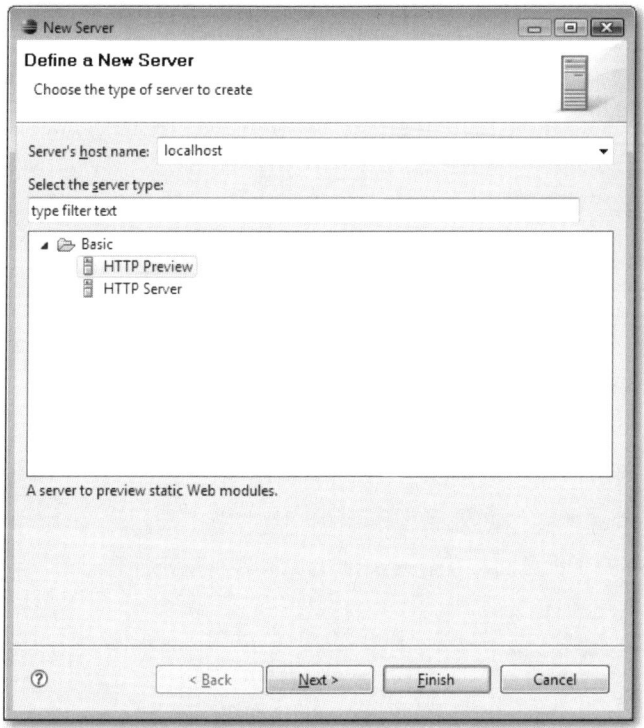

Abbildung 8.10   Der Dialog New Server

Schließen Sie danach den Dialog bitte mit *Finish*. Der neu angelegte Server wird nun in der Sicht *Servers*, die Sie in Abbildung 8.12 sehen, angezeigt. Markieren Sie seinen Eintrag und klicken Sie auf das Symbol *Start the server*.

Wenn der Startvorgang erfolgreich war, erscheint in der Spalte *State* der Text *Started*. Außerdem wird in der Sicht *Console* protokolliert, welchen Port der Server verwendet und welche Module vorhanden sind. Wie dies aussehen kann, zeigt Abbildung 8.13. Sie brauchen diese Informationen, um Ihr Web-Projekt zu starten. Öffnen Sie hierzu den Web-Browser Ihres Rechners und geben Sie in der Adresszeile *http://localhost:8080/Test-Projekt/* ein.

Den Port sowie den Modulnamen müssen Sie eventuell entsprechend der Ausgaben in der Sicht *Console* anpassen.

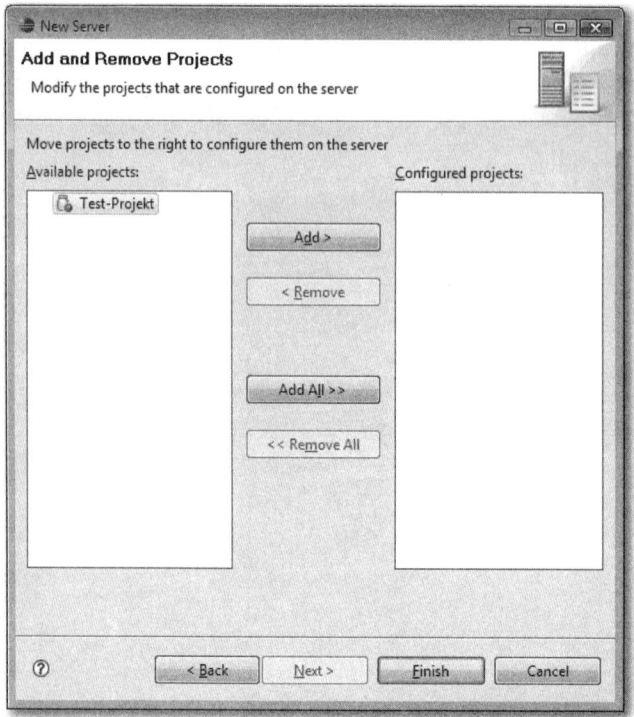

Abbildung 8.11   Die Seite Add and Remove Projects des Dialogs New Server

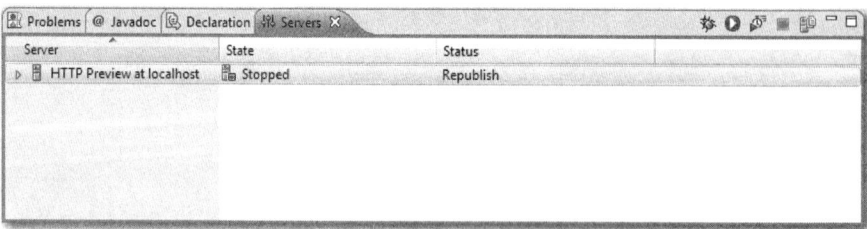

Abbildung 8.12   Die Sicht Servers

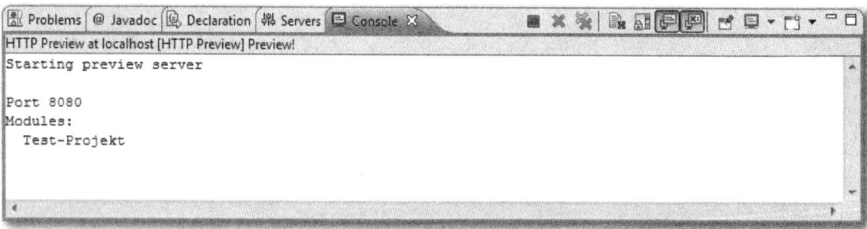

Abbildung 8.13   Die Sicht Console

Wie das statische Web-Projekt, das auf dem lokalen Server ausgeführt wird, im *Internet Explorer* angezeigt wird, sehen Sie in Abbildung 8.14.

Abbildung 8.14 Ein statisches Web-Projekt im Internet Explorer

Sie haben in diesem Abschnitt die Grundlagen für das Publizieren von Web-Projekten kennengelernt. Im Folgenden zeige ich Ihnen, wie Sie mithilfe von Eclipse aktive Inhalte erstellen.

8.1.2 J2EE Standard Tools

Auch die *J2EE Standard Tools* sind ein Bestandteil der *Web Tools Platform*. Sie können dieses Feature über die *Europa Discovery Site* oder die nach der Installation der *Web Standard Tools* automatisch hinzugefügte Update Site *Web Tools Platform (WTP) Updates* herunterladen.

Installation

Öffnen Sie bitte den *Update Manager* und wählen Sie eine dieser beiden Update Sites aus. Wie Sie in Abbildung 8.15 sehen, benötigt das Feature *J2EE Standard Tools* weitere Plug-ins, die Sie automatisch auswählen können, indem Sie die Schaltfläche *Select Required* anklicken.

Mit *Next* gelangen Sie auf die nächste Seite des Update-Assistenten. Folgen Sie bitte den Anweisungen, um den Download und die Installation abzuschließen.

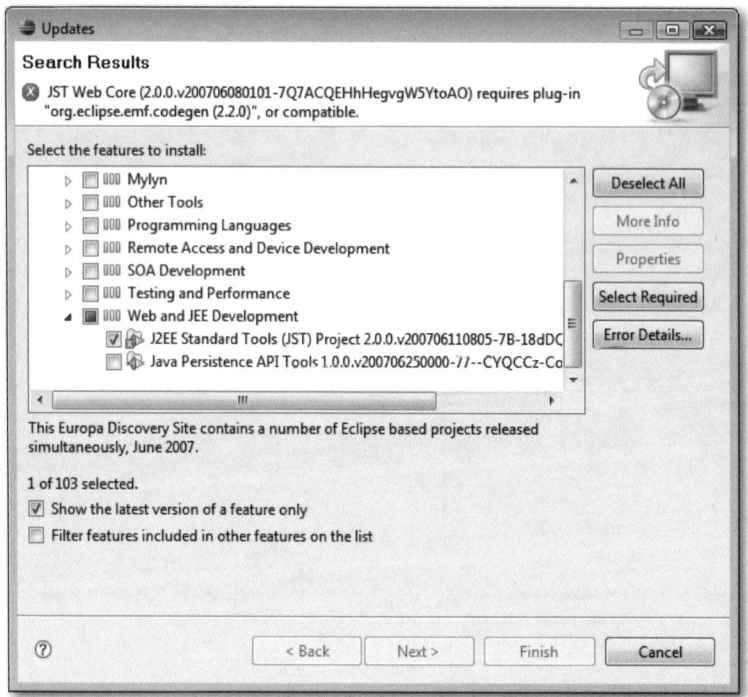

Abbildung 8.15 Die Seite Search Results des Dialogs Updates

Dynamische Web-Projekte

Nach dem obligatorischen Neustart der IDE enthält der Assistent zum Anlegen von Projekten auf der Seite *Select a wizard* den neuen Typ WEB • DYNAMIC WEB PROJECT. Wählen Sie bitte diese Projektart und klicken Sie dann auf *Next*. Auf der folgenden Seite *Dynamic Web Projekt*, die Sie in Abbildung 8.16 sehen, vergeben Sie wie üblich einen Projektnamen.

Außerdem müssen Sie eine *Target Runtime* auswählen. Da die entsprechende Klappliste zunächst noch leer ist, klicken Sie auf *New*, um eine neue Zielumgebung anzulegen. Sie sehen daraufhin den in Abbildung 8.17 gezeigten Dialog *New Server Runtime*, in dem Sie den Typ der gewünschten Plattform auswählen.

Markieren Sie bitte BASIC • J2EE PREVIEW und setzen Sie ein Häkchen vor *Also create new local server*. Nachdem Sie den Dialog *New Server Runtime* mit *Finish* geschlossen haben, komplettieren Sie die Angaben auf der Seite *Dynamic Web Project* des Dialogs *New Dynamic Web Project*. Setzen Sie hierzu ein Häkchen vor *Add project to an EAR*. Den voreingestellten Wert *Default Configuration* der Klappliste *Configurations* können Sie beibehalten. Mit *Next* gelangen Sie auf die Seite *Project Facets*, die Sie in Abbildung 8.18 sehen.

Abbildung 8.16   Der Dialog New Dynamic Web Project

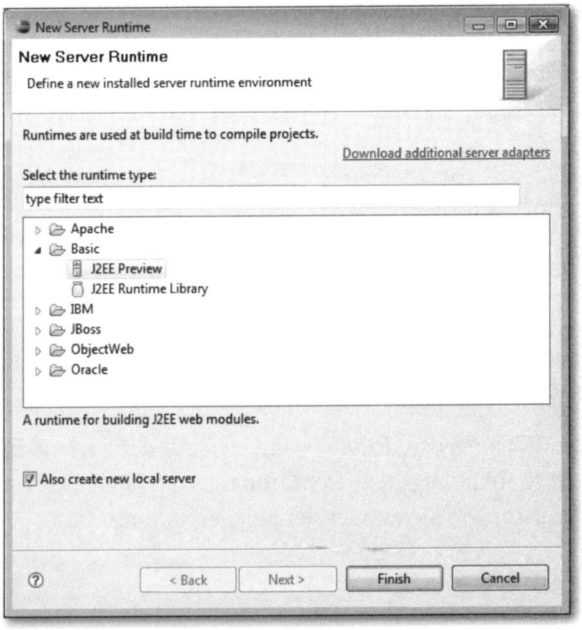

Abbildung 8.17   Der Dialog New Server Runtime

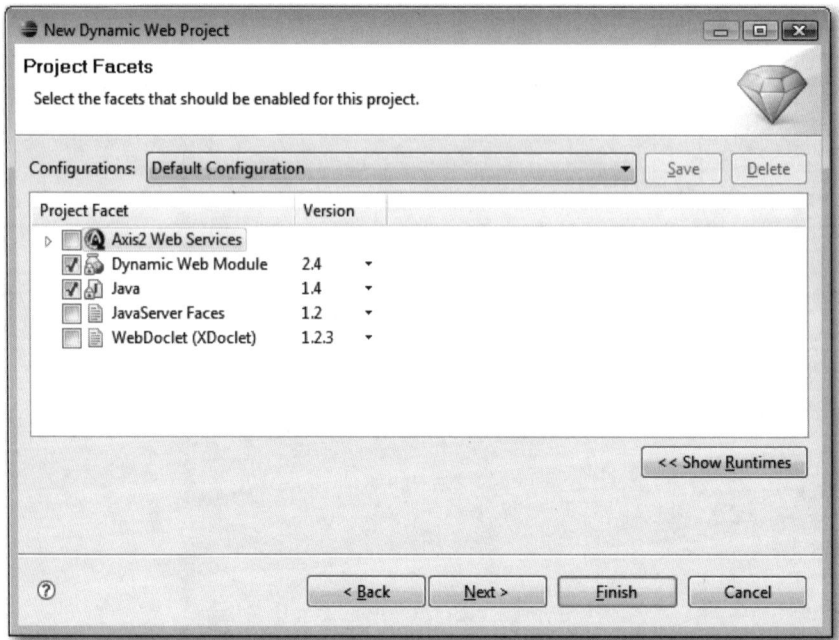

Abbildung 8.18 Die Seite Project Facets des Projekt-Assistenten

Auf der Seite *Project Facets* legen Sie erweiterte Eigenschaften des neuen Projekts fest. Sie bestimmen, welche Funktionen bzw. Technologien ihm zur Verfügung stehen sollen. Da es sich hier um fortgeschrittene Aspekte handelt, verweise ich Sie auf entsprechende weiterführende Literatur. Hinweise hierzu finden Sie am Ende dieses Kapitels.

Stellen Sie bitte sicher, dass die beiden Elemente *Java* und *Dynamic Web Module* mit einem Häkchen versehen sind und klicken Sie danach auf *Finish*. Eclipse wird Sie darauf hinweisen, dass dynamische Web-Projekte mit der Perspektive *Java EE* verknüpft sind. Klicken Sie bitte auf *Yes*, um diese zu öffnen.

Sie können die Perspektive auch zu einem späteren Zeitpunkt öffnen. Wählen Sie hierzu wie gewohnt WINDOW • OPEN PERSPECTIVE • OTHER.

Werfen Sie bitte einen Blick auf den *Package Explorer*, um sich mit den erzeugten Dateien und Verzeichnissen vertraut zu machen. Der Ordner *src* ist noch leer. Im Folgenden zeige ich Ihnen deshalb, wie Sie ein Servlet anlegen und testen.

Ein Servlet anlegen

Öffnen Sie das Kontextmenü des eben erzeugten dynamischen Web-Projekts und klicken Sie auf NEW • SERVLET. Sie sehen daraufhin den in Abbildung 8.19 gezeig-

ten Dialog *Create Servlet*, in dem Sie den Paket- und Klassennamen des anzulegenden Servlets eintragen müssen.

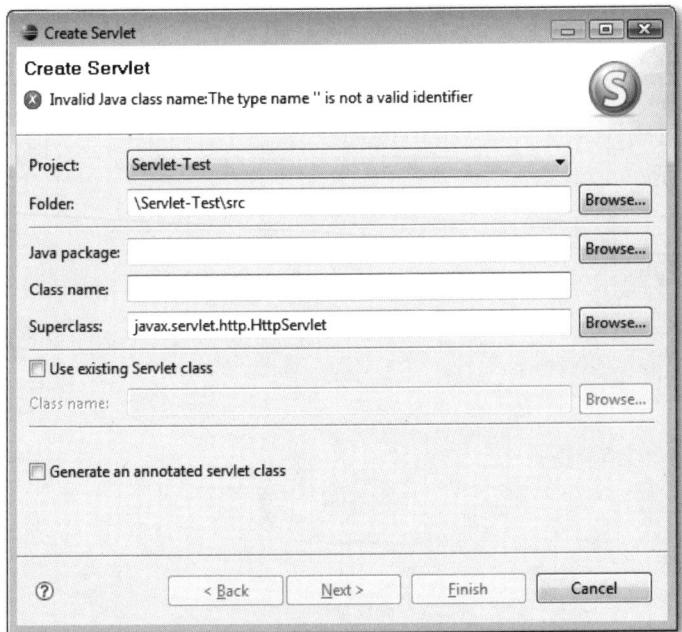

Abbildung 8.19 Der Dialog Create Servlet

Geben Sie als Paketnamen bitte *testservlet* an und nennen Sie die Klasse *TestServlet*. Mit *Next* gelangen Sie auf die zweite Seite des Assistenten. Auf ihr legen Sie
unter anderem fest, über welche URL das Servlet später erreichbar ist. Übernehmen Sie bitte alle Voreinstellungen und klicken Sie erneut auf *Next*.

Auf der letzten Seite des Dialogs, die Sie in Abbildung 8.20 sehen, stellen Sie ein,
welche Methodenrümpfe Eclipse generieren soll. Belassen Sie auch hier die Voreinstellungen und schließen Sie den Assistenten mit *Finish*.

Nachdem Eclipse das Servlet angelegt hat, wird dessen Quelltext in einem Java-
Editor angezeigt. Auffällig ist, dass zahlreiche import-Anweisungen nicht aufgelöst werden können. Der Grund hierfür ist, dass das Projekt noch keiner Zielumgebung zugeordnet wurde. Um dieses Problem zu beheben, öffnen Sie bitte
das Kontextmenü des Projekts und wählen Sie PROPERTIES.

Sie sehen daraufhin den in Abbildung 8.21 gezeigten Projekteigenschaften-Dia-
log. Wechseln Sie bitte auf dessen Seite *Targeted Runtimes* und setzen Sie unter
Runtimes ein Häkchen vor *J2EE Preview*. Es handelt sich hierbei um die Zielumgebung, die Sie während des Anlegens des Projekts erzeugt haben.

357

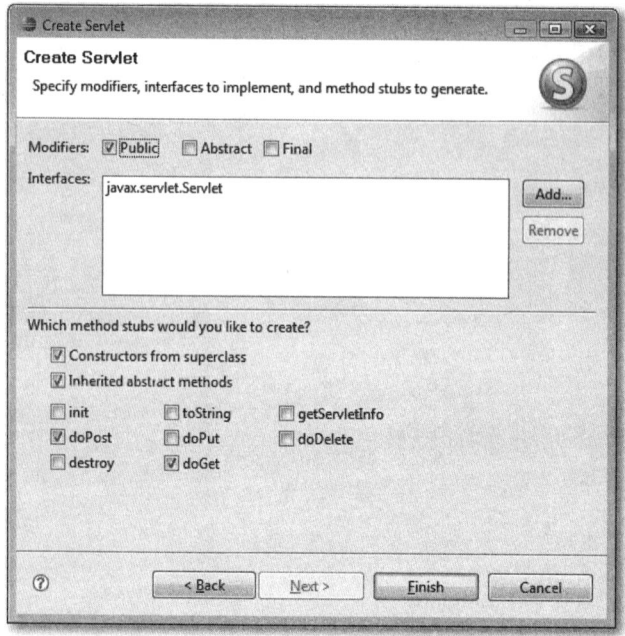

Abbildung 8.20 Festlegen der zu generierenden Methodenrümpfe

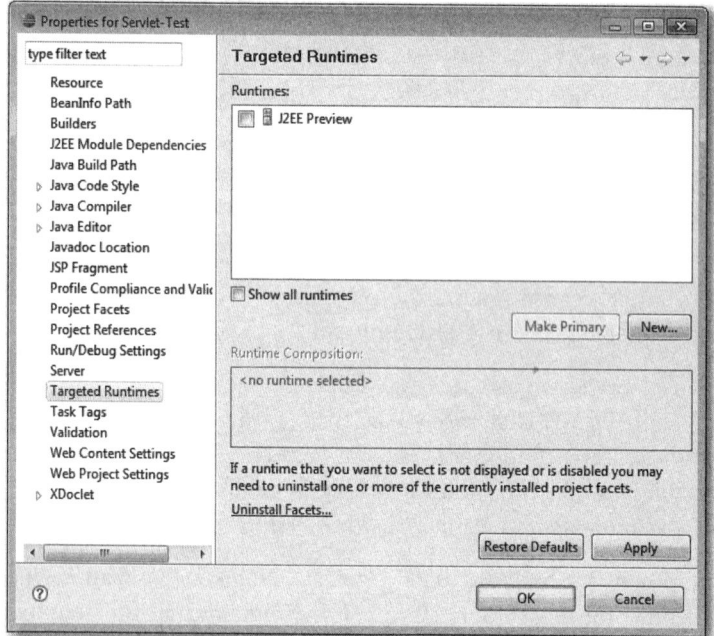

Abbildung 8.21 Die Seite Targeted Runtimes der Projekt-Eigenschaften

Nachdem Sie den Dialog mit *OK* geschlossen haben, kann Eclipse die zuvor monierten (nicht gefundenen) Klassen auflösen.

Wenn Sie einen Blick auf den erzeugten Quelltext werfen, stellen Sie sehr schnell fest, dass das Servlet keinerlei Ausgaben macht. Bevor ich Ihnen zeige, wie Sie es starten, sollten Sie deshalb den Rumpf der Methode doGet() gegen das folgende Code-Fragment austauschen:

```
protected void doGet(HttpServletRequest request,
                     HttpServletResponse response)
          throws ServletException, IOException {
    response.getWriter().write("Hallo, Eclipse");
}
```

Das »Lebenszeichen« des Servlets besteht also darin, die Meldung *Hallo, Eclipse* auszugeben. Speichern Sie bitte Ihre Eingaben und öffnen Sie dann das Kontextmenü des Java-Editors, indem Sie an einer beliebigen Stelle die rechte Maustaste drücken.

Klicken Sie bitte auf RUN AS • RUN ON SERVER, um das Servlet zu starten. Wenn Sie die Sicht *Servers* geöffnet haben, können Sie dort den Startvorgang beobachten. Wie bei statischen Web-Projekten werden der Port sowie das Wurzelverzeichnis des Projekts auf dem Server in der Sicht *Console* protokolliert.

Wie Sie in Abbildung 8.22 sehen, erscheinen die Ausgaben des Servlets in einem internen Browserfenster. Die Anzeige im *Internet Explorer*, *Safari* oder *Firefox* ist selbstverständlich ebenfalls möglich. Öffnen Sie hierzu einfach das gewünschte Programm und kopieren Sie die angezeigte URL in dessen Adresszeile.

Abbildung 8.22   Das Servlet im Eclipse-internen Browser

Wie ich Ihnen in diesem Abschnitt gezeigt habe, stellt Eclipse mit der *Web Tools Platform* mächtige Werkzeuge zur Verfügung, um Java-basierte Web-Anwendungen zu erstellen. Falls Sie sich ausführlicher mit diesem spannenden Thema beschäftigen möchten, rate ich Ihnen allerdings dringend zu weiterführender Spezialliteratur. Entsprechende Vorschläge habe ich am Ende dieses Kapitels zusammengestellt.

Auch im folgenden Abschnitt beschäftige ich mich mit Java-basierten Web-Anwendungen. Allerdings geht es in diesem Fall nicht um Implementierungen der Servlet- oder Java Server Pages-Spezifikationen von Sun, sondern um sogenannte AJAX-Anwendungen.

8.2 Das Google Web Toolkit

Stark vereinfacht ausgedrückt, bauen »klassische« Web-Anwendungen den später anzuzeigenden Inhalt vollständig zusammen und senden dieses Ergebnis an den Client, also den Web-Browser. An deren Stelle treten zunehmend sogenannte AJAX-Anwendungen.

8.2.1 Funktionsweise und Installation

Das Akronym *AJAX* bedeutet »*Asynchronous JavaScript and XML*«. Die darin enthaltenen Begriffe weisen auf die verwendeten Konzepte bzw. Technologien hin.

Was ist AJAX?

AJAX-Anwendungen basieren auf einer asynchronen Datenübertragung zwischen Server und Client. JavaScript wird unter anderem dazu verwendet, um Teile einer HTML-Seite oder Nutzerdaten bei Bedarf nachzuladen. Dies wird durch die Manipulation des *DOM* (*Document Object Model-*)-Baums mit Hilfe des sogenannten *XMLHttpRequest*-Objekts möglich.

Während bei den klassischen Web-Anwendungen der Seitenwechsel vom Anwender wahrgenommen und meistens als störend empfunden wird, vermitteln AJAX-Anwendungen ein »Desktop-ähnliches« Gefühl, weil sie nur diejenigen Teile einer Seite neu zeichnen, die sich seit dem letzten Aktualisieren geändert haben.

Von den eben genannten »Schlüssel«-Technologien einmal abgesehen, sind AJAX-Anwendungen nicht auf eine Programmiersprache oder Laufzeitumgebung festgelegt. Auch für den Datenaustausch zwischen dem clientseitigen JavaScript-Code und der Serverkomponente stehen einige Vorgehensweisen zur Verfügung.

Im Folgenden stelle ich Ihnen ein Framework vor, mit dem Sie AJAX-Anwendungen in Java schreiben können. Natürlich ist hierfür wesentlich mehr Hintergrundwissen erforderlich, als ich Ihnen in diesem Kapitel vermitteln kann. Falls

Sie sich ausführlicher mit den Möglichkeiten, die Ihnen AJAX bietet, beschäftigen möchten, finden Sie am Ende dieses Kapitels einige Literaturhinweise.

Installation

Das *Google Web Toolkit* steht seit der Version 1.3 unter der *Apache 2.0 open source license*. Sie können die neuesten Versionen für Windows, Linux und Mac OS X von der Projekthomepage unter *http://code.google.com/webtoolkit/* herunterladen. Die zum Zeitpunkt der Drucklegung aktuelle Version 1.3 finden Sie im Verzeichnis *Software\Google Web Toolkit* auf der Begleit-DVD.

Die Installation ist unter den drei Betriebssystemen praktisch identisch. Nachdem Sie das passende Archiv heruntergeladen oder von der DVD kopiert haben, können Sie es an einem beliebigen Ort entpacken. Unter Mac OS X und Windows bietet sich hierfür der traditionelle *Programme*-Ordner an. Linux bietet mit */opt* ein gleich gut geeignetes Basisverzeichnis an. Bitte denken Sie daran, dass für den Schreibzugriff auf diese Verzeichnisse möglicherweise Administrator-Rechte erforderlich sind.

Bitte werfen Sie nun einen Blick in das Installationsverzeichnis (beispielsweise *C:\Program Files\gwt-windows-1.3.3* unter Windows), um sich mit den Bestandteilen des Frameworks vertraut zu machen. Der Ordner *doc* enthält Beschreibungen der Klassen, aus denen Sie Ihre Anwendungen bauen können. In *samples* finden Sie mehrere Beispielprogramme, die Sie mit den Konzepten des *Google Web Toolkits* vertraut machen sollen. Sicher sind Sie neugierig, wie sich eine *Google Web Toolkit*-Anwendung »anfühlt«. Wechseln Sie deshalb bitte in das Verzeichnis *samples\Hello* und starten Sie das Shellscript *Hello-shell*.

Wenn Sie sich Abbildung 8.23 ansehen, fällt auf, dass das Programm anscheinend nicht im Standardbrowser Ihres Systems ausgeführt wird. Sie haben den sogenannten *GWT Browser* kennengelernt, in dem Sie Programme lokal auf Ihrem Rechner ausführen.

Betriebsarten

Das *Google Web Toolkit* unterscheidet zwischen dem *Hosted Mode* und dem *Web Mode*. Ersterer ist der Entwicklungsmodus, in dem Sie Ihre Anwendungen debuggen können. Das Programm wird von einer Java-Laufzeitumgebung ausgeführt.

Wird eine Anwendung hingegen im *Web Mode* betrieben, besteht sie nur noch aus JavaScript und HTML. Die Java-Quelltexte werden hierzu mit einem eigenen Werkzeug übersetzt. Um dies auszuprobieren, klicken Sie bitte auf die Schaltfläche *Compile/Browse*. Nach einer kurzen Zeit öffnet sich die Demo in einem Fenster Ihres Standardbrowsers, das Sie in Abbildung 8.24 sehen.

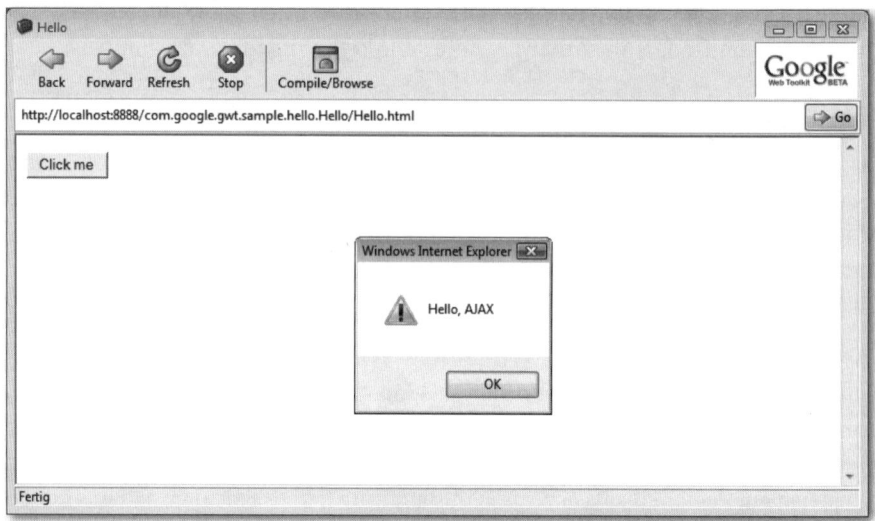

Abbildung 8.23   Die Beispielanwendung Hello

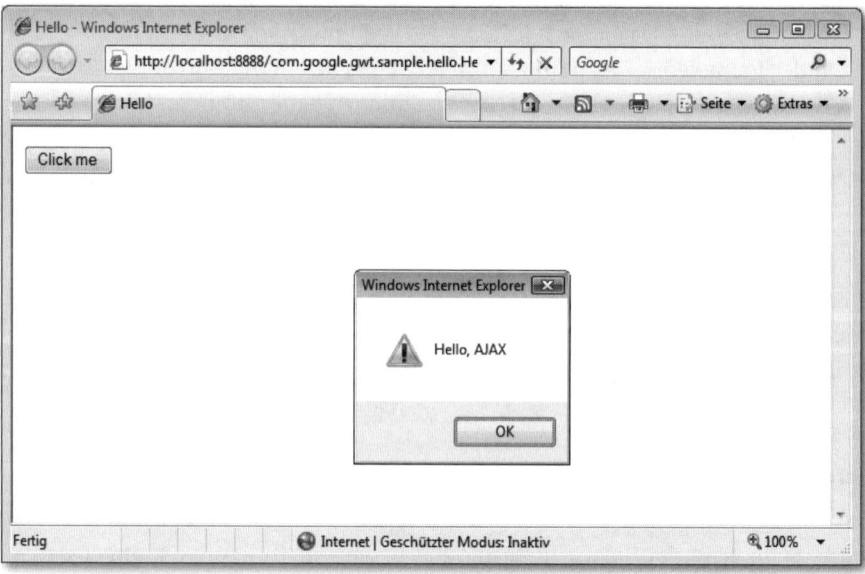

Abbildung 8.24   Die Beispielanwendung im Internet Explorer

Das Unterverzeichnis *www* des Beispiels *Hello* enthält alle Dateien, die während eines solchen Übersetzungslaufs entstehen.

8.2.2 Eine eigene Anwendung

In diesem Abschnitt zeige ich Ihnen, wie Sie eine eigene kleine GWT-Anwendung realisieren. Es handelt sich um einen elektronischen Skizzenblock, auf dem Sie mit den drei Farben Schwarz, Rot und Grün malen können.

Das Projekt vorbereiten

Vielleicht sind Ihnen im Installationsverzeichnis des *Google Web Toolkits* die Scripts *applicationCreator*, *i18nCreator*, *junitCreator* und *projectCreator* aufgefallen. Mit ihnen erzeugen Sie unter anderem Eclipse-Projekte und Verzeichnisstrukturen, wie Sie sie von den mitgelieferten Beispielen kennen. Um diese Tools in der *Eingabeaufforderung* oder einer *Shell* problemlos verwenden zu können, sollten Sie die Umgebungsvariable PATH entsprechend erweitern. Wie Sie hierzu vorgehen, erfahren Sie in Kapitel 1, *Hands on Eclipse*.

Legen Sie in Ihrem *Arbeitsbereichsordner* bitte das Verzeichnis *Skizzenblock* an. Es bildet die Projektwurzel. Anschließend generieren Sie mit dem *projectCreator* in diesem Ordner die Eclipse-Projektstruktur. Wie Sie in Abbildung 8.25 sehen, müssen Sie bei *–out* den absoluten Pfad des eben erzeugten Verzeichnisses angeben. Dies ist auch beim Aufruf von *applicationCreator* nötig. Dieses Kommando enthält als zusätzlichen Parameter den voll qualifizierten Klassennamen der Hauptklasse.

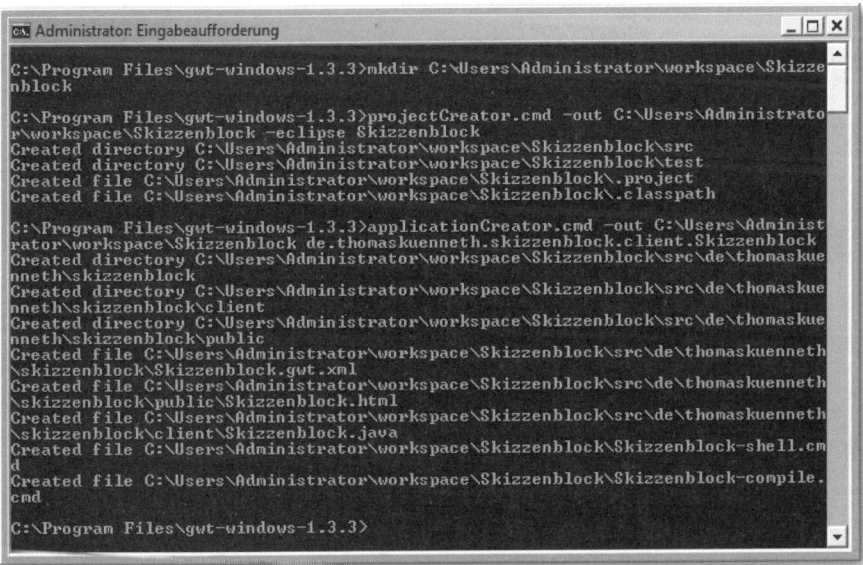

Abbildung 8.25 Anlegen der Dateien und Verzeichnisse des Skizzenblocks

Werfen Sie nun einen Blick in das Verzeichnis *Skizzenblock*. Wie Sie sehen, wurden nicht nur Eclipse-spezifische Projektdateien erzeugt, sondern auch die Ihnen bereits bekannten Scripts zum Starten der Anwendung im *Hosted Mode* bzw. im *Web Mode*.

Um das Projekt in Eclipse zu öffnen, rufen Sie bitte das Kontextmenü des *Package Explorers* auf und wählen IMPORT. Sie sehen nun die Seite *Select* des Ihnen bereits bekannten Assistenten zum Importieren von Dateien und Projekten. Klicken Sie auf GENERAL • EXISTING PROJECTS INTO WORKSPACE und wechseln Sie mit *Next* auf die zweite Seite des Dialogs.

Auf der in Abbildung 8.26 gezeigten Seite *Import Projects* markieren Sie *Select root directory* und klicken anschließend auf *Browse*. In der nun erscheinenden Verzeichnisauswahl wählen Sie bitte Ihren Arbeitsbereichsordner, in dem sich das von Ihnen angelegte Verzeichnis *Skizzenblock* befindet. Nachdem Sie die Auswahl geschlossen haben, zeigt der Dialog *Import* unter *Projects* das Projekt *Skizzenblock*. Sofern dies nicht automatisch geschehen ist, versehen Sie es mit einem Häkchen.

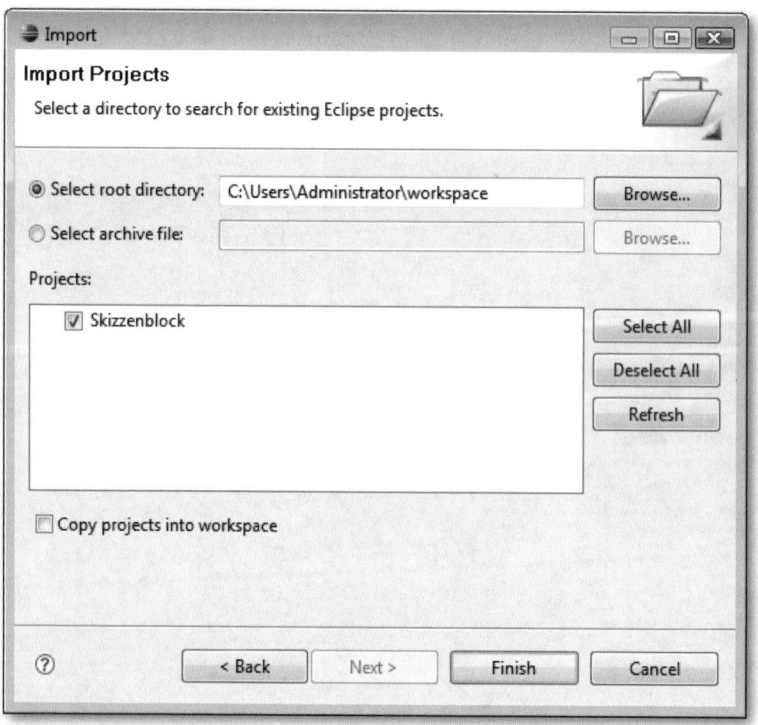

Abbildung 8.26 Die Seite Import Projects des Dialogs Import

Beenden Sie den Dialog mit *Finish*, um den Importvorgang abzuschließen. Das Projekt *Skizzenblock* wird nun im *Package Explorer* angezeigt.

Wenn Sie möchten, können Sie es mit einem Doppelklick auf eines der beiden Scripts starten. Im folgenden Abschnitt zeige ich Ihnen, wie Sie die generierten Projektdateien erweitern, um die bereits kurz angesprochene Demoanwendung zu implementieren.

Ein kurzes Beispiel

Der *Skizzenblock* stellt ein minimales Zeichenbrett dar, auf dem Sie durch Anklicken einzelne Punkte setzen können. Wie das folgende Listing zeigt, lassen sich solche Anwendungen mit recht wenigen Zeilen Quelltext realisieren.

```java
package de.thomaskuenneth.skizzenblock.client;

import com.google.gwt.core.client.EntryPoint;
import com.google.gwt.user.client.ui.AbsolutePanel;
import com.google.gwt.user.client.ui.Button;
import com.google.gwt.user.client.ui.ClickListener;
import com.google.gwt.user.client.ui.Image;
import com.google.gwt.user.client.ui.RootPanel;
import com.google.gwt.user.client.ui.Widget;

public class Skizzenblock extends AbsolutePanel
  implements EntryPoint, ClickListener {

  /**
   * die vier Farben
   */
  private static final String WEISS = "farben/weiss.png";
  private static final String SCHWARZ = "farben/schwarz.png";
  private static final String ROT = "farben/rot.png";
  private static final String GRUEN = "farben/gruen.png";

  private Button bWeiss, bSchwarz, bRot, bGruen;

  private String farbe;

  public Skizzenblock() {
    super();
    for (int x = 0; x < 64; x++) {
      for (int y = 0; y < 64; y++) {
        Image i = new Image(ROT);
        i.addClickListener(this);
```

```
          add(i, x * 4, y * 4);
        }
      }
    }

    public void onModuleLoad() {
      // die Schaltflächen erzeugen
      bWeiss = new Button("weiss", this);
      bRot = new Button("rot", this);
      bGruen = new Button("gruen", this);
      bSchwarz = new Button("schwarz", this);
      // erste Farbe setzen
      farbe = SCHWARZ;
      // die Buttons hinzufügen
      RootPanel rp = RootPanel.get("slot1");
      rp.add(bWeiss);
      rp.add(bSchwarz);
      rp.add(bGruen);
      rp.add(bRot);
      // jetzt die Zeichenfläche
      rp = RootPanel.get("slot2");
      rp.add(this);
    }

    /*
     * ClickListener interface
     */

    public void onClick(Widget sender) {
      if (sender.equals(bWeiss) == true) {
        farbe = WEISS;
      } else if (sender.equals(bRot) == true) {
        farbe = ROT;
      } else if (sender.equals(bSchwarz) == true) {
        farbe = SCHWARZ;
      } else if (sender.equals(bGruen) == true) {
        farbe = GRUEN;
      } else if (sender instanceof Image) {
        ((Image) sender).setUrl(farbe);
      }
    }
  }
```

Listing 8.1 Skizzenblock.java

Google Web Toolkit-Anwendungen bestehen aus sogenannten *Modulen*. Diese können *Entry Points* definieren. Hierbei handelt es sich um Java-Klassen, die das Interface `EntryPoint` implementieren. Da der *Skizzenblock* nur aus einem Modul besteht, bildet die Methode `onModuleLoad()`den Einstiegspunkt in die Anwendung.

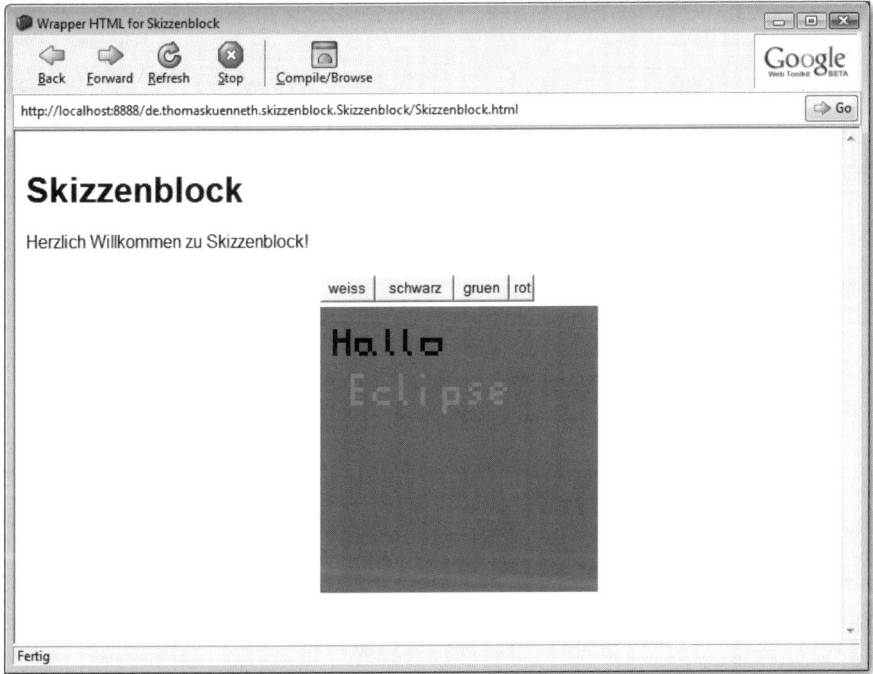

Abbildung 8.27   Der Skizzenblock im Hosted Mode

Sie erzeugt vier Schaltflächen und fügt diese einem sogenannten `RootPanel` hinzu. Die Pixel, aus denen eine Skizze besteht, sind Instanzen des Typs `Image`. Sie werden (im Konstruktor) einem `AbsolutePanel` hinzugefügt. Die Klasse `Skizzenblock` leitet von dieser ab. Auch sie wird dem `RootPanel` hinzugefügt.

Wenn Sie das Programm im *Hosted Mode* starten, öffnet sich das in Abbildung 8.27 gezeigte Fenster. Auffällig ist, dass sich einige Elemente der HTML-Seite nicht im Quelltext wiederfinden. Die Erklärung liegt in der Datei *Skizzenblock.html* im Verzeichnis *src\de\thomaskuenneth\skizzenblock\public*. Im Folgenden stelle ich Ihnen deren interessanteste Passagen vor.

```
<!-- The module reference below is the link    -->
<!-- between html and your Web Toolkit module  -->
```

```
<meta name='gwt:module' content='de.thomaskuenneth.skizzenblock.Skiz
zenblock'>
```

Hier sehen Sie die Definition des einzigen Moduls der Anwendung.

```
<h1>Skizzenblock</h1>
<p>
  Herzlich Willkommen zu Skizzenblock!
</p>
```

Dies ist der von mir weiter oben angesprochene Bereich, der sich nicht im Quelltext wiederfindet.

```
<table align=center>
  <tr>
    <td id="slot1"></td>
  </tr>
  <tr>
    <td id="slot2"></td>
  </tr>
</table>
```

Die Tabelle beinhaltet zwei Bereiche für die Schaltflächen bzw. das Pixelraster. Sie lassen sich im Quelltext über die Bezeichner `slot1` und `slot2` ansprechen. Wie dies funktioniert, sehen Sie in der Methode `onModuleLoad()`.

Vielleicht fragen Sie sich, warum das Programm seine Pixel mit Grafikdateien realisiert, statt direkt auf eine geeignete Zeichenfläche zu malen. Mir sind in der zum Zeitpunkt der Drucklegung aktuellen Version des *Google Web Toolkits* keine standardmäßig vorhandenen Klassen oder Methoden bekannt, die solche Konzepte zur Verfügung stellen. Zwar gibt es eine Erweiterung in Gestalt der *GWT Widget Library*, aber deren Installation und Einsatz ist für einen kurzen Einstieg, wie ihn dieser Abschnitt bietet, zu umfangreich. Ausführliche Informationen zu dieser Ergänzung finden Sie auf der Projekthomepage unter *http://gwt-widget.sourceforge.net/*.

Falls Sie Geschmack an der Programmierung von GWT-Anwendungen gefunden haben, wünschen Sie sich vielleicht eine noch engere Einbindung in Eclipse. Im folgenden Abschnitt stelle ich Ihnen eine Plug-in-Sammlung vor, die genau dies leistet.

8.2.3   Cypal Studio for GWT

Das unter der *Apache open source licence* veröffentlichte *Cypal Studio for GWT* hilft Ihnen unter anderem dabei, Module anzulegen, Programme zu übersetzen und auszuführen sowie die Anwendung auf einem Server zu installieren.

Installation

Bevor Sie *Cypal Studio for GWT* installieren, sollten Sie das *Google Web Toolkit* heruntergeladen und eingerichtet haben, wie es in Abschnitt 8.2, *Das Google Web Toolkit* beschrieben ist. Auch die *Web Tools Plattform*, die Sie aus dem Abschnitt 8.1, *Java-Web-Anwendungen mit Eclipse* kennen, muss vorhanden sein.

Nachdem Sie diese Vorbereitungen abgeschlossen haben, können Sie *Cypal Studio for GWT* von der Projekthomepage unter *www.cypal.in/studio* herunterladen. Die zum Zeitpunkt der Drucklegung aktuelle Version finden Sie im Verzeichnis *Software\Eclipse Plug-ins* auf der Begleit-DVD. Kopieren Sie den Inhalt des Archivs *cypal.studio.for.gwt-RC1.zip* (die beiden Ordner *plugins* und *features*) wie gewohnt in das Eclipse-Programmverzeichnis.

Nach dem obligatorischen Neustart der IDE steht das Plug-in zur Verfügung. Öffnen Sie bitte den Dialog *Preferences* und wechseln Sie auf dessen Seite Cypal Studio, die Sie in Abbildung 8.28 sehen. Klicken Sie anschließend auf *Browse*, um das Installationsverzeichnis des *Google Web Toolkits* auszuwählen. Nachdem Sie den Dialog mit *OK* geschlossen haben, können Sie ein neues Projekt anlegen.

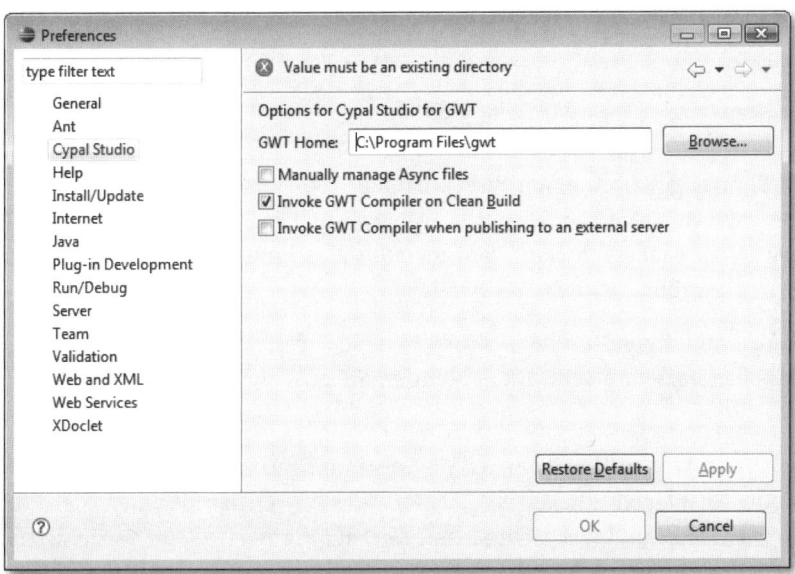

Abbildung 8.28 Die Seite Cypal Studio des Dialogs Preferences

Ein neues Projekt anlegen

Mit File • New • Project öffnen Sie den Assistenten zum Anlegen neuer Projekte. Klicken Sie auf Web • Dynamic Web Project und wechseln mit *Next* auf die zweite Seite des Dialogs, die Sie in Abbildung 8.29 sehen.

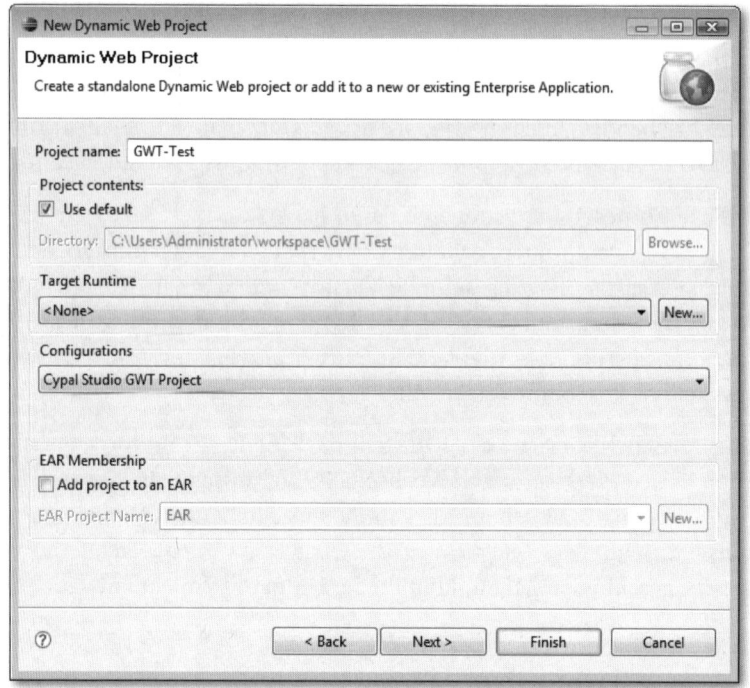

Abbildung 8.29 Der Dialog New Dynamic Web Project

Vergeben Sie wie gewohnt einen Projektnamen. Die *Target Runtime* können Sie auf *<None>* belassen. Als Konfiguration wählen Sie allerdings *Cypal Studio GWT Project*. Mit *Next* gelangen Sie auf die Ihnen aus Abschnitt 8.1.2, *J2EE Standard Tools*, bereits bekannte Seite *Project Facets*.

Wie Sie in Abbildung 8.30 sehen, muss die neue Facette *Cypal's GWT Facet* mit einem Häkchen versehen sein. Bitte beenden Sie anschließend den Assistenten mit *Finish*.

Wie Sie bereits wissen, bestehen GWT-Anwendungen aus *Modulen*. Um ein neues Modul anzulegen, klicken Sie auf FILE • NEW • OTHER. Wählen Sie bitte *Cypal Studio • Module* und wechseln Sie mit *Next* auf die zweite Seite des Assistenten, die Sie in Abbildung 8.31 sehen.

Mit *Browse* können Sie den *Source folder* des gewünschten Projekts (das Verzeichnis, in dem die Quelltexte abgelegt werden) auswählen. In das Feld *Package* tragen Sie den Paketnamen des neuen Moduls ein. Im Gegensatz zum GWT-eigenen *applicationCreator* müssen Sie das Teilpaket `client` nicht mit angeben. Es wird automatisch angelegt. Nachdem Sie noch einen Namen vergeben haben, klicken Sie auf *Finish*, um den Dialog zu schließen und das Modul anzulegen.

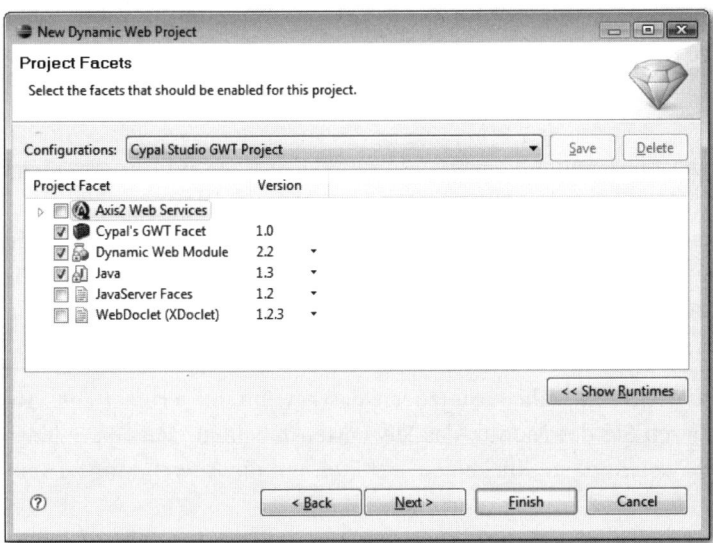

Abbildung 8.30 Die Seite Project Facets des Projekt-Assistenten

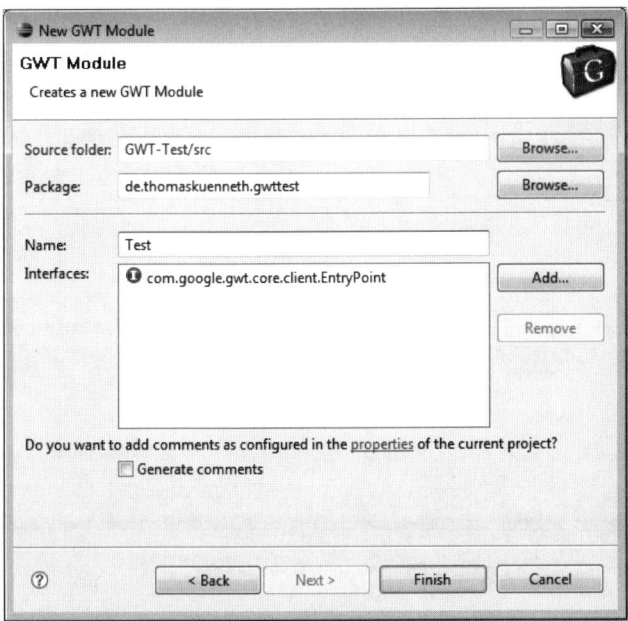

Abbildung 8.31 Der Dialog New GWT Module

Wenn Sie im *Navigator* einen Blick auf die Verzeichnisstruktur des Projekts werfen, stellen Sie fest, dass die Scripts zum Starten bzw. Übersetzen der Anwendungen nicht vorhanden sind. Wie Sie das eben generierte Rumpfprogramm aufrufen können, zeige ich Ihnen im folgenden Abschnitt.

Konfigurationen

Öffnen Sie bitte das Kontextmenü des Projekts und klicken Sie auf RUN AS • OPEN RUN DIALOG. Sie sehen den Ihnen bereits bekannten Dialog zum Anlegen und Bearbeiten von *Launch Configurations*. Wie Sie Abbildung 8.32 entnehmen können, enthält der linke Bereich einen neuen Eintrag: *GWT Hosted Mode App*. Öffnen Sie dessen Kontextmenü und klicken Sie auf *New*, um eine neue Konfiguration anzulegen.

Auf der Registerkarte *Main* wählen Sie zuerst das gewünschte Projekt aus. Anschließend markieren Sie das Modul, das Sie starten möchten. Mit *Apply* übernehmen Sie Ihre Einstellungen. Klicken Sie auf *Run*, um die Anwendung zu starten.

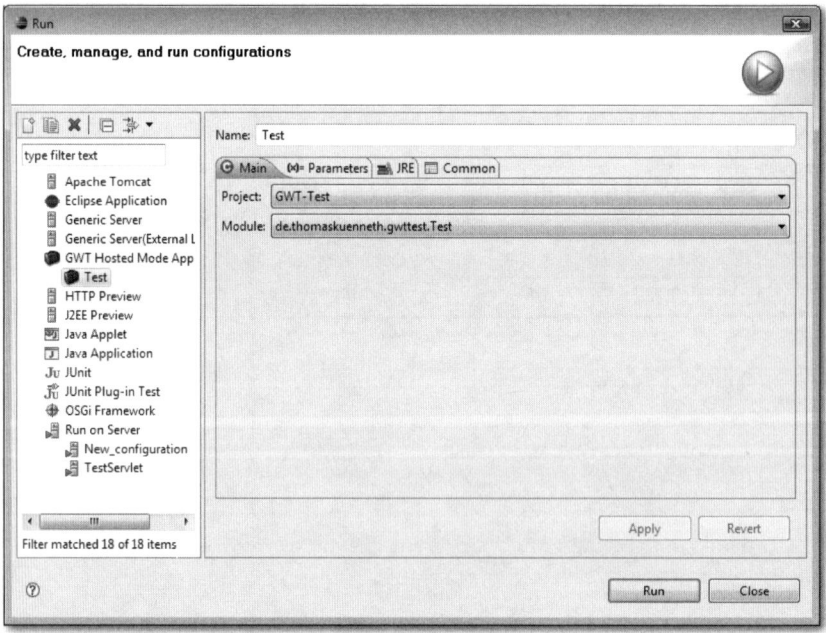

Abbildung 8.32 Anlegen einer Launch Configuration für GWT-Anwendungen

Das *Google Web Toolkit* ist zweifellos eine faszinierende Plattform, um AJAX-Anwendungen zu entwickeln. Das Bemerkenswerte an diesem Produkt ist nicht nur, dass Sie Ihre Programme unkompliziert auf dem lokalen Rechner testen können, sondern vor allem auch, dass Sie sie in Java schreiben und Sie vorhandenes Know-how also weiter nutzen können.

8.3   Web- und AJAX-Frameworks

Auch die *Rich Ajax Platform*, die ich Ihnen in diesem Abschnitt vorstellen möchte, setzt auf das Profitieren von vorhandenen Fähigkeiten. Das Ziel dieses Projekts ist nämlich, eine Umgebung zur Verfügung zu stellen, mit der Entwickler AJAX-Anwendungen auf der Grundlage von Eclipse-Plug-ins erstellen können.

8.3.1   Die Rich Ajax Platform

Die dem Projekt (*www.eclipse.org/rap/*) zugrunde liegende Idee ist, das Programmiermodell der *Eclipse Platform* auf die Web-Programmierung zu übertragen. Der Entwickler profitiert hierbei nicht nur von der vertrauten Plug-in-Architektur, sondern kann auch sein Wissen um grafische Benutzeroberflächen weiter nutzen.

RAP Widget Toolkit

Eine Kernkomponente der *Rich Ajax Platform* ist das *RAP Widget Toolkit*. RWT implementiert eine Klassenbibliothek zum Erstellen von grafischen Benutzeroberflächen mit weitestgehender Kompatibilität zur API des *Standard Widget Toolkits* (SWT). Sie können die in Abbildung 8.33 gezeigte Demonstration unter *rap.innoopract.com/rapdemo/rap?w4t_startup=controls* selbst testen.

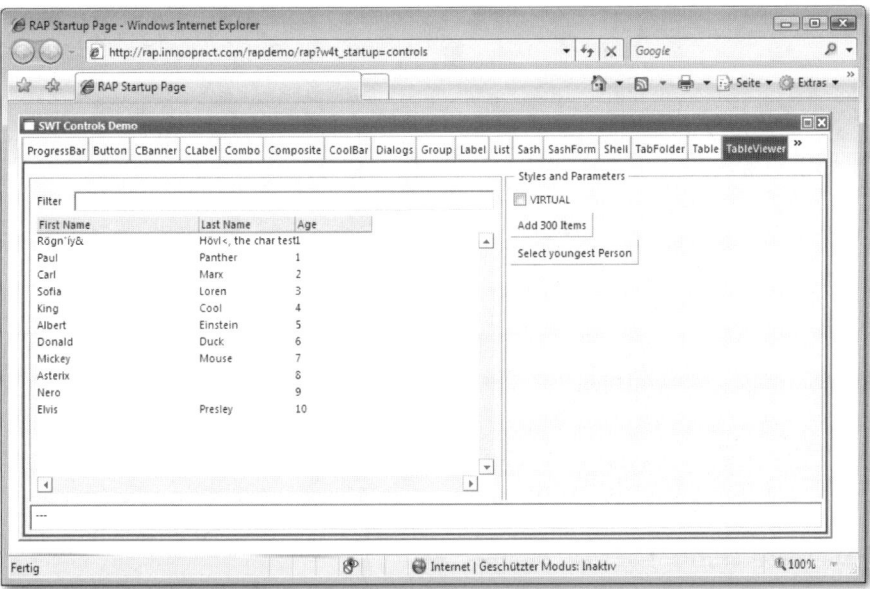

Abbildung 8.33 Demonstration des RAP Widget Toolkits

373

Stark vereinfacht ausgedrückt, findet das eigentliche »Zeichnen« von Oberflächenkomponenten bei AJAX-Frameworks auf dem Server statt. *Rendering Kits* erzeugen aus den Elementen HTML-Artefakte, die auf den Client übertragen und dort angezeigt werden. Aus diesem Grund ist ein erheblicher Aufwand nötig, um »freies Zeichnen« zu implementieren. Sie erinnern sich sicher an die »Klimmzüge«, die der *Skizzenblock* vollführt, um einzelne Pixel darstellen zu können. Dies ist einer der ganz wenigen Bereiche, in denen RWT sein Vorbild nicht vollständig nachbildet.

Web Workbench

Die *Rich Ajax Platform* möchte auch das Konzept der Eclipse-Workbench für Internet-Anwendungen verfügbar machen. Die Entwickler haben eine Demonstration online gestellt, die Sie in Abbildung 8.34 sehen.

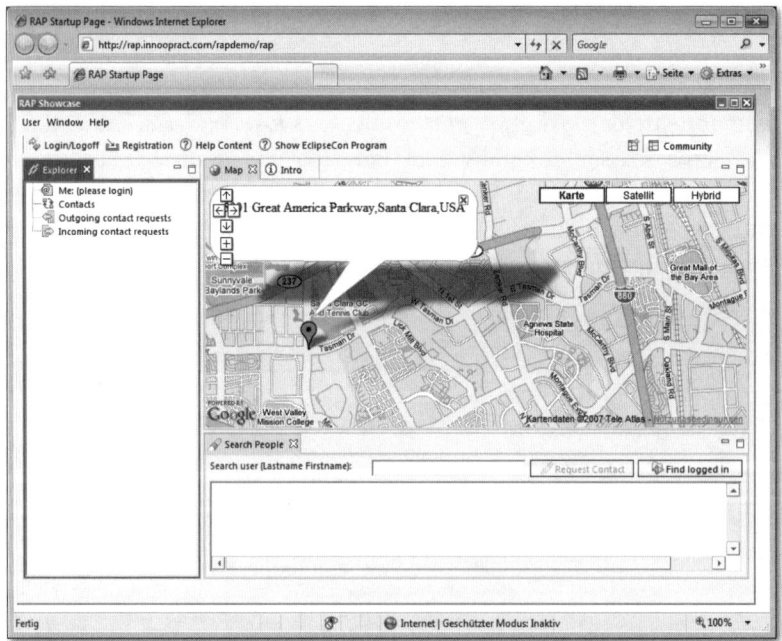

Abbildung 8.34 Demonstration der Web Workbench

Falls Sie die AJAX-Anwendung selbst ausprobieren möchten, finden Sie sie unter *rap.innoopract.com/rapdemo/rap*.

Installation und Test

Zum Zeitpunkt der Drucklegung dieses Buches steht unter der Adresse *www.eclipse.org/rap/downloads.php* der fünfte Meilenstein der *Rich Ajax Platform* zum

Download bereit. Um sich ein Bild vom Entwicklungsstand zu machen, laden Sie bitte die Datei *rap-1.0-M5-incubation-target-3.3-20070713-1906.zip* herunter und entpacken das Archiv in ein beliebiges Verzeichnis. Es sollte allerdings weder im Eclipse-Installationsverzeichnis noch in einem Arbeitsbereichsordner liegen.

Legen Sie nun einen neuen *Arbeitsbereich* an und öffnen Sie anschließend den Dialog *Preferences*. Wechseln Sie zur Seite PLUG-IN-DEVELOPMENT • TARGET PLATFORM und klicken Sie auf *Browse*, um das Basisverzeichnis der *Target Platform* auszuwählen. Navigieren Sie zu dem Verzeichnis, in das Sie das heruntergeladene Archiv entpackt haben. Nach dem Schließen der *Verzeichnisauswahl* sollte der Dialog *Preferences* in etwa Abbildung 8.35 entsprechen. Klicken Sie anschließend auf *OK*, um den Wechsel der *Target Platform* abzuschließen.

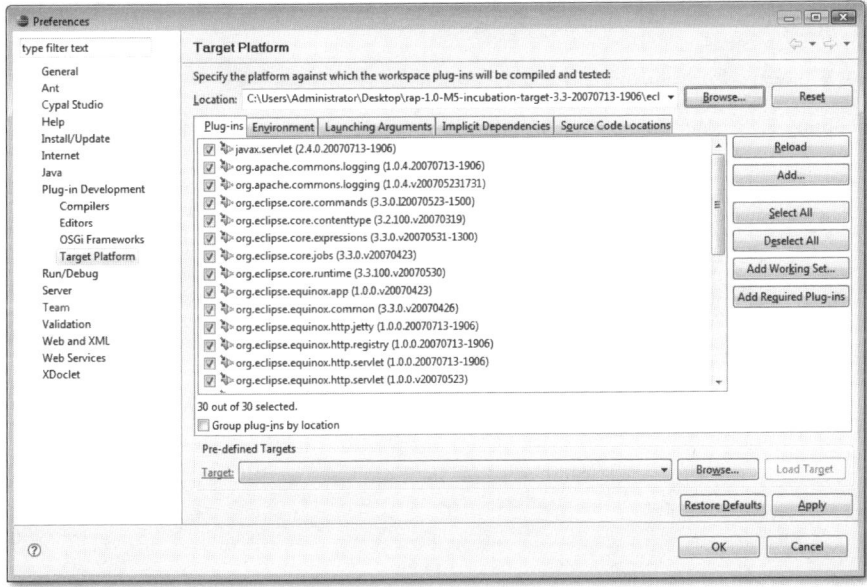

Abbildung 8.35 Die Seite Target Platform des Dialogs Preferences

Wechseln Sie bitte in die Sicht *Plug-ins* der Perspektive *Plug-in Development*. Suchen Sie das Plug-in *org.eclipse.rap.demo* und öffnen Sie dessen Kontextmenü, indem Sie es mit der rechten Maustaste anklicken. Mit IMPORT AS • SOURCE PROJECT übernehmen Sie das Plug-in als Projekt mit Quelltext in Ihren Arbeitsbereich. Mit dem *Package Explorer* können Sie einen Blick auf seine Struktur werfen.

Falls Sie die Anwendung ausprobieren möchten, rufen Sie das Kontextmenü des Projekts auf und wählen Sie RUN AS • OSGI FRAMEWORK. Während des Startvorgangs werden einige Meldungen in der Sicht *Console* ausgegeben, die Sie in Abbildung 8.36 sehen. Wichtig ist die mit `INFO: Started SocketListener` on beginnende Zeile. Sie enthält den vierstelligen Port, den Sie der Adresse beim Aufrufen der Anwendung im Browser hinzufügen müssen. Diese könnte folgendermaßen aussehen: *localhost:9090/rap*. Abbildung 8.37 zeigt das laufende Programm im Internet Explorer.

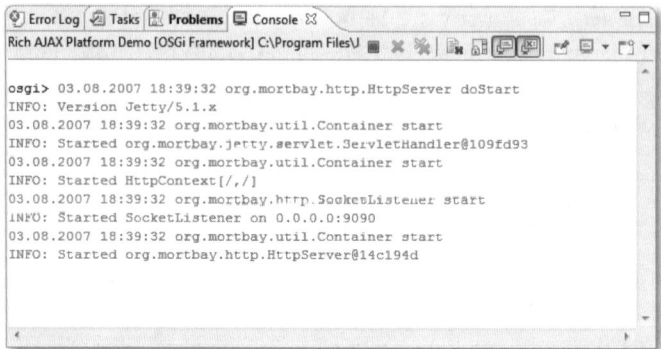

Abbildung 8.36 Meldungen der RAP-Demoanwendung während des Starts

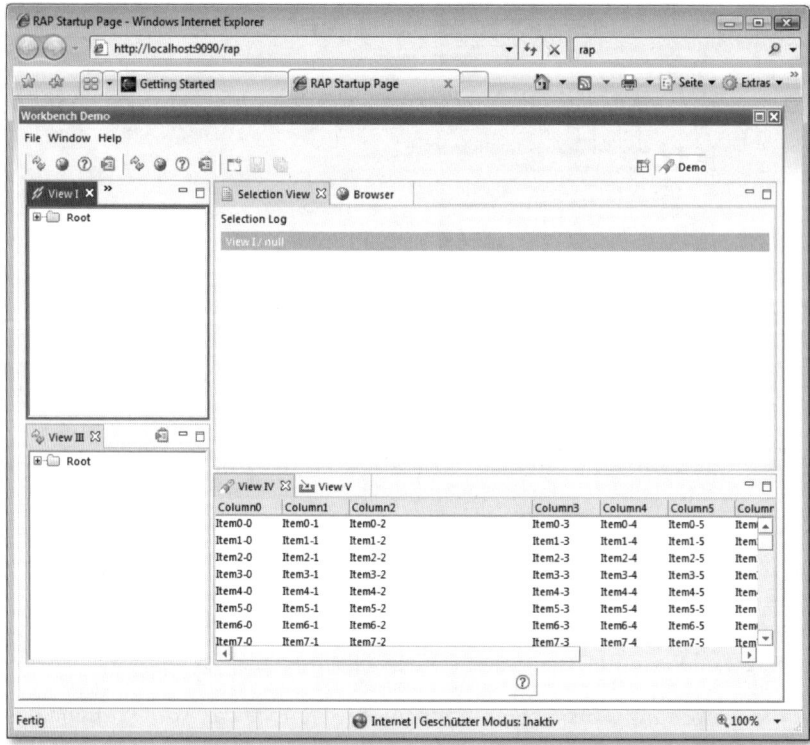

Abbildung 8.37 Die lokal gestartete RAP-Demoanwendung

Auch im folgenden Abschnitt stelle ich Ihnen ein Eclipse-Projekt vor, das sich auf die Fahnen geschrieben hat, die Entwicklung von AJAX-Anwendungen zu ermöglichen.

8.3.2 AJAX Toolkit Framework

Anders als das *Google Web Toolkit* oder die *Rich Ajax Platform* setzt das *AJAX Toolkit Framework* darauf, dem Entwickler vorhandene AJAX-Laufzeitumgebungen in einer Eclipse-basierten IDE zur Verfügung zu stellen. Es geht also nicht in erster Linie um das Wiederverwenden von Java-Know-how. Vielmehr stehen hier Eclipse und seine Infrastruktur im Vordergrund.

Installation

Falls Sie einen Blick auf den aktuellen Entwicklungsstand dieses Projekts werfen möchten, laden Sie es aus dem Download-Bereich der Projekthomepage unter *www.eclipse.org/atf/* den *Weekly Build based on WTP 2.0* herunter. Die Datei enthält eine sogenannte *archived update site*. Um diese zu installieren, rufen Sie wie gewohnt den *Update Manager* auf und klicken auf *Search for new features to install*. Mit der Schaltfläche *New Archived Site* öffnen Sie eine Verzeichnisauswahl, in der Sie das heruntergeladene Archiv markieren.

Abbildung 8.38 Der Dialog Edit Local Site

Anschließend öffnet sich der Dialog *Edit Local Site*, den Sie in Abbildung 8.38 sehen. Wenn Sie möchten, können Sie im Feld *Name* einen aussagekräftigeren Namen eintragen, beispielsweise *AJAX Toolkit Framework*. Klicken Sie anschließend auf *OK*. Bitte prüfen Sie nun, ob auf der Seite *Update sites zu visit* des Dialogs *Install* die neue *Update Site* mit einem Häkchen versehen ist. Klicken Sie dann auf *Finish*.

Auf der in Abbildung 8.39 gezeigten Seite *Search Results* wählen Sie die zu installierenden Features. Versehen Sie bitte alle Einträge mit einem Häkchen und wechseln Sie mit *Next* auf die zweite Seite des Dialogs.

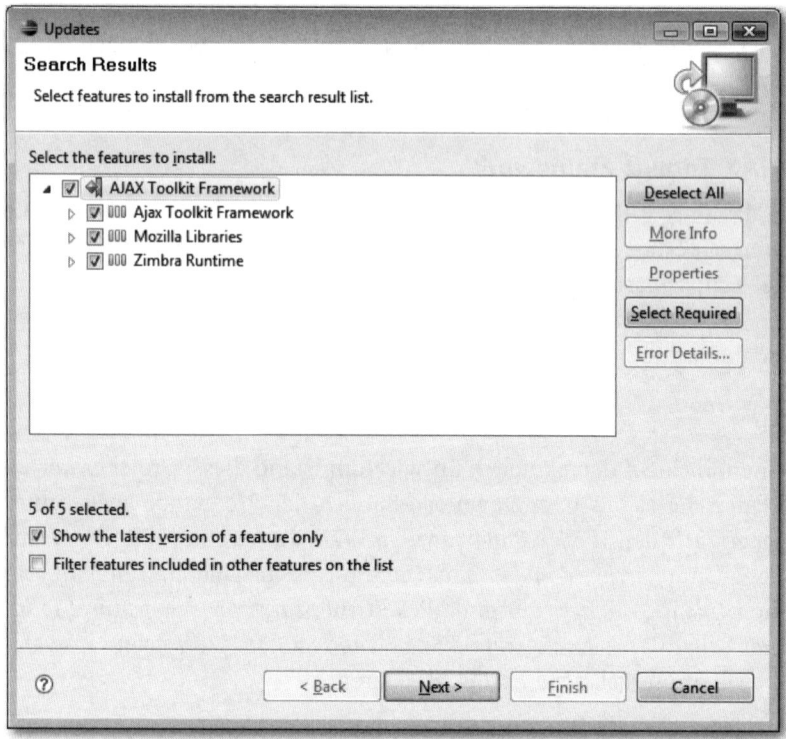

Abbildung 8.39 Die Seite Search Results des Dialogs Updates

Folgen Sie den weiteren Anweisungen des Assistenten, um die Plug-ins herunterzuladen und zu installieren. Nach einem Neustart der IDE steht Ihnen das *AJAX
Toolkit Framework* zur Verfügung. Im Hilfesystem finden Sie unter *AJAX Toolkit
Framework User Guide* Hinweise zur Konfiguration sowie zu grundlegenden Konzepten und Aufgaben.

Ein kurzer Rundgang durch die Plattform

Der Dialog *Preferences* enthält unter anderem die neue Seite *ATF • Installed AJAX
Runtimes*, die in Abbildung 8.40 zu sehen ist. Auf ihr können Sie neue AJAX-Laufzeitumgebungen hinzufügen sowie vorhandene bearbeiten (sofern diese entsprechende Einstellmöglichkeiten bieten, was für das *Zimbra Ajax Toolkit* nicht der
Fall ist).

Die Plattform unterstützt verschiedene *Umgebungstypen*, von denen jeweils mehrere Instanzen eingerichtet werden können. Welche dies sind, entnehmen Sie
bitte der Klappliste *Runtime Type* des Dialogs *New AJAX Runtime Instance*, den Sie
in Abbildung 8.41 sehen. Klicken Sie auf *Add*, um ihn zu öffnen.

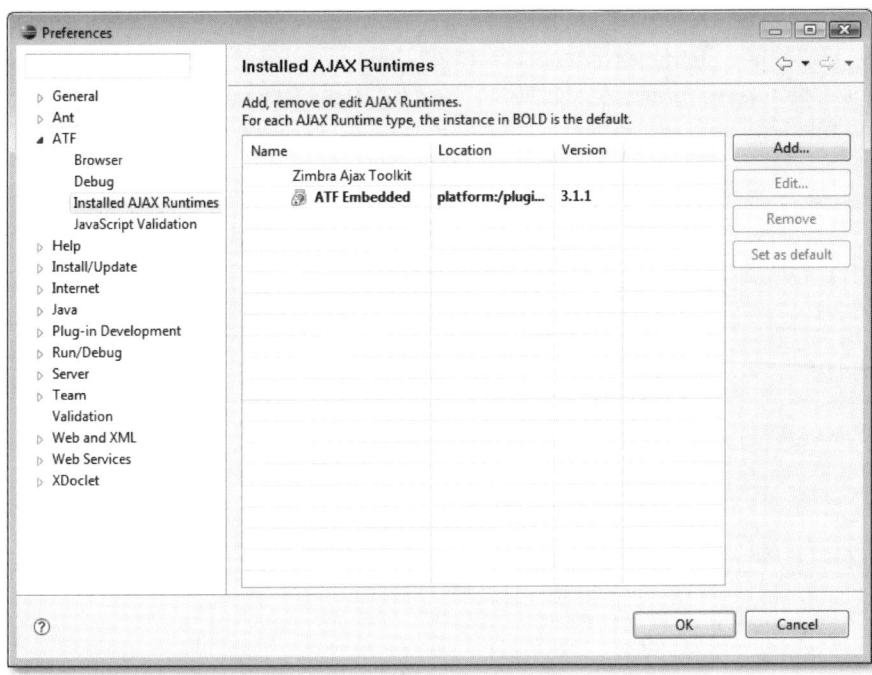

Abbildung 8.40 Die Seite Installed AJAX Runtimes des Dialogs Preferences

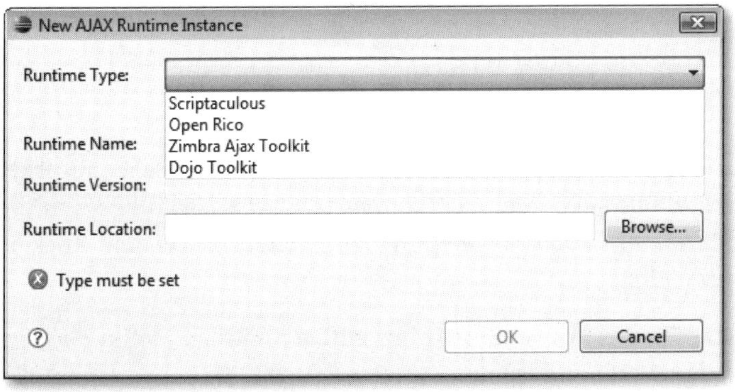

Abbildung 8.41 Der Dialog New AJAX Runtime Instance

Das *Zimbra Ajax Toolkit* ist ein sehr umfangreiches JavaScript-Framework mit Er-
eignisverwaltung, XML-Verarbeitung sowie DHTML-Widgets. Im folgenden Abschnitt zeige ich Ihnen, wie Sie mit den Assistenten des *AJAX Toolkit Frameworks*
eine kleine Zimbra-Anwendung erstellen.

Eine Zimbra-Anwendung erstellen

Legen Sie bitte ein neues dynamisches Web-Projekt an. Klicken Sie hierzu auf der Seite *Select a wizard* des Dialogs *New* zuerst auf WEB • DYNAMIC WEB PROJECT und anschließend auf *Next*.

Abbildung 8.42 Der Dialog New Dynamic Web Project

Wie Sie in Abbildung 8.42 sehen, müssen Sie neben dem obligatorischen Projektnamen eine *Target Runtime* auswählen. Sie können *J2EE Preview*, die Sie in Abschnitt 8.1.2, *J2EE Standard Tools*, angelegt haben, weiter verwenden. Klicken Sie anschließend auf *Finish*.

Um dem Projekt eine Zimbra-Anwendung hinzuzufügen, öffnen Sie im *Package Explorer* dessen Kontextmenü und wählen Sie NEW • OTHER. Sie sehen erneut die Seite *Select a wizard* des Dialogs *New*. Diesmal markieren Sie bitte ZIMBRA • ZIMBRA APPLICATION. Wie üblich gelangen Sie mit *Next* auf die zweite Seite des Assistenten, die in Abbildung 8.43 zu sehen ist.

Geben Sie der Anwendung bitte einen Namen und ordnen Sie sie einem Projekt zu. Anschließend können Sie den Dialog mit *Finish* beenden. Um das Programm zu testen, klicken Sie im Kontextmenü des Projekts auf RUN AS • RUN ON SERVER. Sie sehen den in Abbildung 8.44 gezeigten Dialog *Run on Server*, in dem Sie *J2EE Preview* auswählen sollten.

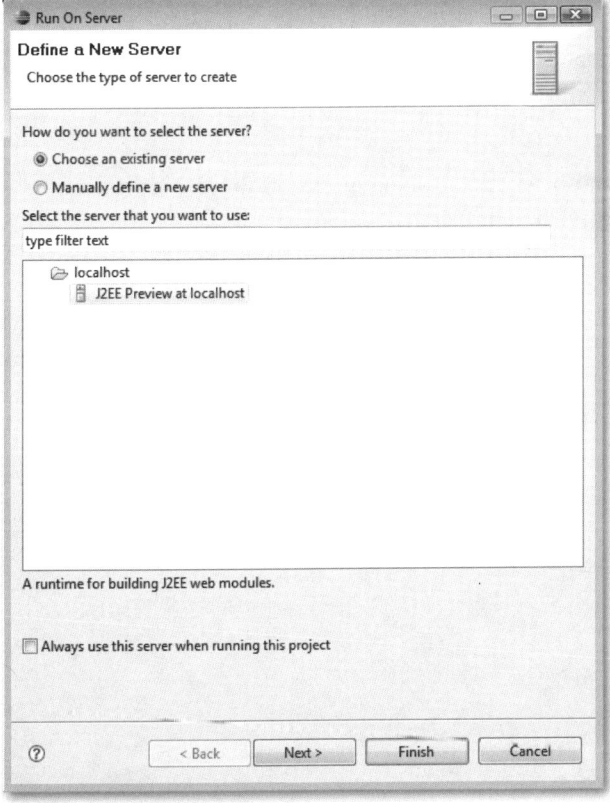

Abbildung 8.43 Der Dialog New Zimbra Application

Abbildung 8.44 Der Dialog Run on Server

Nachdem Sie den Dialog mit *Finish* geschlossen haben, beginnt der Startvorgang der Anwendung, der wie üblich in der Sicht *Console* protokolliert wird.

Das *AJAX Toolkit Framework* bindet zahlreiche AJAX-Laufzeitumgebungen in die Eclipse-Infrastruktur ein und bietet dem Programmierer eine komfortable Entwicklungsplattform.

8.4 Zusammenfassung

In diesem Kapitel haben Sie gesehen, dass sich Eclipse nicht nur für das Entwickeln »klassischer« Client-Anwendungen eignet, sondern auch hervorragend für das Schreiben von Web-Applikationen geeignet ist. Dies gilt nicht nur für Servlet- und Java Server Pages-basierende Programme, sondern auch für AJAX-Anwendungen.

Wenn Sie einen umfassenden Einblick in die *Web Tools Platform* suchen, sollten Sie einen Blick auf das englischsprachige Werk *Eclipse Web Tools Platform. Developing Java Web Applications* von Lawrence Mandel und Arthur Ryman werfen. Falls ich Ihr Interesse am *Google Web Toolkit* wecken konnte, finden Sie in *Das Google Web Toolkit. schnell + kompakt* von Ralph Steyer eine handliche Einführung.

Die vollständigen bibliographischen Angaben zu diesen Empfehlungen entnehmen Sie bitte dem Literaturverzeichnis in Anhang A.

Anhang

A   **Literaturverzeichnis** 385

B   **Die Begleit-DVD** 387

A   Literaturverzeichnis

Beck, Kent: JUnit Pocket Guide. Quick Lockup and Advice, O'Reilly Media 2004, ISBN-10: 0596007434

Budszuhn, Frank: Subversion, Galileo Press; 2, aktualis. Aufl. 2006, ISBN-10: 3898428796

Cederqvist, Per: Version Management with CVS, B&T 2002, ISBN-10: 0954161718

Daum, Berthold: Rich-Client-Entwicklung mit Eclipse 3.2. Anwendungen entwickeln mit der Rich Client Plattform, dpunkt.verlag 2. aktualis. Aufl. 2006, ISBN-10: 3898644278

Edlich, Stefan; Staudemeyer, Jörg: Ant – kurz & gut, O'Reilly Media 2. Aufl. 2006, ISBN-10: 3897215195

Fowler, Martin: Refactoring. Oder wie Sie das Design vorhandener Software verbessern Addison-Wesley 2005, ISBN-10: 3827322782

Fowler, Martin: Refactoring: Improving the Design of Existing Code Addison-Wesley Longman 1999, ISBN-10: 0201485672

Link, Johannes; Adler, Frank; Bangert, Achim: Unit Tests mit Java. Der Test-First-Ansatz, dpunkt.verlag 2005, ISBN-10: 3898641503

Loy, Marc; Eckstein Robert; Wood Dave: Java Swing, O'Reilly Media 2. aktualis. Aufl. 2002, ISBN-10: 0596004087

Mandel, Lawrence; Ryman, Arthur: Eclipse Web Tools Platform. Developing Java Web Applications, Addison-Wesley Longman 2007, ISBN-10: 0321396855

Matzke, Bernd: Ant. Eine praktische Einführung in das Java-Build-Tool, Dpunkt Verlag 2005, ISBN-10: 3898643271

McAffer, Jeff; Lemieux; Jean-Michel: Eclipse Rich Client Platform. Designing, Coding, and Packaging Java Applications, Addison-Wesley Longman 2005, ISBN-10. 0321334612

Pilato, C. Michael; Collins-Sussman, Ben; Fitzpatrick, Brian W. : Version Control with Subversion. Next Generation Open Source Version Control , O'Reilly Media 2004, ISBN-10: 0596004486

Steyer, Ralf: Das Google Web Toolkit. schnell + kompakt, Entwickler.Press 2007, ISBN-10: 3939084379

Thomas, David; Hunt Andrew: Pragmatisch programmieren – Versionsverwaltung mit CVS, Hanser Fachbuchverlag 2005, ISBN-10: 3446404708

Wake, William C.: Refactoring Workbook Addison-Wesley Longman 2003, ISBN-10: 0321109295

B   Die Begleit-DVD

In diesem Anhang möchte ich Ihnen den Inhalt der Begleit-DVD vorstellen sowie einige Tipps zum effizienten Umgang mit ihr geben.

Das Verzeichnis Software

Es enthält die folgenden Unterverzeichnisse:

▸ **Eclipse SDK: Eclipse 3.3**
  In den Versionen für Windows, Linux und Mac OS X

▸ **Eclipse Plug-ins**
  Cypal Studio for GWT, Clock, Subclipse, Jigloo

▸ **Google Web Toolkit**
  Das *Google Web Toolkit* in der Version 1.3 für Windows, Linux und Mac OS X

▸ **Java Development Kit**
  Das Java Development Kit in Versionen für Windows und Linux

▸ **Java Laufzeitumgebung**
  Die Java-Laufzeitumgebung in Versionen für Windows und Linux

▸ **Subversion**
  Das Versionsverwaltungssystem für Windows und Mac OS X

Die Datei *index.html*, die Sie im Wurzelverzeichnis der DVD finden, listet nochmals alle Programme nach Kapiteln sortiert auf und enthält Links auf die Installationsarchive sowie, soweit vorhanden, auf die Hersteller- bzw. Projekt-Homepages. Sie können die Anwendungen auf diese Weise sehr leicht installieren und haben zudem die Möglichkeit, sich über etwaige Updates zu informieren.

Das Verzeichnis Quelltexte

Die Unterverzeichnisse des Ordners *Quelltexte* entsprechen den Kapiteln dieses Buches. Wie Sie in Abbildung B.1 sehen, gibt es zu jedem Kapitel weitere Verzeichnisse, die die jeweiligen Beispiele enthalten. Um ein solches Beispiel zu bearbeiten, kopieren Sie die Quelltexte am besten an einen beliebigen Ort Ihrer Festplatte. Anschließend können Sie sie einem bestehenden Projekt hinzufügen. Wie Sie hierzu vorgehen, finden Sie in Kapitel 2, *Arbeiten mit Eclipse*.

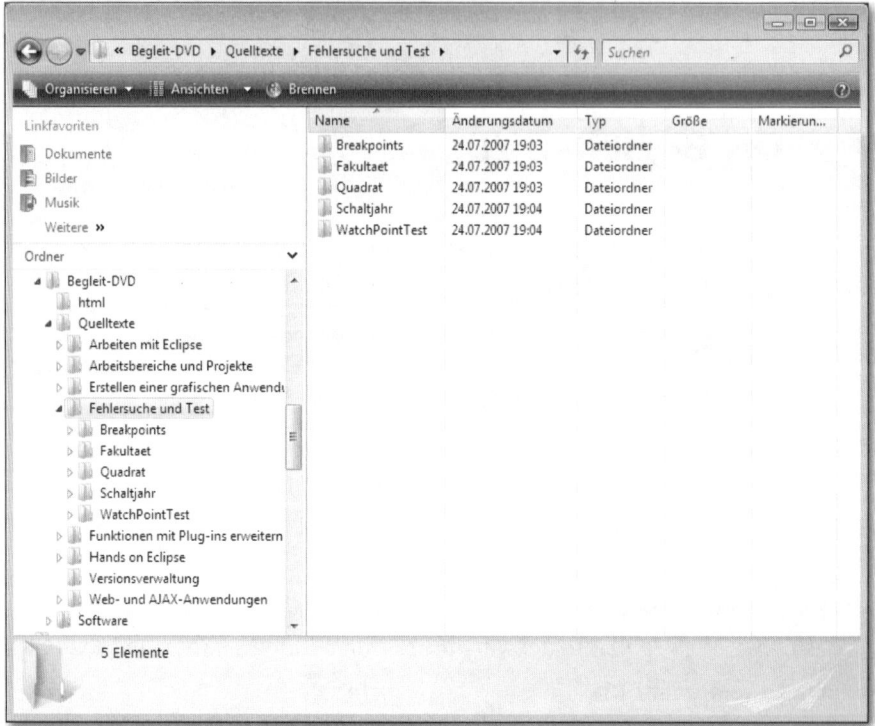

Abbildung B.1 Die Unterverzeichnisse des Ordners Quelltexte

Das Verzeichnis Video-Training

Hier finden Sie ausgewählte Lektionen aus dem Video-Training »Eclipse 3 für Java-Entwickler« von Ullrich Cuber. Starten Sie die Anwendung mit einem Klick auf die Datei *start.html*.

Index

.jar-Archive 299, 339

A

ActionBar Advisor 198
ActionListener 312, 313, 322
actionPerformed 313, 322
Add JRE 50
Advisor 198
AJAX 360
AJAX Toolkit Framework 377
Aktualisierungen 27
Alias 24
Annotation 85
Ant 157, 160
  Sicht 160
Ant Builder 139
Ant-Script 137
Ant-Scripts 161
Applet 343
Arbeitsbereich 22, 23, 24, 117, 118, 128,
  131, 269, 375
  Anlegen 118
  Clean 140
  Clean Builds 140
  Dateisystem 120
  Logische Struktur 120
  Löschen 119
  Verzeichnisauswahl 118
  Wechseln 118
Arbeitsbereichsordner 23, 24, 63, 118,
  363
Arbeitsbereichsverzeichnis 23, 38
Arguments 207
ArithmeticException 225
Aufgaben 33, 81
Auschecken von Projekten 269
Automatische Builds 140

B

bash 20, 217
BeanShell 86
Bedingte Breakpoints 231
Begleit-DVD 18, 21

Benutzeroberfläche 300
Bibliotheken 150
  Mehrteilige 150
Bookmarks 40, 44, 83
BorderLayout 315, 321, 329
Branding 197, 199, 200
Breakpoints 64, 214, 219, 220, 226, 229,
  234
Build automatically 140, 141
Build Path 141, 142, 144
Builder 138, 139
Buildfile 157

C

Callisto 302
Cheat Sheets 47
Check out 271
Class Load-Breakpoints 227
Client-Server-System 215
Close Project 37
Collapse All 41
Commit 268, 269, 275, 282, 285, 289,
  295
Compare 274, 296
Compiler 215
Concurrent Versions System 254
Confirm Project Delete 37
Console 59, 87, 88, 134, 209, 212, 283,
  351, 359, 382
Container 320
Content Assist 349
Contents 40, 42
Copy Settings 118
Cursor-Position 71
CVS 254, 272
  Linux 255
  Mac OSX 256
  Windows 254
CVS-Client 263
CVSNT 254, 256
CVS-Repository 128
CVS-Server 263
Cypal Studio for GWT 368

D

Daemon 255, 263
Darstellungsbereich 55, 57
Debug 54, 208, 210, 214, 218, 219, 236, 243
Debuggen
  Visuelles 206
Delete 37
Delete All Bookmarks 44
Delete Selected Bookmark 44
Desktop 22, 23
Detached 58
Disconnect 297
Display 211, 212
Distribution 21
Dokumentation 19
DOM 360
Drop To Frame 243
Dynamic Help 46
Dynamic Web Project 354, 369, 380

E

Eclipse
  Aktualisierung 26
  Aufruf-Parameter 27
  Benutzervorgaben 25
  Hilfe 40
  Installation 21
  Installation (Linux) 22
  Installation (Mac OSX) 23
  Installation (Windows) 21
  Installationsverzeichnis 18
  Maximize 41
  Start 24
  Tipps and Tricks 45
  Willkommensbildschirm 25, 40, 54
  Zielplattform 21
Eclipse Classic 21
Eclipse Debuggers 215
Eclipse Foundation 21
Eclipse Homepage 21, 22, 23
Eclipse Platform 21, 174, 179, 195, 373
Eclipse Platform Core 177
Eclipse Rich Client Platform 54, 195, 197
Eclipse SDK 21, 22, 23, 177, 179
Edit 91
Edit Local Site 377

E

Editoren 61, 337
Eingabeaufforderung 19, 217, 259
EmptyBorder 328
Entry Points 367
Enumeration 35
Ersetzen 100
Europa 302
Europa Discovery Site 344, 353
Exception Breakpoints 224
EXIT_ON_CLOSE 31
Export Wizard 185
Expressions 212, 213
Extension Points 178
Externalize Strings 78
Extreme Programming 108

F

Facetten 345
Failure Trace 248
Fakultät 206
Fast Views 59, 60
Favoriten 156
Feature Manifest Editor 186, 187
Feature Selection 189
Features 179, 186
Fehlersuche 205
Find and Install 27, 169
Finder 261
Firewall 255, 257
Force Return 235, 240
Formatter 74

G

geschützte Bereiche 301
getSystemProperties() 35
Google Web Toolkit 361
GUI Forms 304, 318
GUI Properties 306, 310, 312, 319, 320, 322
GUI-Designer 300, 301
GUI-Editoren 300
GWT Browser 361

H

HEAD 272
Help 40

Hierarchy 56, 57
History 95, 288
Hit Counts 220, 229
Hosted Mode 361, 364, 367
HTML-Editor 350

I

Import 38, 286
Indentation 72
Index 40
inetd 255, 256
Information 187
Inkrementelle Builds 140
Inspect 212, 235
Install 172
Install/Update 27
Installation History (Plug-ins) 175
Installationsort 171
Internet Explorer 353
Introduce Factory 92

J

J2EE Preview 354, 357, 380
J2EE Standard Tools 353
Java 48, 54
    Installation (Mac) 20
Java Build Path 133, 146, 151, 245
Java Build path 145
Java Builder 138, 140
Java Development Kit 18
Java Development Toolkit 215
Java Development Tools 21, 179
Java EE 356
Java Project 29
JAVA_BIN 19, 20
Javadoc location 133
Javadoc location path 133
Javadoc-Dokumentation
    Erzeugen 134
Java-Dokumentation 27
Java-Laufzeitumgebung 18
Java-Laufzeitumgebungen 49
Java-Perspektive 29
Java-Web-Anwendungen 344
JComboBox 326
JDialog 318, 328
JDK 19

JDT 179
JFace 178
JForm Designer 302
JFrame 29, 31
Jigloo 299, 303
JMenuItem 313
JPanel 323, 330, 331
JScrollPane 331
JTable 316
JUnit 68, 244, 249
JUnit Test 247
JUnit Test Case 245
JUnit Test Suite 249

K

Key Assist 40
Klappmenü 58
Klassen hinzufügen 29
Konflikte 274, 275, 290, 293

L

Launch Configurations 38, 153, 163
LayoutManager 300, 315, 320, 328
Lesezeichen 44, 83
Libraries 146, 245
Line Breakpoint 219
Link with Editor 96
Linked Resources 124
Linux-Distribution 19
Local History 86, 91, 93, 285
Local Site 277
Lokale Repositories 254

M

Mac OS X 20, 23
main() 29
Manuelle Builds 140
Mark as Merged 296
Mark Completed 34
MDI 315
merge 290
Method Breakpoint 219
Modell 334
Module 266, 280, 367
Multiple Document Interface 53, 315

N

native launcher 199
Navigation 80
Navigator 95, 96, 103, 104, 120, 122,
    137, 194, 371
New Archived Site 377
New Java Class 29
New JUnit 3 Test 245
New Search List 43
New Task 34

O

Object Linking and Embedding 63
OLE 63
Open Debug Dialog 207, 218
Open Run Dialog 372
Ordner suchen 38
Organize Favorites 156
Organize Imports 36
Orientation 60
OSGi Framework 375
Outline 57, 95, 96, 97, 159, 222, 311,
    312, 313, 316, 320, 323, 332, 349
Overview 185, 187, 200

P

Package Explorer 29, 37, 39, 54, 55, 57,
    63, 64, 80, 82, 86, 88, 90, 91, 95, 97, 99,
    104, 108, 128, 131, 133, 137, 158, 173,
    184, 187, 188, 194, 198, 245, 246, 250,
    269, 274, 275, 280, 285, 286, 288, 291,
    292, 297, 304, 332, 339, 356, 364, 380
pane 55
Parameter 27
part 55
Patchlevel 20
PATH 19, 20
PDE 179
Perspektiven 48, 53, 64
    command group 69
Pfadvariable 125
Platform Runtime 178
Plug-in Development 192, 375
Plug-in Development Environment 21,
    179, 181

Plug-in Manifest Editor 184, 194, 195,
    196
Plug-ins 168, 178, 194, 301, 375
    Deaktivieren und Enfernen 175
    Eigene 181
    Manuelle Installation 168
    Update Manager 169
    Verwaltung 174
Preferences 25, 27, 38, 49, 52, 71, 75,
    122, 123, 140, 141, 151, 153, 215, 236,
    238, 239, 305, 369, 375
Print topics 41
Problems 47, 59, 64, 350
Product Configuration 174, 191
Product Configuration Editor 191, 192,
    199, 200, 201
Products Extension Points 180
Produkt 177, 179
Produktaktualisierung 28
Profile 72
Programmaktualisierungen 26
Projects 134, 138, 140, 145
Projekt
    anlegen 22, 24
    auschecken 286
    einchecken 280
    importieren 38
Projektverwaltung 36, 37
Properties 35, 357
Public JRE 18

R

RAP Widget Toolkit 373
RCP-Anwendungen 195
Redo 90
Refactor 108, 132
Refactoring 100, 108, 301
Referenzen 144
Refresh 41, 122
Registerkarte 61
Remote Debugging 215, 217, 219
Remote Launch Configuration 216
Remote Site 169, 277, 303
Rename 90
Rendering Kits 374
Repositories 254, 259, 262, 269, 273,
    280, 286
Repository hinzufügen 279

Repository Path 263
Ressourcen 120
Restore 41
Revert 176
Rich Ajax Platform 373
Rich Client Application 195
Round-Trip-Editing 301
Run 102, 154, 156, 163, 208, 210, 211,
    234
Run on Server 359, 380
Run to Line 234
Runtime Type 378

S

Save and Launch 32
Schlüssel 78
Schnellzugriffsleiste 54, 65
Scrapbook 86, 211
Search 46, 102, 104, 105
Search Results 40, 42, 377
Search scope 42
Select Search Scope 42
Servers 350
Servlet 343, 356
Servlet-Container 343
setDefaultCloseOperation() 31
Shell 20
Show Current Topic 41
Show result categories 42
Show result descriptions 42
Sichten 29, 33, 37, 46, 53
Site Manifest Editor 188
Softwareaktualisierung 20
Software-Updates 27
Splash Screens 180, 196
Sprungmarken 83
Startmenü 22
Startup and Shutdown 123
Static Web Project 345
Statuszeile 55
Step Filter 236
Step Into 209, 233, 234, 236, 239, 242
Step Into Selection 234
Step Over 209, 219, 233, 234, 236, 239,
    242
Step Return 234
Subclipse 277

Subversion 254, 258
    Linux 260
    Mac OSX 261
    Windows 259
Suchen 100
    Inkrementell 107
    Reguläre Ausdrücke 107
Suchen und Ersetzen 105
Suchlisten 42
sudo 20
SVN Repository 279, 280, 293
SVN Repository Exploring 279
svnadmin 259
svnserve 260, 262
Swing 28, 300
SWT 178
Synchronize 295
System-Properties 28
SystemPropertyViewer 29
Systemsteuerung 254

T

Tab Group 58
Tab size 72
tabbed notebook 57
Target Platform 375
Target Runtime 345, 354, 370, 380
TaskPane 150
Tasks 33, 64, 67, 81, 158, 246
Team 69
Team Synchronizing 276, 294, 295
Terminal 261
Test 205
Testfall 244
Themengebieten 42
TODO 33
Toggle Breakpoint 218
Toolbar 85
Tooltip 32, 36

U

Ubuntu 255
UIProperties 101
Umgebungsvariable 19
Undo 90
Unit-Tests 243
Update 170, 296

Update Manager 169, 172, 174, 188, 277, 303, 344, 353, 377
Update Site 170, 172, 188, 190
Update Site Map 190
Update Site Project 188
Updates 344
Use Step Filters 236
User Libraries 151, 153

V

Validate 350
Variables 64, 213, 219, 240, 241
verknüpfte Ressourcen 120
Verknüpfung 22, 23
Versionsverwaltung 21, 254
Vervollständigungen 31
vi 256, 257
Video-Training 388
Visual Editor 302

W

Watch Expressions 213
Watch Points 221
Web Mode 361, 364

Web Standard Tools 344
Web Start 18
Web Tools Platform 353
WindowBuilder Pro 302
windowClosing 311, 319
WindowListener 311, 319
Workbench 46, 54, 120, 177, 178, 198
Workbench Advisor 198
Workbench User Guide 27
Workbench Window Advisor 198
Working Set 97, 103, 214
Workspace 24, 117, 140, 178
Workspace Launcher 22, 23, 24, 25, 63, 119, 120

X

Xcode 256
Xcode Developer Tools 21, 256
XMLHttpRequest 360

Z

Zeilennummer einblenden 71
Zimbra 380
Zimbra Ajax Toolkit 378

Von der Installation zur professionellen Anwendung

Refactoring und Debugging

JUnit, ANT, CVS, UML

DVD, Win, Mac, Linux, ca. 122 Lektionen, 11 Stunden
Spielzeit, 39,90 Euro, 64,90 CHF
ISBN 978-3-89842-868-2, März 2007

Eclipse 3 für Java-Entwickler

www.galileocomputing.de

Ulrich Cuber

Eclipse 3 für Java-Entwickler

Eclipse hat sich im Bereich der Java-Programmierung als IDE durchgesetzt. Neben der freien Verfügbarkeit sichern Flexibilität und ein beliebig erweiterbarer Leistungsumfang den Erfolg dieser Entwicklungsumgebung. Ulrich Cuber vermittelt Ihnen in diesem Video-Training das notwendige Wissen, um Eclipse effizient in Ihren Projekten einsetzen zu können. Anhand vieler Beispiele lernen Sie, wie Sie wichtige Prozesse der Software-Entwicklung mit Eclipse praktisch umsetzen. Entdecken Sie Eclipse Schritt für Schritt – von der Installation und Funktionserweiterung über die Projektverwaltung und den Einsatz des Editors bis hin zur Integration von JUnit, ANT und CVS. Oder nutzen Sie unser Training, um sich gezielt über einzelne Themenbereiche wie z. B. Debugging, Refactoring oder UML und Eclipse zu informieren.

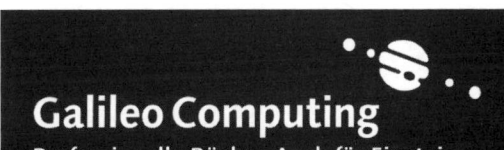